Graf · Heß · Karl · Spanrad
Prüfungstraining Steuern

Prüfungstraining Steuern

Übungs- und Klausurenbuch für angehende Diplom-Finanzwirte und Steuerberater

Von

Johann-Erwin Graf, Diplom-Finanzwirt (FH)

Josef Heß, Diplom-Finanzwirt (FH)

Roman Karl, Diplom-Finanzwirt (FH)

Dozenten an den Fachhochschulen für Finanzen Herrsching und Meißen

Waldemar Spanrad, Diplom-Finanzwirt (FH), Steuerberater

2., überarbeitete Auflage

Verlag Neue Wirtschafts-Briefe
Herne/Berlin

Bearbeitervermerk:
Erster Teil: Abgabenordnung (Heß)
Zweiter Teil: Bilanzsteuerrecht (Graf)
Dritter Teil: Einkommensteuer (Karl)
Vierter Teil: Umsatzsteuer (Spanrad)

Die Deutsche Bibliothek — CIP-Einheitsaufnahme

Prüfungstraining Steuern : Übungs- und Klausurenbuch für
angehende Diplom-Finanzwirte und Steuerberater / von
Johann-Erwin Graf . . . — 2., überarb. Aufl. —
Herne ; Berlin : Verl. Neue Wirtschafts-Briefe, 1996
  ISBN 3-482-46972-5
NE: Graf, Johann-Erwin

ISBN 3-482-46972-5 — 2., überarbeitete Auflage 1996
© Verlag Neue Wirtschafts-Briefe GmbH & Co., Herne/Berlin, 1995
Alle Rechte vorbehalten.
Dieses Buch und alle in ihm enthaltenen Beiträge und Abbildungen sind urheberrechtlich
geschützt. Mit Ausnahme der gesetzlich zugelassenen Fälle ist eine Verwertung ohne Einwilligung des Verlages unzulässig.
Druck: Weiss & Zimmer AG, Mönchengladbach

Vorwort zur 2. Auflage

Mit dem vorliegenden Buch möchten wir dem steuerlichen Praktiker und vor allem denjenigen, die sich für eine Prüfung auf dem steuerlichen Gebiet vorbereiten, eine Hilfe an die Hand geben.
Der Band wendet sich daher insbesondere an Auszubildende in den steuerberatenden Berufen (Steuerfachgehilfen), an Auszubildende in der Finanzverwaltung (Steueranwärter und Finanzanwärter), Bilanzbuchhalter, Steuerfachassistenten, Studenten und angehende Steuerberater.
Der Band umfaßt die vier wichtigsten steuerlichen Rechtsgebiete (Abgabenordnung, Bilanzsteuerrecht, Einkommensteuer und Umsatzsteuer) in jeweils getrennten Abschnitten. Die Abschnitte untergliedern sich in Einzelfälle, die unabhängig voneinander bearbeitet werden können. Die Teile Abgabenordnung und Bilanzsteuerrecht werden jeweils durch eine dreistündige Klausur abgerundet.
Gegenüber der ersten Auflage (Februar 1995) haben wir das Buch überarbeitet und an den neuesten Rechtsstand angepaßt.

Den Mitarbeitern des NWB-Verlages möchten wir an dieser Stelle recht herzlich für ihre Unterstützung bei der Herausgabe des Buches danken.

Den Lesern wünschen wir beim Studium des Bandes viel Freude und Erfolg. Hinweise und Anregungen nehmen wir gerne entgegen.

Freudenberg, im Mai 1996

Johann-Erwin Graf
Josef Heß
Roman Karl
Waldemar Spanrad

Inhaltsverzeichnis

	Seite
Vorwort	5
Inhaltsverzeichnis	7
Abkürzungsverzeichnis	12

Erster Teil: Abgabenordnung

A. Einzelfälle

I. Allgemeines
Fall 1: Anwendungsbereich der Abgabenordnung 15

II. Steuerliche Begriffsbestimmungen
Fall 2: Steuern, steuerliche Nebenleistungen 19
Fall 3: Ermessen 21
Fall 4: Angehörige, Steuergeheimnis 23

III. Zuständigkeit der Finanzbehörden
Fall 5: Gesonderte Feststellungen 24

IV. Steuergeheimnis
Fall 6: Amtsträger, Steuergeheimnis 26

V. Verfahrensvorschriften
Fall 7: Beteiligte, Handlungsfähigkeit, Steuerrechtsfähigkeit 27
Fall 8: Vertretung, Vollmacht 30
Fall 9: Besteuerungsgrundsätze, Untersuchungsgrundsatz .. 32
Fall 10: Mitwirkungspflichten, Anhörung, Beweismittel 36
Fall 11: Fristen 37
Fall 12: Wiedereinsetzung in den vorigen Stand 38
Fall 13: Verwaltungsakt 41
Fall 14: Bekanntgabe, Wirksamkeit, Nichtigkeit 45
Fall 15: Wirksamkeit, Bindungswirkung, Bestandskraft 49
Fall 16: Nebenbestimmungen zum Verwaltungsakt 52
Fall 17: Steuererklärungen, Verspätungszuschlag, Zwangsmittel 54

VI. Festsetzungs- und Feststellungsverfahren
Fall 18: Steuerfestsetzung, Verjährung 57
Fall 19: Offenbare Unrichtigkeit, Korrekturverfahren 58
Fall 20: Korrektur von Steuerverwaltungsakten (Nichtsteuerbescheide) 61
Fall 21: Steueranmeldung 62

VII. Erhebungsverfahren
Fall 22: Fälligkeit, Säumniszuschläge, Stundung 63
Fall 23: Abtretung, Aufrechnung, Rückforderung 64

VIII. Außergerichtliches Rechtsbehelfsverfahren
Fall 24: Einspruch, Einlegung und Rücknahme 67
Fall 25: Beschwer, Einspruch gegen Grundlagen- und Folgebescheide 72
Fall 26: Einspruch, Wiedereinsetzung, Teilabhilfe, Einspruchsentscheidung 74

B. Klausur
Umfassende 3-Stunden-Klausur aus der Abgabenordnung 76

Zweiter Teil: Bilanzsteuerrecht

A. Einzelfälle

I. Anlagevermögen
Fall 1: Anschaffung und Bewertung unbebauter Grundstücke 85
Fall 2: Anschaffung und Bewertung eines bebauten Grundstücks 87
Fall 3: Absetzung für Abnutzung nach § 7 Abs. 1 u. 2 EStG ... 89
Fall 4: Anschaffung und Bewertung von beweglichem Anlagevermögen 91
Fall 5: AfA nach Ansatz des niedrigeren Teilwerts 94
Fall 6: Tausch mit Baraufgabe 96
Fall 7: Veräußerung eines gemischtgenutzten Fahrzeuges .. 99
Fall 8: Geringwertige Wirtschaftsgüter 102
Fall 9: Bewertung von Wertpapieren und Behandlung der Erträge 104

II. Umlaufvermögen
Fall 10: Warenbewertung und Stichtagsinventur 108
Fall 11: Warenbewertung und zeitverschobene Inventur 111
Fall 12: Forderungen und ihre Wertberichtigung (Teil I) 113
Fall 13: Forderungen und ihre Wertberichtigung (Teil II) 116

III. Rücklagen, Rückstellungen und Verbindlichkeiten
Fall 14: Rücklage nach § 7g EStG 121
Fall 15: Gewerbesteuerrückstellung 123
Fall 16: Rückstellung für Steuerberatungskosten 125

	Fall 17: Darlehen, Disagio, Zinsen	127
	Fall 18: Darlehen und Disagio bei vorzeitiger Rückzahlung	128
	Fall 19: Anschaffung und Finanzierung eines unbebauten Grundstücks	129
IV.	**Rechnungsabgrenzungsposten**	
	Fall 20: Aktive und Passive Rechnungsabgrenzung	133
	Fall 21: Sonstige Forderungen; Sonstige Verbindlichkeiten	135
	Fall 22: Löhne und Gehälter	136
V.	**Entnahmen, Einlagen und nicht abziehbare Betriebsausgaben nach § 4 Abs. 5 EStG**	
	Fall 23: Barentnahmen und Bareinlagen	138
	Fall 24: Sachentnahme	141
	Fall 25: Nutzungsentnahme	142
	Fall 26: Sacheinlage	146
	Fall 27: Einlage nach vorausgegangener Entnahme	147
	Fall 28: Häusliches Arbeitszimmer	149
VI.	**Bilanzberichtigung und Bilanzänderung**	
	Fall 29: Bilanzberichtigung und Gewinnauswirkung nach der Bilanzpostenmethode	151
	Fall 30: Bilanzberichtigung und Gewinnauswirkung nach der G u. V-Methode	153
B.	**Klausur**	
	Umfassende 3-Stunden-Klausur aus dem Bilanzsteuerrecht	155

Dritter Teil: Einkommensteuer

Einzelfälle

I.	**Steuerpflicht, Veranlagungsform, Tarif**	
	Fall 1: Persönliche Steuerpflicht; sachliche Steuerpflicht; Veranlagungsformen; mehrere Ehen; Tarif	178
	Fall 2: Besonderheiten bei der Ehegattenveranlagung	184
	Fall 3: Sachliche Steuerpflicht	189
II.	**Freibeträge des § 32 EStG**	
	Fall 4: Steuerliche Berücksichtigung von Kindern, Haushaltsfreibetrag	192
III.	**Vereinnahmung und Verausgabung (§ 11 EStG)**	
	Fall 5: Grundsätze des § 11 EStG; regelmäßig wiederkehrende Zahlungen	198

IV. Gewinneinkünfte
Fall 6: Gewinnermittlung nach § 4 Abs. 3 EStG 202

V. Überschußeinkünfte
Fall 7: Einkünfte aus nichtselbständiger Arbeit 213
Fall 8: Einkünfte aus Kapitalvermögen 218
Fall 9: Einkünfte aus Kapitalvermögen: Werbungskosten, Werbungskosten-Pauschbetrag, Sparer-Freibetrag ... 224
Fall 10: Einkünfte aus Vermietung und Verpachtung 226
Fall 11: Sonstige Einkünfte (Altersrente) 233
Fall 12: Sonstige Einkünfte (Unterhaltsleistungen) 234
Fall 13: Spekulationsgeschäft (Bebautes Grundstück ohne Vermietung) 236
Fall 14: Spekulationsgeschäft (Bebautes Grundstück mit Vermietung) 237
Fall 15: Spekulationsgeschäft (Unbebautes Grundstück) 240
Fall 16: Spekulationsgeschäft (andere Wirtschaftsgüter) 241

VI. Sonderausgaben
Fall 17: Sonderausgaben 243
Fall 18: Förderung des Wohneigentums 247

VII. Außergewöhnliche Belastung
Fall 19: Außergewöhnliche Belastungen 253

Vierter Teil: Umsatzsteuer

Einzelfälle

I. Unternehmer, Unternehmen
Fall 1: Unternehmerfähigkeit und unternehmerische Tätigkeit 258
Fall 2: Unternehmensumfang und Beginn bzw. Ende der unternehmerischen Tätigkeit 260

II. Leistungsaustausch
Fall 3: Voraussetzungen für den umsatzsteuerlichen Leistungsbegriff 263
Fall 4: Einheitlichkeit der Leistung; Haupt- und Nebenleistung 264

III. Fehlender Leistungsaustausch
Fall 5: Innenumsätze 266
Fall 6: Schadenersatz und Vertragsstrafen 269

IV.	**Leistungsarten (Normalformen)**	
	Fall 7: Gegenstand der Lieferung und Verschaffung der Verfügungsmacht (Ort und Zeitpunkt der Lieferung)	270
	Fall 8: Reihengeschäft	273
	Fall 9: Ort und Zeitpunkt der sonstigen Leistung	275
V.	**Leistungsarten (Sonderformen)**	
	Fall 10: Werklieferung mit unechter Materialbeistellung	276
VI.	**Handlungen im eigenen und fremden Namen**	
	Fall 11: Agenturgeschäfte	278
	Fall 12: Einkaufskommission	281
	Fall 13: Verkaufskommission	285
VII.	**Bemessungsgrundlage bei Lieferungen und sonstigen Leistungen**	
	Fall 14: Entgeltsumfang	287
	Fall 15: Änderung der Bemessungsgrundlage	289
VIII.	**Eigenverbrauch**	
	Fall 16: Gegenstandsentnahme	292
	Fall 17: Verwendungsentnahme	296
IX.	**Steuersätze**	
	Fall 18: Abgrenzung allgemeiner und ermäßigter Steuersätze - Verzehr an Ort und Stelle	300
X.	**Steuerentstehung**	
	Fall 19: Besteuerung nach vereinbarten Entgelten	303
XI.	**Steuerbefreiungen**	
	Fall 20: Ausgewählte Steuerbefreiungen	309
	Fall 21: Verzicht auf Steuerbefreiung	311
XII.	**Vorsteuer**	
	Fall 22: Abziehbare/Abzugsfähige Vorsteuer	316
	Fall 23: Vorsteueraufteilung	319
	Fall 24: Innergemeinschaftlicher Erwerb	323
	Stichwortverzeichnis	329

Abkürzungsverzeichnis

A	Abschnitt
a.o.A.	außerordentlicher Aufwand
a.o.E.	außerordentlicher Ertrag
Abs.	Absatz
Abschn.	Abschnitt
AdV	Aussetzung der Vollziehung
AfA	Absetzung für Abnutzung
AfaA	Absetzung für außergewöhnliche Abnutzung
AK	Anschaffungskosten
AN	Arbeitnehmer
AO	Abgabenordnung
ARA	Aktive Rechnungsabgrenzung
Art.	Artikel
AV	Anlagevermögen
AZ	Abschlagszahlung
BA	Betriebsausgabe
BE	Betriebseinnahme
BFH	Bundesfinanzhof
BGA	Betriebs- und Geschäftsausstattung
BMG	Bemessungsgrundlage
BStBl	Bundessteuerblatt
BV	Betriebsvermögen
d.h.	das heißt
EigZulG	Eigenheimzulagengesetz
einschl.	einschließlich
EK	Eigenkapital
ESt	Einkommensteuer
EStDV	Einkommensteuer-Durchführungsverordnung
EStG	Einkommensteuergesetz
EStH	Einkommensteuer-Hinweise
EStR	Einkommensteuer-Richlinien
EU	Europäische Union
EV	Eigenverbrauch
evtl.	eventuell

Abkürzungsverzeichnis

FA	Finanzamt
FB	Freibetrag
ff.	folgende
FGO	Finanzgerichtsordnung
FördG	Fördergebietsgesetz
GdB	Grad der Behinderung
gem.	gemäß
GewSt	Gewerbesteuer
G u. B	Grund und Boden
G u. V	Gewinn und Verlust
GWG	Geringwertige Wirtschaftsgüter
HB	Handelsbilanz
HGB	Handelsgesetzbuch
HK	Herstellungskosten
Hs.	Halbsatz
i.S.d.	im Sinne des
i.S.v.	im Sinne von
i.V.m.	in Verbindung mit
KFB	Kinderfreibetrag
Kj	Kalenderjahr
Lj	Lebensjahr
LSt	Lohnsteuer
LStDV	Lohnsteuer-Durchführungsverordnung
LStR	Lohnsteuerrichtlinien
ND	Nutzungsdauer
Nr.	Nummer
PB	Pauschbetrag
PRA	Passive Rechnungsabgrenzung
PV	Privatvermögen
R	Richtlinie

S.	Satz
SA	Sonderausgabe(n)
sog.	sogenannte
SolZ	Solidaritätszuschlag
StB	Steuerbilanz
Stpfl.	Steuerpflichtiger
TW	Teilwert
Tz	Textziffer
u.a.	unter anderem
USt	Umsatzsteuer
UStDV	Umsatzsteuer-Durchführungsverordnung
UStG	Umsatzsteuergesetz
UStR	Umsatzsteuerrichtlinien
UV	Umlaufvermögen
VA	Verwaltungsakt, Voranmeldung
VAZ	Voranmeldungszeitraum
v.H.	von Hundert
VoSt	Vorsteuer
VSt	Vermögensteuer
VZ	Vorauszahlungen, Veranlagungszeitraum, Verkehrszahlen
WBK	Wiederbeschaffungskosten
WG	Wirtschaftsgut
Wj	Wirtschaftsjahr
WK	Werbungskosten
WK-PB	Werbungskosten-Pauschbetrag
z.B.	zum Beispiel

Erster Teil:
Abgabenordnung

A. Einzelfälle

I. Allgemeines

FALL 1

Anwendungsbereich der Abgabenordnung

Sachverhalt: Fridolin Frohgemut (F) betreibt in Bonn ein Taxiunternehmen. Er möchte sein Unternehmen erweitern und künftig auch die grenzüberschreitende Beförderung von Personen und Waren anbieten. Zu diesem Zweck hat er sich bereits eine Fülle von Informationsmaterial besorgt.

Da er soeben Post vom Finanzamt (eine Prüfungsanordnung und einen Gewerbesteuermeßbescheid) sowie vom städtischen Amt für Steuern und Kommunalabgaben (einen Gewerbesteuerbescheid) erhalten hat, die er seinem Steuerberater zur Prüfung übergeben will, nutzt er die Gelegenheit, um sich Rat in einigen grundsätzlichen steuerlichen Fragen zu holen. Unter anderem möchte er wissen, ob sich die Besteuerung seiner erhofften Umsätze und Gewinne (z.B. aus Fahrten zwischen Bonn und Brüssel) weiterhin ausschließlich nach bundesdeutschem Steuerrecht richten werde. Er habe hierzu schon einiges nachgelesen über Verordnungen und Erlasse, Doppelbesteuerungsabkommen, EG-Richtlinien und Umsatzsteuerrichtlinien, könne sich aber keinen rechten Reim darauf machen. Außerdem interessiert ihn, ob das Finanzamt überhaupt berechtigt ist, in die bevorstehende Betriebsprüfung auch die Gewerbesteuer mit einzubeziehen, wo doch die Gewerbesteuer vom städtischen Steueramt festgesetzt und erhoben werde.

Fragen: 1. In welchen Vorschriften ist das Besteuerungsverfahren geregelt? Wie ist das Verhältnis dieser Vorschriften zueinander?
2. Welche Behörde ist zuständig für die Prüfung der gewerbesteuerlichen Besteuerungsgrundlagen?

3. Wie kann sich F gegebenenfalls gegen den Gewerbesteuermeßbescheid und gegen den Gewerbesteuerbescheid wenden?
4. In welchem Verhältnis stehen innerstaatliches Steuerrecht und zwischenstaatliche Vereinbarungen?

▶ **Lösung**

Zu 1.
Das Besteuerungsverfahren ist in der Abgabenordnung (AO, auch als AO 1977 bezeichnet) geregelt. Die AO vom 16.03.1976 (BGBl I S. 613; 1977 I S. 269; BStBl I S. 157; 1977 I S. 49) ist zum 1.01.1977 in Kraft getreten. Sie löste die bis dahin geltende Reichsabgabenordnung (RAO) ab und gilt (als Bundesgesetz) für alle von den Finanzbehörden verwalteten, durch Bundesrecht oder Recht der Europäischen Gemeinschaften geregelten Steuern einschließlich der Steuererstattungen, Steuervergütungen, Zölle und Abschöpfungen (§ 1 Abs. 1 AO). Für die von den Gemeinden verwalteten Realsteuern (Grundsteuer und Gewerbesteuer) gilt die AO - mit Ausnahme der Vorschriften über die Vollstreckung und über das außergerichtliche Rechtsbehelfsverfahren - entsprechend (vgl. § 1 Abs. 2 AO). Die Anwendung der AO auf die von den Finanzbehörden verwalteten übrigen öffentlich-rechtlichen Abgaben, Prämien und Zulagen (Sparprämie, Wohnungsbauprämie, Investitionszulage) wird im jeweiligen Gesetz bestimmt. Darüber hinaus erklären die AO-Anwendungsgesetze der Länder die AO als auch für landesrechtlich geregelte Steuern anwendbar.

Im Einführungsgesetz zur Abgabenordnung (EGAO 1977) vom 14.12.1976 (BGBl I S. 3341, 1977 I S. 667; BStBl I S. 694) finden sich ergänzende Regelungen über den Zeitpunkt des Inkrafttretens der AO insgesamt bzw. einzelner Vorschriften, insbesondere auch darüber, nach welcher Gesetzesfassung (RAO oder AO) sich der Abschluß begonnener Verfahren richtet bzw. richtete. Mittels Änderung und Ergänzung des EGAO (Art. 97a) sind auch verfahrensrechtliche Übergangsregelungen aus Anlaß der Herstellung der Einheit Deutschlands getroffen worden. In der DDR galt bis zum 30.06.1990 die RAO (in geänderter Fassung) und ab 1.07.1990 die (der AO 1977 schon weitgehend entsprechende) AO 1990/DDR. Seit dem Wirksamwerden des Beitritts (3.10.1990) gilt auch in den neuen Bundesländern die AO 1977.

Der Anwendungserlaß zur Abgabenordnung (AEAO) enthält allgemeine Verwaltungsanweisungen zur Anwendung der AO und zu Zweifelsfragen. Er wird vom Bundesfinanzministerium in Zusammenarbeit mit den obersten Finanzbehörden der Länder fortlaufend den Änderungen der Rechtslage (aufgrund von Gesetzesänderungen oder Änderungen der Rechtsprechung) angepaßt.

Im Finanzverwaltungsgesetz (FVG) schließlich ist die sachliche Zuständigkeit der Bundes- und der Landesfinanzbehörden grundsätzlich geregelt.

Während die Gesetze (AO, EGAO, FVG) für die Gerichte (insbesondere der Finanz- sowie der Verwaltungsgerichtsbarkeit) und für die Finanzbehörden gleichermaßen verbindlich sind, entfaltet der Anwendungserlaß als Verwaltungsanweisung eine unmittelbare Wirkung nur für die Finanzbehörden.

Verwaltungsanweisungen binden die Gerichte nicht. Ein Steuerpflichtiger kann sich jedoch unter dem Gesichtspunkt der Gleichbehandlung auf eine für ihn günstige Verwaltungsanweisung berufen. Weicht die Behörde im Einzelfall ohne ausreichenden Grund von einer bestehenden Verwaltungsanweisung zum Nachteil des Steuerpflichtigen ab (z.B. durch willkürliche Kürzung geltend gemachter Reisekostenpauschalen), so stellt dies einen Verstoß gegen den Grundsatz der Gleichmäßigkeit der Besteuerung (§ 85 AO) dar. Unter diesem rechtlichen Gesichtspunkt können Verwaltungsanweisungen im Einzelfall auch für die Gerichte beachtlich sein.

Zu 2.
Die Außenprüfung (Betriebsprüfung) dient der Ermittlung der steuerlichen Verhältnisse des Steuerpflichtigen (§ 194 Abs. 1 Satz 1 AO). Sie erstreckt sich auf alle Steueransprüche, zu deren Ermittlung Maßnahmen ergriffen werden. Hierzu gehört auch der Gewerbesteueranspruch. Wird die Prüfung der Gewerbesteuer angeordnet, so umfaßt die Außenprüfung alle für die Festsetzung des Gewerbesteuermeßbetrags (vgl. § 184 AO) und gegebenenfalls für die Zerlegung (§§ 185 ff AO) maßgeblichen tatsächlichen und rechtlichen Verhältnisse (vgl. § 199 Abs. 1 AO). Sachlich zuständig für die Prüfung auch der Gewerbesteuer ist das Finanzamt (§ 16 AO i.V.m. § 17 Abs. 2 FVG). Gemäß § 21 Abs. 3 FVG ist unter den dort genannten Voraussetzungen die Gemeinde berechtigt, durch Gemeindebedienstete an Außenprüfungen bei Steuerpflichtigen teilzunehmen. Der Gemeinde-

bedienstete hat aber kein eigenständiges Prüfungsrecht. Die Teilnahme eines Gemeindebediensteten an der Außenprüfung kann nur vom Finanzamt angeordnet werden. Formell geschieht dies durch Mitteilung von Namen und Zeit gegenüber dem Gewerbesteuerpflichtigen in der Prüfungsanordnung.

Zu 3.
Für die Gewerbesteuer als Realsteuer (§ 3 Abs. 2 AO) gelten die in § 1 Abs. 2 AO aufgeführten Vorschriften der Abgabenordnung entsprechend. Die Vorschriften über die Zulässigkeit der Rechtsbehelfe (§§ 347 ff AO) gehören nicht hierzu. Für Rechtsbehelfe gegen Realsteuerbescheide gelten (im Unterschied zu Gewerbesteuer*meß*bescheiden und Grundsteuer*meß*bescheiden, vgl. §§ 184, 348 AO) die Vorschriften der Verwaltungsgerichtsordnung über das Widerspruchsverfahren.

Gegen den Gewerbesteuermeßbescheid kann F demnach beim Finanzamt Einspruch einlegen (§§ 348, 357 Abs. 2 Satz 1 AO). Anbringung bei der Gemeinde, Realsteuerstelle, Stadt usw. ist zulässig (§ 357 Abs. 2 AO). Gegen den Gewerbesteuerbescheid kann F sich durch bei der Gemeinde einzulegenden Widerspruch wenden.

Der Rechtsweg gegen die Festsetzung des Gewerbesteuermeßbetrags führt zum Finanzgericht, in Realsteuersachen führt er grundsätzlich zu den Verwaltungsgerichten.

Zu 4.
Die Besteuerung des F wird sich, solange er Wohnsitz (vgl. § 8 AO) und Betriebsstätte (vgl. § 12 AO) in Bonn beibehält, auch weiterhin grundsätzlich nach bundesdeutschem Steuerrecht richten. Davon abweichende Regelungen in Verträgen der Bundesrepublik Deutschland mit anderen Staaten gehen allerdings den nationalen Steuergesetzen vor (§ 2 AO).

Die praktisch bedeutsamste Form solcher völkerrechtlicher Vereinbarungen stellen die Doppelbesteuerungsabkommen dar. Sie bedürfen zu ihrer innerstaatlichen Gültigkeit der Umsetzung in nationales Recht durch Bundesgesetz (vgl. Art. 59 Abs. 2 GG). Das NATO-Truppenstatut mit seinen Regelungen zur steuerlichen Behandlung der Angehörigen der NATO-Truppen stellt eine weitere völkerrechtliche Vereinbarung in diesem Sinn dar.

Besondere Bedeutung kommt in diesem Zusammenhang den Rechtsetzungsakten (EG-Verordnungen, EG-Richtlinien) der Organe der Europäischen Gemeinschaften (EG) zu. Im EWG-Vertrag haben die Mitgliedstaaten einen Teil ihrer hoheitlichen Befugnisse auf die EG übertragen (vgl. auch Art. 24 Abs. 1 GG). Gemäß Art. 189 EWG-Vertrag gilt eine EG-Verordnung unmittelbar in jedem Mitgliedstaat. Eine EG-Richtlinie (nicht zu verwechseln mit den vom Bundesfinanzministerium erlassenen, ebenso bezeichneten Verwaltungsanweisungen, z.b. Einkommensteuer-, Umsatzsteuerrichtlinien usw.) ist für die Mitgliedstaaten verbindlich und verpflichtet diese zur Umsetzung in nationales Recht.

II. Steuerliche Begriffsbestimmungen

FALL 2
Steuern, steuerliche Nebenleistungen

Sachverhalt: Michael Mustermann (M) hat das Abitur bestanden und zu diesem Anlaß von seinen Großeltern ein Auto geschenkt bekommen. Er meldet das Fahrzeug bei der Zulassungsstelle an.
Vor Aushändigung des Fahrzeugscheins muß M eine Zulassungsgebühr entrichten. Drei Wochen später erhält er einen Bescheid des Finanzamts über Kraftfahrzeugsteuer sowie ein Schreiben seiner Versicherung, in dem ihm mit der Bitte um unverzügliche Überweisung die Höhe des Beitrages für die Kraftfahrzeughaftpflichtversicherung mitgeteilt wird.
Da M anschließend eine mehrwöchige Urlaubsreise antritt, unterbleibt eine Zahlung. Auf der Fahrt zu seinem Urlaubsort in den Bayerischen Alpen muß M für die Benutzung einer Privatstraße eine Maut von zwei Mark entrichten.
Zum Abschluß seines Aufenthalts stellt ihm die Pension außer den Kosten für Unterkunft und Verpflegung auch eine Fremdenverkehrsabgabe in Rechnung.

Bei seiner Rückkehr findet M im Briefkasten neben einem Bußgeldbescheid (wegen Überschreitens der vorgeschriebenen Höchstgeschwindigkeit) ein Mahnschreiben des Finanzamts vor, in dem er aufgefordert wird, zusammen mit der fälligen Kraftfahrzeugsteuer nun auch einen Säumniszuschlag in Höhe von drei Mark zu überweisen.

Frage: Handelt es sich bei den angefallenen Beträgen um Steuern oder steuerliche Nebenleistungen?

▶ **Lösung**

Steuern sind nach der Legaldefinition des § 3 Abs. 1 Satz 1 AO Geldleistungen, die nicht eine Gegenleistung für eine besondere Leistung darstellen und von einem öffentlich-rechtlichen Gemeinwesen zur Erzielung von Einnahmen allen auferlegt werden, bei denen der Tatbestand zutrifft, an den das Gesetz die Leistungspflicht knüpft. Dabei kann die Erzielung von Einnahmen auch Nebenzweck sein.
Für das Vorliegen einer Steuer müssen alle in § 3 Abs. 1 AO genannten Merkmale zugleich erfüllt sein. Fehlt auch nur eines dieser Merkmale, so handelt es sich nicht um eine Steuer.
Die steuerlichen Nebenleistungen sind in § 3 Abs. 3 AO (abschließend) aufgezählt.
Von den Steuern unterscheiden sich die Gebühren und Beiträge als andere Arten von Abgaben dadurch, daß ihnen eine Gegenleistung gegenübersteht.

Im Fall der *Kraftfahrzeugsteuer* sind alle Tatbestandsmerkmale des § 3 Abs. 1 AO erfüllt. Entgegen einer verbreiteten Meinung ist die Kraftfahrzeugsteuer nicht etwa Gegenleistung für die Benutzung öffentlicher Straßen. Wesentliches Besteuerungsmerkmal ist vielmehr das Halten eines Kraftfahrzeugs (vgl. § 1 Abs. 1 KraftStG). Damit liegt eine Steuer vor.
Beim *Säumniszuschlag* handelt es sich um eine steuerliche Nebenleistung (§ 3 Abs. 3 i.V.m. § 240 AO).

Alle anderen genannten Aufwendungen des M stellen weder Steuern noch steuerliche Nebenleistungen dar.
Der *Zulassungsgebühr* steht eine konkrete Gegenleistung der Behörde in Form der Erteilung der Zulassung gegenüber.
Der Beitrag zur *Haftpflichtversicherung* und die *Straßenmaut* werden schon nicht von einem öffentlich-rechtlichen Gemeinwesen auferlegt, sondern von privaten Unternehmen. Außerdem stellen sie Gegenleistungen für besondere Leistungen (Gewährung von Versicherungsschutz bzw. Erlaubnis zum Befahren der Privatstraße) dar.
Die *Fremdenverkehrsabgabe* wird den Beiträgen zugerechnet, die neben den Gebühren zu den sogenannten Vorzugslasten gehören. Sie wird zur Deckung oder Verringerung der Kosten öffentlicher Fremdenverkehrseinrichtungen und

Abgabenordnung

als Gegenleistung für die Möglichkeit deren Wahrnehmung erhoben. Und *Bußgelder* schließlich dienen nicht der Erzielung von Einnahmen, sondern sie haben Sanktionscharakter und sollen den Betroffenen dazu anhalten, sich künftig gesetzeskonform zu verhalten.

FALL 3

Ermessen

Sachverhalt: Steuerpflichtiger Schnell (S) beantragt im Juni beim Finanzamt unter Hinweis auf Arbeitsüberlastung, die Frist zur Abgabe seiner Einkommensteuererklärung für das vergangene Jahr über den gesetzlich vorgeschriebenen Zeitraum hinaus um einen Monat zu verlängern. Der mit der Bearbeitung des Antrags befaßte Bedienstete des Finanzamts, Herr Falser (F), ist auf S nicht gut zu sprechen, weil dieser sich anderweitig beim Sachgebietsleiter über F beschwert hat. F lehnt daher den Fristverlängerungsantrag schriftlich ab, schätzt die Besteuerungsgrundlagen und setzt mit Steuerbescheid die Einkommensteuer auf 3.000 DM fest. Gleichzeitig setzt er einen Verspätungszuschlag in Höhe von 500 DM fest. Kurz darauf gibt S seine Einkommensteuererklärung ab.

Frage: Durfte F den Fristverlängerungsantrag ablehnen und den Verspätungszuschlag festsetzen?

Lösung ◄

Fristen zur Einreichung von Steuererklärungen (vgl. hierzu § 149 Abs. 2 AO) können vom Finanzamt auch rückwirkend verlängert werden (§ 109 Abs. 1 AO). Aus dem Gesetzestext („können") ergibt sich, daß eine Fristverlängerung im Ermessen des Finanzamts steht. Bei seiner Entscheidung ist das Finanzamt aber nicht völlig frei. Es hat vielmehr sein Ermessen entsprechend dem Zweck der Ermächtigung auszuüben und die gesetzlichen Grenzen des Ermessens einzuhalten (§ 5 AO). Sachfremde Erwägungen dürfen eine Ermessensentscheidung nicht beeinflussen. Eine unbewußt falsche Ermessensausübung wird auch als Ermessensfehlgebrauch bezeichnet, eine bewußt falsche stellt Ermessensmißbrauch dar. In beiden Fällen ist Rechtswidrigkeit die Folge.

Bei der Entscheidung über einen Fristverlängerungsantrag sind die Bedürfnisse des Antragstellers (hier: Aufschub wegen Arbeitsüberlastung) abzuwägen mit den Belangen des Finanzamts (zügiger Eingang der Steuererklärungen im Interesse des Fortgangs bzw. Abschlusses der Veranlagungsarbeiten). Nur von diesen Überlegungen durfte F sich leiten lassen. Im vorliegenden Fall wog das Interesse des Antragstellers an einer angemessenen Fristverlängerung - auch für F erkennbar - stärker. Der Antrag auf Fristverlängerung ist somit zu Unrecht abgelehnt worden.

Die Festsetzung eines Verspätungszuschlages stellt nach dem Wortlaut des § 152 Abs. 1 Satz 1 AO („kann") ebenfalls eine Ermessensentscheidung dar. Wenn die Versäumnis entschuldbar erscheint, ist von der Festsetzung eines Verspätungszuschlages abzusehen (§ 152 Abs. 1 Satz 2 AO). Die Höhe eines Verspätungszuschlages wird durch § 152 Abs. 2 Satz 1 AO auf 10 v.H. der festgesetzten Steuer und absolut auf 10.000 DM begrenzt. § 152 Abs. 2 Satz 2 AO enthält darüber hinaus weitere, nach dem Grundsatz der Verhältnismäßigkeit bei der Ermessensausübung zu berücksichtigende Vorgaben.

Im vorliegenden Fall durfte ein Verspätungszuschlag schon dem Grunde nach nicht festgesetzt werden, weil die Abgabefrist nur kurz und entschuldbar überschritten wurde (§ 152 Abs. 1 Satz 2 AO). Unabhängig davon ist der Verspätungszuschlag auch der Höhe nach übersetzt, weil die für die Bemessung eines Verspätungszuschlages gesetzlich vorgegebenen Anhaltspunkte (§ 152 Abs. 2 Satz 2 AO) nicht beachtet und zudem die gesetzlich vorgeschriebene Obergrenze von 10 v.H. der festgesetzten Steuer (§ 152 Abs. 2 Satz 1 AO) nicht eingehalten worden ist. Jeder dieser angeführten Gründe führt für sich allein schon zur Rechtswidrigkeit des festgesetzten Verspätungszuschlages.

F durfte somit weder den Fristverlängerungsantrag ablehnen, noch einen Verspätungszuschlag festsetzen.

FALL 4

Angehörige, Steuergeheimnis

Sachverhalt: Doreen Dähnisch (D) ist beim Finanzamt Meißen beschäftigt und als Veranlagungssachbearbeiterin für die Bearbeitung der Steuererklärungen von Steuerpflichtigen mit dem Anfangsbuchstaben „L" zuständig. Deshalb erhält sie auch die Einkommensteuererklärung des vorübergehend einmal mit ihr selbst verlobten, später mit ihrer Schwester verheirateten und inzwischen von dieser geschiedenen Lothar Lüftl (L) zur Bearbeitung. D ist sich nicht sicher, ob sie diese Steuererklärung bearbeiten und den Steuerbescheid erlassen darf.

Anläßlich einer Familienfeier beklagt sich die Schwester bei D darüber, daß L seiner Pflicht zur Unterhaltszahlung nur schleppend nachkomme und Angaben über seine Einkommensverhältnisse verweigere. D möchte ihrer Schwester helfen, sieht sich aber durch das Steuergeheimnis daran gehindert, ihr Auskunft über die Einkommensverhältnisse des L zu geben.

Frage: Wie ist die Rechtslage?

Lösung

In einem Verwaltungsverfahren darf für eine Finanzbehörde nicht tätig werden, wer Angehöriger eines Beteiligten ist (§ 82 Abs. 1 Nr. 2 AO). L ist gemäß § 78 Nr. 2 AO Beteiligter. Angehörige im Sinn der Abgabenordnung sind u.a. der Verlobte (§ 15 Abs. 1 Nr. 1 AO) sowie Ehegatten der Geschwister (§ 15 Abs. 1 Nr. 6 AO). L ist nicht (mehr) Verlobter der D und nicht (mehr) Ehemann der Schwester der D. Seine Eigenschaft als Angehöriger der D im steuerlichen Sinn ist mit der Verlobung begründet, mit der Auflösung der Verlobung beendet, mit der Eheschließung erneut begründet und dann aber durch die Scheidung von der Schwester nicht mehr berührt worden (§ 15 Abs. 2 Nr. 1 i.V.m. Abs. 1 Nr. 6 AO). L ist somit als geschiedener Mann der Schwester nach wie vor Angehöriger der D im steuerlichen Sinn.

Ein unter Mitwirkung von D an L erlassener Steuerbescheid wäre gleichwohl nicht schon deshalb nichtig, weil D als an sich vom Verwaltungsverfahren gem. § 82 Abs. 1 Nr. 2 AO ausgeschlossene Person mitgewirkt hat (§ 125

Abs. 3 Nr. 2 AO). Die Aufhebung des Steuerbescheides (als eines gebundenen Verwaltungsaktes) könnte nicht allein deshalb beansprucht werden, weil er mit diesem Verfahrensfehler behaftet wäre (§ 127 AO). Anders wäre die Rechtslage allerdings bei Ermessensentscheidungen (z.B. Stundung, Aussetzung der Vollziehung, Erlaß; vgl. § 127 letzter Halbsatz AO).
D hat als Amtsträgerin (§ 7 AO) das Steuergeheimnis zu wahren (§ 30 Abs. 1 AO). Die Einkommensverhältnisse des L sind ihr im Besteuerungsverfahren bekannt geworden (vgl. § 30 Abs. 2 Nr. 1 Buchstabe a AO) und unterliegen daher dem Steuergeheimnis. Da keine der in § 30 Abs. 4 AO abschließend aufgezählten Voraussetzungen für eine zulässige Offenbarung vorliegt, darf D ihrer Schwester nicht Auskunft geben.

III. Zuständigkeit der Finanzbehörden

FALL 5

Gesonderte Feststellungen

Sachverhalt: Die Eheleute Manfred und Bärbel Fritscher wohnen im eigenen Einfamilienhaus in Meißen (Eigentum je zur Hälfte). Manfred Fritscher ist selbständiger Versicherungsmakler und betreibt sein Unternehmen in gemieteten Räumen in Meißen. Bärbel Fritscher ist selbständig als Immobilienmaklerin tätig. Sie betreibt ihr Unternehmen in eigens zu diesem Zweck erworbenen Geschäftsräumen in Dresden (Bezirk Finanzamt Dresden III). Fritschers beschäftigen in ihrem Haushalt eine angestellte Haushaltshilfe.

Fragen: 1. Welche Finanzämter sind für die Festsetzung und Erhebung der von den Eheleuten Fritscher zu zahlenden bzw. abzuführenden Steuern zuständig?
2. Welche Besteuerungsgrundlagen sind von welchen Finanzämtern gesondert festzustellen bzw. festzusetzen?

▶ **Lösung**
Zu 1.
Für die Einkommensteuer und für die Vermögensteuer der Eheleute Fritscher ist das Wohnsitzfinanzamt Meißen örtlich zuständig (§§ 19, 8 AO).

Die Umsatzsteuer des Ehemanns ist vom Unternehmensfinanzamt Meißen, die Umsatzsteuer der Ehefrau vom Unternehmensfinanzamt Dresden III zu verwalten (§ 21 AO).
Die Gewerbesteuermeßbeträge sind für den Ehemann vom Betriebsfinanzamt Meißen und für die Ehefrau vom Betriebsfinanzamt Dresden III festzusetzen (§ 184 Abs. 1 i.V.m. §§ 22 Abs. 1, 18 Abs. 1 Nr. 2 AO).
Für den Erlaß der Grundsteuermeßbescheide für das Einfamilienhaus in Meißen sowie für das Büro in Dresden sind die Lagefinanzämter Meißen bzw. Dresden III zuständig (§ 184 Abs. 1 i.V.m. §§ 22 Abs. 1, 18 Abs. 1 Nr. 1 AO).
Die Lohnsteuer aus dem an die Haushaltshilfe gezahlten Arbeitslohn ist beim Betriebsstätten-("Haushalts-")Finanzamt Meißen anzumelden und dorthin abzuführen (§ 41a Abs. 1 Satz 1 Nr. 1 i.V.m. § 41 Abs. 2 EStG).

Zu 2.
Folgende Besteuerungsgrundlagen (vgl. hierzu § 199 Abs. 1 AO) sind gesondert (§ 179 Abs. 1 AO) bzw. gesondert und einheitlich (§ 179 Abs. 2 Satz 2 AO) festzustellen:

Für das Einfamilienhaus in Meißen ist der Einheitswert gesondert und einheitlich festzustellen (§§ 180 Abs. 1 Nr. 1, 179 Abs. 2 Satz 2 AO, §§ 19 Abs. 1 Nr. 1, 68 Abs. 1 Nr. 1, 70 BewG), und zwar vom Lagefinanzamt Meißen (§ 18 Abs. 1 Nr. 1 AO).
Der Einheitswert des Betriebsvermögens des Ehemanns ist gesondert festzustellen (§ 180 Abs. 1 Nr. 1 AO, §§ 19 Abs. 1 Nr. 2, 95 BewG) vom Betriebsfinanzamt Meißen (§ 18 Abs. 1 Nr. 2 AO).
Für die Geschäftsräume in Dresden ist der Einheitswert gesondert festzustellen (§ 180 Abs. 1 Nr. 1 AO, §§ 19 Abs. 1 Nr. 1, 68 Abs. 1 Nr. 1, 70 BewG). Zuständig ist hierfür das Lagefinanzamt Dresden III (§ 18 Abs. 1 Nr. 1 AO). Ebenfalls gesondert festzustellen ist gemäß § 180 Abs. 1 Nr. 1 AO i.V.m. §§ 19 Abs. 1 Nr. 2, 95 BewG der Einheitswert des Betriebsvermögens der Ehefrau vom Betriebsfinanzamt Dresden III (§ 18 Abs. 1 Nr. 2 AO).
Da Wohnsitz (§ 8 AO) und Betriebsstätte (§ 12 AO) der Ehefrau in verschiedenen Finanzamtsbezirken liegen, sind schließlich die Einkünfte der Ehefrau aus der Immobilienmaklertätigkeit vom Betriebsfinanzamt Dresden III (§ 18 Abs. 1 Nr. 2 AO) gesondert festzustellen (§ 180 Abs. 1 Nr. 2 Buchst. b AO).

IV. Steuergeheimnis

FALL 6

Amtsträger, Steuergeheimnis

Sachverhalt: Paul Plombig (P) ist Betriebsprüfer in der Betriebsprüfungsstelle des Finanzamts Nürnberg Zentral und mit der Prüfung mehrerer verbundener Unternehmen beauftragt. Zur Vorbereitung einer Betriebsprüfung beim beteiligten Unternehmer Uhland (U) läßt er sich vom zuständigen Veranlagungsbereich des Finanzamts Nürnberg-West die Steuerakten des U übersenden.

Im Verlauf der Betriebsprüfung stellt P fest, daß im Prüfungszeitraum in einer größeren Anzahl von Fällen Barzahlungen an verschiedene Empfänger als Provisionen gewinnmindernd verbucht worden sind. Er versendet daraufhin Kontrollmitteilungen mit Angaben über Empfänger, Rechtsgrund, Höhe und Zeitpunkt der jeweils von einem Angestellten des U verbuchten Zahlungen an die verschiedenen Wohnsitzfinanzämter der Zahlungsempfänger. In einem Fall kommt daraufhin noch vor Abschluß der Betriebsprüfung eine Mitteilung vom Wohnsitzfinanzamt des angeblichen Zahlungsempfängers, daß letzterer bereits vor etlichen Jahren verstorben ist.

Bei der Schlußbesprechung weist P den U darauf hin, daß die straf- und bußrechtliche Würdigung der Prüfungsfeststellungen einem besonderen Verfahren vorbehalten bleibe und leitet sodann auch der zuständigen Bußgeld- und Strafsachenstelle des Finanzamts Nürnberg-West einen Abdruck des Prüfungsberichts zu.

Frage: Wie ist das Verhalten der beteiligten Amtsträger unter Berücksichtigung des § 30 AO zu beurteilen?

▶ **Lösung**

Alle beteiligten Bediensteten der Finanzverwaltung haben als Amtsträger (§ 7 AO) das Steuergeheimnis zu wahren (§ 30 Abs. 1 AO). Die Verhältnisse (Betriebseinnahmen, Betriebsausgaben, Gewinn usw.) des U, wie auch diejenigen der Zahlungsempfänger, sind den Amtsträgern im Besteuerungsverfahren bekannt geworden und unterliegen dem Steuergeheimnis (vgl. § 30 Abs. 2 Nr. 1 Buchstabe a AO). Ihre Offenbarung ist daher - auch gegenüber anderen Angehörigen derselben Dienststelle sowie gegenüber anderen Dienststellen - nur zulässig, wenn und soweit jeweils einer der in § 30 Abs. 4 AO aufgeführten Fälle vorliegt.

Die Übersendung der Steuerakten des U an P, die Versendung von Kontrollmitteilungen durch P und die Mitteilung eines der angeschriebenen Finanzämter über den Tod des angeblichen Zahlungsempfängers dienen jeweils der Durchführung eines Besteuerungsverfahrens und sind daher zulässig (§ 30 Abs. 4 Nr. 1 i.V.m. Abs. 2 Nr. 1 Buchstabe a AO). Dasselbe gilt für die Übersendung des Berichtsabdruckes an die Bußgeld- und Strafsachenstelle mit der Maßgabe, daß sie der Durchführung eines möglichen Steuerstrafverfahrens dient (§ 30 Abs. 4 Nr. 1 i.V.m. Abs. 2 Nr. 1 Buchstabe b AO).

Die Versendung von Kontrollmitteilungen durch Finanzämter an andere Finanzämter für steuerliche Zwecke ist allgemein zulässig und kann im Einzelfall nach § 85 AO geboten sein. Anläßlich einer Außenprüfung festgestellte steuerliche Verhältnisse anderer Personen können darüber hinaus nach der ausdrücklichen Regelung des § 194 Abs. 3 AO im Wege von Kontrollmitteilungen ausgewertet werden. Bei der Prüfung von Kreditinstituten soll allerdings die Fertigung von Kontrollmitteilungen zum Zweck einer Nachprüfung der ordnungsgemäßen Versteuerung von Kapitalerträgen grundsätzlich unterbleiben (§ 30a Abs. 3 Satz 2 AO).

V. Verfahrensvorschriften

FALL 7

Beteiligte, Handlungsfähigkeit, Steuerrechtsfähigkeit

Sachverhalt: Die schwerkranke Gerda Emsig (G) bestimmt in ihrem Testament, daß ihr Vermögen nach ihrem Tod auf das im Zeitpunkt der Errichtung des Testaments noch nicht geborene Kind ihrer Tochter Trude Emsig (T) übergehen soll. G stirbt noch vor der Geburt der kleinen Erika (E). Die

Erbschaft besteht im wesentlichen aus einem Aktienpaket, das alljährlich beachtliche Erträge abwirft.

Fragen: 1. Wer ist Steuerpflichtiger?
2. Wer ist Steuerschuldner?
3. Wer ist zur Abgabe von Steuererklärungen verpflichtet?
4. An wen muß das Finanzamt die Steuerbescheide richten?

▶ **Lösung**

Steuerpflichtiger ist gem. § 33 AO, wer kraft Gesetzes steuerliche Pflichten zu erfüllen hat, insbesondere wer eine Steuer schuldet oder eine Steuererklärung abzugeben hat.

Wer *Steuerschuldner* ist, bestimmt sich gem. § 43 AO nach den Einzelsteuergesetzen. Schuldner der Erbschaftsteuer ist danach der Erwerber (§ 20 Abs. 1 ErbStG). Schuldner der Einkommensteuer ist, wer den Tatbestand der Einkunftserzielung erfüllt (vgl. § 36 Abs. 4 EStG).

Die verstorbene G erzielte zu Lebzeiten Einkünfte aus Kapitalvermögen, war daher zur Abgabe von Einkommensteuererklärungen verpflichtet (§ 149 Abs. 1 AO i.V.m. § 25 Abs. 3 EStG), schuldete als Steuerpflichtige (§ 33 AO) die Einkommensteuer (§ 36 Abs. 4 EStG) und war Adressatin der Einkommensteuerbescheide (§ 122 Abs. 1 Satz 1 AO). Mit dem Tod der G endete ihre (bürgerlich-rechtliche und steuerrechtliche) Rechtsfähigkeit.

Von der *Rechtsfähigkeit* (Fähigkeit, Träger von Rechten und Pflichten zu sein, vgl. § 1 BGB) zu unterscheiden ist die *Handlungsfähigkeit* (Fähigkeit, rechtlich bedeutsame Handlungen vorzunehmen, z.B. rechtsverbindliche Erklärungen abzugeben oder entgegenzunehmen, vgl. §§ 2 und 104 bis 115 BGB). Steuerschuldner und Steuerpflichtiger müssen mindestens steuerrechtsfähig, brauchen aber nicht notwendigerweise handlungsfähig zu sein. Die *Steuerrechtsfähigkeit* richtet sich nicht durchwegs nach der bürgerlich-rechtlichen Rechtsfähigkeit. So kann auch ein bürgerlich-rechtlich nicht mit eigener Rechtspersönlichkeit ausgestattetes Gebilde wie die Gesellschaft bürgerlichen Rechts (GbR, vgl. §§ 705 ff BGB) Steuerrechtssubjekt sein.

Die Rechtsfähigkeit des Menschen beginnt mit der Vollendung seiner Geburt (§ 1 BGB). Die erzeugte, aber noch ungeborene Leibesfrucht („nasciturus") fällt nicht unter diese Definition. Ein ungeborenes Kind ist aber bereits erbfähig (§ 1923 Abs. 2 BGB). Die (bürgerlich-rechtliche) *Geschäftsfähigkeit* gliedert sich weiter in die Stufen der Geschäftsunfähigkeit (vor Vollendung des siebten Lebensjahres, § 104 Nr. 1 BGB), der beschränkten Geschäftsfähigkeit (ab Vollendung des siebten bis vor Vollendung des achtzehnten Lebensjahres, § 106 BGB) und der (unbeschränkten) Geschäftsfähigkeit (vgl. § 106 i.V.m. § 2 BGB). Die (steuerliche) Handlungsfähigkeit knüpft an diese Stufen der Geschäftsfähigkeit an (vgl. § 79 AO).

E ist mit ihrer Geburt (bürgerlich-rechtlich und steuerlich) rechtsfähig geworden. Da sie aber nach bürgerlichem Recht bis zur Vollendung des siebten Lebensjahres geschäftsunfähig ist (§ 104 Nr. 1 BGB), ist sie auch steuerlich nicht handlungsfähig (vgl. § 79 Abs. 1 Nr. 1 AO). Ganz abgesehen von ihrem altersbedingten tatsächlichen Unvermögen, kann E mit rechtlicher Wirkung weder eigene Wissens- oder Willensäußerungen (z.B. eine Steuererklärung) abgeben noch fremde Willenserklärungen (z.B. einen Steuerbescheid) entgegennehmen. Gleichwohl ist E Schuldnerin der Erbschaftsteuer und Schuldnerin der Einkommensteuer für die nach ihrer Geburt von ihr selbst erzielten Einkünfte aus Kapitalvermögen.

Darüber hinaus schuldet E als Gesamtrechtsnachfolgerin (§ 1922 BGB) der G die Einkommensteuer der G für das Todesjahr sowie gegebenenfalls für frühere Veranlagungszeiträume (§ 45 AO).

Die Anzeige des Erbfalls vorzunehmen bzw. die Erbschaftsteuererklärung, die eigenen Einkommensteuererklärungen ab dem Jahr ihrer Geburt und die Einkommensteuererklärung der Erblasserin (Großmutter) für das Todesjahr sowie gegebenenfalls für frühere Jahre abzugeben, ist der kleinen E weder tatsächlich noch rechtlich möglich. Diese vom Gesetzgeber der E als Steuerpflichtigen auferlegten Erklärungspflichten (vgl. §§ 149, 150 AO i.V.m. §§ 25 Abs. 3 EStG, 30, 31 ErbStG) sind gem. § 34 Abs. 1 Satz 1 AO von der Mutter (T) der E als ihrer gesetzlichen Vertreterin (§§ 1626, 1629 BGB) zu erfüllen. T hat insbesondere auch für die Entrichtung der von E geschuldeten Steuern zu sorgen (§ 34 Abs. 1 Satz 2 AO).

Die Steueransprüche richten sich teilweise gegen die E als originäre Steuerschuldnerin (Erbschaftsteuer und eigene Einkommensteuer) und im übrigen (Einkommensteuer der G) gegen die E in ihrer Eigenschaft als Rechtsnachfolgerin der G (§§ 1922 BGB, 45 AO). In keinem Fall aber ist die kleinen E die Entgegennahme der für sie bestimmten Steuerbescheide mit rechtlicher Wirkung möglich. Sie (und übrigens auch das Finanzamt) ist vielmehr auch insoweit auf die „Mithilfe" der Mutter (T) als gesetzlicher Vertreterin angewiesen. Sämtliche Steuerbescheide sind an T zu richten und der T bekanntzugeben. Dabei ist mit ausreichender Deutlichkeit das Vertretungsverhältnis anzugeben (§§ 119 Abs. 1, 121 Abs. 1 AO).

Die Fragen sind daher wie folgt zu beantworten:

1. Steuerpflichtige sind E (als Steuerschuldnerin) und T (als gesetzliche Vertreterin der Steuerschuldnerin).

2. Steuerschuldnerin ist bis zu ihrem Tod die G, im übrigen nur E.

3. Zur Abgabe der Steuererklärungen (für E) ist T verpflichtet.

4. Sämtliche Steuerbescheide sind der T als gesetzlicher Vertreterin der E bekanntzugeben. Im Bescheid ist neben der T auch die Steuerschuldnerin (E) zu benennen und das Vertretungsverhältnis („als gesetzliche Vertreterin der Erika Emsig") anzugeben. Soweit die E als Rechtsnachfolgerin der verstorbenen G in Anspruch genommen wird (Einkommensteuer) der G für das Todesjahr und frühere Jahre), ist auch hierauf deutlich hinzuweisen („als Rechtsnachfolgerin der verstorbenen Gerda Emsig").

FALL 8

Vertretung, Vollmacht

Sachverhalt: Steuerberaterin Susanne Sorgsam (S) vertritt seit Jahren die hochbetagte Mandantin Anna Ammer (A) in allen steuerlichen Angelegenheiten gegenüber dem Finanzamt und hat auch Empfangsvollmacht. Als A stirbt, beauftragt der Erbe Erich Eiler (E) Steuerberaterin S mit der Erstellung der noch ausstehenden Steuererklärungen (Einkommensteuererklärung und Vermögensteuererklärung der A für das Todesjahr, Erbschaftsteuererklärung). Mit Erstellung dieser Steuererklärungen, äußert E gegenüber Steuerberaterin S, betrachte er das Mandat dann als beendet.

Nach Abgabe der von S erstellten Steuererklärungen durch E sendet das Finanzamt die Einkommensteuer- und Vermögensteuerbescheide der A entsprechend der langjährigen Gewohnheit an S.

S legt daraufhin gegen die Bescheide vorsorglich Einspruch ein und teilt dem Finanzamt mit, man möge sich in dieser Sache künftig nicht mehr an sie wenden, da kein Mandat mehr bestehe.

Frage: Hat Steuerberaterin S gegen die Einkommensteuer- und Vermögensteuerbescheide der A wirksam Einspruch eingelegt?

Lösung

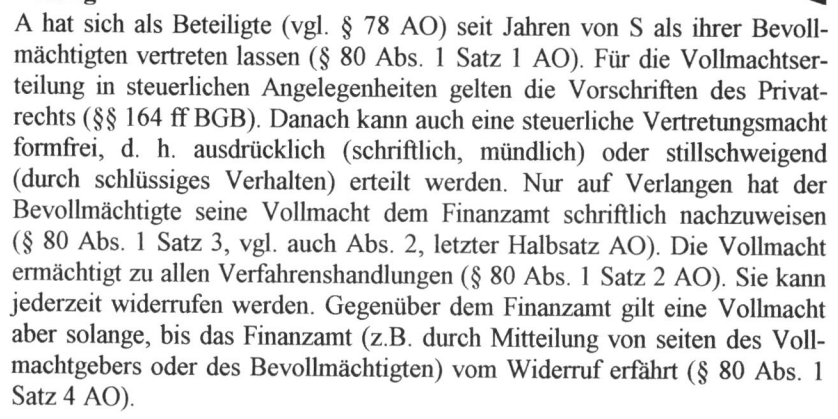

A hat sich als Beteiligte (vgl. § 78 AO) seit Jahren von S als ihrer Bevollmächtigten vertreten lassen (§ 80 Abs. 1 Satz 1 AO). Für die Vollmachtserteilung in steuerlichen Angelegenheiten gelten die Vorschriften des Privatrechts (§§ 164 ff BGB). Danach kann auch eine steuerliche Vertretungsmacht formfrei, d. h. ausdrücklich (schriftlich, mündlich) oder stillschweigend (durch schlüssiges Verhalten) erteilt werden. Nur auf Verlangen hat der Bevollmächtigte seine Vollmacht dem Finanzamt schriftlich nachzuweisen (§ 80 Abs. 1 Satz 3, vgl. auch Abs. 2, letzter Halbsatz AO). Die Vollmacht ermächtigt zu allen Verfahrenshandlungen (§ 80 Abs. 1 Satz 2 AO). Sie kann jederzeit widerrufen werden. Gegenüber dem Finanzamt gilt eine Vollmacht aber solange, bis das Finanzamt (z.B. durch Mitteilung von seiten des Vollmachtgebers oder des Bevollmächtigten) vom Widerruf erfährt (§ 80 Abs. 1 Satz 4 AO).

Im vorliegenden Fall ist die Vertretungs- und Empfangsvollmacht der S vom Tod ihrer Mandantin nicht berührt worden (§ 80 Abs. 2 Satz 1 AO). E hat diese Vollmacht der S ausdrücklich auch für seine Person (als Rechtsnachfolger der A) bestätigt, allerdings auch zeitlich begrenzt. Gegenüber dem Finanzamt wird der Widerruf der Vollmacht erst mit der entsprechenden Mitteilung durch S, d. h. nach Einspruchseinlegung wirksam.

S hat daher wirksam Einspruch eingelegt.

FALL 9

Besteuerungsgrundsätze, Untersuchungsgrundsatz

Sachverhalt: Leo Limmer (L), von Beruf Lehrer und stolzer Eigentümer eines vor einem Jahr zum Preis von 500.000 DM erworbenen und seitdem zu eigenen Wohnzwecken genutzten Einfamilienhauses, gibt seine Einkommensteuererklärung für das Jahr 1995 beim Finanzamt ab.

Er macht darin (u.a.) Kontoführungsgebühren für sein Gehaltskonto i.H.v. 30 DM (ohne Belege) als Werbungskosten bei den Einkünften aus nichtselbständiger Arbeit, außerdem gezahlte Schuldzinsen i.H.v. 5 000 DM als Aufwendungen vor Bezug seines selbstgenutzten Hauses sowie den Beitrag für eine Hausratversicherung als Sonderausgaben geltend.

Der mit der Bearbeitung der Einkommensteuererklärung befaßte Bedienstete des Finanzamts Pingel (P) vermißt zum einen Belege für die geltend gemachten Kontoführungsgebühren (Gehaltskonto) und erkennt aber zum anderen anhand der von L vorgelegten Bankbestätigung, daß L vor dem Einzug in sein Haus außer den Schuldzinsen von 5 000 DM auch eine (in der Steuererklärung nicht geltend gemachte) Kreditbearbeitungsgebühr i.H.v. 300 DM gezahlt hat.

Er fordert daraufhin den L schriftlich auf, Belege für die Kontoführungsgebühren vorzulegen, da anderenfalls die geltend gemachten Aufwendungen (30 DM) nicht berücksichtigt werden könnten. Der Beitrag für die Hausratversicherung sei nicht als Sonderausgabe abzugsfähig, da es sich um eine Sachversicherung handle. Außerdem möge er (L) mitteilen, wie er den Kaufpreis für das Einfamilienhaus finanziert habe. Die relativ geringen Schuldzinsen ließen auf im Zeitpunkt des Kaufs vorhandenes Geldvermögen schließen, wobei aber für die vergangenen Jahre keinerlei Einkünfte aus Kapitalvermögen erklärt worden seien.

Daraufhin antwortet L dem Finanzamt erbost folgendes:
Wie er den Kaufpreis finanziert habe, sei ausschließlich seine Sache. Er verbitte sich derart neugierige Fragen. Ob Beiträge für Hausratversicherungen als Sonderausgaben abzugsfähig seien, könne er als steuerlicher Laie zwar nicht beurteilen. Er wisse aber zuverlässig, daß das Finanzamt dies im Falle seines Nachbarn so gehandhabt habe und bestehe schon aus Gründen der

Gleichbehandlung darauf. Belege für die Kontoführungsgebühren werde er schon wegen Geringfügigkeit nicht vorlegen. Aufgrund der alljährlich zusammen mit dem Einkommensteuererklärungsformular erhaltenen Anleitung sei er davon ausgegangen, daß hierfür eine Pauschale angesetzt werden könne. Er bitte die Veranlagung nun endlich erklärungsgemäß durchzuführen.

Frage: Hat L einen Anspruch darauf, daß bei seiner Einkommensteuerveranlagung
a) die Kontoführungsgebühren als Werbungskosten,
b) die Kreditbearbeitungsgebühr als Aufwendungen (vor Bezug) für selbstgenutztes Wohneigentum,
c) der Beitrag für die Hausratversicherung als Sonderausgabe berücksichtigt werden?

Lösung

§ 85 AO verpflichtet die Finanzbehörden (vgl. § 6 Abs. 2 AO), die Steuern nach Maßgabe der Gesetze (§ 4 AO) gleichmäßig festzusetzen und zu erheben und v. a. sicherzustellen, daß Steuern weder verkürzt noch zu Unrecht erhoben werden.

Diese Grundsätze der *Tatbestandsmäßigkeit* sowie der *Gleichmäßigkeit* der Besteuerung gehen auf das Legalitätsprinzip (Art. 20 Abs. 3 GG) und auf das allgemeine Gleichheitsgebot (Art. 3 GG) zurück. Das Legalitätsprinzip verbietet Steuervereinbarungen zwischen Finanzamt und Steuerpflichtigen, schließt aber eine sogenannte „tatsächliche Verständigung" (z.B. über schwierig zu ermittelnde Besteuerungsgrundlagen) nicht grundsätzlich aus. Darüber hinaus hat die Steuerverwaltung, wie andere Bereiche der öffentlichen Verwaltung auch, die zum Teil in außersteuerlichen Gesetzen enthaltenen und zum Teil von der Rechtsprechung entwickelten allgemeinen Schranken staatlichen Handelns zu berücksichtigen:

Der *Verhältnismäßigkeitsgrundsatz* besagt, daß die durch eine behördliche Maßnahme zu erwartende Beeinträchtigung nicht außer Verhältnis zum beabsichtigten Erfolg stehen darf. Aufgrund des *Übermaßverbotes* muß die Behörde unter mehreren möglichen Maßnahmen diejenige auswählen, die den einzelnen und die Allgemeinheit am wenigsten beeinträchtigt (Grundsatz des geringstmöglichen Eingriffs). Außerdem muß das eingesetzte Mittel geeignet sein, den gewünschten Zweck zu erreichen (*Grundsatz der Tauglichkeit des*

Mittels). Und schließlich kann es auch dem Finanzamt im Einzelfall nach dem *Grundsatz von Treu und Glauben* verwehrt sein, sich zum eigenen früheren Verhalten, etwa zu einer tatsächlichen Verständigung, in Widerspruch zu setzen. Das als Unterfall dieser unzulässigen Rechtsausübung anzusehende Rechtsinstitut der *Verwirkung* setzt voraus, daß ein Berechtigter durch sein Verhalten einen Vertrauenstatbestand dergestalt geschaffen hat, daß nach Ablauf einer gewissen Zeit die Geltendmachung seines Rechts als illoyale Rechtsausübung empfunden werden muß. Da zum Vertrauenstatbestand aber immer auch die sogenannte Vertrauensfolge (auf den Vertrauenstatbestand aufbauende Disposition der Gegenseite) hinzukommen muß, wird Verwirkung in der Besteuerungspraxis höchst selten vorliegen.

Der Grundsatz von Treu und Glauben steht z.B. einer Änderung des Steuerbescheids nach § 173 Abs. 1 Satz 1 Nr. 1 AO zuungunsten des Steuerpflichtigen entgegen, wenn eine steuererhöhende Tatsache zwar nachträglich bekanntgeworden ist, das Finanzamt diese Tatsache aber bei gehöriger Erfüllung seiner Ermittlungspflicht (§ 88 AO) schon vor Erlaß des Erstbescheids hätte erkennen können und der Verstoß des Finanzamts gegenüber demjenigen des Steuerpflichtigen überwiegt.

Andererseits kann aber auch ein Steuerpflichtiger sich z.B. nicht mehr auf die Nichtigkeit eines Verwaltungsakts berufen, wenn alle Beteiligten jahrelang (u.U. sogar während eines finanzgerichtlichen Verfahrens) unstreitig von der Wirksamkeit ausgegangen sind und eine Nachholung der Steuerfestsetzung in wirksamer Form wegen zwischenzeitlich eingetretener Verjährung nicht mehr möglich ist.

Für den Beispielsfall läßt sich aus alldem folgendes entnehmen:

a) Der Erfahrungssatz von 30 DM für Kontoführungsgebühren ergibt sich nicht unmittelbar aus dem Einkommensteuergesetz, wird aber in ständiger Verwaltungsübung bei allen Steuerpflichtigen mit Einkünften aus nichtselbständiger Arbeit ohne Nachweis anerkannt. Der Grundsatz, daß steuermindernde Besteuerungsgrundlagen (hier: Werbungskosten) vom Steuerpflichtigen im einzelnen nachzuweisen sind (vgl. hierzu auch § 160 Abs. 1 AO), erfährt eine Einschränkung dahin, daß derartige Aufwendungen i.H. von 30 DM allgemein als glaubhaft angesehen und daher auch ohne Nachweis als Werbungskosten berücksichtigt werden. Eine willkürliche Abweichung von dieser Verwaltungspraxis im Einzelfall würde einen Verstoß gegen den Gleichbehandlungsgrundsatz bedeuten.

Obwohl der Erfahrungssatz von 30 DM also nicht etwa eine gesetzlich geregelte Pauschale darstellt, hat L unter dem Gesichtspunkt der Gleichmäßigkeit der Besteuerung (§ 85 Satz 1 AO) Anspruch auf Berücksichtigung dieser Aufwendungen, und zwar auch ohne Vorlage von Belegen.

b) Die von L gezahlte Kreditbearbeitungsgebühr von 300 DM gehört wie die Schuldzinsen zu den gemäß § 10e Abs. 6 EStG abziehbaren Aufwendungen. Ihre Berücksichtigung ist zwar grundsätzlich antragsgebunden. Im vorliegenden Fall hat L aber den erforderlichen Antrag dem Grunde nach gestellt, indem er die Schuldzinsen geltend gemacht hat.

Sofern P anderer Auffassung gewesen sein sollte, hätte er den L auf die Abzugsmöglichkeit und gegebenenfalls auf das Antragserfordernis hinweisen müssen. Gemäß § 89 AO soll nämlich die Finanzbehörde den Steuerpflichtigen (im Rahmen des Möglichen und Zumutbaren) beraten. Außerdem hat das Finanzamt nach § 88 Abs. 2 i.V.m. § 85 Satz 2 AO auch die für die Beteiligten günstigen Umstände zu berücksichtigen. In jedem Fall hat L daher Anspruch auf Berücksichtigung der Kreditbearbeitungskosten (von Amts wegen).

c) Beiträge für eine Hausratversicherung stellen keine Sonderausgaben i.S. von § 10 EStG dar. Ob beim Nachbarn des L (zu Unrecht) solche berücksichtigt worden sind, kann dahingestellt bleiben. Denn selbst wenn dies zutreffen sollte, könnte L daraus nicht einen Anspruch auf „gleichfalsche" Behandlung herleiten. § 85 AO gewährt gleiches Recht für alle, gibt dem einzelnen Steuerbürger aber kein Recht darauf, daß bei ihm gleich rechtswidrig wie in einem anderen Fall verfahren werden müsse. L hat damit keinen Anspruch auf Berücksichtigung des Hausratversicherungsbeitrags als Sonderausgabe.

Im übrigen war die Frage des P nach der Finanzierung des Kaufpreises zulässig. Denn die Finanzämter haben nach § 85 Satz 2 AO sicherzustellen, daß Steuern nicht verkürzt werden. Zu diesem Zweck haben sie den Sachverhalt von Amts wegen zu ermitteln (*Amtsermittlungsgrundsatz*, § 88 Abs. 1 Satz 1 AO).
L ist als Beteiligter (vgl. § 78 Nr. 2 AO) zur Mitwirkung bei der Sachverhaltsermittlung verpflichtet (§ 90 Abs. 1 AO). Er muß die Frage nach der Finanzierung des Kaufpreises beantworten.

FALL 10

Mitwirkungspflichten, Anhörung, Beweismittel

Sachverhalt: Berthold Braun (B) war Geschäftsführer und ist nun Liquidator der in Konkurs gegangenen Allround GmbH. Im Anschluß an eine Lohnsteueraußenprüfung bei der GmbH will das Finanzamt gegen B einen Haftungsbescheid wegen rückständiger Lohnsteuerschulden der GmbH erlassen. Außerdem soll geprüft werden, ob B für rückständige Umsatzsteuerschulden der GmbH durch Haftungsbescheid in Anspruch genommen werden kann.

Fragen:
1. Welche Verfahrensvorschriften sollte das Finanzamt vor Erlaß eines Haftungsbescheids beachten?
2. Ist B verpflichtet, auf Fragen des Finanzamts zum maßgeblichen Sachverhalt zu antworten?
3. Welche Möglichkeiten der Sachverhaltsermittlung hat das Finanzamt außerdem?

▶ **Lösung**

Zu 1.
Sofern ein Haftungstatbestand (hier z.B. § 69 AO) erfüllt ist, kann das Finanzamt den B gem. § 191 Abs. 1 AO durch Haftungsbescheid in Anspruch nehmen.
Zuvor wird man aber dem B Gelegenheit geben, sich zur Sache zu äußern (§ 91 Abs. 1 Satz 1 AO) und gegebenenfalls Entlastendes vorzutragen.

Zu 2.
Als Geschäftsführer der GmbH (§ 35 GmbHG) war B verpflichtet, die steuerlichen Pflichten der GmbH zu erfüllen (§ 34 Abs. 1 AO). Auch während und nach der Liquidation der GmbH bleiben diese Pflichten bestehen, soweit B sie tatsächlich erfüllen kann (§ 36 AO). In der Haftungssache ist B selbst Beteiligter (§ 78 Nr. 2 AO). Er ist daher gem. § 90 Abs. 1 Satz 1 AO in vollem Umfang zur Mitwirkung verpflichtet.

Zu 3.
Das Finanzamt kann je nach Lage des Falles von anderen Personen (hier: z.B. Mitgeschäftsführer, Prokuristen, Lohnbuchhalter usw.) Auskünfte einholen (§ 92 Nr. 1 AO), Urkunden (hier: z.B. Anstellungsvertrag des B zur Klärung seines internen Zuständigkeitsbereichs) und Akten (hier: z.B. Konkursakte)

beiziehen. B und die anderen Personen sind in diesem Fall zur Auskunft (vgl. § 93 Abs. 1 Satz 1 AO) sowie zur Vorlage von Urkunden, Büchern und Aufzeichnungen (§ 97 Abs. 1 AO) verpflichtet. Das Konkursgericht wird dem Finanzamt die Konkursakte und gegebenenfalls weitere Unterlagen zur Verfügung stellen (vgl. § 111 Abs. 1 AO).

FALL 11

Fristen

Sachverhalt: Die Eheleute Hannelore und Hermann Hübner (H) geben im Oktober 1994 ihre Einkommensteuererklärung 1993 beim Finanzamt ab. In einem Begleitschreiben bitten sie um „Nachsicht wegen der verspäteten Abgabe".
In der Steuererklärung beantragen sie u.a. die Berücksichtigung von zwei Kindern. Ihre beiden Töchter Lotte und Luise sind Zwillingsschwestern. Sie haben im Herbst 1992 ihre Berufsausbildung abgeschlossen und sind seitdem erwerbstätig. Lotte ist am 31.12.1974 um 23.55 Uhr geboren, Luise zehn Minuten danach.
Am Freitag, den 27.01.1995 wird der Einkommensteuerbescheid 1993 an die Eheleute H mit einfachem Brief zur Post gegeben. Im Bescheid ist ein Kinderfreibetrag nicht berücksichtigt. Am Mittwoch, den 01.03.1995 geht ein Einspruchsschreiben der Eheleute H beim Finanzamt ein.

Fragen: 1. Auf welche Weise kann das Finanzamt auf die Bitte der Eheleute H um „Nachsicht" reagieren?
2. Steht den Eheleuten H für 1993 ein Kinderfreibetrag zu?
3. Ist der Einspruch fristgerecht?

Lösung
Zu 1.
Die Frist zur Abgabe von Einkommensteuererklärungen ist gesetzlich bestimmt (§ 149 Abs. 2 Satz 1 AO). Bei Versäumung gesetzlicher Fristen kommt grundsätzlich Wiedereinsetzung in den vorigen Stand (§ 110 AO) in Betracht. Wegen der besonderen Regelung für Steuererklärungsfristen in § 109 Abs. 1 AO scheidet jedoch die Anwendung des § 110 AO insoweit aus. Das Finanzamt kann daher (auch stillschweigend und rückwirkend) die

Abgabefrist gemäß § 109 Abs. 1 AO verlängern oder (im Fall einer nicht entschuldbaren, gegebenenfalls wiederholten Säumnis) einen Verspätungszuschlag festsetzen (§ 152 Abs. 1 AO).

Zu 2.
Die Berücksichtigung der Kinder hängt davon ab, ob die Kinder zu Beginn des Veranlagungszeitraums 1993 das 18. Lebensjahr vollendet hatten (§ 32 Abs. 3 EStG). Für die Berechnung gelten die §§ 108 AO und 187 bis 193 BGB.

Die am 31.12.1974 geborene Lotte hat mit Ablauf des 30.12.1992, die am 01.01.1975 geborene Luise mit Ablauf des 31.12.1992 das 18. Lebensjahr vollendet (§ 108 Abs. 1 AO i.V.m. §§ 187 Abs. 2, 188 Abs. 2 BGB).
Beide haben somit zu Beginn des Veranlagungszeitraums 1993 das 18. Lebensjahr vollendet und können bei der Einkommensteuerveranlagung 1993 der Eheleute H nicht mehr als Kinder berücksichtigt werden.

Zu 3.
Der am 27.01.1995 zur Post gegebene Einkommensteuerbescheid gilt als am 30.01.1995 bekanntgegeben (§ 122 Abs. 2 Nr. 1 AO). Die Rechtsbehelfsfrist beginnt mit dem 31.01.1995 (§ 108 Abs. 1 AO i.V.m. § 187 Abs. 1 BGB), dauert einen Monat (§ 355 Abs. 1 Satz 1 AO) und endet mit Ablauf des 28.02.1995 (§ 108 Abs. 1 AO i.V.m. § 188 Abs. 2 und Abs. 3 BGB).
Der am 01.03.1995 eingegangene Einspruch ist damit verspätet.

FALL 12

Wiedereinsetzung in den vorigen Stand

Sachverhalt: Der Fabrikant Faber (F) aus Fulda will gegen einen Umsatzsteuerbescheid Einspruch einlegen. Er bereitet deshalb (am letzten Tag der Rechtsbehelfsfrist) ein entsprechendes Schreiben an das Finanzamt Fulda vor und beauftragt seine langjährige Sekretärin Frau Heinkes (H), dieses Schreiben noch am selben Tag beim Finanzamt abzugeben. Anschließend tritt er beruhigt eine mehrtägige Geschäftsreise an. Die sonst sehr gewissenhafte H packt das Einspruchsschreiben beim Aufräumen von F's Schreibtisch versehentlich zusammen mit weiteren Schriftstücken in eine Schublade und vergißt so den Auftrag des F auszuführen.

Abgabenordnung

Als F einige Tage später von unterwegs im Büro anruft und sich nach dem Einspruchsschreiben erkundigt, gesteht ihm H erschrocken das Versäumnis. F ruft daraufhin seinen Steuerberater Schulze (S) in Fulda an, erzählt ihm den Sachverhalt und bittet ihn, das Erforderliche zu veranlassen.

S fertigt einen Aktenvermerk über den Inhalt des Gesprächs und vermerkt in seinem Terminkalender einen Termin zur Wiedervorlage einen Monat später. Drei Tage vor dem Wiedervorlagetermin läßt Steuerberater S ein Einspruchsschreiben samt Antrag auf Wiedereinsetzung in den vorigen Stand und Begründung fertigen und beauftragt eine erst seit kurzem bei ihm beschäftigte Auszubildende, dieses Schreiben vorab per Telefax und sodann in Ausfertigung per Brief an das Finanzamt Fulda zu senden.

Das Telefax wird wegen einer technischen Störung im Telefaxgerät der Kanzlei nicht übermittelt. Da die von S beauftragte Auszubildende mit dem Telefaxgerät noch nicht vertraut ist, erkennt sie dies nicht.

Die mit Brief versandte Ausfertigung wird noch am selben Tag zur Post gegeben. Wegen eines am nächsten Tag beginnenden spontanen Streiks von Postbediensteten geht dieser Brief erst 10 Tage später beim Finanzamt ein.

Als S daraufhin schriftlich vom Finanzamt auf die Fristversäumnis hingewiesen wird, beantragt er unverzüglich in einem weiteren Schreiben unter gleichzeitiger Schilderung den Geschehensablaufs erneut Wiedereinsetzung. Dieses Schreiben wirft er am Abend desselben Tages persönlich in den Hausbriefkasten des Finanzamts.

Frage: Ist der Einspruch des F gegen den Umsatzsteuerbescheid zulässig (fristgerecht)?

Lösung ◄

Die Monatsfrist des § 355 AO ist überschritten. Jedoch kommt Wiedereinsetzung in den vorigen Stand gemäß § 110 AO in Betracht.

Voraussetzung hierfür wäre, daß F ohne Verschulden verhindert war, die Rechtsbehelfsfrist einzuhalten (§ 110 Abs. 1 Satz 2 AO). Dabei wäre ein mögliches Verschulden eines Vertreters dem F zuzurechnen (§ 110 Abs. 2 Satz 1 AO).

F selbst hat zunächst alles aus seiner Sicht zur Wahrung der Rechtsbehelfsfrist Notwendige getan. Ein Verschulden könnte allerdings darin liegen, daß er das Einspruchsschreiben der H zur Überbringung anvertraut hat.

Da die H dem F als sehr gewissenhaft bekannt war, hat F die angemessene und vernünftigerweise zu erwartende Sorgfalt walten lassen und damit eben nicht schuldhaft i.S. von § 110 AO gehandelt, als er die H mit der Überbringung des Einspruchsschreibens beauftragt hat. F brauchte nicht damit zu rechnen, daß H den Auftrag nicht ausführen werde.

In Betracht kommt weiter ein dem F zuzurechnendes Verschulden der H. Dazu müßte H aber Vertreterin des F gewesen sein (vgl. § 110 Abs. 1 Satz 2 AO).

Wirksame Vertretung setzt entweder (gesetzliche) Vertretungsmacht oder (rechtsgeschäftlich erteilte) Vollmacht voraus (§§ 164, 167 BGB). Vom Vertreter zu unterscheiden ist der (im Gesetz nicht geregelte) Bote. Während der Vertreter eine eigene Willenserklärung im Namen des Vertretenen abgibt, überbringt der Bote lediglich eine fertige fremde Willenserklärung. Der Vertreter muß wenigstens beschränkt geschäftsfähig (§ 165 BGB), der Bote kann auch geschäftsunfähig sein.

H ist hier nicht Vertreterin, sondern Botin des F. Die Zurechnung eines Verschuldens der H scheidet daher aus. Ein mögliches Verschulden der H ist unschädlich für die Gewährung von Wiedereinsetzung in den vorigen Stand.

Der Antrag auf Wiedereinsetzung wäre innerhalb eines Monats nach Wegfall des Hindernisses (Kenntnis des F vom Versäumnis der H) zu stellen gewesen (§ 110 Abs. 2 Satz 1 AO). Auch diese Frist ist nicht eingehalten worden. Das Telefax ist gar nicht, das Schreiben des S mit dem Wiedereinsetzungsantrag ist nach Ablauf dieser Monatsfrist beim Finanzamt eingegangen. Auch diese Monatsfrist des § 110 Abs. 2 Satz 1 AO ist jedoch als gesetzliche Frist i.S. von § 110 Abs. 1 Satz 1 AO grundsätzlich wiedereinsetzungstauglich.

Schädlich könnte hier aber ein mögliches Verschulden von Steuerberater S als Vertreter (vgl. § 80 Abs. 1 AO) des F sein (§ 110 Abs. 1 Satz 2 AO). In Betracht kommt hierbei ein Organisations-, ein Auswahl- oder ein Überwachungsverschulden des S.

Hinweise auf ein Organisationsverschulden (z.b. Fehlen einer wirksamen Fristenkontrolle) sind nicht erkennbar und können als Ursache für die Fristversäumnis ausgeschlossen werden.

Indem F eine unerfahrene Auszubildende mit der Übermittlung des Telefaxes beauftragt hat, hat er zwar in zurechenbarer Weise die Ursache für das Mißlingen dieser Übermittlung gesetzt. Eine erfahrene Angestellte hätte die technische Störung anhand des Sendeprotokolls erkannt. Dieses Auswahlverschulden des S ist aber nicht streng ursächlich für die Fristversäumnis. Denn S durfte unabhängig von der Telefaxübermittlung darauf vertrauen, daß der am selben Tag (d.h., drei Tage vor Fristablauf) zur Post gegebene Wiedereinsetzungsantrag fristgerecht beim Finanzamt eingehen werde. Der Poststreik war als Fall von höherer Gewalt für S nicht vorhersehbar. Ein kausales Verschulden des S scheidet deshalb aus. Damit liegt auch insoweit kein Hinderungsgrund für die Gewährung von Wiedereinsetzung in den vorigen Stand vor.

Nachdem schließlich der weitere Wiedereinsetzungsantrag samt Begründung innerhalb der Frist des § 110 Abs. 2 Satz 1 AO beim Finanzamt eingegangen ist, ist dem F insgesamt Wiedereinsetzung in den vorigen Stand zu gewähren. Der Einspruch des F gegen den Umsatzsteuerbescheid gilt damit als fristgerecht.

FALL 13

Verwaltungsakt

Sachverhalt: Steuerberater Seiler (S) aus Traunstein befindet sich wegen eines Skiunfalls zur stationären Behandlung im Krankenhaus und hat deshalb seine Kanzleivorsteherin Diplomkauffrau Kamm gebeten, den täglichen Posteingang zu sortieren und ihm die wichtigen Sachen, insbesondere alle Verwaltungsakte ins Krankenhaus zu bringen.

Am ersten Tag geht folgende Post ein:

- ein Schreiben eines Mandanten (samt Ablichtung einer Prüfungsanordnung), in dem dieser mitteilt, daß das Finanzamt ihm eine Betriebsprüfung angekündigt habe,

- ein Bescheid über die Feststellung des Einheitswerts eines Grundstücks für eine Mandantin des S,

- eine Ausgabe des Bundessteuerblattes Teil I (Inhalt: verschiedene BMF-Schreiben),

- eine Ladung des Finanzgerichts München zur mündlichen Verhandlung in einem Verfahren, in dem S als Prozeßbevollmächtigter tätig ist,

- ein Bericht vom Finanzamt Traunstein über eine bei einem Mandanten des S durchgeführte Umsatzsteuersonderprüfung,

- eine Ausgabe des „Traunsteiner Boten" (Tageszeitung), in dem u.a. auf die demnächst ablaufende allgemeine Frist zur Abgabe der Einkommensteuererklärungen für das vergangene Jahr hingewiesen wird,

- ein Schreiben des Finanzamts Traunstein, in dem ein vorausgegangener Antrag des S auf Erteilung einer verbindlichen Zusage abgelehnt wird,

- eine Einspruchsentscheidung für einen Mandanten des S,

ein Schreiben des Finanzamtsvorstehers, in dem ihm dieser mitteilt, er habe von dem bedauerlichen Unfall des S erfahren, wünsche ihm gute Besserung und habe im übrigen die Bediensteten des Finanzamts angewiesen, bei Fristverlängerungsanträgen aus der Kanzlei des S nicht kleinlich zu verfahren.

Frage: Bei welchen der aufgeführten Schriftstücke handelt es sich um Verwaltungsakte?

▶ **Lösung**
Verwaltungsakt ist gemäß § 118 Satz 1 AO jede
- hoheitliche Maßnahme
- einer Behörde
- zur Regelung eines Einzelfalles
- auf dem Gebiet des öffentlichen Rechts
- mit unmittelbarer Rechtswirkung nach außen.

Fehlt eines oder fehlen mehrere dieser Tatbestandsmerkmale, so liegt kein Verwaltungsakt vor.
Die Entscheidung darüber hat v.a. Bedeutung für die Durchsetzung (vgl. §§ 249 ff, 328 ff AO), für die Rechtsbehelfsfähigkeit (vgl. §§ 347 AO) und für die Korrekturmöglichkeit (vgl. §§ 129 bis 132, 164, 165, 172 ff AO).

Diese gesetzliche Definition des Verwaltungsakts entstammt dem allgemeinen Verwaltungsrecht (vgl. § 35 Verwaltungsverfahrensgesetz, -VwVfG-) und enthält die von Rechtsprechung und Lehre entwickelten Abgrenzungsmerkmale. Während ein Gesetz (vgl. § 4 AO) allgemein jeden Fall regelt, der sich unter den gesetzlichen Tatbestand einordnen (subsumieren) läßt (generelle und abstrakte Wirkung), gilt ein Verwaltungsakt stets nur im Einzelfall und für den jeweils Betroffenen (konkrete und individuelle Wirkung).

Verwaltungsakte sind insbesondere der Steuerbescheid (§ 155 AO), die Grundlagenbescheide (vgl. §§ 171 Abs. 10, 179 AO), der Haftungsbescheid und der Duldungsbescheid (§ 191 AO), die Androhung und die Festsetzung von Zwangsmitteln (§§ 328 ff AO), Zinsen (§§ 233 ff AO) und Kosten (vgl. §§ 337 ff AO), Entscheidungen über Stundung (§ 222 AO) oder Aussetzung der Vollziehung (§ 361 AO) und die Rechtsbehelfsentscheidung (§ 366 AO). Nicht zu den Verwaltungsakten gehören u. a. interne Verfügungen der Behörde, Richtlinien und Erlasse, Gerichtsentscheidungen, die Antwort auf eine Dienstaufsichtsbeschwerde sowie privatrechtliche Rechtsgeschäfte der Behörde (z. B. Kaufvertrag, Arbeitsvertrag).

Man unterscheidet den rechtsbestätigenden (deklaratorischen) vom rechtsbegründenden (konstitutiven) Verwaltungsakt. Ein Steuerbescheid ist stets deklaratorischer Natur, soweit er einen kraft Gesetzes bestehenden Rechtszustand feststellt, d.h. soweit die Steuer zutreffend festgesetzt wird. Soweit allerdings eine Steuer (etwa wegen Nichtberücksichtigung von steuermindernden Besteuerungsgrundlagen) überhöht festgesetzt wird, oder wenn eine bereits verjährte Steuer festgesetzt wird, entspricht der Regelungsinhalt des Verwaltungsaktes nicht der Gesetzeslage. Insoweit wirkt der Verwaltungsakt daher konstitutiv. Er ist zwar insoweit rechtswidrig und anfechtbar. Seine Wirksamkeit wird allein dadurch aber nicht beeinträchtigt.
Ferner lassen sich die Verwaltungsakte einteilen in begünstigende und belastende sowie in gebundene und in Ermessensentscheidungen. Ein Verwaltungsakt kann und wird häufig verschiedene Elemente enthalten, also etwa

teilweise deklaratorisch und teilweise konstitutiv oder begünstigend und belastend zugleich wirken.

Für den vorliegenden Beispielsfall ergibt sich aus alldem folgendes:

Eine *Prüfungsanordnung* (§ 196 AO) erfüllt alle Merkmale des § 118 AO. Verwaltungsakt ist allerdings nur die vom Finanzamt übersandte Ausfertigung, nicht die an den Steuerberater weitergereichte Ablichtung. Betrifft eine Prüfungsanordnung mehrere Steuern, so liegen mehrere (zusammengefaßte) Verwaltungsakte vor. Auch die Festlegung des Prüfungsbeginns und des Prüfungsortes ist jeweils ein selbständiger Verwaltungsakt.

Ein *Einheitswertbescheid* erfüllt ebenfalls alle Merkmale des § 118 AO. Feststellungen über Art, Wert und Zurechnung eines Gebäudes stellen dabei jeweils einen eigenen Verwaltungsakt dar.

BMF-Schreiben dienen (wie andere Arten von Verwaltungsanweisungen auch, z.B. Richtlinien, Erlasse, Verfügungen) nicht der Regelung eines Einzelfalles und entfalten keine unmittelbare Rechtswirkung nach außen (kein VA).

Die *Ladung* des Finanzgerichts kommt nicht von einer Behörde (vgl. § 6 Abs. 1 AO, kein VA).

Dem Bericht über die Umsatzsteuersonderprüfung fehlt - wie allen *Prüfungsberichten* (vgl. § 202 AO) - die unmittelbare Rechtswirkung. Letzere ergibt sich erst aus dem bzw. den Änderungsbescheid(en), die nach Auswertung eines Prüfungsberichts erlassen werden. Der Bericht ist kein Verwaltungsakt.

Eine öffentliche *Bekanntmachung* zur Erinnerung an die Erklärungsabgabefrist (vgl. § 149 Abs. 1 Satz 3 AO) stellt mangels konkreten Regelungsinhalts keinen Verwaltungsakt dar, und zwar auch nicht etwa eine Allgemeinverfügung i. S. von § 118 Satz 2 AO.

Ablehnung und Erteilung einer *verbindlichen Zusage* (§§ 204, 205 AO) sind Verwaltungsakte, ebenso eine *Rechtsbehelfsentscheidung* (vgl. § 366 AO). Das *Schreiben des Vorstehers* an S läßt sich schon nicht als hoheitliche Maßnahme einordnen. Außerdem regelt es weder einen konkreten Einzelfall, noch entfaltet es eine unmittelbare Rechtswirkung nach außen (kein VA).

Eine - hier nicht vorliegende - Entscheidung über einen Fristverlängerungsantrag in einem konkreten Einzelfall (Gewährung oder Versagung einer *Fristverlängerung*, vgl. § 109 Abs. 1 AO) stellt dagegen einen Verwaltungsakt dar.

FALL 14
Bekanntgabe, Wirksamkeit, Nichtigkeit

Sachverhalt: Das Ehepaar Otto und Ottilie Braun (B) betreibt in Gütergemeinschaft einen landwirtschaftlichen Vollerwerbsbetrieb. Die Kinder Sven (17 Jahre) und Katrin (5 Jahre) leben im Haushalt der Eltern und erzielen (mit eigenem Vermögen) jeweils Einkünfte aus Vermietung und Verpachtung. Sven betreibt darüber hinaus mit Zustimmung seiner Eltern und mit Genehmigung des Vormundschaftsgerichts einen eigenen Gewerbebetrieb: Im Sommer führt er im Auftrag einer Genossenschaft mit eigenem Mähdrescher sogenannte Lohndrescharbeiten für Landwirte aus. Die restliche Zeit des Jahres besucht er eine Internatsschule in der Schweiz. Alle Mitglieder der Familie B werden von Steuerberater Halm steuerlich beraten. Er erstellt sämtliche Steuererklärungen und verfügt jeweils auch über umfassende Empfangsvollmacht. Im Jahr 05 ist vom Finanzamt eine Betriebsprüfung bei den Eheleuten B geplant.

Fragen: 1. An wen ist die Prüfungsanordnung zu richten?
2. An wen sind die Einkommensteuerbescheide für die Eheleute B und für die Tochter Katrin zu richten? Was ist bei Bekanntgabe dieser Bescheide besonders zu beachten?
3. An wen sind die Steuerbescheide für den Sohn (Einkommensteuer, Umsatzsteuer, Gewerbesteuer) zu richten?
4. Auf welche Weise können die für Sven bestimmten Bescheide bekanntgegeben werden, während dieser sich in der Schweiz aufhält?

Lösung
Allgemeines
Wichtigste Voraussetzung für die Wirksamkeit eines Verwaltungsakts ist seine ordnungsmäßige Bekanntgabe. Der Verwaltungsakt ist demjenigen

bekanntzugeben, für den er bestimmt ist oder der von ihm betroffen wird (§ 124 Abs. 1 AO). Er muß inhaltlich hinreichend bestimmt (§ 119 Abs. 1 AO) und ausreichend begründet sein (§ 121 Abs. 1 AO). Bei Erlaß von schriftlichen Verwaltungsakten ist danach zu unterscheiden, an wen der Verwaltungsakt sich richtet (Steuerschuldner, vgl. § 43 AO), wem er bekanntgegeben werden soll (Bekanntgabeadressat) und welcher Person er zu übermitteln ist (Empfänger). Gewöhnlich sind Steuerschuldner, Adressat und Empfänger ein und dieselbe Person (identisch). In Fällen der gesetzlichen oder gewillkürten Vertretung fallen sie jedoch auseinander.

Nur wenn Steuerschuldner, Adressat und Empfänger sowie gegebenenfalls ein Vertretungsverhältnis zweifelsfrei aus dem Verwaltungsakt selbst hervorgehen, d.h. aus der bekanntgegebenen Ausfertigung (vgl. § 124 Abs. 1 Satz 2 AO), ist der Verwaltungsakt hinreichend bestimmt und begründet; anderenfalls ist er nichtig (§ 125 Abs. 1 AO) und damit unwirksam (§ 124 Abs. 3 AO). Letzteres hat zur Folge, daß der nichtige „Verwaltungsakt" wegen des von ihm gleichwohl ausgehenden Rechtsscheins zwar zulässigerweise im Rechtsbehelfsweg angefochten werden kann, daß er aber darüber hinaus keine Rechtswirkung entfaltet. Insbesondere ist er nicht geeignet, eine Fälligkeit zu begründen (vgl. § 220 Abs. 2 Satz 2 AO), Säumnisfolgen auszulösen (vgl. § 240 Abs. 1 Satz 3 AO) oder (in den Fällen des § 171 Abs. 10 AO) den Ablauf der Festsetzungsfrist zu hemmen.

Die Nichtigkeit kann jederzeit, also auch nach Ablauf der nicht wirklich ablaufenden „Rechtsbehelfsfrist", förmlich festgestellt werden (§ 125 Abs. 5 AO). Hierauf hat der Beteiligte (vgl. § 78 Nr. 2 AO) in aller Regel einen Rechtsanspruch. Die Entscheidung über einen Antrag auf Feststellung der Nichtigkeit hat ebenfalls Verwaltungsaktscharakter.

Steuerschuldner ist derjenige, der im jeweiligen Einzelsteuergesetz als solcher bezeichnet ist (§ 43 Satz 1 AO). Im Fall einer natürlichen Person genügt zur eindeutigen Bezeichnung im allgemeinen die Angabe des Vornamens und des Familiennamens. Bei Namensgleichheit oder anderen Verwechslungsmöglichkeiten ist ein klarstellender Zusatz (z. B. „senior" oder „junior", Geburtsdatum) erforderlich. Eine juristische Person wird durch ihre gesetzliche oder satzungsmäßige Bezeichnung (z. B. X-GmbH, Y-AG), eine Handelsgesellschaft (OHG, KG) durch ihre Firma (§ 17 HGB) und eine nichtrechtsfähige Personengesellschaft (GbR) durch Angabe ihres geschäftsüblichen Namens (z. B. „Blaskapelle Z-hausen") oder, wenn ein solcher fehlt, durch Angabe aller Mitglieder ausreichend genau bezeichnet.

Adressat ist derjenige, dem der Verwaltungsakt bekannt gegeben werden soll (vgl. § 122 Abs. 1 AO). Bei Steuerfestsetzungen ist dies gewöhnlich, aber nicht immer der Steuerschuldner. Wenn dem Steuerschuldner selbst die (passive) Handlungsfähigkeit (vgl. § 79 AO) fehlt, so ist er selbst nicht in der Lage, eine Erklärung (hier: in Form eines Verwaltungsakts) mit rechtlicher Wirkung entgegenzunehmen. Diese Funktion muß dann von einer handlungsfähigen anderen natürlichen Person übernommen werden.

Als gesetzliche Vertreter natürlicher Personen (§ 34 Abs. 1 Satz 1 AO) kommen in Betracht die Eltern (§ 1629 BGB), der Vormund (§ 1793 BGB) und der Pfleger (§§ 1909 ff BGB).

Empfänger schließlich ist derjenige, dem der Verwaltungsakt tatsächlich zugehen soll. Bei Steuerfestsetzungen ist dies gewöhnlich der Steuerschuldner und Adressat. Hat allerdings der Steuerschuldner oder sein gesetzlicher Vertreter einer anderen natürlichen Person Empfangsvollmacht erteilt, so kann (§ 122 Abs. 1 Satz 3 AO) und soll sich das Finanzamt gemäß § 80 Abs. 3 Satz 1 i.V.m. Abs. 1 AO an den Bevollmächtigten (gewillkürten Vertreter) wenden.

Zu 1.
Die Prüfungsanordnung (§ 196 AO) stellt einen Verwaltungsakt (§ 118 AO) dar, bei dessen Bekanntgabe die Vorschriften der §§ 119 bis 122 und 197 AO zu beachten sind. Da die Prüfungsanordnung hier beide Ehegatten betrifft, ist sie beiden bekanntzugeben. Dies kann aber in einem Schriftstück geschehen. Aufgrund der umfassenden Empfangsvollmacht ist das Finanzamt gehalten, sich an Steuerberater Halm zu wenden (§ 80 Abs. 3 Satz 1 AO). Steuerschuldner und Adressaten sind die Ehegatten B, Empfänger ist Steuerberater Halm.

Zu 2.
Der Einkommensteuerbescheid für die Ehegatten B ist ebenfalls an Steuerberater Halm (Empfänger) zu senden. Auch dieser Bescheid kann in zusammengefaßter Form ergehen (vgl. § 155 Abs. 3 Satz 1 AO). Steuerschuldner und Adressaten sind die Ehegatten B.

Der für Katrin bestimmte Einkommensteuerbescheid ist gleichfalls an Steuerberater Halm als Empfänger zu senden. Steuerschuldnerin ist Katrin, Adressaten des Bescheids sind die Eltern. Im Bescheid ist darauf hinzuweisen, daß der Bescheid für die Ehegatten B als Katrins (gesetzliche) Vertreter bestimmt ist und daß er an Steuerberater Halm als Empfangsbevollmächtigten (steuerlicher Vertreter) bekanntgegeben wird. Diese Hinweise müssen nicht notwendigerweise im Anschriftenfeld, zumindest aber im Erläuterungsteil des Bescheids erfolgen.

Zu 3.
Sven ist Schuldner der Einkommensteuer (§ 43 AO i.V.m. § 36 Abs. 4 EStG) sowie der Umsatzsteuer (§ 13 Abs. 2 UStG) und der Gewerbesteuer (§ 5 Abs. 1 GewStG) aus dem von ihm selbst betriebenen Unternehmen.

Er hat das siebte, aber noch nicht das achtzehnte Lebensjahr vollendet und ist somit beschränkt geschäftsfähig (§ 106 BGB, vgl. auch §§ 2 BGB, 79 Abs. 1 Nr. 1 AO). Da er aber gemäß § 112 BGB zum selbständigen Betrieb eines Erwerbsgeschäfts ermächtigt worden ist, ist er für solche Rechtsgeschäfte, die der Geschäftsbetrieb mit sich bringt, unbeschränkt geschäftsfähig und damit steuerlich handlungsfähig (§ 79 Abs. 1 Nr. 2 AO).

Hierzu gehören im vorliegenden Fall umsatzsteuerliche und gewerbesteuerliche Rechtsgeschäfte. Die Abgabe und Entgegennahme von Willenserklärungen im Zusammenhang mit der Einkommensteuer (Erklärung und Bescheid) ist davon ausgenommen, da die Besteuerungsgrundlage „Einkünfte aus Vermietung und Verpachtung" sich einkommensteuerlich auswirkt, aber in keinem Zusammenhang mit dem Geschäftsbetrieb steht.

Adressat des Umsatzsteuer- und des Gewerbesteuermeßbescheides ist daher Sven. Adressaten des Einkommensteuerbescheides sind dagegen seine Eltern. Empfänger ist in allen Fällen wieder Steuerberater Halm.

Zu 4.
Die für Sven bestimmten Bescheide können grundsätzlich durch einfachen Brief (vgl. § 122 Abs. 2 Nr. 2 AO), im Weg der Zustellung über die diplomatische Vertretung oder eine Behörde der Schweiz (§ 14 VwZG) oder an einen inländischen Empfangsbevollmächtigten (vgl. hierzu auch § 123 AO) bekanntgegeben werden.

Die grundsätzlich ebenfalls in Betracht kommende öffentliche Zustellung (§ 15 VwZG) entfällt im vorliegenden Fall, da dem Finanzamt der Aufenthalt bekannt und darüber hinaus ein inländischer Empfangsbevollmächtigter vorhanden ist.

FALL 15

Wirksamkeit, Bindungswirkung, Bestandskraft

Sachverhalt: Der Kraftfahrzeughändler Dietrich Deimbler (D) hat im März 1995 seine Gewerbesteuererklärung für das Jahr 1993 noch nicht abgegeben. Das Finanzamt schätzt daher die Besteuerungsgrundlagen (maßgeblicher Gewerbeertrag: 100.000 DM) und erläßt einen Gewerbesteuermeßbescheid 1993 mit dem Vermerk: „Der Bescheid ergeht unter dem Vorbehalt der Nachprüfung. Die Besteuerungsgrundlagen wurden geschätzt, da Sie trotz Aufforderung eine Steuererklärung nicht abgegeben haben."
Als D zwei Monate später von der Gemeinde den Gewerbesteuerbescheid für das Jahr 1993 erhält, gibt er unverzüglich, aber ohne weitere Erläuterungen seine Gewerbesteuererklärung 1993 beim Finanzamt ab (maßgeblicher Gewerbeertrag: 80.000 DM).

Fragen: 1. Können bzw. müssen die in der Gewerbesteuererklärung angegebenen Besteuerungsgrundlagen vom Finanzamt noch berücksichtigt und der Gewerbesteuermeßbescheid sowie der Gewerbesteuerbescheid entsprechend geändert werden?
2. Stehen Bestandskraft und Bindungswirkung des Meßbescheids (Grundlagenbescheids) einer Änderung des Gewerbesteuerbescheids (Folgebescheids) entgegen?

Lösung ◄
Ein Steuerbescheid darf nur aufgehoben oder durch einen neuen Bescheid ersetzt, d.h. geändert oder berichtigt werden, wenn und soweit dies ausdrücklich gesetzlich bestimmt ist (vgl. § 172 AO). Sinn und Zweck dieser Regelung durch den Gesetzgeber ist, einen Ausgleich zu schaffen zwischen den Interessen der Parteien (Steuerpflichtiger und Finanzamt) an materieller Richtigkeit der Steuerfestsetzung einerseits und an Vertrauensschutz und Rechtsfriede andererseits.

Zu seiner *Wirksamkeit* bedarf jeder Verwaltungsakt und so auch ein Steuerbescheid der Bekanntgabe (§ 124 Abs. 1 AO). Schwere Bekanntgabemängel können zur *Nichtigkeit* (vgl. § 125 Abs. 1 i.V.m. §§ 119, 121, 122 AO) und damit zur *Unwirksamkeit* (§ 124 Abs. 3 AO) führen. Der Bescheid bleibt wirksam, solange und soweit er nicht durch eine Korrektur (Rücknahme, Aufhebung, Änderung) oder auf andere Weise erledigt ist (vgl. § 124 Abs. 2 AO). Aus der wirksamen Bekanntgabe ergeben sich für den Adressaten und für das Finanzamt bestimmte Rechtsfolgen: Der Steuerpflichtige ist in der Regel durch den Bescheid „beschwert" (vgl. § 350 AO) und kann ihn anfechten. Aber auch das Finanzamt ist grundsätzlich an seinen eigenen Bescheid gebunden und kann ihn nur unter bestimmten Voraussetzungen ganz oder teilweise ersetzen oder beseitigen (vgl. § 172 AO). Diese *Bindungswirkung* eines Steuerbescheids kann im Einzelfall für den Steuerpflichtigen von Vorteil (bei objektiv zu niedrig festgesetzter Steuer) oder von Nachteil (bei objektiv überhöhter Steuer) sein.

Darüber hinaus entfalten Grundlagenbescheide (z.B. Feststellungsbescheide gem. § 179 Abs. 1 AO, Steuermeßbescheide gem. § 184 Abs. 1 AO, Zerlegungsbescheide gem. § 188 Abs. 1 AO) eine Bindungswirkung für Folgebescheide in der Weise, daß die im Grundlagenbescheid (§ 171 Abs. 10 AO) festgesetzte oder festgestellte Besteuerungsgrundlage (vgl. hierzu § 199 Abs. 1 AO) für den Folgebescheid bindend ist (vgl. § 182 Abs. 1 AO).

Wird ein wirksam bekanntgegebener Steuerbescheid form- und fristgerecht angefochten, so beeinträchtigt der Rechtsbehelf nicht die Wirksamkeit des Bescheids. Die Bindungswirkung eines zulässigerweise angefochtenen Steuerbescheids ist jedoch insoweit eingeschränkt, als das Finanzamt zum einen dem Einspruch abhelfen muß, soweit dieser begründet ist, zum anderen aber unter den Voraussetzungen des § 367 Abs. 2 AO auch zum Nachteil des Einspruchsführers ändern kann („Verböserung"). Andererseits kann auch der Rechtsbehelfsführer sein Rechtsbehelfsvorbringen ergänzen und erweitern.

Wenn ein wirksam bekanntgegebener Steuerbescheid nicht (form- und fristgerecht) angefochten wird, erwächst er mit Ablauf der Rechtsbehelfsfrist in *Bestandskraft*. Sofern nicht ausnahmsweise Gründe für Wiedereinsetzung in den vorigen Stand vorliegen (vgl. § 110 AO), wird der Bescheid damit unanfechtbar. Eine Korrektur zugunsten des Steuerpflichtigen kann dann nicht mehr mit förmlichem Rechtsbehelf erzwungen werden.

Unanfechtbarkeit ist jedoch nicht gleichbedeutend mit *Unabänderbarkeit*. Ein Bescheid, der unter dem Vorbehalt der Nachprüfung (§ 164 AO) oder mit einem Vorläufigkeitsvermerk (§ 165 AO) ergangen ist, wird mit Ablauf der Rechtsbehelfsfrist unanfechtbar, bleibt aber unter den Voraussetzungen des § 164 bzw. des § 165 AO weiterhin änderbar.

Man unterscheidet daher die *materielle Bestandskraft* von der *formellen Bestandskraft*. Während unter letzterer die Unanfechtbarkeit (trotz gegebenenfalls noch bestehender Änderungsmöglichkeit) zu verstehen ist, wird mit materieller Bestandskraft die Unabänderbarkeit (Verbindlichkeit der Verwaltungsentscheidung schlechthin) bezeichnet.

§ 173 Abs. 2 AO verleiht darüber hinaus solchen Bescheiden eine *erhöhte Rechtsbeständigkeit*, die auf Grund einer Außenprüfung ergangen sind. Diese Änderungssperre dient dem Vertrauensschutz und gilt für Änderungen zugunsten wie zu Lasten des Steuerpflichtigen.

Im vorliegenden Beispielsfall ist der Gewerbesteuermeßbescheid mit seiner Bekanntgabe wirksam und mit Ablauf der Rechtsbehelfsfrist unanfechtbar (formell bestandskräftig) geworden. Als Grundlagenbescheid (§ 171 Abs. 10 AO) hat er auch Bindungswirkung für den Gewerbesteuerbescheid als Folgebescheid entfaltet (§ 184 Abs. 1 Satz 1 i.V.m. § 182 Abs. 1 AO).

Da die Festsetzung des Gewerbesteuermeßbetrags aber unter den Vorbehalt der Nachprüfung (§ 164 Abs. 1 AO) gestellt worden ist, kann sie während der Wirksamkeit des Vorbehalts jederzeit aufgehoben oder geändert werden. Die für die Steuerfestsetzung geltende Vorschrift des § 164 Abs. 2 AO gilt gemäß § 184 Abs. 1 Satz 3 AO für die Festsetzung von Steuermeßbeträgen entsprechend.

Obwohl der Gewerbesteuermeßbescheid im Zeitpunkt der Abgabe der Gewerbesteuererklärung bereits unanfechtbar und damit formell bestandskräftig ist, kann (und muß) er nach Abgabe der Gewerbesteuererklärung gemäß § 164 Abs. 2 AO geändert werden. Ein entsprechender Antrag (vgl. § 164 Abs. 2 Satz 2 AO) ist nicht erforderlich, kann hier aber in der Abgabe der Gewerbesteuererklärung durch D gesehen werden.

Nach Auswertung der Gewerbesteuererklärung und Erlaß eines Änderungsbescheides im Gewerbesteuermeßbetragsverfahren sind auch für die Veranlagung der Gewerbesteuer unabhängig von einem Antrag des D durch Erlaß eines Änderungsbescheides die Folgerungen daraus zu ziehen (§ 175 Abs. 1 Nr. 1 AO).

Sowohl der Gewerbesteuermeßbescheid als auch der Gewerbesteuerbescheid können und müssen nach Abgabe der Gewerbesteuererklärung durch D geändert werden. Die Bestandskraft des Grundlagenbescheids ist hier nur eine formelle. Die Bindungswirkung des Meßbescheids steht einer Änderung des Gewerbesteuerbescheids nicht entgegen sondern erfordert sie gerade.

FALL 16

Nebenbestimmungen zum Verwaltungsakt

Sachverhalt: Der Bauunternehmer Hugo Hoch (H) beantragt im Dezember 1995 beim Finanzamt Stundung seiner demnächst fällig werdenden Einkommensteuernachzahlung für 1994 i.H. von 80.000 DM. Er begründet den Stundungsantrag mit einem vorübergehenden, nicht vorhersehbaren Liquiditätsengpaß und weist darauf hin, daß sich für das Jahr 1995 nach vorläufigen Berechnungen ein Umsatzsteuererstattungsanspruch in annähernd gleicher Höhe ergeben werde.

Das Finanzamt erläßt daraufhin an H eine Stundungsverfügung mit folgenden Maßgaben:

„Die beantragte Stundung wird unter dem Vorbehalt jederzeitigen Widerrufs gegen Sicherheitsleistung in Höhe von 50.000 DM mit Wirkung ab Fälligkeit bis einen Monat nach Abgabe der Umsatzsteuererklärung 1995, längstens bis 30.06.1996, in folgendem Umfang bewilligt:

Es sind zu zahlen:	DM	spätestens am
Einkommensteuer 1994	10.000 DM	01.02.1996
	10.000 DM	01.03.1996
	10.000 DM	01.04.1996
	10.000 DM	01.05.1996
	10.000 DM	01.06.1996
	30.000 DM	30.06.1996
Summe	80.000 DM	

Die Sicherheit ist bis spätestens 20.12.1995 zu leisten. Die Stundung wird wirksam, sobald die Sicherheit geleistet ist. Nach § 234 Abs. 1 der Abgabenordnung sind für die Dauer der Stundung Zinsen zu erheben. Ein Zinsbescheid wird später ergehen. Bedingung der Vergünstigung ist, daß die Zahlungstermine eingehalten und die künftig fällig werdenden Steuern pünktlich entrichtet werden. Anderenfalls würde der gesamte noch offene Rückstand sofort fällig.

Außerdem werden Sie hiermit aufgefordert, den Jahresabschluß 1995 samt Steuererklärungen 1995 sobald wie möglich, spätestens aber bis zum 30.05.1996 beim Finanzamt einzureichen."

H legt nun diese Stundungsverfügung seinem Steuerberater vor und möchte Antwort auf folgende

Fragen: 1. Darf das Finanzamt überhaupt eine Sicherheitsleistung verlangen?
2. Gilt die Stundung auch dann, wenn H die Sicherheit nicht erbringt?
3. Welche Folgen treten ein, wenn H die festgelegten Ratenzahlungen nicht einhält?
4. Was wären die Folgen, wenn H den Jahresabschluß 1995 samt Jahreserklärungen nicht innerhalb der gesetzten Frist beim Finanzamt einreichen würde?

Lösung
Die Stundung (§ 222 AO) darf als Ermessensverwaltungsakt (§ 118 i.V.m. § 5 AO) mit einer *Befristung* (§ 120 Abs. 2 Nr. 1 AO), mit einer *Bedingung* (§ 120 Abs. 2 Nr. 2 AO) und unter dem *Vorbehalt* des Widerrufs (§ 120 Abs. 2 Nr. 3, vgl. auch § 131 Abs. 2 Nr. 1 AO) erlassen sowie mit einer *Auflage* verbunden werden (§ 120 Abs. 2 Nr. 4 AO). Die einschränkenden Voraussetzungen des § 120 Abs. 1 AO betreffen nur gebundene Verwaltungsakte.

Die Befristung begrenzt die Wirkungsdauer des Verwaltungsaktes. Die aufschiebende Bedingung macht die Wirkung des Verwaltungsakts, die auflösende Bedingung macht seinen Wegfall von einem zukünftigen ungewissen Ereignis abhängig. Tritt dieses ungewisse Ereignis tatsächlich nicht ein, so entfaltet der mit einer aufschiebenden Bedingung versehene Verwaltungsakt nicht seine Wirkung.

Dagegen hat die Erfüllung oder Nichterfüllung einer Auflage keine Auswirkungen auf die Wirksamkeit des mit ihr verbundenen Verwaltungsakts. Die Nichterfüllung ermöglicht jedoch den Widerruf des Verwaltungsakts (§ 131 Abs. 2 Nr. 2 AO).

Die Fragen des H können daher wie folgt beantwortet werden:

1. Das Finanzamt darf die Stundung von einer Sicherheitsleistung (Bedingung) abhängig machen.

2. Die Stundung wird nicht wirksam, wenn bzw. solange die Sicherheitsleistung nicht erbracht wird (aufschiebende Bedingung).

3. Sobald auch nur eine Stundungsrate nicht pünktlich geleistet wird, verliert die Stundungsverfügung ihre Wirksamkeit, ohne daß es eines erneuten Tätigwerdens des Finanzamts bedarf (auflösende Bedingung).

4. Die Nichterfüllung der Auflage (Einreichung des Jahresabschlusses und der Steuererklärungen 1995 bis zum 30.05.1996) hätte zwar keine unmittelbare Auswirkung auf die Wirksamkeit der Stundungsverfügung, wäre aber ein eigenständiger Grund für den Widerruf der Stundungsverfügung mit Wirkung für die Zukunft (§ 131 Abs. 2 Nr. 2 AO). Bis zu einem möglichen Widerruf bliebe die Stundung wirksam (vgl. § 131 Abs. 3 AO).

FALL 17

Steuererklärungen, Verspätungszuschlag, Zwangsmittel

Sachverhalt: Der 25-jährige ledige Hans Dampf (D) bewohnt zusammen mit seiner Lebensgefährtin eine Vierzimmerwohnung, trägt stets teure Kleidung und fährt einen geleasten Pkw. Er bestreitet seinen Lebensunterhalt durch geschäftliche Betätigungen vielerlei Art. Zeitweise arbeitet er als Türsteher eines Tanzlokals, tritt als Animateur in Nachtlokalen auf und betätigt sich als Hütchenspieler in den Fußgängerzonen verschiedener Städte.

Auf eine Aufforderung des Finanzamts zur Abgabe von Steuererklärungen für die vergangenen drei Jahre reagiert D zunächst nicht. Als er ein halbes Jahr später vom Finanzamt schriftlich und unter Androhung eines Zwangsgeldes in Höhe von 500 DM erneut aufgefordert wird, die Steuererklärungen nun innerhalb eines Monats abzugeben, teilt D dem Finanzamt mit, er habe in den vergangenen drei Jahren weder Umsätze getätigt noch Gewinne erzielt und sehe daher keinen Anlaß, irgendwelche Steuererklärungen abzugeben. Seinen Lebensunterhalt habe er von Zuwendungen seiner Lebensgefährtin bestritten.

Fragen: 1. Ist D zur Abgabe von Steuererklärungen verpflichtet?
2. Kann das Finanzamt die Abgabe von Steuererklärungen durch D erzwingen?
3. Kann das Finanzamt auch im Fall der Nichtabgabe Steuerbescheide erlassen?

Lösung
Zu 1.
Eine Steuererklärung muß abgeben, wer nach den Steuergesetzen dazu verpflichtet ist (§ 149 Abs. 1 Satz 1 AO i.V.m. §§ 25 Abs. 3 EStG, 18 Abs. 1 UStG, 14a GewStG) und wer vom Finanzamt hierzu aufgefordert wird (§ 149 Abs. 1 Satz 2 AO). Die Pflicht zur Abgabe einer Steuererklärung kann sich demnach unmittelbar aus Gesetz oder Rechtsverordnung ergeben oder auch aus einer entsprechenden Aufforderung durch das Finanzamt. In beiden Fällen kann die Nichtabgabe eine Anlaufhemmung der Festsetzungsfrist nach § 170 Abs. 2 Satz 1 Nr. 1 AO bewirken.
D ist daher zur Abgabe der vom Finanzamt angeforderten Steuererklärungen und auch sonst zur Mitwirkung bei der Ermittlung der steuerlich bedeutsamen Sachverhalte verpflichtet (§ 90 Abs. 1 i.V.m. § 78 Nr. 2 AO).

Zu 2.
Das Finanzamt kann die Abgabe der Steuererklärung erzwingen (§ 328 ff AO) sowie bei Nichtabgabe oder verspäteter Abgabe einen Verspätungszuschlag festsetzen (§ 152 AO).

Zu 3.
Im Fall der Nichtabgabe kann das Finanzamt die Besteuerungsgrundlagen (vgl. § 199 Abs. 1 AO) schätzen (§ 162 AO) und auf die Schätzung gestützte Steuerbescheide erlassen.

Die Festsetzung eines Verspätungszuschlags ist eine Ermessensentscheidung (§ 5 AO) und kommt unter den Voraussetzungen des § 152 Abs. 1 sowie in den Grenzen des § 152 Abs. 2 AO in Betracht.

Die Festsetzung eines Zwangsgeldes steht ebenfalls im Ermessen des Finanzamts. Das Zwangsgeld (§ 329 AO) gehört neben der Ersatzvornahme (§ 330 AO) und dem unmittelbaren Zwang (§ 331 AO) zu den Zwangsmitteln (§ 328 AO). Es muß daher vor der Festsetzung (§ 333 AO) unter Beachtung des Verhältnismäßigkeitsgrundsatzes (§ 328 Abs. 2 AO) und der in § 329 AO festgelegten Obergrenze (5.000 DM), - regelmäßig schriftlich - und unter Fristsetzung (§ 332 Abs. 1 AO) sowie in bestimmter Höhe angedroht werden. Die Androhung eines Zwangsgeldes kann mit der Aufforderung zur Erklärungsabgabe verbunden werden (§ 332 Abs. 2 Satz 1 AO).

Während ein Verspätungszuschlag auch noch nach (verspäteter) Erklärungsabgabe festgesetzt und erhoben werden kann, ist der Vollzug des Zwangsverfahrens einzustellen, sobald die Verpflichtung zur Erklärungsabgabe erfüllt ist (§ 335 AO). Dies entspricht dem Zweck der Zwangsmittel als Beugemittel. Daraus folgt aber auch, daß ein nach Erklärungsabgabe u.U. freiwillig gezahltes Zwangsgeld von Amts wegen zu erstatten ist.

Die Aufforderung zur Abgabe einer Steuererklärung, die Festsetzung eines Verspätungszuschlages sowie die Androhung und die Festsetzung eines Zwangsgeldes stellen (wie auch die Festsetzung einer Steuer nach Schätzung der Besteuerungsgrundlagen) jeweils Verwaltungsakte (§ 118 AO) dar. Während das Finanzamt bei der Festsetzung der sogenannten „Ungehorsamsfolgen" (Verspätungszuschlag, Zwangsgeld) nach pflichtgemäßem Ermessen zu entscheiden hat, ob und gegebenenfalls in welcher Höhe eine Festsetzung erfolgen soll (§ 5 AO), steht die Schätzung der Besteuerungsgrundlagen nach § 162 AO weder dem Grunde noch der Höhe nach im Ermessen des Finanzamts. Vielmehr ist das Finanzamt (auch nach §§ 85, 88 AO) gehalten, die Besteuerungsgrundlagen zu schätzen, wenn bzw. soweit es diese nicht ermitteln oder berechnen kann (§ 162 Abs. 1 Satz 1 AO). Allerdings wäre es unzulässig, den Steuerpflichtigen durch eine bewußt überhöhte Schätzung („Erzwingungsschätzung") zur Abgabe der Steuererklärung zwingen zu wollen.

Die Schätzung von Besteuerungsgrundlagen hat sich gemäß § 162 Abs. 1 Satz 2 AO am wahrscheinlichen Sachverhalt zu orientieren. Zur Durchsetzung der Erklärungsabgabe selbst stehen dem Finanzamt die Zwangsmittel zur Verfügung.

VI. Festsetzungs- und Feststellungsverfahren

FALL 18
Steuerfestsetzung, Verjährung

Sachverhalt: Der bis zum Eintritt in den Ruhestand als Bankangestellter tätige, alleinstehende Dagobert Knöterich (K) starb im September 1994 im Alter von 70 Jahren und hinterließ seinem Neffen Donald Erpel (E) ein beachtliches Vermögen. In früheren Jahren war K einmal steuerlich erfaßt gewesen. Als aber dann mehrere Jahre hintereinander die Voraussetzungen für eine Einkommensteuerveranlagung nicht mehr vorlagen, wurde K anschließend nicht mehr zur Abgabe von Steuererklärungen aufgefordert. Obwohl er in den letzten zwei Jahrzehnten vor seinem Tod erhebliche Einkünfte aus Kapitalvermögen, aus Vermietung und Verpachtung und sonstige Einkünfte erzielt hat, hat er so bis zu seinem Tod Einkommensteuererklärungen nicht mehr abgegeben.

Als bei dem zuständigen Finanzamt eine Mitteilung des Erbschaftsteuerfinanzamts über die Höhe des von K vererbten Kapitalvermögens eingeht, beginnt die zuständige Steuerfahndungsstelle im Dezember 1994 bei E mit Ermittlungen zu dem Steuerfall. Im Februar 1995 wird E zur Abgabe von Einkommensteuererklärungen für den verstorbenen K aufgefordert.

Frage: Für welche Veranlagungszeiträume kann die Einkommensteuer des K noch festgesetzt werden?

Lösung ◄

Eine Steuerfestsetzung ist nicht mehr zulässig, wenn die Festsetzungsfrist abgelaufen ist (§ 169 Abs. 1 Satz 1 AO). Die Festsetzungsfrist beginnt grundsätzlich mit Ablauf des Kalenderjahres, in dem die Steuer entstanden ist (§ 170 Abs. 1 AO). Ist die Abgabe einer Steuererklärung vorgeschrieben, so beginnt die Festsetzungsfrist davon abweichend mit Ablauf des Jahres der

Erklärungsabgabe. Diese *Anlaufhemmung* ist aber auch für die Fälle der verspäteten und der Nichtabgabe auf höchstens drei Jahre begrenzt (§ 170 Abs. 2 Nr. 1 AO).

Die Einkommensteuer des K für den Veranlagungszeitraum 1980 ist mit Ablauf des Kalenderjahres 1980 entstanden (§ 38 AO i.V.m. § 36 Abs. 1 EStG). Da K für 1980 zur Abgabe einer Einkommensteuererklärung verpflichtet war (§§ 149 AO, 25 Abs. 3 EStG), eine solche aber nicht abgegeben hat, hat die Festsetzungsfrist für die Einkommensteuer 1980 mit Ablauf des Jahres 1983 begonnen (§ 170 Abs. 2 Nr. 1 AO).
Die grundsätzlich vierjährige (§ 169 Abs. 2 Nr. 2 AO) Festsetzungsfrist ist im vorliegenden Fall auf zehn Jahre erweitert (§ 169 Abs. 2 Satz 2 AO), da K das Finanzamt vorsätzlich pflichtwidrig über seine Einkünfte in Unkenntnis gelassen und dadurch die Einkommensteuer verkürzt hat. Er hat damit Steuerhinterziehung begangen (§ 370 Abs. 1 Nr. 2 i.V.m. Abs. 4 Satz 1 AO).
Für die Einkommensteuer 1980 ist demzufolge mit Ablauf des 31.12.1993 Festsetzungsverjährung eingetreten (§ 108 Abs. 1 AO i.V.m. § 188 Abs. 2 BGB).

Für die Einkommensteuer 1981 wäre das reguläre Ende der Festsetzungsfrist danach dem Ablauf des 31.12.1994 gleichzusetzen, wenn nicht die Steuerfahndung zuvor bei E mit Ermittlungen begonnen hätte. Die steuerfahndungsdienstlichen Ermittlungen bewirken eine *Ablaufhemmung* für die steuerliche Festsetzungsfrist (§ 171 Abs. 5 Satz 1 AO). Da die Einkommensteuerschulden des K auf E als seinen Rechtsnachfolger übergegangen sind (§ 45 AO i.V.m. § 1922 BGB), ist E nun Steuerschuldner (§ 33 Abs. 1 AO). Die Ermittlungshandlungen bei ihm sind daher geeignet, den Ablauf der Festsetzungsfrist für die Einkommensteuer des K zu hemmen (§ 171 Abs. 5 AO).

Die Einkommensteuer des K kann nach alldem bis zum Jahr 1981 zurück noch festgesetzt werden.

FALL 19

Offenbare Unrichtigkeit, Korrekturverfahren

Sachverhalt: Die Steuerpflichtige Verena Venzl (V) und ihre Schwester sind Miteigentümerinnen eines Mietwohngrundstücks je zur Hälfte. V hat die

Erklärung zur gesonderten und einheitlichen Feststellung der Einkünfte aus der Vermietung dieses Grundstücks samt Anlage V für das Jahr 1989 im Mai 1990 zusammen mit ihrer Einkommensteuererklärung 1989 beim Finanzamt abgegeben.

In der Anlage V zur Feststellungserklärung hat V die Einnahmen aus der Vermietung (48.000 DM) sowie die verschiedenen Werbungskosten i.H.v. insgesamt 56.700 DM einzeln betragsmäßig angegeben, sodann addiert und gegenübergestellt. In die Feststellungserklärung selbst hat sie als Ergebnis (Verlust aus Vermietung und Verpachtung) den Betrag von -7.800 DM übernommen. Alsbald erhält V den Feststellungsbescheid 1989 (Einkünfte aus Vermietung und Verpachtung: -7.800 DM, Anteil der V: -3.900 DM) und ihren Einkommensteuerbescheid 1989 (Einkünfte aus V.u.V: -3.900 DM).

Jahre später entdeckt sie bei der Durchsicht der Unterlagen aus früheren Jahren zufällig den Zahlendreher in der Anlage V zur Feststellungserklärung 1989. Sie beantragt daraufhin unverzüglich schriftlich die Berichtigung des Feststellungsbescheids 1989. Der Antrag geht im Dezember 1994 beim Finanzamt ein. Als sie einen Monat später noch keine Antwort erhalten hat, beantragt sie in einem weiteren Schreiben an das Finanzamt auch die Berichtigung ihres Einkommensteuerbescheids 1989.

Frage: Kann bzw. muß das Finanzamt den Anträgen stattgeben?

Lösung ◀

In Betracht kommt eine Berichtigung des Feststellungsbescheids und/oder des Einkommensteuerbescheids nach § 129 AO.

Der Rechenfehler der V (aus der richtigen Zahl „-8.700" wurde durch Zahlendreher „-7.800") stellt eine offenbare Unrichtigkeit i.S. des § 129 AO dar. Diese müßte aber darüber hinaus „bei Erlaß des Verwaltungsaktes unterlaufen" sein (§ 129 Satz 1, 2. Halbsatz AO).

Die Fehlerhaftigkeit der Angaben der V war für das Finanzamt als offenbare Unrichtigkeit objektiv erkennbar. Der Fehler der V wurde vom Finanzamt in den Bescheid übernommen und ist daher beim Erlaß des Verwaltungsakts unterlaufen. Damit liegen die Voraussetzungen des § 129 AO, insbesondere auch des Satzes 2, vor.

Einer Berichtigung könnte jedoch der Ablauf der Feststellungsfrist entgegenstehen (§ 169 Abs. 1 Satz 2 i.V.m. § 181 Abs. 1 Satz 1 AO). Die vierjährige (§ 181 Abs. 1 Satz 1 i.V.m. § 169 Abs. 2 Nr. 2 AO) Feststellungsfrist hat mit Ablauf des Jahres 1990 begonnen (§ 181 Abs. 1 Satz 1 i.V.m. §§ 170 Abs. 2 Nr. 1, 181 Abs. 1 Satz 2, 181 Abs. 2 Nr. 1 AO) und wäre demnach regulär Ende des Jahres 1994 abgelaufen (§ 108 Abs. 1 AO i.V.m. § 188 Abs. 2 BGB).

Der Antrag der V auf Berichtigung des Feststellungsbescheids ist vor Ablauf des Jahres 1994 beim Finanzamt eingegangen und hemmt gemäß § 181 Abs. 1 Satz 1 i.V.m. § 171 Abs. 3 Satz 1 AO den Ablauf der Feststellungsfrist bis zur unanfechtbaren Entscheidung über den Antrag. Der Feststellungsbescheid 1989 ist demnach zu berichtigen (§ 129 Satz 2 AO).

Das reguläre Ende der Festsetzungsfrist für den Einkommensteuerbescheid 1989 fällt ebenfalls auf Ende des Jahres 1994. Im Gegensatz zum Antrag auf Berichtigung des Feststellungsbescheids hat der erst im Jahr 1995 und damit nicht vor Ablauf der Festsetzungsfrist beim Finanzamt eingegangene Antrag der V auf Berichtigung des Einkommensteuerbescheids 1989 keine Ablaufhemmung zur Folge (vgl. § 171 Abs. 3 Satz 1 AO).

Jedoch ist der Bescheid über die gesonderte Feststellung der Einkünfte 1989 in Form des vom Finanzamt zu erlassenden Berichtigungsbescheids (s.o.) als Grundlagenbescheid (vgl. § 171 Abs. 10 AO) für den Einkommensteuerbescheid 1989 der V hinsichtlich des festgestellten Verlustes aus Vermietung und Verpachtung bindend (§ 182 Abs. 1 AO).

Nach Erlaß des Berichtigungsbescheids (gesonderte und einheitliche Feststellung der Einkünfte unter Richtigstellung des Zahlendrehers) sind daraus gemäß § 175 Abs. 1 Nr. 1 AO von Amts wegen die Folgerungen für die Einkommensteuerveranlagung 1989 der V (und ihrer Schwester) in Form eines Änderungsbescheides zu ziehen.

Der Ablauf der Festsetzungsfrist ist insoweit (unabhängig von einem Antrag der V) ein weiteres Jahr nach Bekanntgabe des Grundlagenbescheids gehemmt (§ 171 Abs. 10 AO).

FALL 20

Korrektur von Steuerverwaltungsakten (Nichtsteuerbescheide)

Sachverhalt: Der Arzt Dr. Markus Morbus (M) beantragt im Juli 1994 beim Finanzamt Stundung einer demnächst fälligen Einkommensteuerabschlußzahlung 1993 i.H.v. 100.000 DM für sechs Monate und anschließende Ratenzahlungen mit der Begründung, er habe erst kürzlich ein neues, sehr teures Gerät für seine Praxis erworben. Der dadurch aufgetretene Zahlungsengpaß könne erst nach und nach mit den laufenden Einnahmen abgebaut werden.

In Wirklichkeit jedoch verfügt M im Zeitpunkt des Stundungsantrags über ausreichende flüssige Mittel, die er allerdings zum Zinssatz von 8 v.H. als Festgeld anlegen will. Die beantragte Stundung wird gewährt.

Als M im März 1995 seine Einkommensteuererklärung 1994 abgibt, stellt die mit der Bearbeitung der Erklärung befaßte Finanzamtsbedienstete Adelheid Argus anhand des Anlagenverzeichnisses fest, daß im Jahr 1994 ein Zugang bei den Geräten nicht erfolgt ist und daß M außerdem im Dezember 1994 beachtliche Festgeldzinsen erhalten hat.

Frage: Welche Folgen kann dies für die Stundung und darüber hinaus für M haben?

Lösung

Die Stundung (§ 222 AO) gehört zu den Steuerverwaltungsakten (§ 118 AO), ohne allerdings Steuerbescheid (vgl. hierzu § 155 Abs. 1 Satz 2 AO) zu sein. Sie ist den Ermessensentscheidungen (vgl. § 5 AO) zuzurechnen, wirkt im Fall der Gewährung begünstigend und entfaltet stets Dauerwirkung. Die Korrektur einer Stundungsverfügung hat nach §§ 129, 130, 131 AO zu erfolgen.

Ein rechtswidriger begünstigender Verwaltungsakt kann u.a. dann zurückgenommen werden, wenn er durch arglistige Täuschung erwirkt worden ist (§ 130 Abs. 2 Nr. 2 AO). Dies ist hier der Fall: M hat beim Finanzamt durch unrichtige Angaben den Eindruck erweckt, daß die Einziehung der Steuernachzahlung bei Fälligkeit eine unbillige Härte für ihn bedeuten würde, und so die Voraussetzungen für eine Stundung (§ 222 Satz 1 AO) arglistig vorgetäuscht. Mangels tatsächlich vorliegender Stundungsvoraussetzungen ist die trotzdem gewährte Stundung rechtswidrig. Sie kann daher gemäß § 130 Abs. 2 Nr. 2 AO zurückgenommen werden, und zwar mit Wirkung für die Vergangenheit.

M muß außerdem auch mit der Einleitung eines Steuerstrafverfahrens gegen ihn rechnen (vgl. § 397 AO). Denn er hat dem Finanzamt gegenüber unrichtige Angaben gemacht und dadurch für sich einen ungerechtfertigten Steuervorteil (Stundung) erlangt. Dieses Verhalten erfüllt den Tatbestand des § 370 Abs. 1 Nr. 2 i.V.m. Abs. 4 Satz 2 AO (Steuerhinterziehung).

FALL 21

Steueranmeldung

Sachverhalt: Unternehmer Ulrich Unger (U) gibt am 10.11. seine Umsatzsteuervoranmeldung für den Monat Oktober beim Finanzamt ab. Der vorangemeldete Erstattungsanspruch von 5.000 DM wird vom Finanzamt ausgezahlt und geht am 20.11. auf dem Bankkonto des U ein. Zwei Wochen später stellt U fest, daß die Vorsteuer (1.000 DM) aus einer weiteren Einkaufsrechnung vom Monat Oktober in der Umsatzsteuervoranmeldung versehentlich nicht geltend gemacht worden ist. Er kommt nun mit seinen Unterlagen zum Finanzamt (Umsatzsteuervoranmeldungsstelle) und möchte wissen, welche Möglichkeiten er hat, den übersehenen Vorsteuerbetrag möglichst schnell ausgezahlt zu bekommen.

Aufgabe: Nehmen Sie zu dem Sachverhalt Stellung!

▶ **Lösung**

Die Umsatzsteuervoranmeldung (§ 18 UStG) steht einer Steuerfestsetzung unter Vorbehalt der Nachprüfung gleich (§ 168 AO). Da sich aufgrund der Voranmeldung ein Erstattungsbetrag ergeben hat, tritt diese Wirkung allerdings erst mit (formlos möglicher) Zustimmung des Finanzamts ein (§ 168 Satz 2 AO). Hier liegt diese Zustimmung in der Auszahlung des Erstattungsbetrages (vgl. § 168 Satz 3 AO).

Gemäß § 164 Abs. 2 AO kann die Umsatzsteuervoranmeldung für Oktober jederzeit geändert werden. U kann diese Änderung jederzeit beantragen (§ 164 Abs. 2 Satz 2 AO), z.B. durch Abgabe einer berichtigten Umsatzsteuervoranmeldung. Unabhängig davon kann U gegen die Voranmeldung auch Einspruch einlegen (§ 348 AO). Die Einspruchsfrist hat mit Eingang des Erstattungsbetrages auf dem Bankkonto des U begonnen (§ 355 Abs. 1 Satz 2 i.V.m. § 168 Satz 2 AO).

Und schließlich kann U den übersehenen Vorsteuerbetrag (ohne Korrektur der Umsatzsteuervoranmeldung für Oktober) auch erst in der Umsatzsteuerjahreserklärung (§ 18 Abs. 3 und 4 UStG) geltend machen.

VII. Erhebungsverfahren

FALL 22
Fälligkeit, Säumniszuschläge, Stundung

Sachverhalt: Wie Fall 20, jedoch mit folgender Ergänzung:
Gleichzeitig mit der Stundungsverfügung ist ein schriftlicher Zinsbescheid an M erlassen worden, mit dem Stundungszinsen festgesetzt worden sind. Die festgesetzten Zinsen sind zusammen mit der Hauptforderung (Einkommensteuernachzahlung) gestundet worden.

Frage: Welche Folgen ergeben sich aus der Rücknahme der Stundung für die Stundungszinsen?

Lösung
Die Stundung (§ 222 AO) stellt eine fälligkeitsverschiebende Maßnahme dar. Für die Dauer einer gewährten Stundung werden Zinsen (§ 234 Abs. 1 i.V.m. § 37 Abs. 1 AO) i.H.v. 0,5 v.H. des auf volle Hundert Mark abgerundeten zu verzinsenden Betrags für den vollen Monat (§ 238 AO) festgesetzt und erhoben.

Im vorliegenden Fall entfällt nun mit der (rückwirkenden) Aufhebung der arglistig erwirkten Stundung auch die Grundlage für die Festsetzung der

Stundungszinsen (vgl. § 234 Abs. 1 Satz 1 AO). Der Zinsbescheid ist daher gemäß § 239 Abs. 1 Satz 1 i.V.m. §§ 175 Abs. 1 Satz 1 Nr. 1, 171 Abs. 10 AO aufzuheben. Da jedoch mit Aufhebung der Stundung auch deren fälligkeitsverschiebende Wirkung entfällt, entstehen ab ursprünglicher Fälligkeit der nun nicht mehr gestundeten Steuerschuld Säumniszuschläge (§ 240 AO). Während die Stundungszinsen aber nur 0,5 v.H. für jeden vollen Monat betragen haben (§ 238 AO), belaufen sich die Säumniszuschläge auf 1 v.H. für jeden angefangenen Monat.

Die im Fall einer Steuerhinterziehung grundsätzlich vorgeschriebene Verzinsung der vorsätzlich verkürzten (hinterzogenen) Steuer nach § 235 AO unterbleibt im vorliegenden Fall, weil vom Zeitpunkt der ursprünglichen Fälligkeit an Säumniszuschläge verwirkt sind (§ 235 Abs. 3 Satz 2 AO).

FALL 23
Abtretung, Aufrechnung, Rückforderung

Sachverhalt: Der Unternehmensberater Udo Unglaub (U) reicht anfangs Dezember 1994 seine Umsatzsteuervoranmeldung für November 1994 beim Finanzamt ein und macht darin einen Vorsteuerüberschuß von 5.000 DM geltend. In einem Begleitschreiben zur Umsatzsteuervoranmeldung teilt er mit, er habe den Erstattungsanspruch an die Allkredit-Bank abgetreten und bitte um Überweisung an diese. Das Finanzamt überweist daraufhin den Betrag von 5.000 DM unter Hinweis auf die Abtretung an die Allkredit-Bank.

Am 20.12.1994 geht ein weiteres Schreiben des U beim Finanzamt ein, in dem U mitteilt, er habe es sich anders überlegt. Man möge den Erstattungsanspruch aus der Umsatzsteuervoranmeldung November 1994 entgegen seinem früheren Schreiben nicht an die Allkredit-Bank auszahlen, sondern statt dessen mit seiner am 10.12.1994 fällig gewordenen Einkommensteuervorauszahlung für Dezember 1994 in gleicher Höhe verrechnen. Er gehe davon aus, daß dann ein Säumniszuschlag entfalle.

Als die Finanzkasse dem U daraufhin mitteilt, daß die Umsatzsteuererstattung bereits antragsgemäß an die Allkredit-Bank überwiesen worden ist, beruft U sich in einem weiteren Schreiben an das Finanzamt darauf, daß die Abtretung des Erstattungsanspruchs an die Allkredit-Bank nicht auf dem vorgesehenen

Vordruck erfolgt und daher nicht wirksam gewesen sei. Das Finanzamt habe daher nicht mit befreiender Wirkung geleistet. Er bestehe weiterhin auf seinem Erstattungsanspruch und erkläre ausdrücklich die Aufrechnung.

Fragen: 1. Welche Formvorschriften sind bei der Abtretung von Ansprüchen auf Erstattung von Steuern zu beachten?
2. Was ist bei der Aufrechnung eines Steuerpflichtigen gegen Ansprüche aus dem Steuerschuldverhältnis zu beachten?
3. Kann das Finanzamt den an die Allkredit-Bank ausgezahlten Betrag zurückfordern, ggf. auf welche Weise?
4. Auf welche Weise kann der Streit zwischen U und dem Finanzamt über das Bestehen oder Nichtbestehen der Aufrechnungslage geklärt werden?

Lösung
Zu 1.
Ansprüche auf Erstattung von Steuern können abgetreten oder verpfändet werden (§ 46 Abs. 1 AO). Beides erfolgt grundsätzlich nach den Vorschriften des BGB (§§ 398 ff, §§ 1273 ff). Einer Abtretung zugänglich sind aber nicht einzelne Besteuerungsgrundlagen (z.B. Vorsteuerbeträge nach § 15 UStG), sondern nur die in § 46 Abs. 1 AO genannten Ansprüche (z. B. der sich aufgrund der Vorsteuerbeträge ergebende Erstattungsanspruch).

Die *Abtretung* wird nur wirksam, wenn der Gläubiger (Erstattungsberechtigte) die Abtretung

– der zuständigen Finanzbehörde
– nach Entstehung des Anspruchs
– auf einem amtlich vorgeschriebenen Vordruck
– mit den Unterschriften des Abtretenden und des Abtretungsempfängers

anzeigt (§ 46 Abs. 2 und Abs. 3 AO).

Im vorliegenden Fall ist die Abtretung des Umsatzsteuererstattungsanspruchs an die Allkredit-Bank durch U nicht wirksam erfolgt, da jedenfalls nicht der amtlich vorgeschriebene Vordruck verwendet worden ist.

Zu 2.
Für die *Aufrechnung* mit Ansprüchen aus dem Steuerschuldverhältnis (vgl. hierzu § 37 AO) gelten gemäß § 226 Abs. 1 AO grundsätzlich die §§ 397 ff BGB.

Aufrechnung ist die wechselseitige Tilgung zweier sich gegenüberstehender Forderungen durch Verrechnung. Sie erfolgt durch Aufrechnungserklärung und wirkt zurück auf den Zeitpunkt, in dem sich die beiden Forderungen erstmals aufrechenbar gegenübergestanden sind.

Die Aufrechnungslage setzt *Gleichartigkeit* (z.B. zwei Geldforderungen) und *Gegenseitigkeit* (Schuldner der einen Forderung ist Gläubiger der anderen Forderung) sowie *Fälligkeit* der Gegenforderung und *Erfüllbarkeit* der Hauptforderung voraus. *Hauptforderung* in diesem Sinn ist dabei die Schuld des Aufrechnenden (Anspruch, gegen den aufgerechnet wird), während als *Gegenforderung* allgemein die Forderung des Aufrechnenden (Anspruch, mit dem aufgerechnet wird), bezeichnet wird.

Bei der Aufrechnung durch einen Steuerpflichtigen ist (außer den allgemeinen Voraussetzungen der Aufrechnungslage) insbesondere die einschränkende Regelung des § 226 Abs. 3 AO zu beachten, wonach der Steuerpflichtige nur mit unbestrittenen oder rechtskräftig festgestellten Ansprüchen aufrechnen kann. Unbestritten ist eine Forderung des Steuerpflichtigen dann, wenn das Finanzamt keine substantiierten Einwendungen dagegen erhebt.

Zu 3.
Ist eine Steuer ohne rechtlichen Grund gezahlt oder zurückgezahlt worden, so hat derjenige, auf dessen Rechnung die Zahlung bewirkt worden ist, an den Leistungsempfänger einen Anspruch auf Erstattung des gezahlten oder zurückgezahlten Betrages (§ 37 Abs. 2 AO). Der Rückforderungsanspruch richtet sich gegen den Leistungsempfänger.

Im Fall der *Abtretung eines Steuererstattungsanspruchs* und Auszahlung des Erstattungsbetrags an den Abtretungsempfänger (*Zessionar*) richtet sich der Rückforderungsanspruch zugleich an den Zessionar als Empfänger der ohne rechtlichen Grund geleisteten Zahlung des Finanzamts einerseits und an den Abtretenden (*Zedenten*) selbst als originären Schuldner andererseits (§ 37 Abs. 2 Satz 3 AO). Abtretender und Abtretungsempfänger sind Gesamtschuldner (§ 44 Abs. 1 Satz 1 AO).

Dies gilt unabhängig davon, ob die Abtretung wirksam oder (z.B. wegen Formmangels) unwirksam war. Auch mit Leistung einer fehlgeleiteten Zahlung an einen am ursprünglichen Steuerschuldverhältnis unbeteiligten Dritten entsteht ein öffentlich-rechtliches Schuldverhältnis zwischen dem Dritten und dem Finanzamt, das es dem Finanzamt ermöglicht, den Rückforderungsanspruch gegen den Dritten als Empfänger der Leistung durch *Rückforderungsbescheid* geltend zu machen.

Im vorliegenden Fall hat das Finanzamt trotz Unwirksamkeit der Abtretung und damit ohne Rechtsgrund an die Allkredit-Bank geleistet. Der dadurch entstandene Rückforderungsanspruch (§ 38 i.V.m. § 37 Abs. 2 Satz 1 AO) kann durch Rückforderungsbescheid gegenüber U oder gegenüber der Bank geltend gemacht werden. Das Finanzamt wird nach pflichtgemäßem Ermessen (vgl. § 5 AO) zunächst den Steuerpflichtigen (hier: U) und - wenn dieser die Rückzahlung nicht leisten kann oder will - daneben den Abtretungsempfänger (hier: die Allkredit-Bank) zur Rückzahlung auffordern.

Zu 4.
Über Streitigkeiten, die die Verwirklichung von Ansprüchen aus dem Steuerschuldverhältnis (§ 37 AO) betreffen, z.B. bei Meinungsverschiedenheiten darüber, ob eine bestimmte Zahlungsverpflichtung (des Steuerpflichtigen oder des Finanzamts) bereits (durch Zahlung, Aufrechnung, Erlaß oder Verjährung, vgl. hierzu § 47 AO) erloschen ist, hat das Finanzamt gemäß § 218 Abs. 2 AO durch *Abrechnungsbescheid* zu entscheiden. Gegen den Abrechnungsbescheid ist der Einspruch gegeben (§ 347 Abs. 1 Satz 1 Nr. 1 AO). Aufhebung, Änderung und Berichtigung erfolgen gegebenenfalls nach den §§ 129 bis 131 AO.

VIII. Außergerichtliches Rechtsbehelfsverfahren

FALL 24

Einspruch, Einlegung und Rücknahme

Sachverhalt: Das Rentnerehepaar Hermann und Frauke Gutsaum (G) hat in seiner gemeinsamen Einkommensteuererklärung 1994 Zusammenveranlagung beantragt. Im Mai 1996 ergeht der Einkommensteuerbescheid 1994 über eine Einkommensteuernachzahlung von 5.000 DM. Im selben Bescheid werden unter Hinweis auf § 233a AO Zinsen zur Einkommensteuer in Höhe von 50 DM festgesetzt.

Am Tag nach Erhalt des Bescheids begibt sich Frau G mit diesem zum Finanzamt und erklärt dort, die festgesetzte Einkommensteuer müsse gemindert werden, weil im Bescheid ein dem Ehemann zustehender Pauschbetrag wegen Körperbehinderung nicht berücksichtigt worden sei. Der zuständige Veranlagungssachbearbeiter Vogel (V) fertigt eine Niederschrift über den Einspruch von Frau G gegen den Einkommensteuerbescheid.

Zwei Wochen später geht beim Finanzamt ein Schreiben mit dem Briefkopf der Eheleute G und mit folgendem Wortlaut ein:

„Gegen den Einkommensteuerbescheid 1994 legen wir hiermit form- und fristgerecht Einspruch ein. Wir bitten um einen neuen Bescheid, in dem der Pauschbetrag für Körperbehinderte berücksichtigt ist. Außerdem sind wir mit den Zinsen nicht einverstanden. Bei früheren Steuererstattungen haben wir auch keine Zinsen erhalten.

Hochachtungsvoll
(Hermann Gutsaum)"

Weitere zwei Wochen später ruft Herr G beim Finanzamt an und erkundigt sich nach seinem Einspruch. V sagt ihm zu, dem Einspruch gegen den Einkommensteuerbescheid unverzüglich durch Erlaß eines Abhilfebescheides stattzugeben.

Außerdem teilt er ihm mit, daß Steuernachforderungen (und Steuererstattungen) seit einigen Jahren aufgrund einer entsprechenden gesetzlichen Regelung zu verzinsen seien. Daraufhin erklärt der Steuerpflichtige, wenn dem so sei, dann halte er seine Einwendungen gegen die Festsetzung der Zinsen nicht mehr aufrecht. Er betrachte sie damit als erledigt und verzichte auf weiteren Bescheid.

V fertigt über Verlauf und genauen Inhalt des Telefonats einen Aktenvermerk und übergibt den gesamten Vorgang einer zur Ausbildung im Veranlagungsbereich tätigen Finanzanwärterin mit der Bitte um Prüfung, was außer dem Erlaß eines neuen Einkommensteuerbescheides 1994 an die Ehegatten G gegebenenfalls noch veranlaßt sein könnte.

Fragen: 1. Welcher bzw. welche Rechtsbehelfe der Eheleute G sind anhängig?
2. Auf welche Weise kann er bzw. können sie erledigt werden?

Lösung

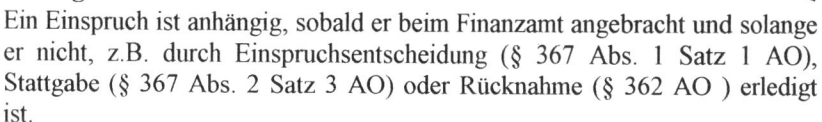

Ein Einspruch ist anhängig, sobald er beim Finanzamt angebracht und solange er nicht, z.B. durch Einspruchsentscheidung (§ 367 Abs. 1 Satz 1 AO), Stattgabe (§ 367 Abs. 2 Satz 3 AO) oder Rücknahme (§ 362 AO) erledigt ist.
Gegen Steuerbescheide und gegen Zinsbescheide ist der Einspruch statthaft (§ 347 Abs. 1 AO). Form und Frist sind in §§ 357, 355 AO geregelt. Danach sind Einsprüche schriftlich einzureichen oder zur Niederschrift zu erklären (§ 357 Abs. 1 Satz 1 AO). Einlegung durch Telegramm (§ 357 Abs. 1 Satz 3 AO) und (was zeitweise strittig war, von der Rechtsprechung aber geklärt ist:) per Telefax ist möglich.

Das Schriftlichkeitsgebot erfordert gemäß § 126 BGB zwar grundsätzlich die eigenhändige Unterschrift (des Rechtsbehelfsführers oder eines Vertreters). Aufgrund der ausdrücklichen und insoweit einschränkenden Regelung des § 357 Abs. 1 Satz 2 AO genügt aber auch ein nicht unterschriebenes Schriftstück dem Schriftformerfordernis des Satzes 1, wenn aus dem Schriftstück nur hervorgeht, wer den Rechtsbehelf einlegen will.

Bei zusammenveranlagten Ehegatten muß sich aus dem Schriftstück klar ergeben, wer (gegebenenfalls für wen, nämlich für sich selbst, für den anderen Ehegatten oder für beide Ehegatten) Einspruch einlegen will. Im Einzelfall kann hierzu eine Ermittlung des gewollten Erklärungsinhalts durch Auslegung des Erklärungswortlauts (vgl. §§ 133, 157 BGB) in Verbindung mit den Begleitumständen erforderlich sein. Dasselbe gilt bei Rechtsbehelfen gegen andere zusammengefaßte Bescheide hinsichtlich der Frage, welcher Verwaltungsakt im einzelnen angefochten werden soll.

Besondere Bedeutung kommt in diesem Zusammenhang dem Satz 4 des Abs. 1 sowie dem Satz 1 des Abs. 3 von § 357 AO zu, wonach unrichtige Bezeichnung des Rechtsbehelfs nicht schadet und der angegriffene Verwaltungsakt bezeichnet werden „soll". „Unrichtig" umfaßt auch eine ungenaue, eine falsche (z. B. „Widerspruch" oder „Beschwerde" statt „Einspruch") und selbst eine gänzlich fehlende Bezeichnung (als Rechtsbehelf). Es genügt daher grundsätzlich, wenn sich dem Schreiben überhaupt Einwendungen gegen einen bestimmten Verwaltungsakt entnehmen lassen.

Über einen zur Niederschrift erklärten Einspruch ist von der Behörde eine Niederschrift zu fertigen. Unterbleibt eine solche aus Gründen, die der Einspruchsführer nicht zu vertreten hat, kommt die Gewährung von Wiedereinsetzung in den vorigen Stand in Betracht (§ 110 AO). Außerdem kann es der Behörde u.U. nach dem Grundsatz von Treu und Glauben versagt sein, sich bei Prüfung der Zulässigkeitsvoraussetzungen (vgl. § 358 AO) auf eine von ihr selbst pflichtwidrig unterlassene fehlende Protokollierung des Einspruchs zu berufen.

Die Rücknahme eines Einspruchs kann ebenfalls nur schriftlich oder zur Niederschrift erklärt werden (§ 362 Abs. 1 i.V.m. § 357 Abs. 1 AO). Sie hat den Verlust des eingelegten Einspruchs zur Folge (§ 362 Abs. 2 Satz 1 AO).

Einlegung und Rücknahme eines Einspruchs sind als *Prozeßerklärungen* „bedingungsfeindlich", d.h. sie dürfen nicht vom Eintritt eines zukünftigen Ereignisses abhängig gemacht werden. Die Formulierungen „vorsorglich" oder „hilfsweise" enthalten keine Bedingung in diesem Sinn. Eine echte Bedingung (z. B.: „Wenn..., dann...,, oder „Für den Fall, daß...") ist bei Einlegung des Einspruchs (zugunsten des Einspruchsführers) wirkungslos, führt aber andererseits (ebenfalls zugunsten des Einspruchsführers) zur Unwirksamkeit einer Rücknahmeerklärung wie im übrigen auch eines Einspruchsverzichts (vgl. hierzu § 354 Abs. 2 Satz 1, 2. Halbsatz AO).

Für den vorliegenden Fall ergibt sich aus alldem folgendes:
Frau G hat durch Erklärung zur Niederschrift gegen den Einkommensteuerbescheid 1994 (für sich selbst) wirksam Einspruch eingelegt (§ 357 Abs. 1 Satz 1, 2. Alt. AO). Daß ihr Rechtsbehelfsbegehren auf Berücksichtigung einer nicht ihr selbst, sondern dem Ehemann zustehenden Steuervergünstigung gerichtet ist, ist in diesem Zusammenhang nicht weiter von Belang. Als Gesamtschuldnerin (§ 44 Abs. 1 Satz 1 AO) der im Weg der Zusammenveranlagung (§§ 26, 26b EStG) festgesetzten Einkommensteuer ist sie auch insoweit beschwert (§ 350 AO).

Auch Herr G hat durch sein Schreiben an das Finanzamt (für sich selbst) gegen den Einkommensteuerbescheid 1994 wirksam Einspruch eingelegt (§ 357 Abs. 1 Satz 1, 1. Alt. AO). Daß im Briefkopf auch Frau G aufgeführt ist und Herr G die „Wir"-Form verwendet, weist deutlich darauf hin, daß er auch im Namen von Frau G Einwendungen erheben will. Da Frau G aber bereits vorher Einspruch eingelegt hat, kommt der erneuten Anfechtung des Einkommensteuerbescheids (durch Herrn G im Namen von Frau G) über die Bekräftigung eines bereits eingelegten Einspruchs hinaus keine weitere rechtliche Bedeutung zu.

Anders verhält es sich jedoch mit dem Zinsbescheid: Die Festsetzung der Zinsen ist zulässigerweise mit der Steuerfestsetzung verbunden worden (§ 233a Abs. 4 AO). Ungeachtet dessen stellen Zinsbescheid und Steuerbescheid jeweils selbständige und unabhängig voneinander anfechtbare Verwaltungsakte (§ 118 AO) dar.

In seinem Schreiben hat Herr G für sich selbst und zugleich im Namen seiner Ehefrau (gemeinsamer Briefkopf, „Wir"-Form) gegen den Zinsbescheid Einwendungen erhoben und somit jeweils Einspruch eingelegt.
Seine telefonisch abgegebene „Erledigungserklärung" könnte eine Rücknahme (seines eigenen Einspruchs) darstellen. Fraglich ist nun schon, ob die telefonische Erklärung des G mit einer schädlichen Bedingung versehen worden ist. Dies kann aber dahingestellt bleiben, weil jedenfalls das auch für die Einspruchsrücknahme geltende Schriftformerfordernis (§ 362 Abs. 1 Satz 2 i.V.m. § 357 Abs. 1 Satz 1 AO) nicht erfüllt ist. G hat seinen Einspruch gegen den Zinsbescheid weder schriftlich zurückgenommen noch die Rücknahme (an Amtsstelle) zur Niederschrift erklärt.

Die Erklärung eines Einspruchs oder einer Rücknahme zur Niederschrift per Telefon ist nicht wirksam möglich. Sie genügt nicht dem Schriftlichkeitserfordernis und wäre auch aus Gründen der Rechtssicherheit nicht praktikabel. Selbst der von G telefonisch geäußerte Verzicht auf weiteren Bescheid ändert, solange eine wirksame Rücknahme nicht vorliegt, nichts an der Notwendigkeit einer abschließenden (schriftlichen) Verbescheidung der Einspruchsführer durch das Finanzamt.

Die Einsprüche von Herrn und Frau G gegen den Zinsbescheid sind daher ebenso wie die Einsprüche gegen den Einkommensteuerbescheid noch anhängig. Wie diese können sie durch Einspruchsentscheidung (vgl. §§ 367 Abs. 1 Satz 1, 366 AO) oder durch Abhilfebescheid (§ 367 Abs. 2 Satz 3 AO) oder durch eine gegebenenfalls erst noch anzufordernde schriftliche Rücknahmeerklärung der Einspruchsführer erledigt werden.

FALL 25

Beschwer, Einspruch gegen Grundlagen- und Folgebescheide

Sachverhalt: Die Multifix GmbH erklärt in ihrer Gewerbesteuererklärung 1993 einen Gewerbeertrag von - 10.000 DM. Nach erklärungsgemäßer Veranlagung wird der einheitliche Gewerbesteuermeßbetrag für 1993 unter dem Vorbehalt der Nachprüfung auf 0 DM festgesetzt. Außerdem wird mit weiterem Bescheid vom selben Tag der vortragsfähige Gewerbeverlust auf den 31.12.1993 unter dem Vorbehalt der Nachprüfung auf 10.000 DM gesondert festgestellt.

Im Verlauf einer anschließenden Betriebsprüfung über die Veranlagungszeiträume 1990 bis 1993 stellt sich heraus, daß die GmbH im Wirtschaftsjahr 1993 u.a. Bewirtungsaufwendungen von insgesamt 5.000 DM gewinnmindernd verbucht, aber weder Ort, noch Tag, noch Teilnehmer und Anlaß der Bewirtungen aufgezeichnet hat. Der Prüfer behandelt daraufhin die Bewirtungskosten unter Hinweis auf § 4 Abs. 5 EStG als nichtabzugsfähige Betriebsausgaben und rechnet sie dem Steuerbilanzergebnis hinzu. Im Ergebnis der Betriebsprüfung ergehen verschiedene Änderungsbescheide.

Der Vorbehalt der Nachprüfung im Gewerbesteuermeßbescheid für 1990 wird ohne Änderung des vorangegangenen Bescheids gemäß § 164 Abs. 3 AO aufgehoben, der vortragsfähige Gewerbeverlust auf den 31.12.1993 wird mit auf § 164 Abs. 2 AO gestütztem Änderungsbescheid gesondert festgestellt auf nunmehr 5.000 DM.

Der Geschäftsführer der GmbH legt nun alle aufgrund der Betriebsprüfung ergangenen Bescheide Steuerberater Quick vor und beauftragt ihn, die erforderlichen Rechtsbehelfe einzulegen, um eine Berücksichtigung der Bewirtungskosten als abzugsfähige Betriebsausgaben zu erreichen.

Frage: Gegen welchen Bescheid muß Steuerberater Quick vorgehen, um grundsätzlich eine gewerbesteuerliche Berücksichtigung der Bewirtungskosten erreichen zu können?

▶ **Lösung**

Einwendungen gegen Steuerbescheide (§ 155 AO), Feststellungsbescheide (§ 179 AO) und Steuermeßbescheide (§ 184 AO) können durch Anfechtung

des Bescheids im Wege des Einspruchs (§ 347 Abs. 1 Satz 1 Nr. 1 AO) erfolgen.
Neben der grundsätzlichen Statthaftigkeit des Finanzrechtsweges (vgl. hierzu § 347 AO), der Form (§ 357 AO) und der Frist (§ 355 AO) des Einspruchs ist die sogenannte „Beschwer" stets eine unverzichtbare Voraussetzung für die Zulässigkeit eines Einspruchs (§ 350 AO). Eine Beschwer liegt vor, wenn dem Steuerpflichtigen eine (Zahlungs-) Pflicht oder ein sonstiger Nachteil auferlegt oder eine Vergünstigung verweigert worden ist.
Die Beschwer ist nur dann schlüssig geltend gemacht, wenn der Einspruchsführer eine Rechtsverletzung oder eine Ermessenswidrigkeit rügt oder eine günstigere Ermessensausübung begehrt. Bei einer Festsetzung auf 0 DM ist der Steuerpflichtige grundsätzlich nicht beschwert.

Etwas anderes gilt allerdings dann, wenn sich daraus (oder aus einer zu niedrigen Festsetzung) ungünstige Auswirkungen auf spätere Veranlagungszeiträume ergeben können, etwa aufgrund der Progression des Einkommensteuersatzes, wegen der vorgreiflichen Ausübung eines Wahlrechts oder über den Bilanzzusammenhang. Ferner kann sich aus einem auf 0 DM lautenden Gewerbesteuermeßbescheid eine Beschwer ergeben, wenn der Steuerpflichtige eine Gewerbesteuerpflicht überhaupt bestreitet.
Die für die Steuerpflicht und für die Bemessung der Steuer maßgeblichen rechtlichen und tatsächlichen Verhältnisse (z. B. Wohnsitz, Alter, Familienstand, Kinderzahl, Einkünfte, Sonderausgaben usw.) können als unselbständige Besteuerungsgrundlagen (vgl. hierzu § 199 Abs. 1 AO) nicht selbständig angefochten werden, soweit sie nicht gesondert festgestellt worden sind (§ 157 Abs. 2 AO).
Gegen einen Gewerbesteuermeßbescheid, der auf 0 DM lautet, kann daher nicht geltend gemacht werden, der maßgebliche Gewerbeverlust sei höher als im Bescheid angesetzt. Der festgesetzte Gewerbesteuermeßbetrag ändert sich nämlich auch dann nicht, wenn der Vortrag des Einspruchsführers zutrifft. Jedoch kann gemäß § 10a GewStG ein Fehlbetrag (Gewerbeverlust) unter den dort genannten Voraussetzungen auf nachfolgende Erhebungszeiträume vorgetragen werden. Die Höhe dieser Besteuerungsgrundlage (vortragsfähiger Fehlbetrag) ist gemäß § 10a GewStG gesondert festzustellen (§ 179 Abs. 1 AO). Der Bescheid über die gesonderte Feststellung des vortragsfähigen Gewerbeverlustes ist als Grundlagenbescheid (§ 171 Abs. 10 AO) bindend für die Gewerbesteuermeßbescheide über nachfolgende Erhebungszeiträume (§ 182 Abs. 1 AO). Die im Grundlagenbescheid getroffene Entscheidung (Höhe des vortragsfähigen Gewerbeverlustes) kann nur durch Anfechtung des

Grundlagenbescheids angegriffen werden (vgl. § 351 Abs. 2 AO). Die Beschwer aus einem Grundlagenbescheid liegt stets in seiner Auswirkung auf den Folgebescheid.

Im vorliegenden Fall wäre ein Rechtsbehelfsvorbringen auf Berücksichtigung der Bewirtungskosten als abzugsfähige Betriebsausgaben und damit auf Ansatz eines höheren Gewerbeverlustes gerichtet. Mit diesem Rechtsbehelfsbegehren kann der Steuerpflichtige sich daher nur gegen den Bescheid über die gesonderte Feststellung des vortragsfähigen Gewerbeverlustes auf den 31.12.1993 wenden, nicht aber gegen den Gewerbesteuermeßbescheid 1993 (und im übrigen auch nicht gegen den Gewerbesteuerbescheid 1993).

Steuerberater Quick wird demnach gegen den Bescheid über die gesonderte Feststellung des vortragsfähigen Gewerbeverlustes auf den 31.12.1993 Einspruch einlegen. Ein Einspruch gegen den Gewerbesteuermeßbescheid 1993 wäre dagegen mangels Beschwer unzulässig.

FALL 26

Einspruch, Wiedereinsetzung, Teilabhilfe, Einspruchsentscheidung

Sachverhalt: Der Steuerpflichtige Emil Eckert (E) gibt seine Einkommensteuererklärung ab. Darin macht er u.a. Aufwendungen im Zusammenhang mit einer Erholungskur als außergewöhnliche Belastung geltend.

Bei der im übrigen erklärungsgemäß durchgeführten Einkommensteuerveranlagung bleiben diese Kurkosten mangels einer ärztlichen Bescheinigung ihrer Notwendigkeit unberücksichtigt. Da allerdings im Bescheid hierauf nicht ausdrücklich hingewiesen wird, wird dem E dies bei Erhalt des Steuerbescheides zunächst nicht bewußt.

Erst bei Erstellung seiner Einkommensteuererklärung für das nächste Jahr (zehn Monate später) bemerkt E die Abweichung im Bescheid. Er legt nun unverzüglich Einspruch ein und begehrt unter gleichzeitiger Vorlage des amtsärztlichen Attestes die Berücksichtigung der geltend gemachten Kurkosten. Zugleich macht er zusätzliche, bisher nicht angegebene Aufwendungen (für ein Arbeitszimmer) als Werbungskosten bei den Einkünften aus nichtselbstständiger Arbeit geltend.

Die Finanzamtsbedienstete Susanne Schönle (S), die den Einspruch des E bearbeitet, möchte die Berücksichtigung von Aufwendungen für das Arbeitszimmer vom Ergebnis einer Besichtigung desselben abhängig machen, über das andere Rechtsbehelfsvorbringen aber unverzüglich entscheiden.

Frage: Welche verfahrensrechtlichen Möglichkeiten gibt es?

Lösung ◀

Gegen Steuerbescheide (vgl. § 155 Abs. 1 AO) ist der Rechtsbehelf des Einspruchs gegeben (§ 347 AO). Die Monatsfrist (§ 355 AO) ist im vorliegenden Fall offensichtlich längst abgelaufen. Jedoch hätte dem E wegen der Abweichung von seiner Steuererklärung vor Erlaß des Steuerbescheids Gelegenheit zur Äußerung gegeben werden müssen (§ 91 Abs. 1 Satz 2 AO). Zumindest aber hätte diese Anhörung nachgeholt bzw. die Abweichung im Bescheid erläutert werden müssen (vgl. § 126 Abs. 1 Nr. 3 und Nr. 2 i.V.m. § 121 Abs. 1 AO). Zwar macht dieser Verstoß gegen Verfahrensvorschriften den Steuerbescheid nicht nichtig (vgl. § 127 i.V.m. § 125 AO). Ist aber das Unterlassen der erforderlichen Anhörung und der erforderlichen Begründung Ursache dafür, daß der Bescheid nicht fristgerecht angefochten wird, so gilt die Versäumung der Rechtsbehelfsfrist als nicht verschuldet (§ 126 Abs. 3 AO).

Da der Einspruch innerhalb der Monatsfrist des § 110 Abs. 2 Satz 1 AO sowie vor Ablauf der Jahresfrist (§ 110 Abs. 3 AO) beim Finanzamt eingegangen ist, ist dem E von Amts wegen Wiedereinsetzung in den vorigen Stand zu gewähren (vgl. § 110 Abs. 2 Satz 4 AO). Der Einspruch des E gilt daher als fristgerecht und ist zulässig (vgl. auch § 358 AO). E kann sein Rechtsbehelfsvorbringen auch auf andere Punkte (hier: zusätzliche Werbungskosten) erweitern.

Das Finanzamt kann dem Einspruchsantrag hinsichtlich der außergewöhnlichen Belastung durch Erlaß eines Teilabhilfebescheides unverzüglich stattgeben. In diesem Fall tritt der Teilabhilfebescheid an die Stelle des ursprünglichen Bescheids und wird Gegenstand des Einspruchsverfahrens, und zwar auch ohne entsprechenden Antrag des Einspruchsführers (§ 365 Abs. 3 AO). Über das restliche Einspruchsbegehren (Berücksichtigung der Aufwendungen für ein Arbeitszimmer als Werbungskosten) ist sodann im Fall der Stattgabe durch (weiteren) Abhilfebescheid bzw. im Fall der Ablehnung durch Einspruchsentscheidung zu befinden (vgl. § 367 Abs. 2 Satz 3 AO).

B. Klausur

Allgemeines

Arbeitszeit: 3 Stunden
Hilfsmittel: Abgabenordnung, Bürgerliches Gesetzbuch, Kalender 1995

Die Aufgabe besteht aus zwei selbständigen Teilen. Teil I und Teil II können unabhängig voneinander und in beliebiger Reihenfolge bearbeitet werden.

Teil I

Der vierjährige Sohn Hansi der alleinerziehenden (und allein sorgeberechtigten) Emma Fröhlich (30) hat von seiner Großmutter Wertpapiere geerbt und erzielt seit seiner Geburt beachtliche Einkünfte aus Kapitalvermögen.

Im Februar 1996 läßt Hansis Mutter von Steuerberaterin Schwarz die Einkommensteuererklärung 1995 für Hansi erstellen und reicht sie unterschrieben beim Finanzamt ein.
Im Begleitschreiben an das Finanzamt bittet sie, künftig jeglichen Schriftverkehr in Steuerangelegenheiten ihres Sohnes Hansi unmittelbar mit Steuerberaterin Schwarz zu führen und auch die für Hansi bestimmten Steuerbescheide an sie zu senden.

Im April 1996 wird der Einkommensteuerbescheid 1995 für Hansi mit einfachem Brief an Steuerberaterin Schwarz gesandt. Der Text im Anschriftenfeld des Bescheids lautet:

> "Herrn/Frau/Firma
> Hansi Fröhlich
> z.Hd. Frau StB Schwarz
> Leipziger Str. 78
> 01127 Dresden"

Der Bescheid enthält keine besonderen Erläuterungen oder Hinweise.

Abgabenordnung 77

Steuerberaterin Schwarz leitet den Bescheid (zusammen mit ihrer Honorarrechnung) sogleich an Hansis Mutter weiter. Diese teilt tags darauf der Steuerberaterin mit, daß sie die Steuererklärungen für Hansi in Zukunft doch wieder selber ausfüllen wolle. Sie sehe das Mandat als beendet an.

Einige Tage später geht beim Finanzamt ein Schreiben von Emma Fröhlich ein, mit dem sie form- und fristgerecht gegen den Einkommensteuerbescheid 1995 Hansis Einspruch einlegt. Die Begründung werde sie nachreichen.

Als das Finanzamt sich daraufhin mit der Bitte um Nachreichung der Einspruchsbegründung an Steuerberaterin Schwarz wendet, teilt diese dem Finanzamt in einem Brief folgendes mit:

„Der Einspruch gegen den Einkommensteuerbescheid 1995 für Hansi Fröhlich wird hiermit zurückgenommen. Meiner Auffassung nach liegt nämlich kein wirksamer Bescheid vor. Ich bitte um kurze Bestätigung meiner Rechtsauffassung."

Aufgabe: Nehmen Sie unter Angabe der einschlägigen gesetzlichen Vorschriften ausführlich Stellung zu folgenden **Fragen:**
1. Liegt ein wirksamer Einkommensteuerbescheid 1994 für Hansi Fröhlich vor?
2. Ist wirksam und zulässigerweise Einspruch eingelegt worden?
3. Wenn ja: Ist der Einspruch wirksam zurückgenommen worden?
4. Was wird das Finanzamt auf die Bitte von Steuerberaterin Schwarz um „Bestätigung" ihrer Rechtsauffassung hin tun?

Teil II

Der 40-jährige ledige Angestellte Jens Meyer gibt - nach entsprechender Fristverlängerung wegen eines längeren Krankenhausaufenthalts - am 30.06.1995 seine Einkommensteuererklärung 1993 persönlich bei seinem Wohnsitzfinanzamt ab, wo man anschließend die Veranlagung durchführt. Bei der Veranlagung wird insoweit von der Steuererklärung abgewichen, als die Anzahl der arbeitstäglichen Fahrten zwischen Wohnung und Arbeitsstätte von 220 auf 200 gekürzt wird.

Am 23.10.1995 wird der Einkommensteuerbescheid 1993 gleichen Datums mit einfachem Brief zur Post gegeben. Der Bescheid weist eine Nachzahlung an Einkommensteuer 1993 in Höhe von 1.000 DM aus. Gleichzeitig (im selben Schriftstück) werden unter Hinweis auf § 233a Abgabenordnung Zinsen in Höhe von 35 DM und außerdem ein Verspätungszuschlag in Höhe von 100 DM festgesetzt. Adressierung des Bescheids und Rechtsbehelfsbelehrung sind korrekt.

Am 27.11.1995 spät abends wirft Meyer ein Schreiben vom selben Tag mit folgendem Wortlaut in den Hausbriefkasten des Finanzamts:

„Ihren Bescheid vom 23. Oktober 1995 habe ich am 24. Oktober 1995 erhalten. Mit Erstaunen habe ich zur Kenntnis genommen, daß Sie von mir außer der Steuernachzahlung auch noch Zinsen verlangen. Das allein hätte ich noch hingenommen, wenn Sie nicht auch noch einen Verspätungszuschlag festgesetzt hätten. Hatte ich doch mit Ihrer zuständigen Veranlagungssachbearbeiterin vereinbart, daß ich die Einkommensteuererklärung 1993 wegen meines vorangegangenen Krankenhausaufenthalts erst bis zum 30. Juni 1995 abgeben brauchte. Gegen den Verspätungszuschlag erhebe ich daher Widerspruch.

Hochachtungsvoll

Jens Meyer

(Jens Meyer)"

Am 15.12.1995 geht ein weiteres Schreiben des Meyer mit folgendem Wortlaut beim Finanzamt ein:

„Noch einmal komme ich auf Ihren Bescheid vom 23.10.1995 zurück. Gestern mußte ich beim Nachrechnen des Steuerbescheides feststellen, daß Sie die von mir in meiner Einkommensteuererklärung 1993 geltend gemachten Werbungskosten eigenmächtig gekürzt haben. Dagegen verwahre ich mich; und zwar vor allem deshalb, weil weder bei Abgabe der Steuererklärung darüber gesprochen wurde, noch sonst im Bescheid darauf hingewiesen ist. Anderenfalls hätte ich mich nämlich sofort gegen eine Kürzung der Werbungskosten gewehrt.

Mit den Zinsen bin ich nun nach reiflicher Überlegung auch nicht mehr einverstanden. Da ich bei früheren Steuererstattungen vom Finanzamt nie Zinsen erhalten habe, sehe ich nicht ein, weshalb ich nun welche zahlen soll.

In der Hoffnung, von Ihnen bald Nachricht zu erhalten, verbleibe ich

mit freundlichen Grüßen
Ihr

Jens Meyer

(Jens Meyer)"

Aufgabe: Nehmen Sie unter Angabe der gesetzlichen Vorschriften ausführlich Stellung
1. zur Zulässigkeit (Form und Frist) eines oder mehrerer anhängiger Rechtsbehelfe des Meyer;
2. zur Rechtmäßigkeit des festgesetzten Verspätungszuschlags.
3. Wie hätte das Finanzamt weiter zu verfahren, wenn es den festgesetzten Verspätungszuschlag aufrechterhalten wollte?

Lösung
Teil I. (Sachverhalt Hansi Fröhlich)

1. Zur Wirksamkeit des Einkommensteuerbescheids 1995 für Hansi Fröhlich

Ein Verwaltungsakt wird wirksam mit seiner Bekanntgabe (§ 124 Abs. 1 AO). Voraussetzung für die Wirksamkeit ist, daß er inhaltlich hinreichend bestimmt ist (§ 119 Abs. 1 AO). Bei Steuerbescheiden ist letzteres nur der Fall, wenn Steuerschuldner, Adressat und Empfänger zweifelsfrei aus der bekanntgegebenen Ausfertigung des Bescheids ersichtlich sind.

Schuldner der im Bescheid festgesetzten Einkommensteuer ist Hansi (§ 43 AO i.V.m. § 36 Abs. 4 EStG). Er ist auch zutreffend als solcher im Bescheid benannt.

Da Hansi aber noch nicht das siebte Lebensjahr vollendet hat, ist er geschäftsunfähig (§ 104 Nr. 1 BGB) und damit steuerlich weder aktiv noch passiv handlungsfähig (vgl. § 79 AO). Adressatin von Steuerbescheiden für Hansi ist daher seine Mutter Emma Fröhlich als gesetzliche Vertreterin (§ 34 Abs. 1 AO i.V.m. § 1629 Abs. 1 Satz 3 BGB). Sie müßte im Bescheid mit Vor- und Familienname sowie mit einem die Vertretung erläuternden Zusatz bezeichnet sein. Daran fehlt es hier.

Die Benennung der empfangsbevollmächtigten Steuerberaterin Schwarz als gewillkürter Vertreterin ist zwar ebenfalls erforderlich, für sich allein aber nicht ausreichend.
Die Benennung des Adressaten stellt einen unverzichtbaren wesentlichen Bestandteil des Verwaltungsakts dar. Ihr Fehlen führt dazu, daß der Verwaltungsakt inhaltlich nicht hinreichend bestimmt (§ 119 Abs. 1 AO), nichtig (§ 125 Abs. 1 AO) und damit unwirksam (§ 124 Abs. 3 AO) ist.
Mangels Benennung der Adressatin (Emma Fröhlich als gesetzliche Vertreterin des Hansi Fröhlich) liegt ein wirksamer Einkommensteuerbescheid 1995 für Hansi daher nicht vor.

2. Einlegung des Einspruchs

Emma Fröhlich hat im Rahmen ihrer gesetzlichen Vertretungsbefugnis mit Wirkung für ihren Sohn Hansi gegen den Einkommensteuerbescheid 1995 Einspruch eingelegt. Daß sie zuvor an Steuerberaterin Schwarz gerade zu diesem Zweck eine weitgehende Vollmacht erteilt hat, läßt ihre eigene umfassende gesetzliche Vertretungsmacht für Hansi unberührt.

Der angefochtene Bescheid ist zwar nichtig und unwirksam (s.o.). Auch von einem nichtigen Verwaltungsakt geht aber zunächst ein Rechtsschein aus, der eine Beschwer (§ 350 AO) auslöst.

Der Einspruch ist daher wirksam eingelegt und zulässig.

3. Rücknahme des Einspruchs

Steuerberaterin Schwarz ist von Hansis Mutter zur Bevollmächtigten bestellt worden (vgl. § 80 Abs. 1 Satz 1 AO i.V.m. § 167 BGB). Diese Vollmacht ermächtigt Steuerberaterin Schwarz zu allen das Verwaltungsverfahren betreffenden Verfahrenshandlungen (§ 80 Abs. 1 Satz 2 AO), also auch zur Rücknahme (§ 362 Abs. 1 Satz 1 AO) eines Einspruchs.

Der zeitlich vor der Rücknahme erfolgte Widerruf der Vollmacht durch Hansis Mutter ändert daran nichts. Er wirkt gegenüber Steuerberaterin Schwarz (im Innenverhältnis) zwar sofort (§ 168 i.V.m. § 167 BGB), gegenüber dem Finanzamt (im Außenverhältnis) aber erst mit Eingang des Widerrufs beim Finanzamt (§ 80 Abs. 1 Satz 4 AO, vgl. auch § 170 BGB).

Die für die Rücknahme vorgeschriebene Schriftform (§ 362 Abs. 1 Satz 2 i.V.m. § 357 Abs. 1 Satz 1 AO, § 126 BGB) ist ebenfalls erfüllt. Der Einspruch ist daher wirksam zurückgenommen worden.

4. Entscheidung des Finanzamts

Das Finanzamt wird die Nichtigkeit des Bescheids förmlich (mit einspruchsfähigem Verwaltungsakt) feststellen (§ 125 Abs. 5 AO).

Teil II. (Sachverhalt Jens Meyer)

1. Rechtsbehelfe

Die Zulässigkeit eines Rechtsbehelfs setzt Beschwer durch einen wirksamen Verwaltungsakt (vgl. § 350 AO) sowie form- und fristgerechte Einlegung des Rechtsbehelfs voraus (vgl. § 358 Satz 1 AO).

Der Bescheid vom 23.10.1995 an Jens Meyer beinhaltet drei Verwaltungsakte (§ 118 AO): Festsetzung der Einkommensteuer 1993 (Steuerbescheid gemäß § 155 Abs. 1 AO), Festsetzung der Zinsen (Verwaltungsakt über Zinsen und Kosten) und Festsetzung des Verspätungszuschlags (sonstiger Verwaltungsakt, Ermessensentscheidung gemäß § 5 AO).

Alle drei Verwaltungsakte sind ordnungsgemäß bekanntgegeben worden (§ 122 AO). Insbesondere war die gemeinsame Bekanntgabe in einem einzigen Schriftstück zulässig und geboten (§ 233a Abs. 4, § 152 Abs. 3 AO).

Gegen den Steuerbescheid und gegen den Zinsbescheid ist jeweils der Einspruch (§ 348 Abs. 1 Nr. 1 und Nr. 10 AO in der für 1995 geltenden Fassung -"AO 1995"-), gegen die Festsetzung des Verspätungszuschlags war bis 31.12.1995 die Beschwerde gegeben (§ 349 Abs. 1 AO 1995).

Mit seinem Schreiben vom 27.11.1995 hat Meyer gegen die Festsetzung des Verspätungszuschlags und mit seinem Schreiben vom 15.12.1995 hat er gegen die Festsetzung der Einkommensteuer sowie gegen die Festsetzung der Zinsen Einwendungen erhoben.
Daß er dabei seine Einwendungen nicht ausdrücklich mit den zutreffenden Rechtsbehelfen „Beschwerde" bzw. „Einspruch" bezeichnet hat, ist gemäß § 357 Abs. 1 Satz 3 AO unschädlich.

Meyer hat demnach gegen die Festsetzung des Verspätungszuschlags Beschwerde und gegen die Steuerfestsetzung sowie gegen die Festsetzung der Zinsen jeweils Einspruch eingelegt.

a) Zulässigkeit der Beschwerde gegen die Festsetzung des Verspätungszuschlags:
Die *Schriftform* (§ 357 Abs. 1 Satz 1 AO i.V.m. § 126 BGB) ist gewahrt. Die Beschwerde muß aber auch *fristgerecht* eingelegt worden sein. Rechtsbehelfe gegen einen Verwaltungsakt sind innerhalb eines Monats nach Bekanntgabe des Verwaltungsakts einzulegen (§ 355 Abs. 1 Satz 1 AO).

Der am 23.10.1995 mit einfachem Brief zur Post gegebene Verwaltungsakt gilt als am 26.10.1995 bekanntgegeben (§ 122 Abs. 2 Nr. 1 AO). Der tatsächlich frühere Zugang ist insoweit unbeachtlich. Die Rechtsbehelfsfrist beginnt somit am 27.10.1995 um 0 Uhr (§ 108 Abs. 1 AO i.V.m. § 187 Abs. 1 BGB) und dauert einen Monat (§ 355 Abs. 1 Satz 1 AO). Das reguläre Ende der Rechtsbehelfsfrist würde auf den 26.11.1995 fallen (§ 188 Abs. 2 i.V.m. § 187 Abs. 1 BGB). Da dies ein Sonntag ist, verschiebt sich der Ablauf der Frist auf den nächstfolgenden Werktag (§ 108 Abs. 3 AO, vgl. auch § 108 Abs. 1 AO i.V.m. § 193 BGB). Die Rechtsbehelfsfrist endet daher mit Ablauf des 27.11.1995.

Die am Abend des 27.11 1995 beim Finanzamt angebrachte Beschwerde ist nach alldem form- und fristgerecht eingelegt und somit zulässig.

b) Zulässigkeit des Einspruchs gegen den Einkommensteuerbescheid:
Die *Schriftform* ist auch hier gewahrt (§ 357 Abs. 1 Satz 1 AO, § 126 BGB). Auch für den Steuerbescheid endet die *Rechtsbehelfsfrist* mit Ablauf des 27.11.1995 (Berechnung s.o.). Der am 15.12.1995 eingegangene Einspruch ist damit verspätet.

Jedoch ist das Finanzamt bei Erlaß des Bescheids mit der Kürzung der Fahrtkosten von dem in der Steuererklärung angegebenen Sachverhalt zuungunsten des Steuerpflichtigen wesentlich abgewichen. Das Finanzamt hätte daher dem Steuerpflichtigen Meyer vor Erlaß des Bescheids Gelegenheit zur Äußerung geben (§ 91 Abs. 1 AO) oder zumindest diese Abweichung im Bescheid erläutern (§ 121 Abs. 1 AO) müssen. Eine Heilung dieser Verfahrensmängel ist bis zum Eingang des Einspruchs nicht erfolgt (§ 126 Abs. 1 Nr. 2 und 3 AO).
Daß beides unterlassen worden ist, ist ursächlich für die Versäumung der Rechtsbehelfsfrist durch Meyer. Die Versäumung gilt daher gemäß § 126 Abs. 3 Satz 1 AO als nicht verschuldet. Die unterlassene Verfahrenshandlung (Einspruch) ist innerhalb der Frist des § 110 Abs. 2 AO nachgeholt worden. Dem Einspruchsführer ist (von Amts wegen) Wiedereinsetzung in den vorigen Stand zu gewähren (§ 110 AO).

Der Einspruch gegen den Einkommensteuerbescheid ist damit formgerecht, gilt auch als fristgerecht eingelegt und ist somit zulässig.

c) Zulässigkeit des Einspruchs gegen den Zinsbescheid:
Die *Schriftform* ist auch hier gewahrt (§ 357 Abs. 1 Satz 1 AO, § 126 BGB). Auch die *Rechtsbehelfsfrist* gegen den Zinsbescheid hat mit Ablauf des 27.11.1995 geendet (Berechnung s.o.). Gründe für die Gewährung von Wiedereinsetzung in den vorigen Stand sind insoweit weder vom Einspruchsführer vorgetragen worden noch sonst ersichtlich.
Der am 15.12.1995 beim Finanzamt eingegangene Einspruch gegen den Zinsbescheid ist damit verspätet und unzulässig (vgl. § 358 AO).

2. Rechtmäßigkeit des Verspätungszuschlags

Ein Verspätungszuschlag kann gemäß § 152 Abs. 1 Satz 1 AO gegen denjenigen festgesetzt werden, der seiner Verpflichtung zur Abgabe einer Steuererklärung nicht oder nicht fristgerecht nachkommt.

Die gesetzlich bestimmte Frist zur Abgabe der Einkommensteuererklärung (vgl. §§ 149, 150 AO, 25 Abs. 3, 60 EStDV) kann vom Finanzamt gemäß § 109 Abs. 1 Satz 1 AO verlängert werden. Wird die Erklärung innerhalb der verlängerten Frist abgegeben, so erfolgt die Erklärungsabgabe fristgerecht i.S. des § 152 AO. Die Festsetzung eines Verspätungszuschlags kommt dann nicht in Betracht.
Die Festsetzung des Verspätungszuschlags gegen Meyer war daher rechtswidrig.

3. Aufrechterhaltung des Verspätungszuschlags

Wenn und soweit ein Finanzamt einer Beschwerde gegen einen Verwaltungsakt (hier: Verspätungszuschlag) nicht stattgab (vgl. hierzu § 368 Abs. 1 Satz 1 AO 1995), hatte das Finanzamt nach der bis zum 31.12.1995 geltenden Rechtslage die Beschwerde der nächsthöheren Behörde (Oberfinanzdirektion) vorzulegen, die sodann durch Beschwerdeentscheidung entschied (§ 368 Abs. 2 AO 1995).

Seit dem 1.1.1996 gilt jedoch eine neue Rechtslage: Durch das Grenzpendlergesetz vom 24.06.1994 (BStBl I 1994, 440 ff, 444) sind Einspruch und Beschwerde mit Wirkung vom 01.01.1996 an zu einem einheitlichen Rechtsbehelf, nämlich dem Einspruch, zusammengefaßt worden. Gleichzeitig ist der sogenannte Devolutiveffekt (Vorlage an die und Entscheidung durch die nächsthöhere Behörde) entfallen.

Dies gilt nach der Übergangsregelung des EGAO (Art. 97 § 18 Abs. 3 i.d.F. des Grenzpendlergesetzes) auch für die Fälle, in denen über einen vor dem 01.01.1996 (als Beschwerde eingelegten) Rechtsbehelf erst nach dem 31.12.1995 entschieden wird. Wenn also das Finanzamt das Rechtsbehelfsvorbringen für unbegründet hält, hat es in solchen Fällen auch einen als Beschwerde eingelegten Rechtsbehelf mit Einspruchsentscheidung zurückzuweisen (§ 367 Abs. 1 Satz 1 AO).

Im vorliegenden Fall hätte das Finanzamt demnach, wenn und soweit es der Beschwerde des Meyer gegen den Verspätungszuschlag nicht abhelfen wollte bzw. will, den Rechtsbehelf noch im Jahr 1995 der Oberfinanzdirektion zur Entscheidung vorlegen können. Im Fall einer Entscheidung nach dem 31.12.1995 wäre diese durch das Finanzamt selbst in Form einer Einspruchsentscheidung vorzunehmen.

Zweiter Teil: Bilanzsteuerrecht

A. Einzelfälle

Vorbemerkung
Alle in den Einzelfällen angesprochenen Unternehmen haben ein Wirtschaftsjahr, das dem Kalenderjahr entspricht. Sie versteuern sämtliche Umsätze nach den allgemeinen Vorschriften des UStG und sind voll vorsteuerabzugsberechtigt. Die Gewinnermittlung erfolgt nach § 5 Abs. 1 EStG. Die Voraussetzungen für Sonderabschreibungen sind nicht erfüllt.

I. Anlagevermögen

FALL 1

Anschaffung und Bewertung unbebauter Grundstücke

Sachverhalt: Helga Hortens (H) betreibt in Nürnberg einen Lebensmittelmarkt. Um ihren Kunden in Zukunft genügend Parkplätze anbieten zu können, erwarb sie mit notariellem Vertrag vom 1.2.04 das unbebaute Grundstück Nürnberg, Schladminger Str. 10. Der Eintrag im Grundbuch erfolgte am 28.11.04, wogegen der Übergang von Nutzen und Lasten zum 1.5.04 vereinbart worden war. Den Vereinbarungen gemäß wurde am 2.5.04 der Kaufpreis von 500.000 DM an den Verkäufer überwiesen. Zusätzlich wurde für den Veräußerer an die Stadt Nürnberg die rückständige Grundsteuer aus den Jahren 01 - 03 mit insgesamt 2.000 DM bezahlt.
Die Zahlung vom 2.5. konnte nur zu 200.000 DM aus eigenen Mitteln bestritten werden. Für den Rest war die Aufnahme eines Darlehens (300.000 DM, Auszahlung 100 %) erforderlich.

Außerdem entstanden in 04 noch die nachstehenden Aufwendungen:
- Notar für Kaufvertrag   3.000 DM   + 450 DM Umsatzsteuer
- Notar für Grundschuldbestellung   600 DM   + 90 DM Umsatzsteuer
- Grundbuchamt für Eigentumsänderung   600 DM
- Grundbuchamt für Grundschuldeintrag   200 DM
- Grunderwerbsteuer   10.040 DM
- Zinsen für Darlehen   14.000 DM

Wegen der zentralen Lage des Grundstücks versuchten mehrere Interessenten im Dezember 04 das Grundstück von Frau H zu erwerben. Die Angebote lagen bei 540.000 - 550.000 DM.

Frage: Wie ist der Sachverhalt in 04 bilanzsteuerrechtlich zu behandeln?

▶ **Lösung**
Bei dem Grundstück handelt es sich um notwendiges Betriebsvermögen, da es ausschließlich und unmittelbar für eigenbetriebliche Zwecke genutzt wird (R 13 Abs. 1 S. 1 EStR). Dieses Wirtschaftsgut wird dem nichtabnutzbaren Anlagevermögen zugeordnet, da es langfristig dem Betrieb dient (R 32 Abs. 1 S. 1 u. 6 EStR). Nichtabnutzbare Wirtschaftsgüter des Anlagevermögens sind mit den Anschaffungskosten oder einem eventuell niedrigeren Teilwert zu bilanzieren (§ 6 Abs. 1 Nr. 2 EStG, § 253 Abs. 1 HGB). Die Anschaffungskosten sind nach § 255 Abs. 1 HGB zu ermitteln, wonach alle Aufwendungen, die geleistet werden, um den Vermögensgegenstand zu erwerben und in einen betriebsbereiten Zustand zu versetzen, zu den Anschaffungskosten gehören (so auch R 32a Abs. 1 S. 1 EStR). Somit gehören auch die durch den Kauf veranlaßten Notarkosten, Grundbuchamtskosten und Grunderwerbsteuer dazu. Auch der Wert übernommener Verbindlichkeiten zählt mit zu den Anschaffungskosten (R 32a Abs. 2 S. 1 EStR). In der Bezahlung der rückständigen Grundsteuer muß eine Schuldübernahme gesehen werden, die sich positiv auf die Anschaffungskosten auswirkt.
Ermittlung der Anschaffungskosten:

Kaufpreis	500.000 DM
Schuldübernahme (Grundsteuer)	2.000 DM
Notar für Kaufvertrag	3.000 DM
Grundbuchamt für Eigentumsänderung	600 DM
Grunderwerbsteuer	10.040 DM
Anschaffungskosten bis 31.12.04	515.640 DM

Die durch den Notar gesondert ausgewiesene Umsatzsteuer (insgesamt 540 DM) zählt nicht zu den Anschaffungskosten, da sie bei der Umsatzsteuer abgezogen werden kann (§ 9b Abs. 1 EStG).
Die anläßlich der Finanzierung anfallenden Kosten gehören nicht in den Anschaffungs-, sondern in den Finanzierungsbereich. Kosten der Finanzierung - dazu gehören auch die Kosten der Grundschuldbestellung und Eintragungskosten im Grundbuch - zählen nicht zu den Anschaffungskosten

(vgl. R 33 Abs. 7 S. 1 EStR), sondern gehören zu den sofort abziehbaren Betriebsausgaben i.S.d. § 4 Abs. 4 EStG.
Frau H wurde von verschiedenen Interessenten ein Grundstückspreis geboten, der über ihren Anschaffungskosten liegt. § 6 Abs. 1 Nr. 2 EStG und § 253 Abs. 1 u. 2 HGB sehen als Bilanzierungsansatz nur die Anschaffungskosten oder den niedrigeren Teilwert vor. Da der höhere Teilwert nicht genannt wird, darf er nicht angesetzt werden. Der Ausweis des höheren Teilwerts würde auch gegen das Imparitätsprinzip des § 252 Abs. 1 Nr. 4 HGB verstoßen, nach dem Gewinne nur zu berücksichtigen sind, wenn sie am Abschlußstichtag realisiert sind.
Die Darlehensschuld rechnet ebenfalls zum Betriebsvermögen, weil sie durch den Betrieb veranlaßt wurde (R 13 Abs. 15 EStR). Verbindlichkeiten sind in der Bilanz mit ihrem Rückzahlungswert auszuweisen (§ 6 Abs. 1 Nr. 3 EStG, R 37 Abs. 1 EStR). Nachdem die Auszahlung zu 100 % erfolgte, muß die Schuld in der Bilanz 31.12.04 mit 300.000 DM passiviert werden.

FALL 2

Anschaffung und Bewertung eines bebauten Grundstücks

Sachverhalt: Johannes König (K) konnte für seinen Elektrogroßhandel ein Bürogebäude günstig erwerben, da sich der Veräußerer in einer finanziellen Notlage befand. Aus dem Notarvertrag vom 25.10.04 ergibt sich, daß Nutzen und Lasten ab 1.11.04 übergingen und der Kaufpreis von 1.000.000 DM am 2.11.04 fällig und zahlbar war.
K beauftragte Mitte Oktober 04 einen unabhängigen Gutachter mit der Bewertung des Grundstücks.
Auszug aus dem Gutachten:

Verkehrswert Grund u. Boden	300.000 DM
Verkehrswert Gebäude	900.000 DM
Gesamtwert im Oktober 04	1.200.000 DM

K hatte nach dem Vertrag alle mit dem Kauf in Zusammenhang stehenden Kosten zu übernehmen, die in 04 auf dem Sachkonto Grundstücksaufwand erfaßt wurden:

10.11.04 Notar für Grundstückskauf	8.000 DM
15.11.04 Gutachter anläßlich Grundstückskauf	20.000 DM
10.12.04 Grunderwerbsteuer	20.000 DM

Die gesamte Vorsteuer war abziehbar und wurde zutreffend gebucht.

Das Gebäude war in 01 fertiggestellt und durch den Veräußerer seitdem zutreffend nach § 7 Abs. 5 EStG mit 10 % abgeschrieben worden.

Frage: Wie ist der Sachverhalt in 04 zu beurteilen?

▶ **Lösung**

Das erworbene bebaute Grundstück wird für die Bewertung nach § 6 EStG in zwei Wirtschaftsgüter unterteilt, auch wenn ein einheitlicher Ausweis in der Bilanz unter dem Posten „Bebaute Grundstücke" möglich ist. Der Grund und Boden stellt ein unbewegliches nichtabnutzbares Wirtschaftsgut des Anlagevermögens dar (R 32 Abs. 1 S. 6 EStR) und wird nach § 6 Abs. 1 Nr. 2 EStG mit den Anschaffungskosten bewertet. Das aufstehende Gebäude zählt zu den unbeweglichen abnutzbaren Wirtschaftsgütern des Anlagevermögens (R 32 Abs. 1 S. 5, R 42 Abs. 1 Nr. 4 EStR) und wird nach § 6 Abs. 1 Nr. 1 EStG mit den Anschaffungskosten, vermindert um die AfA, bewertet.
Die Ermittlung der AK erfolgt unter Beachtung des § 255 Abs. 1 HGB und der R 32 a EStR. Abziehbare Vorsteuer darf in die AK nicht eingehen (§ 9b Abs. 1 S. 1 EStG). Zuerst sind die gesamten AK des bebauten Grundstücks zu ermitteln und danach im Verhältnis der Verkehrswerte aufzuteilen.

Kaufpreis	1.000.000 DM
Notar	8.000 DM
Gutachter	20.000 DM
Grunderwerbsteuer	20.000 DM
gesamte Anschaffungskosten	1.048.000 DM
- davon Anteil Grund u. Boden 25 %	262.000 DM
- davon Anteil Gebäude 75 %	786.000 DM

Der Grund und Boden muß im Jahresabschluß 04 mit 262.000 DM ausgewiesen werden. Nachdem es sich bei dem Gebäude um ein abnutzbares Wirtschaftsgut handelt, erfolgt die Berechnung der AfA nach § 7 EStG. Eine AfA nach § 7 Abs. 5 EStG ist nicht zulässig, da das Gebäude nicht im Jahr der Herstellung angeschafft wurde. Möglich ist die AfA nach § 7 Abs. 4 S. 1 Nr. 1 EStG, da die Vornahme der AfA nach § 7 Abs. 5 S. 1 Nr. 1 EStG (siehe Sachverhalt) beim Bauherrn voraussetzt, daß der Antrag auf Baugenehmigung nach dem 31.3.1985 gestellt wurde. Daher lineare Gebäude-AfA mit 4 % der Bemessungsgrundlage (R 43 Abs. 1 EStR). Maßgebend für den Beginn der Gebäude-AfA ist nicht die Eintragung im

Grundbuch, sondern der Übergang von Nutzen und Lasten (R 44 Abs. 1 S. 1 EStG). Im Jahr der Anschaffung wird die lineare Gebäude-AfA zeitanteilig eingestellt (R 44 Abs. 2 S. 1 EStR).

Anschaffungskosten Gebäude	786.000 DM
AfA 4 % für 2 Monate	./. 5.240 DM
Bilanzansatz Gebäude 31.12.04	780.760 DM

Fall 3
Absetzung für Abnutzung nach § 7 Abs. 1 und Abs. 2 EStG

Sachverhalt: Die Maschinenfabrik Hille in Hannover erwarb am 1.6.04 eine Drehbank (Nutzungsdauer 8 Jahre) für den Fertigungsbereich. Aus der Buchhaltung des Jahres 04 sind zu diesem Vorgang ersichtlich:

Rechnungspreis netto	50.000 DM
Fracht für die Anlieferung netto	2.000 DM

Die Bezahlung des Rechnungspreises erfolgte am 10.6.04 durch Banküberweisung unter Abzug von 3 % Skonto.
Am 7.10.04 wurde an die Drehbank noch eine Schutzvorrichtung angebaut. Die Lieferfirma berechnete incl. Montagekosten 3.500 DM + Umsatzsteuer.

Fragen: 1. Wie hoch sind die steuerlichen Anschaffungskosten?
2. Wie hoch ist die jeweils höchste bzw. niedrigste AfA nach § 7 Abs. 1 bzw. Abs. 2 EStG?

Lösung
Zu 1.
Zu den Anschaffungskosten gehören alle Aufwendungen, die geleistet werden, um das Wirtschaftsgut zu erwerben und in einen dem angestrebten Zweck entsprechenden Zustand zu versetzen (§ 255 Abs. 1 HGB, R 32a Abs. 1 S. 1 EStR). Preisnachlässe (z.B. Skonto) sind zu berücksichtigen (R 32a Abs. 1 S. 3 EStR). Die Aufwendungen für die Schutzvorrichtung stellen nachträgliche Anschaffungskosten dar (R 32a Abs. 1 S. 1 u. 3 EStR) und müssen in die Ermittlung der AK mit einbezogen werden. Vorsteuer, die nach § 15 UStG abgezogen werden kann, gehört nicht zu den Anschaffungskosten (§ 9b Abs. 1 S. 1 EStG).

Rechnungspreis netto	50.000 DM
Fracht	+ 2.000 DM
Skonto 3 % v. 50.000 DM	./. 1.500 DM
Schutzvorrichtung	+ 3.500 DM
Anschaffungskosten in 04	54.000 DM

Zu 2.
Bei der Drehbank handelt es sich um ein bewegliches abnutzbares Wirtschaftsgut des Anlagevermögens (R 42 Abs. 2 und R 32 Abs. 1 EStR). Die Bewertung dieses Wirtschaftsgutes erfolgt grundsätzlich mit den Anschaffungskosten, vermindert um die AfA (§ 6 Abs. 1 Nr. 1 EStG). Die AfA kann linear nach § 7 Abs. 1 EStG oder degressiv nach § 7 Abs. 2 EStG berechnet werden (R 44 Abs. 5 EStR). Bemessungsgrundlage für die AfA stellen die AK des jeweiligen zu bewertenden Wirtschaftsgutes dar (R 43 Abs. 1 S. 1 EStR).
Die Kosten für den Anbau der Schutzvorrichtung stellen nachträgliche AK dar und werden bei der AfA-Ermittlung in 04 so behandelt, als wären sie zu Beginn der Anschaffung angefallen (vgl. R 44 Abs. 11 S. 3 EStR). Im Jahr der Anschaffung kann zudem zwischen zeitanteiliger AfA (R 44 Abs. 2 S. 1 EStR) und der Vereinfachungsregelung nach R 44 Abs. 2 S. 3 EStR gewählt werden, die bei Anschaffung in der 1. Hälfte eines Wirtschaftsjahres den Ansatz der ganzen Jahres-AfA und bei der Anschaffung in der 2. Hälfte eines Wirtschaftsjahres den Ansatz der halben Jahres-AfA zuläßt.

Der Ansatz der **linearen AfA nach § 7 Abs. 1 EStG** bewirkt, daß die AK gleichmäßig auf die Nutzungsdauer des Wirtschaftsgutes verteilt werden.
niedrigste AfA
54.000 DM : 8 (ND) = Jahres-AfA	6.750 DM
zeitanteilig 7/12 (aufgerundet)	3.938 DM

höchste AfA
54.000 DM : 8 (ND) = Jahres-AfA	6.750 DM
1/1 nach R 44 Abs. 2 S. 3 EStR	6.750 DM

Die Ermittlung der **degressiven AfA nach § 7 Abs. 2 EStG** bedeutet, daß die AK in fallenden Jahresbeträgen auf die Nutzungsdauer des WG verteilt werden. Der degressive AfA-Satz beträgt das 3fache des linearen AfA-Satzes, höchstens aber 30 %. Die AfA wird im Jahr der Anschaffung von den Anschaffungskosten und in den Folgejahren jeweils vom Buchwert zu Beginn des Wirtschaftsjahres errechnet.

Der AfA-Satz ermittelt sich danach für die Drehbank folgendermaßen:
100 % : 8 (ND) = 12,5 % linearer AfA-Satz
x 3
= 37,5 % degressiver AfA-Satz
höchstens jedoch 30 %

niedrigste AfA
54.000 DM x 30 % = Jahres-AfA   16.200 DM
zeitanteilig 7/12   9.450 DM
höchste AfA
54.000 DM x 30 % = Jahres-AfA   16.200 DM
1/1 nach R 44 Abs. 2 S. 3 EStR   16.200 DM

Fall 4

Anschaffung und Bewertung von beweglichem Anlagevermögen

Sachverhalt: Sabine Schultheiß betreibt in Frankfurt mehrere Baumärkte. In 04 ließ sie ihr Einkaufsbüro neu gestalten. Aus diesem Anlaß sind die nachstehenden Aufwendungen angefallen:

07.06.04	Rechnung des Malermeisters Putz über Tapezier- und Lackierarbeiten im Büro	2.000 DM + 15 % USt
30.06.04	Tankbeleg anläßlich Fahrten zu verschiedenen Möbelhäusern	100 DM + 15 % USt
07.07.04	Lieferung und Rechnung des Möbelhauses Klöckl:	
	1 Schreibtisch Erle massiv	6.000 DM
	1 Büroschrank Erle massiv	12.000 DM
	1 Computertisch Mahagoni	800 DM
	1 Drehstuhl	600 DM
	Aufstellungskosten Büroschrank	500 DM
	Summe netto	19.900 DM
	+ 15 % Umsatzsteuer	2.985 DM
	Brutto	22.885 DM

Die Rechnung wurde am 8.8.04 ohne jeden Abzug bezahlt. Am 15.9.04 reklamierte Frau Schultheiß bei der Möbelfirma, daß sich eine Tür des Büroschranks verzogen hätte. Sie erhielt daraufhin vom Möbelhaus ohne Berechnung einen Badezimmerschrank, der in ihrem Wohnhaus aufgestellt wurde.

Der Badezimmerschrank war noch mit dem Verkaufspreis von 1.150 DM brutto versehen.
Sämtliche im Sachverhalt angesprochenen WG haben eine betriebsgewöhnliche Nutzungsdauer von 6 Jahren.

Frage: Wie hoch sind die steuerlichen Anschaffungskosten und wie hoch ist die höchstmögliche AfA nach § 7 EStG für 04?

▶ **Lösung**

Anschaffungskosten sind alle Aufwendungen, die getätigt werden, um das Wirtschaftsgut in einem betriebsbereiten Zustand zu erwerben (§ 255 Abs. 1 HGB, R 32a Abs. 1 S. 1 EStR). Die Anschaffungskosten können z.b. nach folgender Aufstellung ermittelt werden:

       Rechnungsbetrag netto
   + Anschaffungsnebenkosten
   + nachträgliche Anschaffungskosten
   ./. Anschaffungspreisminderungen
   + Aufwendungen, die der Versetzung in einen
      betriebsbereiten Zustand dienen
   = Anschaffungskosten

Zu den AK gehören alle Einzelkosten, die mit der Beschaffung eines Wirtschaftsgutes zusammenhängen, insbesondere auch die Montagekosten für den Büroschrank. Kosten der Besichtigung (hier Tankbeleg über 100 DM) fallen in den Bereich der Gemeinkosten und gehören nicht zu den AK (R 32a Abs. 1 S. 4 EStR). Die abziehbare Vorsteuer bleibt außer Ansatz (§ 9b Abs. 1 S. 1 EStG).
Die Renovierungsaufwendungen der Büroräume stehen in keinem direkten Zusammenhang mit dem Erwerb der Möbel und sind als sofort abziehbare Betriebsausgaben (§ 4 Abs. 4 EStG) zu erfassen.
Preisminderungen jeder Art - auch Naturalrabatte - sind bei der Ermittlung der AK zu berücksichtigen. Der Naturalrabatt wurde aufgrund betrieblicher Gegebenheiten gewährt und privat verwendet. Dies bewirkt eine Minderung der AK, eine Minderung der abziehbaren Vorsteuer i.H.v. 150 DM (15/115 von 1.150 DM) nach § 17 Abs. 1 Nr. 2 UStG und eine Barentnahme i.S.d. § 4 Abs. 1 S. 2 EStG.

Es handelt sich nicht um eine Sachentnahme, da der Badezimmerschrank zu keinem Zeitpunkt Betriebsvermögen war bzw. wurde. Somit liegt auch kein Eigenverbrauchstatbestand nach § 1 Abs. 1 Nr. 2a UStG vor
Der notwendige Buchungssatz lautet:
Entnahmen 1.150 DM an Büroeinrichtung 1.000 DM
Vorsteuer 150 DM

Die Vermögensgegenstände sind zum Abschlußstichtag einzeln zu bewerten (§ 252 Abs. 1 Nr. 3 HGB) - sog. Prinzip der Einzelbewertung -, so daß die AK für jedes Wirtschaftsgut gesondert zu ermitteln sind.

	Schreibtisch	Büroschrank	Comp.-Tisch	Drehstuhl
Rechnungspreis	6.000 DM	12.000 DM	800 DM	600 DM
Aufstellungskosten		+ 500 DM		
Nachlaß		./. 1.000 DM		
AK	__6.000 DM__	__11.500 DM__	__800 DM__	__600 DM__

Wegen des Prinzips der Einzelbewertung muß bei jedem abnutzbaren Wirtschaftsgut auch hinsichtlich der AfA-Methode selbständig entschieden werden. Bei den Wirtschaftsgütern Computertisch und Drehstuhl betragen die AK jeweils nicht mehr als 800 DM, so daß die Bewertungsfreiheit nach § 6 Abs. 2 EStG zum Zug kommt. § 6 Abs. 2 EStG fordert neben der Betragsobergrenze für seine Anwendung abnutzbare bewegliche Wirtschaftsgüter des Anlagevermögens, die einer selbständigen Nutzung fähig sind. Dies ist hier gegeben, so daß die AK von 800 DM + 600 DM = 1.400 DM im Wj 04 sofort als Betriebsausgaben zu berücksichtigen sind.
Für die verbleibenden Wirtschaftsgüter wird wegen der höchstmöglichen Gewinnminderung die degressive AfA nach § 7 Abs. 2 EStG berechnet.

AfA-Satz:
100 % : 6 (ND) = 16 2/3 % linearer AfA-Satz
x 3
= 50 % degressiver AfA-Satz
höchstens jedoch 30 %

Die Anschaffung erfolgte in der 2. Hälfte des Wirtschaftsjahres, so daß die Hälfte der Jahres-AfA angesetzt wird (R 44 Abs. 2 S. 3 EStR).

	Schreibtisch	Büroschrank
Anschaffungskosten	6.000 DM	11.500 DM
Jahres-AfA 30 %	1.800 DM	3.450 DM
AfA 04 = ½	__900 DM__	__1.725 DM__

Fall 5

AfA nach Ansatz des niedrigeren Teilwerts

Sachverhalt: Hans Schmidt betreibt in Nürnberg ein Schreibbüro und erwarb hierfür im August 04 eine EDV-Anlage. Die zutreffend ermittelten Anschaffungskosten belaufen sich auf 30.000 DM und wurden auf das Sachkonto Betriebs- und Geschäftsausstattung gebucht. Die betriebsgewöhnliche Nutzungsdauer beträgt 4 Jahre. Die Kosten für die Software wurden gesondert erfaßt.
Am 31.12.04 betrugen die Wiederbeschaffungskosten einer gebrauchten Anlage gleichen Typs und gleichen Alters netto 20.000 DM, da aufgrund eines Preisverfalls die Lieferanten nun wesentlich günstiger anbieten.
Herr Schmidt möchte Bewertungswahlrechte, die sich aus § 6 Abs. 1 Nr. 1 EStG ergeben, zu seinen Gunsten ausüben.

Fragen: 1. Wie hoch ist die AfA nach § 7 Abs. 1 EStG in den Jahren 04 und 05?
2. Wie hoch ist die AfA nach § 7 Abs. 2 EStG in den Jahren 04, 05 und 06?

▶ **Lösung**
Zu 1.
Wirtschaftsjahr 04
Ansatz der linearen AfA nach § 7 Abs. 1 EStG bedeutet gleichmäßige Verteilung auf die Nutzungsdauer des Wirtschaftsgutes. Da die EDV-Anlage in der 2. Hälfte des Wirtschaftsjahres angeschafft wurde, können 50 % der Jahres-AfA angesetzt werden (R 44 Abs. 2 S. 3 EStR).
AfA:
30.000 DM (AK) : 4 (ND) = Jahres-AfA 7.500 DM
halbe Jahres-AfA <u>3.750 DM</u>

Die EDV-Anlage wird somit nach § 6 Abs. 1 Nr. 1 S. 1 EStG mit den Anschaffungskosten, vermindert um die AfA nach § 7 Abs. 1 EStG, ausgewiesen. Dies sind 26.250 DM (30.000 DM ./. 3.750 DM). Die Wiederbeschaffungskosten (Teilwert) der EDV-Anlage sind zum 31.12.04 auf 20.000 DM gefallen. Nach § 6 Abs. 1 Nr. 1 S. 2 EStG kann auch ein niedrigerer Teilwert angesetzt werden. Die dadurch bedingte Wertminderung

verursacht eine Teilwertabschreibung von 6.250 DM (26.250 DM ./. 20.000 DM), die über außerordentlicher Aufwand ausgebucht wird.
Erforderlicher Buchungssatz:

a.o.Aufwand   6.250 DM   an   BGA   6.250 DM

Wirtschaftsjahr 05
Für die lineare AfA im Wirtschaftsjahr nach der Vornahme einer Teilwertabschreibung sind die Restnutzungsdauer und der Teilwert zu Beginn des Wirtschaftsjahrs (= Teilwert am Ende des vorangegangenen Wirtschaftsjahres) maßgebend. Der Teilwert wird auf die Restnutzungsdauer gleichmäßig verteilt. Die Restnutzungsdauer ergibt sich aus der Differenz zwischen betriebsgewöhnlicher Nutzungsdauer und bereits abgesetzter Nutzungsdauer (4 ./. 0,5 = 3,5).
Jahres-AfA ab 05:
20.000 DM (TW) : 3,5 (Rest-ND) = Jahres-AfA   aufgerundet   <u>5.715 DM</u>

Zu 2.
Wirtschaftsjahr 04
Ansatz der degressiven AfA nach § 7 Abs. 2 EStG bedeutet AfA in fallenden Jahresbeträgen. Auch bei der degressiven AfA kann der Steuerpflichtige die Vereinfachungsregelung, die sich aus R 44 Abs. 2 S. 3 EStR ergibt, in Anspruch nehmen. Die Nutzungsdauer liegt zwar über 3, aber nicht über 10 Jahre, so daß in diesem Bereich grundsätzlich von dem degressiven AfA-Satz 30 % ausgegangen werden kann.
AfA:
30 % v. 30.000 DM = Jahres-AfA   9.000 DM
halbe Jahres-AfA   <u>4.500 DM</u>

Anschaffungskosten   30.000 DM
AfA   <u>./. 4.500 DM</u>
vorläufiger Buchwert 31.12.04   <u>25.500 DM</u>

Auch nach der Wahl zur degressiven AfA bleibt dem Steuerpflichtigen die Möglichkeit, den niedrigeren Teilwert (hier 20.000 DM) anzusetzen. Die Differenz von 5.500 DM wird über das Konto „außerordentlicher Aufwand" als Betriebsausgabe erfaßt.

Wirtschaftsjahr 05
Wird bei Anwendung der degressiven AfA eine Teilwertabschreibung vorgenommen, bemißt sich die AfA im Folgejahr nach der Systematik des

§ 7 Abs. 2 S. 2 EStG. AfA somit: 30 % des Buchwertes zu Beginn des Wirtschaftsjahres.
30 % v. 20.000 DM   6.000 DM

§ 7 Abs. 2 S. 4 EStG kommt nicht zur Anwendung, da der Ansatz des niedrigeren Teilwerts nicht unter die Absetzung für außergewöhnliche Abnutzung fällt.

Buchwert 31.12.04   20.000 DM
AfA 05   ./. 6.000 DM
Buchwert 31.12.05   14.000 DM

Wirtschaftsjahr 06
Die Restnutzungsdauer beträgt zu Beginn des Wirtschaftsjahres 06 nur noch 2,5 Jahre (4 Jahre Gesamtnutzungsdauer ./. 1,5 Jahre abgesetzt). Es ist zulässig und wegen des niedrigst möglichen Gewinns angebracht, von der degressiven zur linearen AfA zu wechseln (§ 7 Abs. 3 S. 1 EStG).
Dies sollte aber - wie oben angedeutet - erst dann geschehen, wenn der Wechsel zur linearen AfA ab dem Wirtschaftsjahr des AfA-Wechsels zu einer höheren Jahres-AfA führt. Dies ist hier der Fall, da die degressive AfA auf 30 % begrenzt wird, der lineare AfA-Satz ab dem Wechsel aber 40 % (100 % : 2,5) beträgt. Die AfA bemißt sich nach dem Umstieg auf die lineare AfA-Methode nach dem Restbuchwert und der Restnutzungsdauer zu Beginn des Wirtschaftsjahres (§ 7 Abs. 3 S. 2 EStG).
Jahres-AfA ab 06:
14.000 DM : 2,5 =   5.600 DM

Fall 6

Tausch mit Baraufgabe

Sachverhalt: Das Anlagenverzeichnis der Fa. Elektra-GmbH, Dresden, weist zum 31.12.03 einen Pkw mit 28.000 DM aus, der im Februar 03 für 40.000 DM erworben und unter Annahme einer Nutzungsdauer von 5 Jahren degressiv abgeschrieben wurde. Dieser Pkw wurde am 1.9.04 beim Kauf eines neuen Pkw (Nutzungsdauer ebenfalls 5 Jahre) in Zahlung gegeben.

Die Autofirma Kurvig erteilte die nachstehende Abrechnung:

Bilanzsteuerrecht 97

Pkw Audi A6 - Sondermodell -		60.000 DM
Sonderausstattung		8.000 DM
Überführungskosten		800 DM
Autoradio		700 DM
Sonderrabatt		./. 2.000 DM
		67.500 DM
Tankfüllung		100 DM
		67.600 DM
15 % Umsatzsteuer		10.140 DM
		77.740 DM
Inzahlungnahme Gebrauchtwagen	25.000 DM	
15 % Umsatzsteuer	3.750 DM	./. 28.750 DM
Restbetrag		48.990 DM

Der Restbetrag wurde am 10.9.04 vom betrieblichen Bankkonto überwiesen. Der Vorgang hat aber in der Buchhaltung noch keinen Niederschlag gefunden. Die Anmeldung des neuen Wagens nahm der Geschäftsführer der GmbH selbst vor und verbuchte den Aufwand von 100 DM als laufende Kfz-Kosten.

Frage: Welche Folgerungen ergeben sich für 04 aus dem o.g. Sachverhalt?

Lösung
Es liegt ein Tausch mit Baraufgabe vor. Der Tausch mit Baraufgabe kann inhaltlich in ein Anschaffungs- und in ein Veräußerungsgeschäft zerlegt werden.
Veräußerungsgeschäft
Bei der Veräußerung von abnutzbaren beweglichen Wirtschaftsgütern des Anlagevermögens muß die AfA bis zur Veräußerung berechnet und gebucht werden (R 44 Abs. 9 S. 1 EStR).

Buchwert 31.12.03/1.1.04	28.000 DM
degressive AfA nach § 7 Abs. 2 EStG 30 %	8.400 DM
anteilig für Januar - August 04 (8/12)	5.600 DM
Buchwert am 1.9.04	22.400 DM
Veräußerungserlös	25.000 DM
Veräußerungsgewinn	2.600 DM

Erforderliche Buchungssätze:

AfA   5.600 DM   an   Fuhrpark   5.600 DM

Abgang AV	22.400 DM	an	Fuhrpark	22.400 DM
Sonstige Forderung	28.750 DM	an	Erlöse Abgang AV	25.000 DM
			Umsatzsteuer	3.750 DM

Die getrennte Verbuchung von Aufwand und Erlös aus dem Veräußerungsgeschäft wird als Bruttomethode bezeichnet und entspricht den Anforderungen des § 246 Abs. 2 HGB, wonach Aufwendungen nicht mit Erträgen verrechnet werden dürfen.

Anschaffung
Bei dem erworbenen Wirtschaftsgut setzen sich die Anschaffungskosten aus dem gemeinen Wert des hingegebenen Wirtschaftsgutes, erhöht um die Aufzahlung, vermindert um die abziehbare Vorsteuer zusammen. Anschaffungsnebenkosten, die evtl. zusätzlich anfallen, sind mit einzubeziehen. Zu den Anschaffungskosten gehören nicht nur der Rechnungspreis i.H.v. 60.000 DM und die Sonderausstattung, sondern auch die Überführungskosten, das Autoradio und die Anmeldegebühren. Die Kosten für die 1. Tankfüllung rechnen zu den laufenden Kfz-Kosten und sind nicht in die AK mit einzubeziehen.

Berechnung der Anschaffungskosten:

Gemeiner Wert Alt-Pkw	28.750 DM
Aufzahlung	+ 48.990 DM
Tankfüllung brutto	./. 115 DM
Bruttowert neuer Pkw	77.625 DM
Vorsteuer 15/115	./. 10.125 DM
Nettowert neuer Pkw	67.500 DM
Anmeldekosten	+ 100 DM
Anschaffungskosten	67.600 DM

Die Anschaffungskosten können aber auch nach der Methodik des § 255 Abs. 1 HGB ermittelt werden, indem die Einzelbestandteile der AK aufgelistet werden.

Rechnungspreis Audi A6	60.000 DM
Sonderausstattung	8.000 DM
Überführungskosten	800 DM
Autoradio	700 DM
Sonderrabatt	./. 2.000 DM
Anmeldegebühren	100 DM
Anschaffungskosten	67.600 DM

Die Anschaffung löst folgenden Buchungssatz aus:

Fuhrpark	67.600 DM			
Vorsteuer	10.140 DM	an	Sonstige Forderung	28.750 DM
			Bank	48.990 DM

Eine Berichtigungsbuchung hinsichtlich der fehlerhaft erfaßten Anmeldekosten erübrigt sich, da sich dieser Aufwand mit den noch nicht erfaßten Tankkosten auf 0 DM saldiert.

Die AfA für den Neuzugang wird nach § 7 Abs. 2 EStG degressiv berechnet, da sie in 04 - verglichen mit der linearen AfA - zur höheren Jahres-AfA führt.

30 % v. 67.600 DM = Jahres-AfA	20.280 DM
halbe Jahres-AfA, R 44 Abs. 2 S. 3 EStR	<u>10.140 DM</u>

Erforderliche Buchung:
AfA	10.140 DM	an	Fuhrpark	10.140 DM

Fall 7
Veräußerung eines gemischtgenutzten Fahrzeuges

Sachverhalt: Susanne Steimer (S) betreibt in Freiburg den Großhandel mit Elektrogeräten. Zu ihrem Anlagevermögen rechnete bis 1.8.04 ein Pkw (ND 5 Jahre), den sie im Juni 02 für 40.000 DM erworben und seitdem degressiv nach § 7 Abs. 2 EStG abgeschrieben hatte. In der Schlußbilanz 31.12.03 wurde der Wagen zutreffend mit 19.600 DM ausgewiesen. Nachdem der Wagen zu 25 % privat und zu 75 % betrieblich genutzt wurde, buchte S den Verkauf des Pkw am 1.8.04:

Kasse	23.000 DM	an	Fuhrpark	19.600 DM
			a.o.Ertrag	300 DM
			Privateinlage	100 DM
			Umsatzsteuer	3.000 DM

An laufenden Kfz-Kosten sind für die Monate Januar - Juli 04 insgesamt 4.000 DM angefallen, wovon 1.000 DM Versicherung und Kfz-Steuer betreffen. Die Kfz-Kosten wurden zutreffend gebucht. Weitere Buchungen hat S nicht für erforderlich gehalten. Das Verhältnis der privaten zu den betrieblichen Fahrten ergibt sich aus einem ordnungsgemäßen Fahrtenbuch. Die Aufwendungen für den Pkw können belegmäßig einzeln nachgewiesen werden.

Frage: Welche Folgerungen ergeben sich für 04 aus dem o.g. Sachverhalt?

▶ **Lösung**
Veräußerungsgeschäft und AfA
Nachdem der Pkw zu mehr als 50 % betrieblich genutzt wurde, stellt er notwendiges Betriebsvermögen dar (R 13 Abs. 1 S. 5 EStR). Da es sich um ein abnutzbares Wirtschaftsgut handelte, muß die AfA bis zur Veräußerung berechnet werden (R 44 Abs. 9 EStR). Die AfA wurde in den Vorjahren zulässigerweise nach § 7 Abs. 2 EStG degressiv berechnet. Nachdem zu Beginn des Wj 04 nur noch 3 Jahre Restnutzungsdauer vorliegen, wäre es möglich, zur linearen AfA zu wechseln (§ 7 Abs. 3 EStG). Allerdings hätte dies den Nachteil, daß die private Kfz-Nutzung wegen der dann höheren Kosten ebenfalls höher ausfällt. Um die private Kfz-Nutzung möglichst niedrig zu halten, sollte **im Jahr des Ausscheidens** auch die AfA so niedrig wie möglich gehalten werden. Deshalb wird in diesem Fall die degressive AfA beibehalten.

Buchwert 31.12.03		19.600 DM
Jahres-AfA 30 % v. 19.600 DM =	5.880 DM	
AfA zeitanteilig (7/12)	3.430 DM ./.	3.430 DM
Buchwert 31.7.04		16.170 DM
Veräußerungserlös netto (100/115 v. 23.000 DM)		20.000 DM
Veräußerungsgewinn		3.830 DM

Obwohl das Fahrzeug teilweise privat genutzt wurde, stellt der gesamte Veräußerungserlös eine Betriebseinnahme dar (R 18 Abs. 1 S. 3 EStR). Es ist nicht zulässig, den Teil des Veräußerungsgewinns, welcher der prozentualen Privatnutzung entspricht, als Einlage zu erfassen, da es sich insgesamt um ein notwendiges Betriebsvermögen handelte.
Die Richtigstellung erfolgt durch die Berichtigungsbuchung:

AfA	3.430 DM			
Abgang AV	16.170 DM			
a.o.Ertrag	300 DM			
Privateinlage	100 DM	an	Erlöse Abgang AV	20.000 DM

Die Berichtigungsbuchung entspricht der Anwendung der Bruttomethode. In der Praxis kommt aber auch die Nettomethode zur Anwendung, bei der Aufwand und Ertrag nicht gesondert, sondern nur der verbleibende Gewinn bzw. Verlust aus dem Veräußerungsgeschäft ausgewiesen werden. Die Berichtigungsbuchung würde dann lauten:

AfA	3.430 DM		
Privateinlage	100 DM	an a.o.Ertrag	3.530 DM

Private Kfz-Nutzung
Die Verwendung des Fahrzeuges für private Zwecke stellt eine Entnahme dar (§ 4 Abs. 1 S. 2 EStG). Die Wertermittlung der privaten Kfz-Nutzung erfolgt nach § 6 Abs. 1 Nr. 4 EStG entweder nach der sog. 1 %-Methode oder mit den tatsächlichen Selbstkosten (R 39 Satz 1 EStR). Nachdem ein ordnungsgemäßes Fahrtenbuch vorliegt und die Aufwendungen durch Belege nachgewiesen werden können, hat die Ermittlung der privaten Kfz-Nutzung nach den tatsächlichen Kosten zu erfolgen (§ 6 Abs. 1 Nr. 4 Satz 3 EStG 1996). Die Nutzungsentnahme unterliegt nach § 1 Abs. 1 Nr. 2b UStG als steuerbarer und steuerpflichtiger Verwendungseigenverbrauch der Umsatzsteuer. Zur umsatzsteuerlichen Bemessungsgrundlage gehören aber nur diejenigen Kosten, die mit Vorsteuer belastet waren. Die nicht mit Vorsteuer belasteten Kosten sind aus der umsatzsteuerlichen Bemessungsgrundlage auszuscheiden (Abschn. 155 Abs. 2 Satz 4 UStR 1996). Weitere Ausführungen zur umsatzsteuerlichen Behandlung in Abschn. 155 Abs. 3 UStR 1996. Die sich danach ergebende Umsatzsteuer auf den Eigenverbrauch darf nach § 12 Nr. 3 EStG den Gewinn nicht mindern und rechnet daher mit zur Entnahme.

Ermittlung der Gesamtentnahme

	mit USt	*ohne USt*
laufende Kosten	3.000 DM	1.000 DM
AfA	3.430 DM	
Gesamtkosten	6.430 DM	1.000 DM
Privatanteil 25 %	1.607 DM	250 DM
Umsatzsteuer 15 %	241 DM	
Brutto	1.848 DM	250 DM
nichtsteuerbarer Eigenverbrauch	250 DM	
Gesamtentnahme	2.098 DM	

Erforderliche Buchung:

Privatentnahme	2.098 DM	an	Eigenverbrauch 15 %	1.607 DM
			Eigenverbrauch 0 %	250 DM
			Umsatzsteuer	241 DM

Fall 8
Geringwertige Wirtschaftsgüter

Sachverhalt: Tobias Neumüller erwarb im Laufe des Jahres 04 für sein Bauunternehmen die nachstehend aufgeführten Gegenstände:

Datum	Wirtschaftsgut	Anschaffungskosten
2.1.04	Kreissäge	750 DM
2.1.04	Sägeblatt für Kreissäge	100 DM
8.5.04	2 Seitenteile für Stahlregal	800 DM
	4 Einlageböden für Stahlregal	800 DM
8.7.04	Besprechungstisch	4.800 DM
8.7.04	4 Stühle für Besprechungsraum	1.600 DM

Als Nutzungsdauer können 6 Jahre zugrunde gelegt werden.

Frage: Wie hoch ist die höchstmögliche AfA nach § 7 EStG bzw. § 6 Abs. 2 EStG?

▶ **Lösung**
Sämtliche aufgeführten Wirtschaftsgüter stellen notwendiges Betriebsvermögen (R 13 Abs. 1 S. 1 EStR) dar, die dem abnutzbaren beweglichen Anlagevermögen (R 32 Abs. 1 S. 5 EStR) zugeordnet werden. Diese Wirtschaftsgüter werden nach § 6 Abs. 1 Nr. 1 EStG mit den Anschaffungskosten, vermindert um die Absetzung für Abnutzung, bewertet. Dieses Bewertungsprinzip wird auf jedes einzelne Wirtschaftsgut angewendet (§ 252 Abs. 1 Nr. 3 HGB). Es muß daher erst untersucht werden, wieviel Wirtschaftsgüter vorliegen.
Kreissäge und Sägeblatt bilden _ein_ zu bewertendes Wirtschaftsgut, das einheitlich zu behandeln ist, denn beide Wirtschaftsgüter sind aufeinander

abgestimmt und nur zusammen nutzbar (R 40 Abs. 1 S. 3 EStR). Die AK dieses Wirtschaftsguts betragen somit 750 DM + 100 DM = 850 DM.
Das **Stahlregal** bildet ebenfalls nur <u>ein</u> zu bewertendes Wirtschaftsgut. Es ist nicht zulässig, ein einheitliches Wirtschaftsgut in seine Bestandteile zu zerlegen, um die Bewertungsfreiheit des § 6 Abs. 2 EStG zu erlangen (R 40 Abs. 1 S. 3 Nr. 2 EStR). Die einheitlichen AK belaufen sich auf 1.600 DM.
Der **Besprechungstisch** ist ein selbständig nutzbares Wirtschaftsgut und als solches zu aktivieren.
Die **Stühle** für den Besprechungsraum stellen vier verschiedene Wirtschaftsgüter dar, die jeweils einzeln zu bewerten sind. Daß sie evtl. nur in Zusammenhang mit anderen Wirtschaftsgütern genutzt werden, hat für die Frage der selbständigen Nutzbarkeit und damit für die Wahlmöglichkeit des § 6 Abs. 2 EStG keinen Einfluß, da es sich bei ihnen um selbständig nutzbare Gegenstände handelt.

Soweit die AK für das jeweilige zu bewertende Wirtschaftsgut 800 DM nicht übersteigen, kann der Unternehmer im Jahr der Anschaffung zwischen AfA nach § 7 Abs. 1 bzw. 2 EStG und dem sofortigen Ansatz als Betriebsausgabe nach § 6 Abs. 2 EStG wählen, wobei es bei GWG keine Rolle spielt, ob die Anschaffung in der 1. oder 2. Hälfte des Wirtschaftsjahres erfolgte. Die Stühle erfüllen somit die Voraussetzungen des § 6 Abs. 2 EStG, da u.a. die AK je Wirtschaftsgut 400 DM (1.600 DM : 4) betragen.
Die AK aller anderen WG sind auf die ND zu verteilen. Der degressiven AfA nach § 7 Abs. 2 EStG wird bei einer ND von 6 Jahren der Vorzug gegeben.

AfA-Satz:
100 % : 6 (ND) = 16 2/3 % linearer AfA-Satz
                x 3
                = 50 % degressiver AfA-Satz
höchstens jedoch 30 %

Die Bemessungsgrundlage für die AfA bilden die jeweiligen Anschaffungskosten des einzelnen WG (R 43 Abs. 1 EStR).
Soweit die WG in der 1. Hälfte des Wj angeschafft wurden, steht die volle Jahres-AfA zu, während bei Anschaffung in der 2. Hälfte des Wj nur die halbe Jahres-AfA angesetzt wird (R 44 Abs. 2 S. 3 EStR).

Zusammenstellung der AfA

	Kreissäge	Stahlregal	Tisch	4 Stühle
angeschafft am	2.1.04	8.5.04	8.7.04	8.7.04
AK gesamt	850 DM	1.600 DM	4.800 DM	1.600 DM
AfA 30 %	255 DM	480 DM	1.440 DM	
1/1 bzw. 1/2	<u>255 DM</u>	<u>480 DM</u>	<u>720 DM</u>	
GWG				<u>1.600 DM</u>

Fall 9

Bewertung von Wertpapieren und Behandlung der Erträge

Sachverhalt: Der mit Sitz in Bremen tätige Handelsgewerbetreibende Bechtholz beauftragte seine Bank, verschiedene Wertpapiere zur langfristigen Anlage in seinem Betriebsvermögen zu erwerben. Am 1.7.04 lag dem Kontoauszug die Kaufabrechnung bei:

60 Stück Steuer-AG-Aktien (Nennwert je 100 DM) zum Kurswert von je 400 DM	24.000 DM
100.000 DM Pfandbriefe der Sparbank, 7 % p.A., Zinstermin 1.7., Kurswert 102 %	102.000 DM
Provision für Kauf Aktien und Wertpapiere 1 % der Kurswerte	<u>1.260 DM</u>
Abbuchung	<u>127.260 DM</u>

Die Steuer-AG beschloß am 8.11.04 eine Dividendenausschüttung, die am 15.11.04 durchgeführt wurde. Auf dem betrieblichen Bankkonto des Bechtholz gingen im November 511,87 DM ein. Die ordnungsgemäß ausgefüllte Steuerbescheinigung liegt vor.

Nach Mitteilung der Bank betrugen die Kurswerte am 31.12.04:
Aktie der Steuer-AG je 100 DM Nennwert	380 %
Pfandbriefe der Sparbank je 100 DM Nennwert	103 %

Fragen: 1. Wie ist der Sachverhalt für das Wirtschaftsjahr 04 zu beurteilen, wenn der Unternehmer die Bilanzansätze so niedrig wie möglich halten will?

2. Welche Möglichkeiten hat Bechtholz in 05, wenn der Kurswert der Aktien am 31.12.04 je Stück 420 DM beträgt?

Lösung
Zu 1.
Bewertung der Wertpapiere
Langfristige Kapitalanlagen zählen zum Anlagevermögen (R 32 Abs. 1 EStR). Die Bewertung der Wertpapiere erfolgt nach § 6 Abs. 1 Nr. 2 EStG mit den Anschaffungskosten. Die Ermittlung der AK richtet sich nach R 32a Abs. 1 EStR und § 255 Abs. 1 HGB. Nach dem Prinzip der Einzelbewertung sind die AK für die einzelnen Wertpapierarten getrennt zu ermitteln (§ 252 Abs. 1 Nr. 3 HGB)

	Aktien	Pfandbriefe
Kurswert	24.000 DM	102.000 DM
Kaufprovision 1 %	+ 240 DM	+ 1.020 DM
AK	24.240 DM	103.020 DM

Mit diesen Werten sind die Wertpapiere erstmals in das Betriebsvermögen aufzunehmen. Liegt aber der Kurswert am Bilanzstichtag unter den Anschaffungskosten, so kann dieser angesetzt werden (§ 6 Abs. 1 Nr. 2 S. 3 EStG). Der Teilwert setzt sich aus Kurswert + anteilige Anschaffungsnebenkosten zusammen.

	Aktien	Pfandbriefe
Kurswert:		
60 Aktien x 380 DM	22.800 DM	
100.000 DM Pfandbriefe x 103 %		103.000 DM
Kaufprovision: 1 % des Kurswertes	+ 228 DM	+ 1.030 DM
Teilwert 31.12.04	23.028 DM	104.030 DM

Ein Vergleich mit den AK führt zu dem Ergebnis, daß bei den Pfandbriefen die AK den Bilanzansatz bilden. Der Ausweis des höheren Teilwerts ist unzulässig. Noch nicht verwirklichte Gewinne dürfen nicht ausgewiesen werden (§ 252 Abs. 1 Nr. 4 letzter Halbsatz HGB).
Bei den Aktien kann der niedrigere TW angesetzt werden. Dies führt zu einer sog. Teilwert-Abschreibung i.H.v. 1.212 DM (= Differenz zwischen AK und TW). Wie bereits oben ausgeführt, gilt das Prinzip der Einzelbewertung, so daß die Wertminderungen des einen WG nicht mit den Wertsteigerungen des anderen WG saldiert werden können.

Erforderliche Buchung:
a.o.Aufwand 1.212 DM an Wertpapiere 1.212 DM

Erträge aus Wertpapieren
Die auf dem Bankkonto eingegangene Gutschrift stellt die sog. Nettodividende dar. Zu versteuern ist aber nach § 20 Abs. 1 Nr. 1 EStG die Bardividende zuzüglich der anrechenbaren Körperschaftsteuer nach § 20 Abs. 1 Nr. 3 EStG i.V.m. § 20 Abs. 3 und § 15 Abs. 1 EStG. Beide Werte zusammengefaßt ergeben die Bruttodividende.

Ermittlung der Bruttodividende

Nettodividende (73,125 %)	511,87 DM
Kapitalertragsteuer (25 %)	175,00 DM
Solidaritätszuschlag (7,5 % v. 25 % = 1,875 %)	13,13 DM
Bardividende (100 %)	700,00 DM
Anrechenbare Körperschaftsteuer 3/7	300,00 DM
Bruttodividende	1.000,00 DM

Die Nettodividende beträgt ab dem 1.1.1995 wegen des anfallenden SolZ nicht mehr 75 % (Wert bis 31.12.1994), sondern 73,125 %.
Der SolZ wird von der ab 1.1.1995 zu erhebenden Kapitalertragsteuer (§§ 43 - 44c EStG) berechnet. Für welchen Zeitraum die Kapitalerträge bezahlt werden, ist unerheblich. So wird der SolZ auch bei Gewinnausschüttungen für 1994, die in 1995 oder später durchgeführt werden, erhoben.
Die Kapitalertragsteuer beträgt bei Dividenden 25 % (§ 43a Abs. 1 Nr. 1 i.V.m. § 43 Abs. 1 Nr. 1 EStG).
Die anrechenbare Körperschaftsteuer beträgt nach § 36 Abs. 2 Satz 2 Nr. 3 EStG 3/7 der Einnahmen i.S.d. § 20 Abs. 1 Nr. 1 EStG. Die Einnahmen nach § 20 Abs. 1 Nr. 1 EStG sind die sog. Bardividende.

Kapitalertragsteuer und anrechenbare Körperschaftsteuer gehören zu den Personensteuern und dürfen den Gewinn nicht mindern (§ 12 Nr. 3 EStG). Sie sind als Entnahmen zu erfassen (§ 4 Abs. 1 S. 2 EStG) und auf die Einkommensteuer anzurechnen (§ 36 Abs. 2 S. 2 Nr. 2 u. Nr. 3 EStG).
Auch der Solidaritätszuschlag stellt eine Personensteuer dar, so daß auch hier § 12 Nr. 3 EStG zum Ansatz kommt und eine zusätzliche Entnahme i.H.v. 13,13 DM vorliegt. Der einbehaltene SolZ wird auf die Jahresschuld des SolZ angerechnet.

Erforderliche Buchung:

Bank	511,87 DM			
Entnahmen	488,13 DM	an	Dividendenerträge	1.000,00 DM

Die bis zum 31.12.04 aufgelaufenen, aber noch nicht fälligen Pfandbriefzinsen sind als Forderung zu erfassen (§ 246 Abs. 1 HGB, § 252 Abs. 1 Nr. 5 HGB, R 31 b Abs. 3 EStR).
7 % von 100.000 DM   7.000 DM
für 6 Monate   3.500 DM

Steuerabzugsbeträge sind noch nicht zu berücksichtigen. Die Zinsforderung stellt zwar einen Vermögensgegenstand dar, jedoch setzen Kapitalertragsteuer und Solidaritätszuschlag den Zufluß der Kapitalerträge voraus (§ 44 Abs. 1 Satz 2 EStG.

Erforderliche Buchung:

Forderungen	3.500 DM	an	Zinserträge	3.500 DM

Zu 2.
Der Teilwert zum 31.12.05 beläuft sich auf:
Kurswert 420 DM x 60 Stück   25.200 DM
Kaufprovision 1 %   +   252 DM
Teilwert 31.12.05   25.452 DM

Da der Teilwert gegenüber dem Vorjahresansatz gestiegen ist, kann der Steuerpflichtige den gestiegenen Teilwert, höchstens aber die Anschaffungskosten ansetzen (§ 6 Abs. 1 Nr. 2 S. 3 EStG). Hinsichtlich des Bilanzausweises bestehen für die Aktien zum 31.12.05 die verschiedensten Möglichkeiten:
Teilwert Vorjahr   23.028 DM
Anschaffungskosten   24.240 DM
Zwischenwerte   23.029 - 24.239 DM

Wird ein Wert über dem Vorjahresansatz ausgewiesen, erfolgt die Anpassung des Bilanzwertes durch eine Zuschreibung, die den Buchungssatz „Wertpapiere an außerordentliche Erträge" oder „Wertpapiere an Erträge aus Zuschreibungen" auslöst.

II. Umlaufvermögen

FALL 10

Warenbewertung und Stichtagsinventur

Sachverhalt: Herr Peter Holzwurm (H) betreibt in Duisburg den Einzelhandel mit Möbeln aller Art. Am 31.12.04 erfolgte im Betrieb des H die Inventur, deren Niederschrift verkürzt wiedergegeben wird.

Küchenmöbel	345.000 DM
Wohnzimmermöbel	230.000 DM
Schlafzimmermöbel	100.000 DM
Büromöbel	80.000 DM

Küchenmöbel
Die Bestandsaufnahme erfolgte zu Bruttoverkaufspreisen. Zur Ermittlung seiner Nettoverkaufspreise schlägt H auf die Anschaffungskosten 50 % auf. Bei dieser Warengruppe sind durchschnittlich 5 % Bezugskosten und 3 % Liefererskonto angefallen.

Wohnzimmermöbel
Auch diese Gruppe wurde mit den Bruttoverkaufspreisen aufgezeichnet. Allerdings kalkuliert H hier mit einem Rohgewinnsatz i.H.v. 40 %, der zur Ermittlung der Nettoverkaufspreise auf die Nettoeinkaufspreise angewandt wird. Diese Möbel holte H mit eigenem Lkw ab. Für diese Fahrten sind ca. 3.000 DM Kfz-Kosten angefallen, die in dem Sachkonto Kfz-Kosten enthalten sind. Von den Einkaufspreisen wurden in 04 bereits 100.000 DM unter Abzug von 3 % Skonto bezahlt, während der Rest im Januar 05 unter Abzug von 2,5 % Skonto beglichen wurde.

Schlafzimmermöbel
Diese Gruppe wurde bereits durch den Steuerberater zutreffend mit den Anschaffungskosten angesetzt. Allerdings haben sich die Wiederbeschaffungskosten zum 31.12.04 teilweise verändert. Sie sind in der folgenden Tabelle den AK gegenübergestellt.

	Teil I	Teil II	Teil III	Summe
Anschaffungskosten	30.000 DM	20.000 DM	50.000 DM	100.000 DM
Wiederbeschaffungsk.	24.000 DM	22.000 DM	50.000 DM	96.000 DM

Büromöbel
Auch die Büromöbel wurden mit den Anschaffungskosten eingestellt. Sämtliche am 31.12.04 vorhandenen Büromöbel waren bereits am 31.12.03 auf Lager und wurden damals mit dem zutreffenden Wert von 55.000 DM in das Inventar aufgenommen. Die Wiederbeschaffungskosten sind bis zum 31.12.04 auf 60.000 DM gestiegen.

Aufgabe: Ermitteln Sie die möglichen Bilanzansätze zum 31.12.04.

Lösung ◄
Jeder Kaufmann ist verpflichtet, zum Ende eines jeden Geschäftsjahres eine körperliche Bestandsaufnahme durchzuführen und das Ergebnis in einem Inventar darzulegen (§ 240 Abs. 2 HGB). Wird die Inventur am Bilanzstichtag durchgeführt, spricht man von Stichtagsinventur. Die EStR regeln in den R 30 u. 31 die Bestandsaufnahmen, wobei die R 30 EStR speziell auf die Besonderheiten beim Vorratsvermögen eingeht.
Die bei H vorhandenen Möbel rechnen zum Umlaufvermögen, da sie für die alsbaldige Veräußerung angeschafft wurden (R 32 Abs. 3 EStR). Umlaufvermögen wird nach § 6 Abs. 1 Nr. 2 EStG mit den Anschaffungskosten oder einem evtl. niedrigeren Teilwert bewertet. Nachdem es sich bei H um einen Mußkaufmann i.S.d. § 1 Abs. 1 HGB handelt, der nach § 238 HGB zur Buchführung verpflichtet ist, sind die handelsrechtlichen Vorschriften auch für die steuerliche Gewinnermittlung maßgebend. Sog. Maßgeblichkeit der Handelsbilanz für die Steuerbilanz (§ 5 Abs. 1 S. 1 EStG). Dies hat Auswirkung beim Ansatz eines niedrigeren Teilwerts. In § 253 Abs. 3 EStG besteht für das Umlaufvermögen eine Verpflichtung, den niederen Teilwert anzusetzen. Das steuerliche „kann" in § 6 Abs. 1 Nr. 2 S. 2 EStG tritt hinter diese handelsrechtliche Verpflichtung (Niederstwertprinzip) zurück (R 36 Abs. 1 S. 3 EStR). Als Grundsatz nennen aber sowohl HGB wie EStG den Ansatz mit den AK, die nach § 255 Abs. 1 HGB und R 32a EStR zu ermitteln sind.

Küchenmöbel
Die Bestandsaufnahme zu Bruttoverkaufspreisen ist zulässig, allerdings sind die AK durch retrograde Berechnung zu ermitteln (R 32a Abs. 3 EStR).

Bruttoverkaufspreise	345.000 DM
Umsatzsteuer 15/115	./. 45.000 DM
Nettoverkaufspreis (150 %)	300.000 DM
Aufschlag (50/150)	100.000 DM
Anschaffungskosten	200.000 DM

Bei der Kalkulation wurde bereits von den Anschaffungskosten ausgegangen, so daß Fracht und Skonto nicht mehr berücksichtigt werden dürfen, denn der Begriff Anschaffungskosten beinhaltet bereits diese Faktoren.

Wohnzimmermöbel
Auch hier wurden die AK durch retrograde Berechnung ermittelt. Zu beachten ist allerdings, daß sich der Rohgewinnsatz auf die Nettoverkaufspreise bezieht.

Bruttoverkaufspreise	230.000 DM
Umsatzsteuer (15/115)	./. 30.000 DM
Nettoverkaufspreis (100 %)	200.000 DM
Rohgewinn (40 %)	./. 80.000 DM
Nettoeinkaufspreise	120.000 DM
Skonto 3 % v. 100.000 DM	./. 3.000 DM
Anschaffungskosten	117.000 DM

Eigene Abholkosten fallen nicht in den Bereich der Einzelkosten, sondern gehören zu den Gemeinkosten, die nicht den AK zugeordnet werden (R 32a Abs. 1 S. 4 EStR). Sie wurden zutreffend als Kfz-Kosten gebucht.
Skonto beeinflußt die AK erst im Zeitpunkt ihrer Vornahme. Bei der Warenbewertung 31.12.04 dürfen also nur Skonti berücksichtigt werden, die bis zu diesem Zeitpunkt in Anspruch genommen wurden. Die Skonti nach diesem Stichtag mindern die AK erst in 05; H 32a (Skonto) EStH.

Schlafzimmermöbel
Auch das Umlaufvermögen muß einzeln bewertet werden (§ 252 Abs. 1 Nr. 3 HGB). Dies hat zur Konsequenz, daß die gesamten AK nicht den gesamten Wiederbeschaffungskosten gegenübergestellt werden dürfen, sondern daß alle Möbel auf ihren jeweiligen Wert hin zu untersuchen sind.
Nach § 253 Abs. 3 HGB muß der niedrigere Wert beigelegt werden, da dieser am Bilanzstichtag vorliegt (Gruppe I). Die über die AK gestiegenen Wiederbeschaffungskosten bei Gruppe II dürfen nicht angesetzt werden, da noch nicht verwirklichte Gewinne nicht ausgewiesen werden dürfen (§ 252 Abs. 1 Nr. 4 letzter Halbsatz HGB). Wegen des Prinzips der Einzelbewertung ist es auch nicht möglich, Preissteigerungen der einen Ware mit Preisminderungen der anderen Ware zu verrechnen.

	Teil I	Teil II	Teil III	Summe
Anschaffungskosten		20.000 DM	50.000 DM	70.000 DM
Wiederbeschaffungsk.	24.000 DM			24.000 DM
Bilanzansatz	24.000 DM	20.000 DM	50.000 DM	94.000 DM

Büromöbel
Nachdem die Büromöbel bereits in der Vorjahresbilanz mit dem niederen Teilwert von 55.000 DM angesetzt wurden und der Wert bis zum 31.12.04 wieder anstieg, hat H nun mehrere Ausweismöglichkeiten bezüglich dieses Postens.
Er kann den niederen Teilwert des Vorjahres i.H.v. 55.000 DM beibehalten (§ 253 Abs. 5 HGB). Dies führt zum niedrigsten Gewinn. Möglich wäre aber auch der Ansatz des gestiegenen Teilwerts von 60.000 DM (§ 6 Abs. 1 Nr. 2 S. 3 EStG). Dies bedeutet allerdings Gewinnerhöhung um 5.000 DM, da sich um diese Bestandserhöhung der Wareneinsatz vermindert. Denkbar sind auch noch alle Zwischenwerte von 55.001 DM - 59.999 DM.

Zusammenstellung der Warenbestände bei

	niedrigstem Gewinn	höchstem Gewinn
Küchenmöbel	200.000 DM	200.000 DM
Wohnzimmermöbel	117.000 DM	117.000 DM
Schlafzimmermöbel	94.000 DM	94.000 DM
Büromöbel	55.000 DM	60.000 DM
Bilanzansatz	466.000 DM	471.000 DM

FALL 11

Warenbewertung und zeitverschobene Inventur

Sachverhalt: Frau Brigitte Hackl betreibt in Wolfsburg den Handel mit Geschenkartikeln. Der Warenbestand wurde erst am 31.1.05 mit den Bruttoverkaufspreisen (287.500 DM) aufgenommen. Aus den Aufzeichnungen für Januar 05 sind ersichtlich:

Wareneinkauf zu Nettoeinkaufspreisen	150.000 DM
Warenverkauf zu Bruttoverkaufspreisen	402.500 DM
Warenentnahme für Geschenk an Ehemann zum Bruttoverkaufspreis von	1.150 DM
Rücksendungen von Kunden zu Bruttoverkaufspreisen	23.000 DM
Rücksendungen an Lieferanten zu Nettoeinkaufspreisen	14.000 DM

Zur Ermittlung der Nettoverkaufspreise werden 100 % auf die Nettoeinkaufspreise aufgeschlagen. Im Wj 04 sind beim Bezug der Waren durchschnittlich 4 % Fracht und 3 % Skonto angefallen. Zum 31.12.04 waren sämtliche Verbindlichkeiten aus dem vorliegenden Warenbestand bezahlt. In 04 wurden Waren zu Nettoeinkaufspreisen von insgesamt 2.000.000 DM bezogen, worauf die Lieferanten am 31.12.04 für die Warenbezüge 04 einen Bonus von 4 % gewähren. Der am 31.12.03 vorhandene Warenbestand wurde in 04 restlos veräußert.

Frage: Wie hoch sind die Anschaffungskosten des Bestandes 31.12.04?

▶ **Lösung**

Die Warenbestandsaufnahme kann innerhalb der letzten drei Monate vor oder der ersten beiden Monate nach dem Schluß des Geschäftsjahrs aufgestellt werden (§ 241 Abs. 3 Nr. 1 HGB). Aufgrund von Aufzeichnungen muß allerdings die ordnungsgemäße Rückrechnung oder Fortschreibung des Warenbestandes gewährleistet sein (§ 241 Abs. 3 Nr. 2 HGB). Die Bestandsveränderungen zwischen Bilanzstichtag und Inventurstichtag brauchen nicht nach Art und Menge aufgezeichnet werden. Es genügt eine wertmäßige Erfassung (R 30 Abs. 3 S. 5 u. 6 EStR). Wegen der Bestandsaufnahme am 31.1.05 erfolgt eine Rückrechnung, die z.B. nach der folgenden Formel vorgenommen werden kann: Wert des Warenbestands am Bilanzstichtag = Wert des Warenbestands am Inventurstichtag abzüglich Wareneingang zuzüglich Wareneinsatz (Umsatz vermindert um den durchschnittlichen Rohgewinn). Vgl. hierzu R 30 Abs. 3 S. 9 EStR. Der Rohaufschlag von 100 % entspricht einem Rohgewinn von 50 %. Warenentnahmen und Rücksendungen an den Lieferanten bzw. von Kunden müssen ebenfalls berücksichtigt werden, da sie als Warenab- bzw. -zugänge die Bestände verändern.

Unverändert bleiben die Bewertungsprinzipien des § 6 Abs. 1 Nr. 2 EStG bzw. § 253 Abs. 1 u. 3 HGB, wonach die Bewertung des Umlaufvermögens mit den AK oder einem evtl. niedrigeren Teilwert erfolgt. So sind Fracht, Skonto und Bonus bei der AK-Ermittlung zu berücksichtigen.

Warenbestand 31.1.05 lt. Inventur		287.500 DM
+ Wareneinsatz zu Bruttoverkaufspreisen		
Warenverkauf brutto	+ 402.500 DM	
Rücksendungen von Kunden brutto	./. 23.000 DM	+ 379.500 DM
+ Entnahme zu Bruttoverkaufspreisen		+ 1.150 DM

Zwischensumme zu Bruttoverkaufspreisen	668.150 DM
./. Umsatzsteuer (15/115)	./. 87.150 DM
Zwischensumme zu Nettoverkaufspreisen	581.000 DM
abzüglich Rohgewinn 50 %	./.290.500 DM
Zwischensumme zu Einkaufspreisen	290.500 DM
./. Wareneinkauf netto	./.150.000 DM
+ Rücksendungen an Lieferanten netto	+ 14.000 DM
Warenbestand 31.12.04 zu Einkaufspreisen	154.500 DM
+ 4 % Fracht von 154.500 DM	+ 6.180 DM
./. 3 % Skonto von 154.500 DM	./. 4.635 DM
./. 4 % Bonus von 154.500 DM	./. 6.180 DM
Warenbestand 31.12.04 zu Anschaffungskosten	149.865 DM

FALL 12

Forderungen und ihre Wertberichtigung (Teil I)

Sachverhalt: Rainer Zimmermann betreibt den Groß- und Einzelhandel mit Spielwaren und erzielt nur Umsätze, die der Umsatzsteuer mit 15 % unterliegen. Der Forderungsbestand zum 31.12.04 beträgt lt. Sachkonto 460.000 DM. Der Bilanzansatz Forderungen setzt sich zum 31.12.03 wie folgt zusammen:

Forderungen lt. Saldenliste	230.000 DM
Wertberichtigung	./. 6.000 DM
Bilanzansatz	224.000 DM

Bei den nachstehenden Forderungen war sich die Buchhalterin über deren steuerliche Behandlung nicht sicher und bittet um entsprechende steuerliche Beratung.

1. An den Kunden Schreck besteht seit 1.2.04 eine im Sachkonto ausgewiesene Forderung i.H.v. 11.500 DM. Verschiedene Versuche, die Forderung einzutreiben, blieben erfolglos. Die eingeschaltete Auskunftei teilte am 15.12.04 mit, daß Schreck die eidesstattliche Versicherung abgelegt und sich danach mit unbekannter Adresse abgesetzt hat.
2. Die Fa. Säumig bot Ende Juli 04 einen Vergleich an. Die Gesamtforderung belief sich auf 23.000 DM. Im Vergleichsverfahren ergab sich eine Vergleichsquote von 60 %. Der im November eingegangene Betrag wurde mit der Buchung „Bank an Forderungen" erfaßt.
3. Im Dezember 04 geriet der Kunde Mustermann überraschend in einen

Liquidationsengpaß und stellte alle Zahlungen ein. Es wird mit einem Ausfall von ca. 30 % der Gesamtforderungen (92.000 DM) gerechnet.
4. In den Vorjahren wurde eine zutreffende pauschale Wertberichtigung von 2 % gebildet.

Aufgabe: Ermitteln Sie den zutreffenden in der Bilanz auszuweisenden Schlußbestand Forderungen und die Höhe des zulässigen Wertberichtigungspostens.

▶ **Lösung**

Allgemeines
Forderungen aus Lieferungen und Leistungen haben ihre Grundlage in Warengeschäften und gehören daher im Normalfall zum Umlaufvermögen (R 32 Abs. 3 EStR). Sie werden somit nach § 253 Abs. 1 u. 3 HGB und § 6 Abs. 1 Nr. 2 EStG mit den AK oder dem niedrigeren Teilwert bewertet. Unter AK versteht man den Nennwert der Forderung, der die Umsatzsteuer mit beinhaltet.
Auch die Forderungen sind grundsätzlich einzeln zu bewerten. Dies gilt besonders für die uneinbringlichen (ausgefallenen) Forderungen. Uneinbringliche Forderungen, deren Wertlosigkeit bereits am Bilanzstichtag vorlag, sind mit dem niedrigeren Teilwert anzusetzen. Dieser Teilwert beträgt bei voll ausgefallenen Forderungen 0 DM; bei teilweise endgültig ausgefallenen Forderungen liegt der Teilwert in Höhe des eingehenden Betrages (Nennwert ./. ausfallender Teil).
Der endgültige Ausfall einer Forderung führt zur Minderung des umsatzsteuerlichen Entgelts; § 17 Abs. 2 Nr. 1 i.V.m. § 17 Abs. 1 Nr. 1 UStG. Siehe hierzu auch die Ausführungen in Abschnitt 223 Abs. 5 UStR 1996.
Die Forderung Schreck stellt nach den o.g. Ausführungen eine endgültig ausgefallene Forderung dar, die unter Berichtigung der Umsatzsteuer ausgebucht werden muß. Ebenso wird der wegen des Vergleichs mit der Fa. Säumig in 04 entstandene Forderungsverlust i.H.v. 9.200 DM (40 % v. 23.000 DM) erfolgswirksam und unter Berichtigung der Umsatzsteuer erfaßt.

Forderung Schreck	11.500 DM
Forderung Säumig 40 %	9.200 DM
Gesamtausfall brutto	20.700 DM
Umsatzsteuer (15/115)	./. 2.700 DM
Nettoausfall	18.000 DM

Bilanzsteuerrecht

Erforderliche Buchung:

a.o.Aufwand	18.000 DM		
Umsatzsteuer	2.700 DM	an Forderungen	20.700 DM

Einzelwertberichtigung (EWB)
Forderungen die nicht endgültig ausgefallen sind, dürfen nicht ausgebucht werden. Die Gruppe der zweifelhaften und einwandfreien Forderungen wird auf der Aktivseite mit ihrem vollen Nennwert angesetzt. Auch sie werden einzeln wertberichtigt, allerdings indirekt, d.h., die Wertberichtigungsgründe - in DM ausgedrückt - werden in Form eines Wertberichtigungspostens (Konto "Delkredere" oder Konto "Wertberichtigung auf Forderungen") auf der Passivseite der Bilanz ausgewiesen. Jedoch ist auch ein Korrekturposten auf der Aktivseite der Bilanz möglich.
Die Forderung Mustermann muß indirekt wertberichtigt werden, da der Ausfall am Bilanzstichtag noch nicht endgültig feststand. Grundlage für das Delkredere stellt die Nettoforderung i.H.v. 15/115 v. 92.000 DM = 80.000 DM dar.

Pauschale Wertberichtigung (PWB)
Neben oder anstelle der Einzelwertberichtigung ist abweichend von dem Grundsatz der Einzelbewertung die pauschale Bewertung des Forderungsbestandes oder eines Teiles des Forderungsbestandes zulässig. Die PWB kommt vor allem bei den unzweifelhaften Forderungen zum Ansatz und wird aus dem Nettobetrag des restlichen Forderungsbestandes ermittelt. Eine Berichtigung der Umsatzsteuer darf bei der PWB nicht erfolgen (Abschn. 223 Abs. 5 Satz 4 UStR 1996).

Berechnung Schlußbestand Forderungen und Delkredere

	Forderungen	Ausfall in %	Delkredere
Bestand lt. Sachkonto	460.000 DM		
Ausfall Schreck	./. 11.500 DM		
Ausfall Säumig	./. 9.200 DM		
Endgültiger Bestand	439.300 DM		
Umsatzsteuer	./. 57.300 DM		
Nettobestand	382.000 DM		
EWB Mustermann	80.000 DM	30 %	24.000 DM
PWB Rest	302.000 DM	2 %	6.040 DM
Schlußbestand Delkredere			30.040 DM

Der Bilanzausweis kann auf zwei Arten erfolgen:
a) Getrennter Ausweis

Aktiva	Schlußbilanz 31.12.04		Passiva
Forderungen	439.300 DM	Delkredere	30.040 DM

b) Saldierter Ausweis

Aktiva	Schlußbilanz 31.12.04	Passiva
Forderungen 439.300 Delkredere ./. 30.040	409.260 DM	

FALL 13

Forderungen und ihre Wertberichtigung (Teil II)

Sachverhalt: Frau Hannelore Sommer (S) betreibt in München den Groß- und Einzelhandel mit Haushaltswaren. Der Forderungsbestand zum 31.12.04 beträgt lt. Sachkonto 218.600 DM. Der Bilanzansatz Forderungen setzte sich zum 31.12.03 wie folgt zusammen:

Forderungen lt. Saldenliste	120.000 DM
Delkredere	./. 4.000 DM
Bilanzansatz	116.000 DM

Im Wj 04 ereigneten sich u.a. die nachstehenden Geschäftsvorfälle:
1. Am 28.12.04 wurde Ware für 10.000 DM + 15 % Umsatzsteuer auf Ziel veräußert. Die Ausgangsrechnung wurde am 2.1.05 erstellt und durch den Kunden Neumüller am 15.1.05 beglichen. Eine Erfassung in der Buchhaltung 04 wurde nicht für erforderlich gehalten.
2. S erstellt Ende April 05 die Bilanz zum 31.12.04. Anfang April 05 hatte sie erfahren, daß ihr Kunde Feuerer aufgrund eines Großbrandes bereits seit Dezember 04 zahlungsunfähig ist. Die richtig eingebuchte Forderung an diesen Kunden betrug am 31.12.04 9.200 DM incl. 15 % USt.
3. Am 31.12.04 teilte die Auskunftei Weissager mit, daß der Kunde Habenichts seine Forderungen (5.750 DM) voraussichtlich nur mehr zu 60 % begleichen kann.

4. An den Kunden Dengelmann besteht eine Forderung von brutto 11.500 DM. Im Laufe des Jahres 04 wurde über das Vermögen des Kunden das Konkursverfahren eröffnet und abgewickelt. Die Konkursquote betrug 30 %. Der entsprechende Betrag wurde vom Konkursverwalter auf das Privatkonto von S überwiesen. Bisher wurde lediglich die aufgrund der Lieferung entstandene Forderung an den Kunden Dengelmann zutreffend eingebucht.
5. Im Wirtschaftsjahr 04 ging eine in den Vorjahren ausgebuchte Forderung des Kunden Labsal in Höhe von 11.400 DM auf dem Bankkonto ein (damaliger Umsatzsteuersatz 14 %) und wurde mit der Buchung „Bank an Forderungen" erfaßt.
6. Am 31.3.05 erfährt S aus der Tageszeitung, daß der Kunde Deml wegen verschiedener Spekulationsgeschäfte, die er im Februar 05 tätigte, zahlungsunfähig geworden ist. Der Konkurs wurde mangels Masse bereits Mitte März 05 abgelehnt. Die Forderung an diesen Kunden betrug am 31.12.04 2.300 DM incl. 15 % USt.
7. Die Forderung an den Kunden Rickl (5.750 DM) wurde zum 31.12.03 wegen eines voraussichtlichen Ausfallrisikos von 40 % wertberichtigt. Im Laufe des Jahres 04 hat sich die finanzielle Lage des Kunden gebessert, so daß am 31.12.04 mit dem vollen Eingang der Forderung gerechnet wurde.
8. In den Vorjahren wurde eine zutreffende pauschale Wertberichtigung von 1 % gebildet.

Aufgabe: Nehmen Sie zu den einzelnen Sachverhalten Stellung, ermitteln Sie den zutreffenden in der Bilanz auszuweisenden Schlußbestand Forderungen und die Höhe des zulässigen Wertberichtigungspostens.

Lösung ◀
Tz. 1
Die Forderung muß in der Schlußbilanz zum 31.12.04 ausgewiesen werden, da durch die Lieferung eine Forderung entstanden ist. Auf den Zeitpunkt der Rechnungserteilung kommt es nicht an, denn nach § 246 Abs. 1 HGB sind sämtliche Vermögensgegenstände auszuweisen. Zu diesen Vermögensgegenständen gehören auch "noch nicht abgerechnete Forderungen".

Erforderliche Buchung:
Forderungen 11.500 DM an Warenverkauf 10.000 DM
                              Umsatzsteuer 1.500 DM

oder:

Noch nicht abge-
rechnete Forderung 11.500 DM an Warenverkauf 10.000 DM
                                    Umsatzsteuer 1.500 DM

Tz. 2
Entscheidend für die Bewertung der Forderungen sind die tatsächlichen Verhältnisse am Bilanzstichtag. Bei den Wertansätzen für die Forderungen ist daher auch das Bekanntwerden der Verhältnisse zwischen dem Bilanzstichtag und dem Tag der Bilanzaufstellung zu berücksichtigen, weil diese Tatsachen (Ereignisse) am Stichtag bereits vorlagen, aber erst später bekannt geworden sind (Wertaufhellungstheorie; § 252 Abs. 1 Nr. 4 HGB).
S muß die Tatsache der Zahlungsunfähigkeit bereits im Jahresabschluß 31.12.04 berücksichtigen, da diese Tatsache bereits am Bilanzstichtag vorlag, aber lediglich danach bekannt wurde. Der Wertansatz hat mit 0 DM (niedrigerer Teilwert) zu erfolgen. Gleichzeitig bewirkt die Uneinbringlichkeit der Forderung eine Minderung des umsatzsteuerlichen Entgelts auf 0 DM, was eine Umsatzsteuerminderung von 1.200 DM bewirkt; § 17 Abs. 2 Nr. 1 i.V.m. § 17 Abs. 1 Nr. 1 UStG.

Die Forderung wird ausgebucht mit:
Forderungsverluste 8.000 DM
Umsatzsteuer   1.200 DM an Forderungen 9.200 DM

oder:
Abschreibung
Umlaufvermögen 8.000 DM
Umsatzsteuer   1.200 DM an Forderungen 9.200 DM

Tz. 3
Die Forderung Habenichts wird indirekt wertberichtigt, da der endgültige Ausfall am Bilanzstichtag noch nicht feststand. Grundlage für die Delkredereberechnung stellt die Nettoforderung i.H.v. 15/115 v. 5.750 DM = 5.000 DM dar.

Tz. 4

Nachdem das Konkursverfahren zum Ende des Jahres 04 bereits abgewickelt war, stand die Höhe des endgültigen Forderungsausfalles am Bilanzstichtag bereits fest. Endgültig ausgefallene Forderungen sind direkt auszubuchen. Die Umsatzsteuer wird hinsichtlich des ausgefallenen Teils berichtigt; § 17 Abs. 2 Nr. 1 i.V.m. § 17 Abs. 1 Nr. 1 UStG.

Forderung gesamt	11.500 DM
Quote 30 %	./. 3.450 DM
Forderungsausfall 70 %	8.050 DM
Umsatzsteuer 15/115	./. 1.050 DM
Nettoausfall	7.000 DM

Die Überweisung auf das Privatkonto stellt eine Barentnahme dar.

Erforderliche Buchung:
Forderungsverluste	7.000 DM			
Umsatzsteuer	1.050 DM			
Privatentnahmen	3.450 DM	an	Forderungen	11.500 DM

Tz. 5

Forderungen, die bereits als uneinbringlich ausgebucht worden sind und wider Erwarten eingehen, müssen als betriebliche Erträge ausgewiesen werden. Die Umsatzsteuer ist zu berichtigen (§ 17 Abs. 2 Nr. 1 Satz 2 UStG). Maßgebend bleibt der Umsatzsteuersatz im Zeitpunkt der ursprünglichen Lieferung oder sonstigen Leistung (Abschn. 160 Abs. 2 Satz 1 UStR 1996). Auf den Zeitpunkt der Vereinnahmung des Entgelts kommt es für die Frage des Umsatzsteuersatzes nicht an (Abschn. 160 Abs. 3 Satz 2 UStR 1996).

Berichtigungsbuchung:
Forderungen	11.400 DM	an	a.o.Ertrag	10.000 DM
			Umsatzsteuer	1.400 DM

Tz. 6

Spätere Ereignisse und Umstände, die am Bilanzstichtag nicht vorhersehbar waren (wertbeeinflussende Tatsachen), sind bei der Bewertung der Forderungen nicht zu berücksichtigen (sog. Wertbeeinflussungstheorie; § 252 Abs. 1 Nr. 4 HGB).

S hat die Forderung in der Schlußbilanz zum 31.12.04 mit ihren Anschaffungskosten (Nennwert) = 2.300 DM auszuweisen, da die Tatsache der Zahlungsunfähigkeit und ihre Ursachen erst nach dem Bilanzstichtag eingetreten sind. Die Forderung war am Bilanzstichtag noch vollwertig.

Tz. 7
31.12.03
Nachdem die Forderung Rickl bereits am 31.12.03 vorhanden war, mußte sie bereits zu diesem Bilanzstichtag bewertet werden. Da es sich zu diesem Tag um eine nicht mehr vollwertige Forderung handelte, erfolgte der Ansatz der Forderung mit dem niederen Teilwert. Der Ansatz des niederen Teilwerts erfolgt bei zweifelhaften Forderungen durch die Bildung einer Einzelwertberichtigung. Nach dem Sachverhalt lag in 03 ein voraussichtliches Ausfallrisiko von 40 % vor. Ein voraussichtliches Ausfallrisiko berechtigt allerdings nicht zur Berichtigung der Umsatzsteuer nach § 17 UStG, so daß die Forderung Rickl zum 31.12.03 mit 5.750 DM im Forderungsbestand und in dem Posten Delkredere mit 2.000 DM (40 % v. netto 5.000 DM) enthalten war.

31.12.04
Zum 31.12.04 war die Forderung Rickl immer noch nicht beglichen, so daß es sich wieder um ein Wirtschaftsgut handelte, das in der Schlußbilanz auszuweisen und zu bewerten war. Auch zu diesem Stichtag muß die Forderung entweder mit den Anschaffungskosten (Nennwert) oder mit einem niedrigeren Teilwert angesetzt werden. Nachdem die Forderung bereits zum 31.12.03 mit einem niedrigeren Teilwert bewertet war, der Teilwert aber zwischenzeitlich anstieg und bis zum 31.12.04 sogar wieder den Nennwert erreichte, könnte nach § 6 Abs. 1 Nr. 2 Satz 3 EStG wieder der volle Wert der Forderung ausgewiesen werden. Dies hätte zur Folge, daß die Einzelwertberichtigung i.H.v. 2.000 DM nicht mehr gebildet wird, mit der weiteren Auswirkung, daß sich dadurch eine Gewinnerhöhung i.H.v. 2.000 DM in 04 ergibt. § 6 Abs. 1 Nr. 2 Satz 3 EStG stellt ein echtes Wahlrecht dar und wird in diesem Fall dahingehend ausgeübt, daß für die Forderung Rickl der Vorjahresansatz beibehalten wird. Den Vorjahrsansatz beibehalten heißt: Ansatz der Forderung im Aktiv mit 5.750 DM und Ausweis der Einzelwertberichtigung im Posten Delkredere mit 2.000 DM. Dadurch ergibt sich in 04 keine Gewinnauswirkung.

Bilanzsteuerrecht 121

Berechnung Schlußbestand Forderungen und Delkredere

	Forderungen	Ausfall in %	Delkredere
Bestand lt. Sachkonto	218.600 DM		
Nachbuchung Neumüller	+ 11.500 DM		
Ausfall Feuerer	./. 9.200 DM		
Ausfall Dengelmann	./. 11.500 DM		
Berichtigung Labsal	+ 11.400 DM		
Endgültiger Bestand	220.800 DM		
Umsatzsteuer	./. 28.800 DM		
Nettobestand	192.000 DM		
EWB Habenichts	./. 5.000 DM	40 %	2.000 DM
EWB Rickl	./. 5.000 DM	40 %	2.000 DM
PWB Rest	182.000 DM	1 %	1.820 DM
Schlußbestand Delkredere			5.820 DM

III. Rücklagen, Rückstellungen und Verbindlichkeiten

FALL 14

Rücklage nach § 7g EStG

Sachverhalt: Werner Fritze (F) betreibt in Baden-Baden eine Brauerei und sein Betrieb erfüllt die Voraussetzungen des § 7g EStG. F beginnt in 1995 mit der Planung für eine neue Flaschenreinigungsanlage. Als Liefertermin für die Anlage wird mit dem Hersteller Anfang 1997 vereinbart. Die AK werden sich voraussichtlich auf 680.000 DM belaufen. Tatsächlich erfolgt die Anschaffung des Wirtschaftsgutes am 19.7.1997 zu AK von 540.000 DM.

Fragen:
1. Wie berechnet sich die höchstmögliche Rücklage nach § 7g EStG für 1995?
2. Wie wird die Rücklage in 1997 behandelt?
3. Wie berechnet sich die höchstmöglich AfA nach dem EStG?

Lösung
Zu 1.
Nachdem F die formellen Voraussetzungen des § 7g EStG erfüllt, kann er im Wirtschaftsjahr 1995 erstmals eine Rücklage nach § 7g Abs. 3 EStG

(Ansparabschreibung) bis zu 50 % der voraussichtlichen Anschaffungskosten bilden. Nicht maßgebend sind die dann oft abweichenden tatsächlichen Anschaffungskosten. Stellt sich bei Anschaffung heraus, daß die tatsächlichen Anschaffungs- oder Herstellungskosten von den geschätzten Werten abweichen, bleibt kein Raum für eine Änderung der Rücklage im Bildungsjahr. Die höchstmögliche Rücklage beträgt somit für 1995 50 % v. 680.000 DM = 340.000 DM höchstens aber 300.000 DM nach § 7g Abs. 3 Satz 5 EStG.

Buchungssatz in 1995:
Aufwand aus der Zu-   300.000 DM   an Rücklagen   300.000 DM
führung zu Rücklagen

Zu 2.
Sobald für das begünstigte Wirtschaftsgut Abschreibungen vorgenommen werden dürfen - dies setzt die vollendete Anschaffung oder Herstellung voraus - muß die Rücklage i.H.v. 50 % der Anschaffungskosten gewinnerhöhend aufgelöst werden. Dies sind 50 % v. 540.000 DM = 270.000 DM.
Buchungssatz in 1997:
Rücklagen   270.000 DM   an Erträge aus der Auf-   270.000 DM
                              lösung von Rücklagen

Nachdem die restliche Rücklage von 30.000 DM nicht durch 50 % der Anschaffungskosten des erworbenen Wirtschaftsgutes gedeckt ist, muß diese Restrücklage am Ende des zweiten auf ihre Bildung folgenden Wirtschaftsjahrs gewinnerhöhend aufgelöst werden. Die Auflösung hat daher spätestens am 31.12.1997 mit dem folgenden Buchungssatz zu erfolgen:

Rücklagen   30.000 DM   an Erträge aus der Auf-   30.000 DM
                             lösung von Rücklagen

Da diese zwangsweise Auflösung nicht aufgrund der Anschaffung eines Wirtschaftsgutes vorzunehmen war, erfolgt der Ansatz eines Gewinnzuschlages nach § 7g Abs. 5 EStG.
Berechnung des Gewinnzuschlages
für 1995   Kein Gewinnzuschlag, da die Rücklage kein volles
           Wirtschaftsjahr bestand.   0 DM
für 1996   Gewinnzuschlag i.H.v. 6 % aus 30.000 DM   1.800 DM
für 1997   Gewinnzuschlag i.H.v. 6 % aus 30.000 DM   <u>1.800 DM</u>
Summe Gewinnzuschlag in 1997   <u>3.600 DM</u>

Bilanzsteuerrecht 123

Der Gewinnzuschlag i.H.v. 3.600 DM ist dem Gewinn des Wirtschaftsjahres 1997 außerhalb der Bilanz zuzurechnen.

Zu 3.
Ab dem Zeitpunkt der Anschaffung muß F Absetzungen für Abnutzungen nach § 7 Abs. 1 oder Abs. 2 EStG vornehmen. Neben der linearen bzw. degressiven AfA kann auch die Sonderabschreibung des § 7g Abs. 1 EStG in Anspruch genommen werden. Die höchstmögliche Abschreibung berechnet sich für 1997 wie folgt:

Degressive AfA nach § 7 Abs. 2 EStG
30 % von 540.000 DM, für ½ Jahr nach R 44 Abs. 2 S. 3 EStR   81.000 DM
Sonderabschreibung nach § 7g Abs. 1 EStG
20 % von 540.000 DM   108.000 DM
Höchstmögliche AfA und Sonderabschreibung in 1997   189.000 DM

FALL 15

Gewerbesteuerrückstellung

Sachverhalt: Sven Hartmann übt den Handel mit Sport- und Campingartikeln aus. Der Anfangsbestand Rückstellungen für Gewerbesteuer setzt sich zum 31.12.03 wie folgt zusammen:

Gewerbesteuer für 02   5.000 DM
Gewerbesteuer für 03   3.500 DM
Gesamtansatz 31.12.03   8.500 DM

Der Gewerbesteuerbescheid für 02 ging am 28.2.04 ein und wies eine Nachzahlung von 4.500 DM aus, die mit dem Buchungssatz
Gewerbesteuer   4.500 DM   an Bank   4.500 DM
eingebucht wurde.
Der Gewerbesteuerbescheid für 03 ging am 15.12.04 ein und wies eine Nachzahlung von 3.700 DM aus. Nachdem die Nachzahlung erst in 05 geleistet wurde, erfolgte keine Berücksichtigung in der Buchhaltung 04.

Die Gewerbesteuervorauszahlungen I - III/04 i.H.v. insgesamt 12.000 DM wurden zutreffend gebucht. Die Vorauszahlung IV/04 i.H.v. 3.000 DM wurde durch die zuständige Gemeindeverwaltung zinslos bis 28.2.05 gestundet und nicht gebucht. Für 04 wird mit einer voraussichtlichen Jahressteuerschuld von 13.500 DM gerechnet.

Frage: Welche Folgerungen ergeben sich aus den Sachverhalten für 04?

▶ **Lösung**
Rückstellungen sind nach den handelsrechtlichen Grundsätzen ordnungsmäßiger Buchführung für ungewisse Verbindlichkeiten zu bilden (§ 249 Abs. 1 S. 1 HGB, R 31c Abs. 1 S. 1 Nr. 1 EStR). Diese Verpflichtung gilt auch für als Betriebsausgabe abziehbare Steuern (R 20 Abs. 2 EStR).
Rückstellungen sind nach § 6 Abs. 1 Nr. 3 EStG mit den Anschaffungskosten oder dem höheren Teilwert anzusetzen (R 38 Abs. 1 S. 1 EStR). Als Anschaffungskosten einer Rückstellung wird der Betrag angesetzt, der voraussichtlich anfällt, um diese ungewisse Verbindlichkeit zu begleichen (§ 253 Abs. 1 S. 2 HGB).
Soweit die Gründe für eine Rückstellungsbildung entfallen, muß die betreffende Rückstellung aufgelöst werden (§ 249 Abs. 3 S. 2 HGB, R 31c Abs. 14 S. 1 EStR). Die **Gewerbesteuer für 02** wurde mit 5.000 DM zurückgestellt, obwohl sich nach dem Bescheid nur eine Nachzahlung i.H.v. 4.500 DM ergibt. Die Differenz stellt einen periodenfremden (oder außerordentlichen) Ertrag dar.

Erforderliche Berichtigungsbuchung:
Rückstellungen   5.000 DM   an Gewerbesteuer   4.500 DM
                                     a.o.Ertrag   500 DM

Die **Rückstellung für 03** muß ebenfalls aufgelöst werden, auch wenn eine Zahlung in 04 noch nicht erfolgte. Maßgebend für die Aufgabe der Rückstellung ist der Wegfall der Ungewißheit. Diese Ungewißheit über die Höhe der endgültigen Nachzahlung entfällt mit dem Eingang des Gewerbesteuerbescheides für 03, somit im Dezember 04. Evtl. Differenzen stellen a.o.Ertrag bzw. a.o.Aufwand dar.
Rückstellung für 03   3.500 DM
tatsächliche Nachzahlung   3.700 DM
a.o.Aufwand   200 DM
Nachdem die Nachzahlung erst in 05 getätigt wurde, liegt zum 31.12.04 eine sonstige Verbindlichkeit mit 3.700 DM vor.

Erforderliche Buchung:
Rückstellung 3.500 DM
a.o.Aufwand 200 DM an Sonst. Verbindlichkeit 3.700 DM

Gestundete Vorauszahlungen sind der Höhe nach nicht ungewiß und dürfen daher nicht als Rückstellungen erfaßt werden. Nachdem aber im Jahresabschluß sämtliche Vermögensgegenstände und Schulden des Unternehmens ausgewiesen werden müssen (§ 246 Abs. 1 HGB, R 20 Abs. 2 S. 1 EStR), verbleibt nur die Möglichkeit des Ausweises als sonstige Verbindlichkeit.

Erforderliche Buchung:
Gewerbesteuer 3.000 DM an Sonst. Verbindlichkeit 3.000 DM

Wie bereits oben ausgeführt sind im Jahresabschluß eventuelle **Gewerbesteuernachzahlungen für 04** als ungewisse Verbindlichkeiten zu erfassen (R 20 Abs. 2 S. 1 EStR). In die Berechnung der Nachzahlung sind auch die gestundeten Vorauszahlungen einzubeziehen, da nicht der Zahlungszeitpunkt, sondern die wirtschaftliche Zuordnung maßgebend ist.

Voraussichtliche Jahressteuerschuld	13.500 DM
Vorauszahlungen I - III/04	./.12.000 DM
Vorauszahlung IV/04	./. 3.000 DM
Überzahlung	1.500 DM

Die Grundsätze für die Bildung der Gewerbesteuerrückstellung gelten entsprechend für die Behandlung etwaiger Erstattungsansprüche (R 20 Abs. 2 S. 3 EStR) mit der Maßgabe, daß die errechnete Erstattung als sonstige Forderung erfaßt wird.

Erforderliche Buchung:
Sonst. Forderung 1.500 DM an Gewerbesteuer 1.500 DM

FALL 16

Rückstellung für Steuerberatungskosten

Sachverhalt: Monika Ebensberger beauftragt seit Jahren ein Steuerbüro mit der Erledigung der steuerlichen Angelegenheiten für ihren Textilgroßhandel in München. Für 04 werden voraussichtlich folgende Kosten anfallen:

Jahresabschluß 04	8.000 DM + USt
Einkommensteuererklärung 04	800 DM + USt
Gewerbesteuererklärung 04	400 DM + USt
Umsatzsteuererklärung 04	400 DM + USt
Vermögensteuererklärung 1.1.04	700 DM + USt
Erklärung zur Feststellung des Einheitswerts 1.1.04	800 DM + USt
Beratungskosten für anstehende Außenprüfung in 05	2.000 DM + USt

Frage: In welcher Höhe kann eine Rückstellung in der Steuerbilanz gebildet werden?

▶ **Lösung**

Rückstellungen sind nach den handelsrechtlichen Grundsätzen ordnungsmäßiger Buchführung für ungewisse Verbindlichkeiten zu bilden (§ 249 Abs. 1 S. 1 HGB, R 31c Abs. 1 S. 1 Nr. 1 EStR). Rückstellungen sind nach § 6 Abs. 1 Nr. 3 EStG mit den Anschaffungskosten oder dem höheren Teilwert anzusetzen (R 38 Abs. 1 S. 1 EStR). Als Anschaffungskosten einer Rückstellung wird der Betrag angesetzt, der voraussichtlich anfällt, um diese ungewisse Verbindlichkeit zu begleichen (§ 253 Abs. 1 S. 2 HGB), allerdings ohne abziehbare Vorsteuer, denn sie rechnet nicht zu den Kosten.

Rückstellungsfähig sind nur ungewisse Verbindlichkeiten, die betrieblich veranlaßt sind (R 31c Abs. 6 S. 1 EStR). Somit kann für die Kosten, die anläßlich der Erstellung der Einkommen- und Vermögensteuererklärung anfallen, keine Rückstellung gebildet werden. Auch für die Erklärung zur Feststellung des Einheitswerts des Betriebsvermögens 1.1.04 ist die Aufnahme der Kosten in die Rückstellung unzulässig, da diese Erklärung nicht nur für betriebliche Zwecke benötigt wird. Die Feststellung des Einheitswerts dient auch der Festsetzung der Vermögensteuer (R 31c Abs. 6 S. 2 EStR). Kosten, die anläßlich einer künftigen Außenprüfung anfallen werden, dürfen nicht zurückgestellt werden, denn ihre wirtschaftliche Verursachung liegt nicht im Wj 04, sondern erst im Wj 05 (Durchführung der Außenprüfung). Vgl. R 31c Abs. 4 EStR.

Die anzuerkennende Rückstellung wird aus folgenden Werten gebildet:

Jahresabschluß 04	8.000 DM
Gewerbesteuererklärung 04	400 DM
Umsatzsteuererklärung 04	400 DM
Rückstellung für Steuerberatungskosten	8.800 DM

Erforderliche Buchung:
Beratungskosten 8.800 DM an Rückstellungen 8.800 DM

FALL 17

Darlehen, Disagio, Zinsen

Sachverhalt: Peter Frank erwarb für seinen Betrieb in Gera am 31.8.04 ein bebautes Grundstück mit Anschaffungskosten von insgesamt 500.000 DM. Die Investition wurde durch Aufnahme eines Fälligkeitsdarlehens teilweise fremdfinanziert. Folgende Angaben liegen vor:

Darlehensauszahlung am	1.9.04
Darlehensnennbetrag	400.000 DM
Disagio	6 %
Laufzeit	10 Jahre
Zinsfestschreibungszeitraum	4 Jahre
Zinssatz jährlich	7,5 %
Zinszahlung halbjährlich nachschüssig zum	Ende Februar bzw. August

Anläßlich der Grundschuldverbriefung stellte der Notar am 15.12.04 netto 1.000 DM + 150 DM USt in Rechnung, die am 10.1.05 beglichen wurden.
Der Gebührenbescheid des Grundbuchamtes Gera vom 20.12.04 über 300 DM für die Eintragung der Grundschuld im Grundbuch wurde ebenfalls erst am 10.1.05 bezahlt.
Bisherige Buchung zu diesem Sachverhalt:
Bank   376.000 DM   an   Darlehen   376.000 DM

Frage: Welche Folgerungen ergeben sich aus den Sachverhalten für 04?

Lösung ◀

Darlehen sind nach § 253 Abs. 1 S. 2 HGB mit dem Rückzahlungsbetrag anzusetzen (siehe auch R 37 Abs. 1 S. 1 EStR). Dies sind hier 400.000 DM. Das einbehaltene Disagio wird als Rechnungsabgrenzungsposten auf den Zinsfestschreibungszeitraum verteilt, da dieser kürzer als die Darlehenslaufzeit ist (R 37 Abs. 3 S. 2 EStR). Im Jahr der Darlehensaufnahme muß die Auflösung des Abgrenzungspostens zeitanteilig erfolgen.

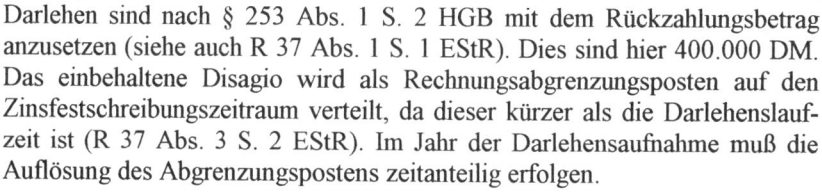

Auflösung Disagio in 04:
Zugang Disagio	24.000 DM
Jahresbetrag = 1/4 v. 24.000 DM	6.000 DM
Anteil für 1.9.-31.12. 04 = 4/12 v. 6.000 DM	2.000 DM

Die in 04 entstandenen Schuldzinsen i.H.v. 10.000 DM (400.000 DM x 7,5 % x 4/12) sind als "Sonstige Verbindlichkeiten" zu passivieren, denn der Unternehmer hat sämtliche Vermögensgegenstände und Schulden im Jahresabschluß auszuweisen (§ 246 Abs. 1 HGB).
Erforderliche Buchungen:

Disagio	22.000 DM			
Zinsaufwand	2.000 DM	an	Darlehen	24.000 DM
Zinsaufwand	10.000 DM	an	So. Verbindlichkeit	10.000 DM

Die Kosten anläßlich der Grundschuldbestellung und Grundschuldeintragung stellen sofort abziehbare Betriebsausgaben nach § 4 Abs. 4 EStG dar. Eine Verteilung auf die Laufzeit des Darlehens oder auf den Zinsfestschreibungszeitraum kommt nicht in Betracht. Die Aufwendungen sind als Schuld in der Bilanz auszuweisen, da sie zwar wirtschaftlich in 04 entstanden sind, aber erst in 05 bezahlt wurden.
Notwendige Buchung:

Sonstige Kosten	1.300 DM			
Vorsteuer	150 DM	an	So. Verbindlichkeiten	1.450 DM

FALL 18

Darlehen und Disagio bei vorzeitiger Rückzahlung

Sachverhalt: Peter Frank (F) zahlt das im Fall 17 aufgenommene Darlehen am 31.8.05 vorzeitig zurück. Die Bank verrechnet das Disagio i.H.v. 18.000 DM mit der Tilgung, so daß F nur noch 382.000 DM überweisen mußte.

Fragen: a) Welche Folgerungen ergeben sich aus dem obigen Sachverhalt?
b) Welche Konsequenzen hat es, wenn die Bank das restliche Disagio nicht zurückerstattet und F 400.000 DM überweist?

▶ **Lösung**

a) Werden Fälligkeitsdarlehen vorzeitig zurückerstattet, so kann bei der Bank das noch nicht verbrauchte Disagio zurückgefordert werden, denn das Disagio fließt in die Berechnung des Effektivzinses ein und hat somit Einfluß auf die Höhe des Zinssatzes. Dies bedeutet für den Fall einer vorzeitigen

Tilgung, daß ein noch vorhandenes Disagio aufzulösen ist. Zuerst muß die anteilige Auflösung des Abgelds bis zum 31.8.05 berechnet werden.

Stand Disagio 31.12.04	22.000 DM
Jahresbetrag = 1/4 v. 24.000 DM = 6.000 DM	
Anteil für 1.1.-31.8. 05 = 8/12 v. 6.000 DM	./. 4.000 DM
Stand Disagio 31.8.05	18.000 DM
Nennwert Darlehen	400.000 DM
Rückzahlungssumme	<u>382.000 DM</u>

b) Wird das noch nicht verbrauchte Disagio durch das Kreditinstitut nicht erstattet bzw. angerechnet, entsteht in Höhe des nicht verbrauchten Betrages ein außerordentlicher Aufwand.

Notwendige Buchungen:

Zinsaufwand	4.000 DM			
a.o. Aufwand	18.000 DM	an	Disagio	22.000 DM
Darlehen	400.000 DM	an	Bank	400.000 DM

FALL 19

Anschaffung und Finanzierung eines unbebauten Grundstücks

Sachverhalt: Frau Erna Pöhlmann (P) betreibt in Bayreuth den Großhandel mit fränkischen Wurstwaren. Mit notarieller Urkunde vom 8.7.04 erwarb P das unbebaute Grundstück Bayreuth, Operngasse 9 zum Preis von 300.000 DM. Das Grundstück hat eine Fläche von 2.000 m², von denen 1.500 m² für den Neubau einer Lagerhalle und 500 m² für den Bau eines eigengenutzten Einfamilienhauses bereitstehen.
Der Übergang von Nutzen und Lasten wurde zum 1.10.04 vereinbart. Den zu diesem Zeitpunkt fälligen Kaufpreis finanzierte P durch die Aufnahme eines Darlehens, das zu nachstehenden Konditionen gewährt wurde:

Darlehensauszahlung am	1.10.04
Darlehensrückzahlung am	30.9.09
Darlehensnennbetrag	320.000 DM
Darlehensauszahlung	300.000 DM

Laufzeit und Zinsfestschreibung	5 Jahre
Zinssatz jährlich	7 %
Tilgung	am 30.9.09 in einer Summe

Der Darlehensnennbetrag wurde von der Bank direkt an den Verkäufer des Grundstücks überwiesen.
P buchte daher am 1.10.04:
Grund u. Boden   300.000 DM   an   Darlehen   300.000 DM

Die Zinsen sind jeweils am Ende eines Kalenderjahres fällig und zahlbar und wurden am 31.12.04 in Höhe von 5.600 DM als Zinsaufwand erfaßt.
Die Grunderwerbsteuer wurde mit 6.000 DM am 7.12.04 bezahlt und dem Konto Betriebssteuern belastet.

Am 23.12.04 ging die nachstehende Gebührenrechnung des Notars ein:

Gebühren für Kaufvertrag	2.800 DM
Gebühren für Grundschuldbestellung	1.000 DM
Summe netto	3.800 DM
Umsatzsteuer 15 %	570 DM
Summe brutto	4.370 DM

Da der Betrag erst in 05 beglichen wurde, nahm P in 04 keine Buchung vor.

Die Eintragung im Grundbuch erfolgte erst im Juli 05. Der Gebührenbescheid des Grundbuchamtes ging im August 05 ein (600 DM für Eigentumsumschreibung und 200 DM für Eintragung Grundschuld). Auch hierzu erfolgte in 04 keine Buchung.

Frage: Wie ist der Sachverhalt zu beurteilen?

▶ **Lösung**
a) Grundstück
Wird ein Grundstück teils eigenbetrieblich und teils zu eigenen Wohnzwecken genutzt, so liegen **zwei Grundstücksteile** vor, da bei Grundstücken der Nutzungszusammenhang für seine Bilanzierung maßgebend ist (vgl. R 13 Abs. 4 S. 1 EStR und R 13 Abs. 7 EStR). Nachdem der Grund und Boden in 04 noch nicht bebaut wurde, ist für die Zuordnung seine künftige Nutzung maßgebend.

Soweit das unbebaute Grundstück eigenbetrieblichen Zwecken (1.500 m² = 75 %) dienen soll, handelt es sich um notwendiges Betriebsvermögen, das in der Bilanz ausgewiesen werden muß (R 13 Abs. 7 S. 1 EStR). Soweit das unbebaute Grundstück eigenen Wohnzwecken (500 m² = 25 %) dienen soll, handelt es sich um notwendiges Privatvermögen, das in der Bilanz nicht ausgewiesen werden darf.
Maßgebend für den Zeitpunkt des Ausweises im Betriebsvermögen ist der Übergang von Nutzen und Lasten. Somit der 1.10.04. Der spätere Eintrag im Grundbuch hat keinen Einfluß auf die erstmalige Bilanzierung.

Die Bewertung des betrieblichen Grundstücksteils erfolgt nach § 6 Abs. 1 Nr. 2 EStG mit den Anschaffungskosten. Die **Anschaffungskosten** des Grundstücks sind nach § 255 Abs. 1 HGB und R 32a EStR zu ermitteln und im Verhältnis der Nutzungen aufzuteilen. Zu den aufzuteilenden AK gehört neben dem Kaufpreis auch die Grunderwerbsteuer und die Notargebühren für den Kaufvertrag. Die ausgewiesene Vorsteuer betrifft zu 75 % den betrieblichen Bereich und kann zu diesem Anteil (75 % v. 570 DM = 427,50 DM) abgezogen werden, so daß sie nicht zu den AK des betrieblichen Grundstücksteils gehört (§ 9b Abs. 1 S. 1 EStG). Soweit die Vorsteuer auf die privaten Anschaffungsnebenkosten entfällt, kann sie nicht abgezogen werden und gehört zu den AK dieses Wirtschaftsguts.

Ermittlung der AK:

	Gesamt	BV (75 %)	PV (25 %)
Kaufpreis	300.000 DM	225.000 DM	75.000 DM
Grunderwerbsteuer	6.000 DM	4.500 DM	1.500 DM
Notar für Kauf	2.800 DM	2.100 DM	700 DM
nicht abziehbare VoSt	105 DM		105 DM
AK 31.12.04	308.905 DM	231.600 DM	77.305 DM

Die Bezahlung der auf den privaten Grundstücksteil entfallenden Grunderwerbsteuer erfolgte aus Mitteln des Betriebs und wird als Entnahme erfaßt.

Die Notargebühren für die **Grundschuldbestellung** sind zu 75 % den sofort abziehbaren Betriebsausgaben zuzuordnen. Sie gehören - ebenso wie die Zinsaufwendungen - zu den Finanzierungskosten (vgl. R 33 Abs. 7 S. 1 EStR).
Da die Notarrechnung am 31.12.04 noch nicht bezahlt war, muß sie mit ihrem betrieblichen Anteil (75 % v. 4.370 DM = 3.277,50 DM) im Jahresabschluß

ausgewiesen werden. Der Ausweis der gesamten Verbindlichkeit ist nicht möglich, da es sich zu 25 % um eine private Schuld handelt und private Verbindlichkeiten in der Bilanz nicht ausgewiesen werden dürfen (R 13 Abs. 15 S. 1 EStR). Die Bezahlung dieser Privatschuld (25 % v. 4.370 DM = 1.092,50 DM) kann erst in 05 als Entnahme aufgezeichnet werden.

Das **Grundbuchamt** hat seine Leistung (Eintragung im Grundbuch) erst im Wirtschaftsjahr 05 erbracht. Die Kosten können daher erst in 05 erfaßt werden. Die Aufteilung der Kosten erfolgt in 05 im Verhältnis 75:25 und sind folgendermaßen zuzuordnen:

AK betrieblicher Grund u. Boden (75 % v. 600 DM)	450 DM
AK privater Grund u. Boden (25 % v. 600 DM)	150 DM
Betriebliche Finanzierungskosten (75 % v. 200 DM)	150 DM
Private Finanzierungskosten (25 % v. 200 DM)	50 DM

Erforderliche Umbuchungen in 04:
Darlehen   75.000,00 DM   an   Grund u. Boden   75.000,00 DM

Grund u. Boden   6.600,00 DM
Finanzierungskosten   750,00 DM
Privat   1.500,00 DM
Vorsteuer   427,50 DM   an   Betriebssteuern   6.000,00 DM
                                            So. Verbindlichk.   3.277,50 DM

b) Darlehen
Darlehen rechnen zum Betriebsvermögen, soweit sie durch den Betrieb veranlaßt sind (R 13 Abs. 15 S. 1 EStR). Soweit sie aber privat veranlaßt sind, dürfen sie nicht als Betriebsvermögen ausgewiesen werden, weil sie zum notwendigen Privatvermögen gehören. Das Darlehen war ausschließlich durch den Grundstückserwerb verursacht und muß daher in diesem Verhältnis dem BV bzw. PV zugewiesen werden. Dies gilt analog für Disagio. Darlehen sind nach § 253 Abs. 1 S. 2 HGB mit dem Rückzahlungsbetrag (Darlehensnennbetrag) auszuweisen. So auch R 37 Abs. 1 S. 1 EStR. Dies sind in diesem Fall 75 % von 320.000 DM = 240.000 DM. Der Unterschied zwischen Auszahlungs- und Nennbetrag stellt ein Disagio dar, das auf die Laufzeit des Darlehens zu verteilen ist. Laufzeit und Zinsfestschreibungszeitraum stimmen überein, so daß ein evtl. kürzerer Verteilungszeitraum i.S.d. R 37 Abs. 3 S. 2 EStR nicht zum Ansatz kommt. Die Auflösung des Abgelds hat im Jahr der Darlehensaufnahme zeitanteilig zu erfolgen.

Auflösung Disagio in 04:
Darlehen betrieblich (75 % v. 320.000 DM)	240.000 DM
Auszahlungsbetrag betrieblich (75 % v. 300.000 DM)	225.000 DM
Disagio	15.000 DM
Jahresbetrag = 1/5 v. 15.000 DM	3.000 DM
Anteil für 1.10. - 31.12.04 = 3/12 v. 3.000 DM	750 DM

Die in 04 angefallenen und bezahlten Schuldzinsen können ebenfalls nur insoweit als Betriebsausgaben berücksichtigt werden, als sie durch den Betrieb bedingt sind. Der private Anteil der Schuldzinsen (25 % v. 5.600 DM = 1.400 DM) wird den Entnahmen (§ 4 Abs. 1 S. 2 EStG) zugewiesen.

Erforderliche Umbuchungen in 04:

Disagio	14.250 DM			
Zinsaufwand	750 DM	an	Darlehen	15.000 DM
Entnahmen	1.400 DM	an	Zinsaufwand	1.400 DM

IV. Rechnungsabgrenzungsposten

FALL 20

Aktive und Passive Rechnungsabgrenzung

Sachverhalt: Aus der Buchführung der Firma Roberts Schnellimbiß, Würzburg, ergeben sich u.a. die nachstehenden Vorgänge:
a) Am 1.10.04 wurde die betriebliche Brandversicherung
    für 1 Jahr im voraus durch Bank bezahlt.   1.800 DM
b) Am 1.12.04 wurde die Büromiete für Dezember 04 und
    Januar 05 mit jeweils 2.000 DM + 15 % USt, sowie die   4.600 DM
    Wohnungsmiete für die beiden Monate überwiesen.   1.600 DM
c) Am 15.12.04 wurde die am 1.12.04 fällige Kfz-Steuer
    für 1 Jahr im voraus durch Bank bezahlt.   840 DM
d) Am 28.12.04 gingen auf dem betrieblichen Bankkonto
    die Wohnungsmieten für Januar 05 eines zum Betriebs-
    vermögen gehörenden Grundstücks ein.   6.000 DM

Frage: Welche Folgerungen ergeben sich aus den Sachverhalten?

▶ **Lösung**

Für Ausgaben und Einnahmen, die vor dem Bilanzstichtag anfallen, aber erst der Zeit nach dem Bilanzstichtag zuzurechnen sind, kommen aktive und passive Rechnungsabgrenzungsposten in Betracht (§ 5 Abs. 5 S. 1 EStG). ARA und PRA sind nur für betriebliche Aufwendungen und Erträge zu bilden, die für eine bestimmte Zeit im voraus bezahlt wurden (R 31b Abs. 2 S. 1 EStR). Das Erfordernis der bestimmten Zeit ist in allen 4 Einzelsachverhalten gegeben, da diese Aufwendungen für einen genau abgrenzbaren Zeitraum entrichtet wurden. Die betrieblichen Ausgaben und Einnahmen, die der Zeit vor dem Bilanzstichtag zuzuordnen sind, müssen als BA und BE erfaßt werden.

Soweit private Aufwendungen im voraus angefallen sind, kommt eine ARA nicht in Betracht, da es sich nicht um einen betrieblichen Vermögensgegenstand handelt. Die am 1.12.04 für Dezember 04 und Januar 05 überwiesene Wohnungsmiete wird über Entnahme erfaßt (§ 4 Abs. 1 S. 2 EStG), denn maßgebend für die Entnahmebuchung ist der Zeitpunkt der Entnahmehandlung.

Vorsteuer, die auf die ARA entfällt, kann bereits im Jahr 04 abgezogen werden, wenn die Voraussetzungen des Vorsteuerabzugs (insbesondere gesonderter Ausweis) erfüllt sind.

Zusammenstellung:

Aufwand/Ertrag	ARA/PRA	Anteil 04		Anteil 05	
a) Brandversicherung	ARA	3/12	450 DM	9/12	1.350 DM
b) Büromiete	ARA	6/12	2.000 DM	6/12	2.000 DM
c) Kfz-Steuer	ARA	1/12	70 DM	11/12	770 DM
d) Mieten	PRA	0/12	0 DM	12/12	6.000 DM

Im Wj 05 sind die gebildeten ARA und PRA erfolgswirksam aufzulösen.
Zusammengefaßter Buchungssatz in 04:

Versicherungen	450 DM			
Mietaufwand	2.000 DM			
Vorsteuer	600 DM			
Entnahme	1.600 DM			
Kfz-Kosten	70 DM			
ARA	4.120 DM	an	Bank	2.840 DM
			PRA	6.000 DM

Zusammengefaßter Buchungssatz in 05:

Versicherungen	1.350 DM			
Mietaufwand	2.000 DM			
Kfz-Kosten	770 DM			
PRA	6.000 DM	an	ARA	4.120 DM
			Mieterträge	6.000 DM

FALL 21

Sonstige Forderungen; Sonstige Verbindlichkeiten

Sachverhalt: Im Handelsbetrieb von Frau Alexandra Schnell, Kiel, ereigneten sich in 04 u.a. die nachstehenden Geschäftsvorfälle:

a) Für ein einem Geschäftsfreund (Kfz-Händler) gewährtes betriebliches Darlehen sind Zinsen am 31.12.04 fällig geworden, die am 20.1.05 auf dem Bankkonto eingingen.   3.000 DM

b) Die am 1.12.04 fällige Büromiete wurde versehentlich erst am 5.1.05 durch Bank bezahlt.   900 DM

c) Am 3.12.04 wurde bei einem Lieferanten Ware bestellt und über den gesamten Bestellwert eine Anzahlung von 5.000 DM + 15 % USt durch Bank geleistet. Die Ware wurde im Januar 05 ausgeliefert.   5.750 DM

Frage: Welche Folgerungen ergeben sich aus den Sachverhalten für die Wirtschaftsjahre 04 und 05?

Lösung ◀

Für Ausgaben und Einnahmen, die nach dem Bilanzstichtag geleistet werden, aber der Zeit vor dem Bilanzstichtag zuzurechnen sind, kommen aktive und passive Rechnungsabgrenzungsposten nicht in Betracht (§ 5 Abs. 5 S. 1 EStG), da es an dem Zahlungszeitpunkt im alten Wirtschaftsjahr fehlt. Ebenso können für Aufwendungen, die vor dem Bilanzstichtag nicht für eine bestimmte Zeit (z.B. Anzahlungen) geleistet werden, keine ARA gebildet werden.

a) Die fälligen Zinsen bilden eine sonstige Forderung, da es am Zahlungszeitpunkt im alten Wj fehlt. Der Geschäftsfreund hat die gesamten Zinsen ohne Abzug einer Kapitalertragsteuer zu überweisen. Zinsen, die aus Darlehen zwischen Gewerbetreibenden anfallen, sind nicht in § 43 Abs. 1 Nr. 7 EStG genannt, so keine Verpflichtung zur Erhebung einer Kapitalertragsteuer vorliegt.

b) Es handelt sich um eine sonstige Verbindlichkeit, da auch hier die Zahlung erst im neuen Wj erfolgte, aber die Verpflichtung zur Zahlung bereits am 31.12.04 bestand.

c) Die Zahlung erfolgte zwar im Wj 04 und im voraus. Jedoch fehlt das zeitliche Moment, so daß eine Einstellung in ARA fehlerhaft wäre. Erfassung über "Geleistete Anzahlungen".

Erforderliche Buchungen in 04:
So. Forderungen	3.000 DM	an	Zinserträge	3.000 DM
Büromiete	900 DM	an	So. Verbindlichkeiten	900 DM
Geleistete Anzahlung	5.000 DM			
Vorsteuer	750 DM	an	Bank	5.750 DM

Erforderliche Buchungen in 05:
Bank	3.000 DM	an	So. Forderungen	3.000 DM
So. Verbindlichkeiten	900 DM	an	Bank	900 DM
Wareneinkauf	5.000 DM	an	Geleistete Anzahlung	5.000 DM

FALL 22

Löhne und Gehälter

Sachverhalt: Frau Iris Schnelle (S) ist Inhaberin der Fa. Goldschmuck-Import GmbH. Der Lohnbuchhalter Silberbaum legte für den Zeitraum Dezember 04 die nachstehenden Sachverhalte zur Bearbeitung vor:

01.12.04 Die Angestellte Zenz erhielt einen Vorschuß, der
    in bar ausbezahlt wurde und ab März 05 in 5
    Raten mit dem Gehalt verrechnet wird.   4.000 DM

Bilanzsteuerrecht

10.12.04 Der Arbeitnehmer Kunze erwarb von S Schmuckwaren. Er erhielt keinerlei Rabatte und muß den üblichen Bruttoverkaufspreis entrichten. Es wurde vereinbart, daß der Kaufpreis bei der Lohnabrechnung für Januar 05 abgesetzt wird.   920 DM

29.12.04 Die Löhne und Gehälter für den Dezember 04 wurden bereits am 29.12.04 abgerechnet, wobei die Nettolöhne sofort durch Bank zur Auszahlung kamen. Die Abzugsbeträge wurden termingerecht am 10.1.05 entrichtet.

Bruttolöhne	19.200 DM
Lohnsteuer/Solidaritätszuschlag/Kirchensteuer	2.304 DM
Sozialversicherungsanteil Arbeitnehmer	3.744 DM
Sozialversicherungsanteil Arbeitgeber	3.744 DM

Frage: 1. Wie stellt sich die zutreffende steuerrechtliche Beurteilung dar?
2. Wie lauten die erforderlichen Buchungssätze in 04?

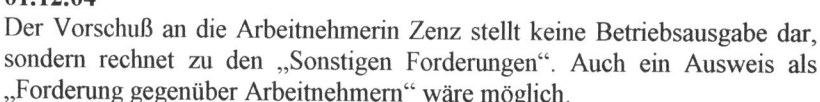

Lösung
01.12.04
Der Vorschuß an die Arbeitnehmerin Zenz stellt keine Betriebsausgabe dar, sondern rechnet zu den „Sonstigen Forderungen". Auch ein Ausweis als „Forderung gegenüber Arbeitnehmern" wäre möglich.

Buchungssatz:
Sonstige Forderung   4.000 DM   an   Kasse   4.000 DM

10.12.04
Nachdem die Veräußerung an den Arbeitnehmer Kunze zu üblichen Verkaufspreisen erfolgte, handelt es sich um ein normales Warenverkaufsgeschäft. Die Verrechnung mit der Lohnzahlung Januar 05 hat keine Auswirkung auf den Bilanzausweis als Forderung aus LuL.

Buchungssatz:
Forderungen LuL   920 DM   an   Warenverkauf   800 DM
                                   Umsatzsteuer   120 DM

29.12.04
Die abgerechneten Löhne und Gehälter betreffen das Wirtschaftsjahr 04 und müssen unabhängig von ihrer Bezahlung als Aufwand ausgewiesen werden. Es gilt das Prinzip der periodengerechten Abgrenzung (§ 252 Abs. 1 Nr. 5 HGB). Soweit die Abzugsbeträge erst im Wirtschaftsjahr 05 abgeführt werden, liegen Verbindlichkeiten vor, die in der Bilanz ihren Niederschlag finden müssen (sog. Vollständigkeitsgebot); § 246 Abs. 1 HGB.

Buchungssätze:

Löhne u. Gehälter	19.200 DM	an	Bank	13.152 DM
			Sonstige Verbindlichkeiten	6.048 DM
Gesetzlich soziale Aufwendungen	3.744 DM	an	Sonstige Verbindlichkeiten	3.744 DM

V. Entnahmen, Einlagen und nicht abziehbare BA nach § 4 Abs. 5 EStG

FALL 23

Barentnahmen und Bareinlagen

Sachverhalt: Jens Gutman (JG) ist Inhaber einer Holzhandlung in Düsseldorf. Der nachstehende Bankauszug vom 15.12.04 wurde versehentlich noch nicht gebucht.

Kaiser-Bank Düsseldorf	Konto Nr. 123 456	
Kontostand vom 14.12.04	7.650,00 DM	H
a) Lastschrift	3.300,00 DM	S
b) Lastschrift	1.150,00 DM	S
c) Gutschrift	2.032,50 DM	H
d) Abbuchung	4.250,00 DM	S
Kontostand vom 15.12.04	982,50 DM	H

Erläuterungen
a) Die Lastschrift betrifft die Büromiete für Januar 05 (2.000 DM + 15 % Umsatzsteuer) und die Wohnungsmiete für Januar 05 (1.000 DM).

b) Um sich von den betrieblichen Anstrengungen zu erholen, möchte JG im Februar 05 einen Kurzurlaub in Oberbayern verbringen. Er leistete daher am 15.12.04 eine Anzahlung von 1.000 DM netto + 150 DM Umsatzsteuer.
c) Seit dem 16.9.04 hat JG 200.000 DM als betriebliches Festgeld zu 6 % Jahreszinssatz angelegt. Die Zinsen sind jeweils nach 3 Monaten fällig und zahlbar. Die erforderliche Steuerbescheinigung liegt vor. Die nächste Zinszahlung erfolgte am 15.3.05.
d) Der Überweisung liegt folgende Verrechnung zugrunde:

Umsatzsteuer-Zahllast November 04	7.340,00 DM
abzüglich Einkommensteuerüberzahlung 03	./. 3.090,00 DM
Abbuchung	4.250,00 DM

Frage: 1. Wie stellt sich die zutreffende steuerrechtliche Beurteilung dar?
2. Wie lauten die erforderlichen Buchungssätze?

Lösung
Zu a)
Die Zahlung der Büromiete fällt unter die Betriebsausgaben (§ 4 Abs. 4 EStG); allerdings darf der Aufwand erst im Wirtschaftsjahr 05 erfolgswirksam berücksichtigt werden, da er wirtschaftlich diesem Zeitraum zuzuordnen ist (§ 252 Abs. 1 Nr. 5 HGB). Die Vorauszahlung muß in den Posten „Aktive Rechnungsabgrenzung" (§ 250 Abs. 1 S. 1 HGB, § 5 Abs. 5 Nr. 1 EStG, R 31b Abs. 1 EStR) eingestellt werden.
Die offen ausgewiesene Vorsteuer darf bereits im Jahr der Zahlung berücksichtigt werden (§ 15 Abs. 1 Nr. 1 S. 2 UStG), so daß die ARA mit dem Nettobetrag bewertet werden muß.
Die Zahlung der Wohnungsmiete erfolgte zwar auch im voraus, jedoch handelt es sich nicht um betrieblichen, sondern um privaten Aufwand. Dieser private Aufwand fällt unter das Abzugsverbot des § 12 Nr. 1 EStG und stellt eine Barentnahme dar (§ 4 Abs. 1 S. 2 EStG). Entnahmen sind in dem Wj zu berücksichtigen, in dem sie getätigt werden (R 14 Abs. 3 EStR). Für die Bildung einer ARA bleibt kein Raum, da die private Vorauszahlung nicht zu den Wirtschaftsgütern des Betriebsvermögens gehört.
Buchungssatz:

ARA	2.000 DM			
Vorsteuer	300 DM			
Entnahmen	1.000 DM	an	Bank	3.300 DM

zu b)
Aufwendungen für Urlaubsreisen rechnen grundsätzlich zu den Kosten der Lebensführung i.S.d. § 12 Nr. 1 EStG. Die offen ausgewiesene Umsatzsteuer kann nicht als Vorsteuer geltend gemacht werden, da die Leistung nicht für das Unternehmen ausgeführt wird (§ 15 Abs. 1 Nr. 1 S. 1 UStG). Es liegt somit eine Barentnahme (§ 4 Abs. 1 S. 2 EStG) i.H.v. 1.150 DM vor.

Buchungssatz:
Entnahmen   1.150 DM   an   Bank   1.150 DM

zu c)
Die auf dem Bankkonto eingegangene Gutschrift stellt nur einen Teil der gesamten zu erfassenden Erträge dar. Als Einnahme wird nach § 20 Abs. 1 Nr. 7 EStG i.V.m. § 20 Abs. 3 und § 15 Abs. 1 EStG der Bruttoertrag angesetzt.

Zinsgutschrift (67,75 %)	2.032,50 DM
Kapitalertragsteuer (30 %)	900,00 DM
Solidaritätszuschlag (7,5 % v. 30 % =2,25 %)	67,50 DM
Gesamter Zinsertrag (100 %)	3.000,00 DM

Kapitalertragsteuer und anrechenbare Körperschaftsteuer gehören zu den Personensteuern und dürfen den Gewinn nicht mindern (§ 12 Nr. 3 EStG). Sie sind als Entnahmen zu erfassen (§ 4 Abs. 1 S. 2 EStG) und auf die Einkommensteuer anzurechnen (§ 36 Abs. 2 S. 2 Nr. 2 u. Nr. 3 EStG).
Auch der Solidaritätszuschlag stellt eine Personensteuer dar, so daß auch hier § 12 Nr. 3 EStG zum Ansatz kommt und eine zusätzliche Entnahme i.H.v. 13,13 DM vorliegt. Der einbehaltene SolZ wird auf die Jahresschuld des SolZ angerechnet.

Erforderliche Buchung:
Bank   2.032,50 DM
Entnahmen   967,50 DM   an   Zinserträge   3.000,00 DM

Die bis zum 31.12.04 aufgelaufenen, aber noch nicht fälligen Festgeldzinsen sind als Forderung zu erfassen (§ 246 Abs. 1 HGB, § 252 Abs. 1 Nr. 5 HGB, R 31 b Abs. 3 EStR).
6 % v. 200.000 DM   12.000 DM
für ½ Monat   500 DM

Die Kapitalertragsteuer entsteht erst in dem Zeitpunkt, in dem die Kapitalerträge dem Gläubiger zufließen (§ 44 Abs. 1 S. 2 EStG). Somit entsteht erst wieder am 15.3.05 eine Kapitalertragsteuer und eine Entnahme.

Erforderliche Buchung:
Forderungen   500 DM   an   Zinserträge   500 DM

zu d)
Soweit die Einkommensteuerüberzahlung mit der Umsatzsteuerschuld verrechnet wird, liegt eine Bareinlage nach § 4 Abs. 1 S. 5 EStG vor.

Buchungssatz:
Umsatzsteuer   7.340 DM   an   Bank   4.250 DM
                                       Privateinlage   3.090 DM

FALL 24

Sachentnahme

Sachverhalt: Hildegard Wild (W) betreibt den Einzelhandel mit Büromöbel und entnahm am 1.12.04 einen Schreibtisch aus dem Warenlager und stellte ihn im Kinderzimmer der Tochter auf. Die AK betrugen 1.500 DM, die Wiederbeschaffungskosten beliefen sich am 1.12.04 auf 1.600 DM. Ebenfalls am 1.12.04 schenkte sie ihrer Tochter die betriebliche Computeranlage, die am 1.1.04 noch mit 1.500 DM zu Buche stand (Jahres-AfA 1.500 DM, AfA-Satz 25 % linear). Im Falle der Betriebsveräußerung hätte W für diesen Computer noch 300 DM netto erzielen können.

Frage: Wie sind die Vorfälle zu beurteilen und welche Konsequenzen ergeben sich?

Lösung ◄
Bei beiden Vorgängen handelt es sich um Sachentnahmen (§ 4 Abs. 1 S. 2 EStG). Sachentnahmen sind mit dem Teilwert im Zeitpunkt der Entnahme zu bewerten (§ 6 Abs. 1 Nr. 4 S. 1 EStG). Bei dem Teilwert handelt es sich um die Wiederbeschaffungskosten netto. Gleichzeitig liegt ein umsatzsteuerlicher Eigenverbrauch nach § 1 Abs. 1 Nr. 2a UStG vor. Die dadurch anfallende

Umsatzsteuer auf den Eigenverbrauch darf den Gewinn nicht mindern und erhöht die Entnahme (§ 12 Nr. 3 EStG).
Werden WG aus dem AV entnommen, so muß noch die AfA bis zum Zeitpunkt der Entnahme berechnet werden (R 44 Abs. 9 S. 1 EStR).

a) Schreibtisch
Teilwert	1.600 DM
Umsatzsteuer 15 %	240 DM
Gesamtentnahmewert	1.840 DM

Buchung:
Entnahmen	1.840 DM	an	Eigenverbrauch	1.600 DM
			Umsatzsteuer	240 DM

b) Computeranlage
Buchwert 1.1.04	1.500 DM
./. AfA 1.1.04 - 30.11.04: Jahres-AfA 1.500 DM x 11/12	./. 1.375 DM
Buchwert 1.12.04	125 DM
Teilwert	300 DM
Umsatzsteuer 15 %	45 DM
Gesamtentnahme	345 DM

Buchungen:
AfA	1.375 DM	an	BGA	1.375 DM
Abgang AV	125 DM	an	BGA	125 DM
Entnahmen	345 DM	an	Erlöse Abgang AV	300 DM
			Umsatzsteuer	45 DM

FALL 25

Nutzungsentnahme

Sachverhalt: Herr Wolfgang Schalk (S) ist Inhaber eines Bauunternehmens in Hannover. Zum BV gehört ein am 10.8.01 angeschaffter Pkw (AK 50.000 DM, 5 Jahre ND, AfA 30 % degressiv, BW 31.12.03: 20.825 DM), dessen Fahrleistung sich in 04 folgendermaßen zusammensetzt:

Bilanzsteuerrecht

betriebliche Fahrten	28.000 km
private Fahrten	7.000 km
Gesamtfahrleistung	35.000 km

Das Verhältnis der privaten zu den betrieblichen Fahrten ergibt sich aus einem ordnungsgemäßen Fahrtenbuch. Die Aufwendungen für den Pkw können belegmäßig einzeln nachgewiesen werden. Der inländische Listenpreis einschließlich Sonderausstattung betrug für diesen Pkw im Zeitpunkt seiner erstmaligen Zulassung brutto 60.000 DM.
Von den gesamten laufenden Kfz-Kosten entfallen 8.500 DM (davon Kfz-Steuer und Kfz-Versicherung insgesamt 1.200 DM) auf diesen Pkw.

Im September 04 führte S eine Dachreparatur an seinem eigengenutzten Einfamilienhaus aus und verwendete hierzu den betriebseigenen Baukran. Die Kosten des Baukrans incl. AfA betrugen 04 insgesamt 64.000 DM (davon 4.000 DM Versicherung). Von den 800 in 04 geleisteten Betriebsstunden betreffen 20 den Einsatz am Einfamilienhaus.

Aufgaben: 1. Nehmen Sie zu den einzelnen Sachverhalten Stellung und ermitteln sie die Entnahmewerte.
2. Wie wäre die private Pkw-Nutzung zu beurteilen, wenn ein ordnungsgemäß geführtes Fahrtenbuch nicht vorliegt?

Lösung
Zu 1.
Die Verwendung des Fahrzeuges und des Baukrans für private Zwecke stellt eine Nutzungsentnahme dar (§ 4 Abs. 1 S. 2 EStG). Die Nutzungsentnahme wird nach § 6 Abs. 1 Nr. 4 S. 1 EStG und R 39 S. 1 EStR mit den tatsächlichen Selbstkosten bewertet und unterliegt nach § 1 Abs. 1 Nr. 2b UStG als steuerbarer und steuerpflichtiger Eigenverbrauch der Umsatzsteuer.

Zur umsatzsteuerlichen Bemessungsgrundlage gehören aber nur diejenigen Kosten, die mit Vorsteuer belastet waren. Die nicht mit Vorsteuer belasteten Kosten sind aus der umsatzsteuerlichen Bemessungsgrundlage auszuscheiden (Abschn. 155 Abs. 2 Satz 4 und Abs. 3 UStR 1996). Die sich danach ergebende Umsatzsteuer auf den Eigenverbrauch darf nach § 12 Nr. 3 EStG den Gewinn nicht mindern und zählt mit zur Entnahme.

Ermittlung der Gesamtentnahme aus der privaten Kfz-Nutzung:
Die private Kfz-Nutzung wird mit den auf den privaten Anteil entfallenden Kosten angesetzt, da die Aufwendungen durch Belege und die Fahrten durch ein ordnungsgemäß geführtes Fahrtenbuch nachgewiesen werden können; § 6 Abs. 1 Nr. 4 Satz 3 EStG 1996.
In die Bemessungsgrundlage fließt auch die AfA mit ein. Die AfA wurde bisher degressiv nach § 7 Abs. 2 EStG angesetzt. Zum 1.1.04 beträgt die Restnutzungsdauer nur noch 2,5 Jahre, so daß der Wechsel zur linearen AfA, der nach § 7 Abs. 3 EStG zulässig ist, zum niedrigsten Gewinn führt.
AfA 04:
20.825 DM : 2,5 = 8.330 DM

Berechnung private Kfz-Nutzung	mit USt	ohne USt
laufende Kosten	7.300 DM	1.200 DM
AfA	8.330 DM	
Gesamtkosten	15.630 DM	1.200 DM
Privatanteil 20 % (7.000 : 35.000 x100)	3.126 DM	240 DM
Umsatzsteuer 15 % (aufgerundet)	469 DM	
Brutto	3.595 DM	240 DM
nichtsteuerbarer Eigenverbrauch	240 DM	←
Gesamtentnahme	3.835 DM	

Buchungssatz:
Privatentnahme	3.835 DM	an	Eigenverbrauch 15 %	3.126 DM
			Eigenverbrauch 0 %	240 DM
			Umsatzsteuer	469 DM

Ermittlung der Gesamtentnahme aus der privaten Krannutzung
Die Aufteilung der gesamten Krankosten erfolgt im Verhältnis der gesamten Betriebsstunden zu den privat veranlaßten Betriebsstunden.

Berechnung privaten Krannutzung	mit USt	ohne USt
Gesamtkosten	60.000 DM	4.000 DM
Privatanteil 20/800	1.500 DM	100 DM
+ 15 % Umsatzsteuer	225 DM	
Brutto	1.725 DM	100 DM
nichtsteuerbarer Eigenverbrauch	100 DM	
Gesamtentnahme	1.825 DM	

Buchungssatz:
Privatentnahme   1.825 DM   an Eigenverbrauch 15 %   1.500 DM
                                     Eigenverbrauch 0 %   100 DM
                                     Umsatzsteuer   225 DM

Zu 2.
Nachdem für das gemischtgenutzte Fahrzeug ein ordnungsgemäß geführtes Fahrtenbuch nicht vorliegt, darf der Ansatz der privaten Pkw-Nutzung nicht nach den tatsächlichen Kosten erfolgen. Nach § 6 Abs. 1 Nr. 4 Satz 2 EStG 1996 bleibt nur die Ermittlung nach der sog. 1 %-Methode. Den Ausgangswert dieser Methode bildet der inländische Listenpreis einschl. Sonderausstattung und einschl. Umsatzsteuer im Zeitpunkt der erstmaligen Zulassung des Pkw. Die tatsächlich niedrigeren Anschaffungskosten und die tatsächlichen Kosten kommen nicht zum Ansatz.
Nachdem bei der Berechnung des Entnahmewertes vom Bruttolistenpreis ausgegangen wird, beinhaltet die Entnahme bereits die Eigenverbrauchsumsatzsteuer nach § 1 Abs. 1 Nr. 2b UStG. Eine Kürzung der umsatzsteuerlichen Bemessungsgrundlage wegen Kosten, die nicht zum Vorsteuerabzug geführt haben, wäre nach Abschn. 155 Abs. 3 Satz 6 UStR 1996 nicht zulässig, da es sich bei der 1 %-Methode um eine Schätzung handelt. Nach den neuesten Verwaltungsanweisungen kann aber wegen dieser Kosten ein pauschaler Abschlag von 20 % vorgenommen werden.

Berechnung private Kfz-Nutzung
Bruttolistenpreis   60.000,00 DM
1 % monatlich   600,00 DM
x 12 (für 12 Monate) = Gesamtentnahme netto   7.200,00 DM
USt 15 % v. 5.760 DM (7.200 ./. 20 %)   864,00 DM
Gesamtentnahme brutto   8.064,00 DM

Buchungssatz
Entnahme   8.064,00 DM   an Eigenverbrauch 15 %   5.760,00 DM
                                  Eigenverbrauch 0 %   1.440,00 DM
                                  Umsatzsteuer   864,00 DM

FALL 26

Sacheinlage

Sachverhalt: Frau Anja Neumüller (N) betreibt in Ludwigsburg den Handel mit Gebrauchtwaren. In 04 ereigneten sich u.a. die nachstehenden Geschäftsvorfälle:
a) Seit 5.5.04 wird ein am 2.3.01 privat erworbenes unbebautes Grundstück als Kundenparkplatz genutzt. Die damaligen AK betrugen 240.000 DM (incl. 500 DM Vorsteuer). Bei einem Erwerb am 5.5.04 hätte N für das Grundstück insgesamt 260.000 DM + 600 DM Umsatzsteuer aufwenden müssen.
b) Am 1.7.04 stellte N einen bisher privat genutzten Aktenschrank in ihrem Büro auf. Der Schrank (gesamte ND 10 Jahre) wurde am 1.7.02 für 1.200 DM + 15 % USt erworben. Die Wiederbeschaffungskosten betrugen am 1.7.04 netto 700 DM.
c) N erhielt am 1.9.04 von ihren Eltern einen Wohnzimmerschrank (ND 10 Jahre) geschenkt, den sie am 4.10.04 in ihrem Geschäft für 5.000 DM + 15 % USt veräußern konnte. Die Eltern hatten diesen Schrank am 1.3.03 für brutto 10.000 DM erworben. Die WBK dieses WG betrugen am 1.9.04 ohne Umsatzsteuer 4.200 DM.

Aufgabe: Nehmen Sie zu den einzelnen Sachverhalten Stellung und ermitteln Sie die zutreffenden Einlagewerte.

► Lösung

Es handelt sich in allen drei Fällen um Sacheinlagen (§ 4 Abs. 1 S. 5 EStG). Einlagen sind nach § 6 Abs. 1 Nr. 5 EStG mit dem Teilwert im Zeitpunkt der Zuführung anzusetzen. Sie sind jedoch höchstens mit den Anschaffungskosten oder bei abnutzbaren WG mit den fortgeschriebenen AK anzusetzen, wenn das eingelegte WG innerhalb der letzten drei Jahre vor dem Zeitpunkt der Zuführung angeschafft worden ist.

a) Unbebautes Grundstück
Zwischen Anschaffungszeitpunkt (2.3.01) und Einlagezeitpunkt (5.5.04) liegen mehr als 3 Jahre, so daß ausschließlich der Teilwert zum Ansatz kommt. Der Teilwert ist in § 6 Abs. 1 Nr. 1 S. 3 EStG definiert und beinhaltet nicht die abziehbare Vorsteuer.
Einlagewert Grundstück　　　　　　　　　　　　　　　260.000 DM

b) Aktenschrank

2 Jahre nach der Anschaffung wurde das abnutzbare Wirtschaftsgut vom PV in das BV überführt, so daß der Vergleich zwischen den fortgeschriebenen AK und dem TW herzustellen ist. Der kleinere Wert bildet den Einlagebetrag. Zu den AK im PV rechnet auch die Vorsteuer, da sie im Zeitpunkt der Anschaffung nicht für das Unternehmen in Rechnung gestellt wurde und somit nicht abgezogen werden kann (§ 9b Abs. 1 EStG). Die AfA im Privatbereich muß linear und zeitanteilig berechnet werden, da die degressive AfA und die Halbjahresregelung nur für bewegliche WG des AV anwendbar sind.

Anschaffungskosten 1.7.02	1.380 DM
AfA 1.7.02 - 30.6.04: 1.380 DM x 10 % x 2 Jahre =	./. 276 DM
fortgeschriebene (fortgeführte) Anschaffungskosten	1.104 DM
Teilwert	700 DM

Nachdem der Teilwert unter den fortgeschriebenen AK liegt, muß er angesetzt werden. Im Jahr der Einlage kann der Stpfl. auch die Bewertungsfreiheit des § 6 Abs. 2 EStG in Anspruch nehmen, wenn der Einlagewert des begünstigten WG nicht über 800 DM liegt (R 40 Abs. 5 S. 6 EStR). Dies liegt hier vor, so daß der Schrank als GWG behandelt werden kann.

Einlagewert GWG   700 DM

c) Wohnzimmerschrank

Die Einlage erfolgte in das Umlaufvermögen, da das WG zur Veräußerung eingelegt wurde (R 32 Abs. 3 EStR).
Im Fall der unentgeltlichen Einzelrechtsnachfolge (Schenkung) kommt die Vorschrift des § 6 Abs. 1 Nr. 5a EStG nicht zum Zug, auch wenn die geschenkten WG durch den Schenker innerhalb der 3-Jahresfrist angeschafft wurden. Erhält ein Stpfl. ein WG geschenkt und legt er dieses WG in das BV ein, so muß diese Einlage immer mit dem TW erfolgen (BFH, BStBl 1994 II S. 15), so daß den ursprünglichen AK keine Bedeutung zukommt.

Einlagewert Umlaufvermögen   4.200 DM

FALL 27

Einlage nach vorausgegangener Entnahme

Sachverhalt:
Am 1.2.02 entnahm Charlie Fechter (F) für private Zwecke aus dem Warenlager seines Möbelhauses einen Schreibtisch (gesamte ND 10 Jahre).

Seit der Entnahme in 02, die mit 4.000 DM brutto zutreffend bewertet wurde, nutzte F den Tisch ausschließlich für private Zwecke. Der Vermögensgegenstand wurde am 1.8.04, als die Wiederbeschaffungskosten 3.200 DM + 15 % USt betrugen, dem Betrieb zur dauernden Nutzung im Büro zugeführt.

Aufgabe: Ermitteln Sie den zulässigen Einlagewert und die günstigste AfA nach § 7 EStG.

▶ **Lösung**

a) Werden WG, die vor der Einlage dem BV entnommen wurden, eingelegt, so liegt ein Fall der Wiedereinlage vor. Die Wiedereinlage ist der gleichen Systematik wie die Einlage eines im PV angeschafften WG unterworfen. Wurde das WG innerhalb der letzten 3 Jahre vor der Einlage entnommen, so wird die Prüfung nach § 6 Abs. 1 Nr. 5a EStG erforderlich. Allerdings tritt an die Stelle des Anschaffungstages der Entnahmetag und an die Stelle der AK der Entnahmewert brutto (§ 6 Abs. 1 Nr. 5 S. 3 EStG). Auch hier muß die AfA zwischen Entnahme- und Einlagetag linear und zeitanteilig berechnet werden.

Entnahmewert brutto 1.2.02	4.000 DM
AfA 1.2.02 - 31.7.04: 4.000 DM x 10 % x 2,5 Jahre =	./.1.000 DM
fortgeschriebener (fortgeführter) Entnahmewert	3.000 DM
Teilwert	3.200 DM

Da der Teilwert über dem fortgeschriebenen Entnahmewert liegt, kann er nicht angesetzt werden, so daß die fortgeführten Entnahmen als Einlagewert in Betracht kommen.

Einlagewert Schreibtisch   <u>3.000 DM</u>

b) Nachdem es sich bei dem Vermögensgegenstand nach der Einlage um ein abnutzbares Wirtschaftsgut des Anlagevermögens handelt, erfolgt die Bewertung in der Schlußbilanz mit dem Einlagewert vermindert um die AfA (§ 6 Abs. 1 Nr. 1 EStG). Im Zeitpunkt der Einlage liegt noch eine Restnutzungsdauer von 7,5 Jahren (gesamt 10 Jahre ./. verbraucht 2,5 Jahre) vor, so daß die AfA-Berechnung degressiv nach § 7 Abs. 2 EStG erfolgt. Die AfA wird nach dem Einlagewert bemessen (R 43 Abs. 6 S. 1 EStR).
Die Einlage erfolgte in der 2. Hälfte des Wj, so daß die halbe Jahres-AfA in Anspruch genommen werden kann, weil die AfA bis zur Einlage aus-

schließlich privat bedingt war und bei keiner Einkunftsart zum Ansatz kam
(R 44 Abs. 2 S. 6 und S. 3 EStR).
Jahres-AfA: 3.000 : 7,5 =   400 DM
AfA 04 = 6/12   <u>200 DM</u>

FALL 28
Häusliches Arbeitszimmer

Sachverhalt: Frau Helga Beer (B) betreibt in Regensburg, Donaustraße 7, eine Spedition. In ihrem selbst errichteten Einfamilienhaus in Regensburg, Domweg 9d, hat sie ein Arbeitszimmer eingerichtet, in dem sie wöchentlich insgesamt 10 Stunden arbeitet (Studium der Fachliteratur; Angebote erstellen, usw.). Ihre gesamte wöchentliche Arbeitszeit beträgt ca. 50 Stunden. Das Arbeitszimmer verursachte die nachstehenden Aufwendungen.

<u>Aufwandsart</u>	<u>1995</u>	<u>1996</u>
AfA aus HK Gebäudeteil Arbeitszimmer	4.000 DM	4.000 DM
Strom u. Heizung	600 DM	700 DM
Reparatur im Arbeitszimmer	100 DM	200 DM
AfA Schreibtisch	900 DM	600 DM
AfA Wandschrank	1.200 DM	1.200 DM
Anschaffung Bürostuhl (GWG)		500 DM
AfA Computer	1.500 DM	1.500 DM
Anschaffung Telefax		800 DM

Bei den laufenden Aufwendungen und aus den anteiligen Herstellungskosten für den Gebäudeteil Arbeitszimmer war ein Vorsteuerabzug möglich. Die Aufwendungen wurden zutreffend als Betriebsausgaben erfaßt, wobei in 1996 die Aufzeichnungspflicht des § 4 Abs. 7 EStG 1996 beachtet wurde.

Aufgabe: Nehmen Sie zu dem Sachverhalt Stellung.

Lösung
Zu 1995
Die Aufwendungen für das Arbeitszimmer sind durch die betriebliche Tätigkeit von B verursacht und sind Betriebsausgaben nach § 4 Abs. 4 EStG. Der

Vorsteuerabzug ist zu gewähren, da die Vorsteuern für das Unternehmen in Rechnung gestellt wurden.

Zu 1996
Durch das Jahressteuergesetz 1996 wurde bei § 4 Abs. 5 EStG eine neue Nummer 6b eingefügt. Durch § 4 Abs. 5 Nr. 6b EStG 1996 werden die Aufwendungen für das häusliche Arbeitszimmer geregelt. Danach dürfen die Aufwendungen für das häusliche Arbeitszimmer sowie die Kosten der Ausstattung den Gewinn nicht mindern. Eine Berücksichtigung der Kosten mit zumindest 2.400 DM scheidet aus, da die betriebliche Nutzung des Arbeitszimmers nicht mehr als 50 % der gesamten beruflichen und betrieblichen Tätigkeit der B beträgt (§ 4 Abs. 5 Nr. 6b Satz 2 EStG 1996).

Dies bedeutet aber nicht, daß die Wirtschaftsgüter (Gebäudeteil, Wandschrank, Schreibtisch usw.) entnommen werden müssen. Es handelt sich bei diesen Gegenständen nach wie vor um notwendiges Betriebsvermögen, das bilanziert und abgeschrieben werden muß. Lediglich aufgrund des § 4 Abs. 5 EStG sind die Kosten bei der Gewinnermittlung nicht zu berücksichtigen.

Nicht nur die Kosten für das Arbeitszimmer selbst, sondern auch die Kosten der Ausstattung fallen unter die Vorschrift des § 4 Abs. 5 Nr. 6b EStG 1996 (vgl. Abschn. 45 Abs. 2 Satz 6 LStR 1996). Nicht zu den Kosten der Ausstattung gehören aber die Kosten für typische Arbeitsmittel, so daß die Aufwendungen für den Computer und das Telefax nicht unter die Vorschrift des § 4 Abs. 5 Nr. 6b EStG 1996 fallen.

Nicht abziehbare Aufwendungen

AfA aus HK Arbeitszimmer	4.000 DM
Strom u. Heizung	700 DM
Reparatur im Arbeitszimmer	200 DM
AfA Schreibtisch	600 DM
AfA Wandschrank	1.200 DM
Anschaffung Bürostuhl (GWG)	500 DM
Summe netto	7.200 DM

Zusätzlich liegt Aufwendungseigenverbrauch nach § 1 Abs. 1 Nr. 2c UStG vor. Als Bemessungsgrundlage sind die Aufwendungen heranzuziehen (§ 10 Abs. 4 Nr. 3 UStG).

Aufwendungen netto	7.200 DM
USt 15 %	1.080 DM

Die Eigenverbrauchsumsatzsteuer stellt eine betriebliche Schuld dar und muß noch in der Buchführung erfaßt werden.
Buchungssatz:
Aufwand Arbeitszimmer   1.080 DM   an   Umsatzsteuer   1.080 DM

Außerhalb der Bilanz sind die Kosten des Arbeitszimmers nach § 4 Abs. 5 Nr. 6b EStG und die Eigenverbrauchsumsatzsteuer nach § 12 Nr. 3 EStG dem Gewinn zuzurechnen.

Aufwand Arbeitszimmer netto	7.200 DM
Eigenverbrauchsumsatzsteuer	1.080 DM
Gewinnerhöhung außerhalb der Bilanz	8.280 DM

VI. Bilanzberichtigung und Bilanzänderung

FALL 29

Bilanzberichtigung und Gewinnauswirkung nach der Bilanzpostenmethode

Sachverhalt: Bei Jörg Hettmann (H), der in Berlin den Import und Export von Waren aller Art betreibt und seinen Gewinn nach § 5 Abs. 1 EStG ermittelt, wurde für das Wj 04 eine Außenprüfung angekündigt. Vor Beginn der Prüfung teilte H dem zuständigen Finanzamt mit, daß er den Jahresabschluß nochmals kontrolliert und dabei folgende Abweichungen festgestellt hat:

a)	Erhöhung des Forderungsbestandes 31.12.04	+ 27.600 DM
b)	Minderung des Warenbestandes 31.12.04	./. 12.000 DM
c)	Gewerbesteuerrückstellung 04	+ 8.000 DM
d)	Einkommensteuer war als Betriebssteuer gebucht	3.000 DM
e)	Nicht versteuerte Einnahmen brutto (wurden privat verwendet)	46.000 DM

Die Steuerbescheide 04 ergingen unter dem Vorbehalt der Nachprüfung. Die Angaben des Stpfl. treffen zu.

Frage: Ist eine Berichtigung oder Änderung zulässig und welche Gewinnauswirkungen ergeben sich bei Anwendung der Bilanzpostenmethode?

▶ **Lösung**

Unrichtige Bilanzansätze müssen durch eine Bilanzberichtigung richtiggestellt werden (§ 4 Abs. 2 S. 1 EStG, R 15 Abs. 1 EStR). Nachdem die Bescheide unter dem Vorbehalt der Nachprüfung ergingen, kann jederzeit eine Bilanzberichtigung durchgeführt werden.
Bei Darstellung der Gewinnauswirkung nach der Bilanzpostenmethode wird die Gewinnänderung über die Auswirkung auf das Eigenkapital angegeben. Die Bilanzpostenmethode hat ihre Grundlage in der Gewinnermittlung durch Betriebsvermögensvergleich nach § 4 Abs. 1 S. 1 EStG.

Mögliche Gewinnauswirkungen bei der Bilanzposten-Methode:

Erhöhung Aktiva Anfangsbilanz	=	Gewinnminderung
Minderung Aktiva Anfangsbilanz	=	Gewinnerhöhung
Erhöhung Passiva Anfangsbilanz	=	Gewinnerhöhung
Minderung Passiva Anfangsbilanz	=	Gewinnminderung
Erhöhung Aktiva Schlußbilanz	=	Gewinnerhöhung
Minderung Aktiva Schlußbilanz	=	Gewinnminderung
Erhöhung Passiva Schlußbilanz	=	Gewinnminderung
Minderung Passiva Schlußbilanz	=	Gewinnerhöhung
Erhöhung Entnahmen	=	Gewinnerhöhung
Minderung Entnahmen	=	Gewinnminderung
Erhöhung Einlagen	=	Gewinnminderung
Minderung Einlagen	=	Gewinnerhöhung

a) Erhöhung des Aktivpostens Forderungen bewirkt eine Erhöhung des EK und somit eine Erhöhung des Gewinns. In der Forderung ist aber Umsatzsteuer mit 15/115 v. 27.600 DM = 3.600 DM enthalten, die zwar den Passivposten Umsatzsteuer erhöht, aber das EK und den Gewinn mindert.

b) Minderung eines Aktivpostens bedeutet Minderung des Eigenkapitals und Absenkung des Gewinns.

c) Bei der Gewerbesteuerrückstellung handelt es sich um einen Passivposten, dessen Erhöhung zu einer Kapital- und Gewinnminderung führt.

Bilanzsteuerrecht

d) Die Einkommensteuer stellt eine Personensteuer (§ 12 Nr. 3 EStG) dar, die den Gewinn nicht mindern darf. Sie muß daher als Entnahme erfaßt werden. Die Entnahmeerhöhung bewirkt gleichzeitig eine Gewinnerhöhung. Eine Abweichung des Eigenkapitals ergibt sich nicht, denn die Entnahmehandlung hat sich bereits durch die Bezahlung über das Bankkonto auf die Zusammensetzung des Betriebsvermögens und somit auf das Eigenkapital ausgewirkt

e) Unter nicht versteuerten Einnahmen, die privat verwendet wurden, sind Betriebseinnahmen zu verstehen, die in der Regel bar vereinnahmt und nicht als BE aufgezeichnet wurden. Die zutreffende Gewinnauswirkung ergibt sich durch eine Erhöhung der Barentnahmen. Zusätzlich bewirken die nicht erfaßten Einnahmen eine Erhöhung der Umsatzsteuer mit 6.000 DM.

Zusammenstellung:

Sachverhalt	Bilanzposten/ Entnahmen	Eigenkapital	Gewinn
Forderungen	+ 27.600 DM	+ 27.600 DM	+ 27.600 DM
Warenbestand	./. 12.000 DM	./. 12.000 DM	./. 12.000 DM
Rückstellungen	+ 8.000 DM	./. 8.000 DM	./. 8.000 DM
Umsatzsteuer	+ 9.600 DM	./. 9.600 DM	./. 9.600 DM
Entnahmen	+ 49.000 DM		+ 49.000 DM
Gesamtänderung		./. 2.000 DM	+ 47.000 DM

FALL 30

Bilanzberichtigung und Gewinnauswirkung nach der G+V-Methode

Sachverhalt: wie bei Fall 29

Frage: Welche Gewinnauswirkungen ergeben sich bei Anwendung der G+V-Methode?

Lösung
Wird die Gewinnauswirkung einer Bilanzberichtigung oder Bilanzänderung nicht nach der Bilanzpostenmethode, sondern nach der G+V-Methode angegeben, sind die Gewinnauswirkungen anhand der Gewinn- und Verlust-

rechnung (G+V) darzustellen. Nach der G+V-Methode sind folgende Gewinnauswirkungen möglich:

Erhöhung des Aufwands	=	Gewinnminderung
Minderung des Aufwands	=	Gewinnerhöhung
Erhöhung des Ertrags	=	Gewinnerhöhung
Minderung des Ertrags	=	Gewinnminderung

a) Die Erhöhung der Forderungen bewirkt eine Erhöhung der Erlöse und somit eine Erhöhung des Gewinns. Erlöse netto 100/115 v. 27.600 DM = 24.000 DM.

b) Die Minderung des Warenschlußbestandes verursacht eine Erhöhung des Wareneinsatzes und somit eine Gewinnminderung.

c) Die Rückstellung des Gewerbesteueraufwands führt zu einer Minderung des Gewinns.

d) Die Einkommensteuer stellt eine Personensteuer (§ 12 Nr. 3 EStG) dar, die den Gewinn nicht mindern darf.

e) Durch die nicht versteuerten Einnahmen wurden die Erlöse zu niedrig ausgewiesen. Erhöhung des Warenverkaufs um 100/115 v. 46.000 DM = 40.000 DM.

Zusammenstellung:

Sachverhalt	Erfolgskonto	Gewinn
Warenverkauf	+ 24.000 DM	+ 24.000 DM
Wareneinsatz	+ 12.000 DM	./. 12.000 DM
Gewerbesteuer	+ 8.000 DM	./. 8.000 DM
Betriebssteuer	./. 3.000 DM	+ 3.000 DM
Warenverkauf	+ 40.000 DM	+ <u>40.000 DM</u>
Gesamtänderung		+ <u>47.000 DM</u>

B. Klausur

I. Allgemeines
Frau Hannelore Sommer (S.) betreibt in Regensburg den Handel mit Spielwaren und Werbeartikeln. Sie versteuert sämtliche Umsätze nach den allgemeinen Vorschriften des UStG und ist voll vorsteuerabzugsberechtigt. Das Wirtschaftsjahr entspricht dem Kalenderjahr. Die Gewinnermittlung erfolgt nach § 5 Abs. 1 EStG.
In der Anlage 1 sind die Anfangsbestände (AB) und die bereits verbuchten Geschäftsvorfälle (VZ) des Jahres 04 eingetragen. Wegen Krankheit des Buchhalters konnte der Jahresabschluß 04 noch nicht erstellt werden.

II. Aufgabe
1. Nehmen Sie zu den Sachverhalten III/1 - III/9 kurz, aber erschöpfend Stellung.
2. Begründen Sie Ihre Auffassung unter Angabe von Fundstellen.
3. Erstellen Sie den Jahresabschluß zum 31.12.04 unter Berücksichtigung der unter III aufgeführten Sachverhalte. Verwenden Sie hierzu die Anlage 1.
4. Frau Sommer möchte den niedrigst möglichen Gewinn ausweisen. Erforderliche Anträge gelten als gestellt. Die Voraussetzungen für Sonderabschreibungen liegen nicht vor.
5. Für erforderliche Nach- oder Umbuchungen sind die Buchungssätze zu bilden und unter Angabe der jeweiligen Tz. auf den Sachkonten zu verbuchen.
6. Falls erforderlich, können zusätzliche Sachkonten angelegt werden.

III. Sachverhalte
1. Kasse
a) Der Kunde Wimmer beglich am 31.12.04 eine richtig gebuchte Ausgangsrechnung vom 25.11.04 unter Abzug von 2 % Skonto durch Barzahlung. Ein Eintrag im Kassenbuch und eine Verbuchung erfolgten nicht, da Frau S. am gleichen Tag den von dem Kunden Wimmer erhaltenen Betrag von 1.127 DM für private Zwecke verwandte.
b) Am 1.12.04 gewährte Frau S. einer gemeinnützigen Organisation eine Barspende von 575 DM, die sie aus privaten Mitteln finanzierte.
Am 1.12.04 wurde gebucht:
Entnahmen   575 DM   an Kasse   575 DM

c) Beim Saldenabgleich zum 31.12.04 trat die nachstehende Differenz auf, die buchhalterisch noch nicht behandelt wurde.

Kassenbestand lt. Kassenbuch	1.005 DM
Tatsächlicher Kassenbestand	1.580 DM
Differenz	575 DM

2. Bank

Der nachstehende Bankauszug vom 11.6.04 wurde versehentlich nicht gebucht.

Jubel Bank Regensburg	Konto Nr. 333 333	
Kontostand vom 10.6.04	2.800,00 DM	H
a) Lastschrift vom 11.6.04	1.200,00 DM	S
b) Überweisung vom 11.6.04	920,00 DM	S
Kontostand vom 11.6.04	680,00 DM	H

Erläuterungen
zu a) Abbuchung der Lebensversicherungsprämie vom 1.6.04 - 31.5.05 für Frau Sommer.
zu b) Bezahlung einer am 7.6.04 für 800 DM + 120 DM USt erworbenen Rechenmaschine, deren Anschaffung ebenfalls noch nicht gebucht wurde.

3. Fuhrpark

a) Der Anfangsbestand von 16.660 DM betrifft einen ausschließlich betrieblich genutzten Pkw (Modell Superstar) mit einer Gesamtnutzungsdauer von 5 Jahren, der im Sept. 02 erworben und seitdem höchstmöglich mit 30 % degressiv abgeschrieben wurde. Der Buchhalter hielt eine AfA-Berechnung in 04 nicht für erforderlich, da der Teilwert des Pkws am 31.12.04 17.000 DM betrug.

b) Im Privatvermögen von Frau S. befand sich bis 30.9.04 ein am 1.4.03 für 30.000 DM + 4.500 DM USt erworbener Pkw (Modell Allround). Seit dem 1.10.04 wird der Pkw Allround zu 40 % privat und 60 % betrieblich genutzt. Das Verhältnis der privaten zu den betrieblichen Fahrten ergibt sich aus einem ordnungsgemäßen Fahrtenbuch. Die Aufwendungen für den Pkw können belegmäßig einzeln nachgewiesen werden.
Bis zum 30.9.04 wurde dieser Wagen ausschließlich für private Zwecke gefahren. Eine Buchung erfolgte nicht, da der Wagen auf das Jahr 04 umgerechnet nicht überwiegend betrieblich gefahren wurde. Die Nutzungsänderung zog keine Änderung der Gesamtnutzungsdauer (5 Jahre) nach sich.

Der Wiederbeschaffungswert des Wagens belief sich nach einem Gutachten am 1.10.04 auf 21.000 DM + 15 % Umsatzsteuer.
c) Die gesamten laufenden Kfz-Kosten wurden als Aufwendungen gebucht. Das Konto Kfz-Kosten gliedert sich wie folgt auf:

Wagen	gebuchte VoSt	Gesamtkosten	davon Kfz-Steuer und Versicherung
Pkw Superstar	930 DM	8.000 DM	1.800 DM
Pkw Allround 1.01. - 30.09.	675 DM	6.000 DM	1.500 DM
Pkw Allround 1.10. - 31.12.	375 DM	3.000 DM	500 DM
Gesamtkosten		17.000 DM	

Die private Kfz-Nutzung für den Zeitraum 1.10. - 31.12.04 wurde mit dem Buchungssatz
Entnahmen   1.200 DM   an   Einlagen   1.200 DM
berücksichtigt.

4. Gebäude

a) Am 1.12.04 konnte S. bei einer Zwangsversteigerung das bebaute Grundstück Regensburg, Büromöbelstraße 2 (Baujahr 1980) erwerben. Der Zuschlagsbetrag betrug 600.000 DM und wurde am 6.12.04 gebucht:
Gebäude   600.000 DM   an   Bank   600.000 DM

Die Nebenkosten anläßlich der Ersteigerung (Grundbuch, Notar, Versteigerer) in Höhe von insgesamt 10.000 DM + 600 DM USt wurden privat bezahlt und in der Buchhaltung nicht erfaßt.
Nach dem von einem amtlichen Sachverständigen erstellten Gutachten, betrugen die Verkehrswerte für das Grundstück im Dezember 04:

Grund und Boden   200.000 DM
Gebäude   600.000 DM

b) Am 20.12.04 ging der Grunderwerbsteuerbescheid über 12.000 DM ein. Wegen der Fälligkeit im Januar 05 erfolgte für das Wj 04 keine Zuordnung.

c) Aufgrund innerbetrieblicher Schwierigkeiten konnte das Gebäude erst im Januar 05 bezogen werden und dient seitdem als Verkaufs- und Lagergebäude. Über die AfA-Berechnung war sich der Buchhalter im unklaren und unterließ daher eine Berechnung.

5. Darlehen

Zur Finanzierung des am 1.12.04 erworbenen Grundstücks nahm S. bei der Jubelbank am gleichen Tag ein Fälligkeitsdarlehen mit einer Laufzeit von 10 Jahren auf. Der Zins wurde auf die Dauer von 5 Jahren festgeschrieben. Die Bank erteilte nachstehende Abrechnung:

Darlehensbetrag	630.000 DM
Disagio	./. 30.000 DM
Auszahlungsbetrag	600.000 DM

Das Darlehen wird mit 6 % jährlich verzinst. Die Zinsen sind am Ende eines Kalendervierteljahres, erstmals am 31.3.05 fällig.
Bisherige Buchung zu Tz. 5:
Bank 600.000 DM an Darlehen 600.000 DM

6. Verpackungsmaschine

Zur Verpackung der Spielwaren wurde von der Maschinenfabrik Hußlein, Halle, am 28.6.04 eine Packmaschine (Nutzungsdauer 8 Jahre) erworben. Als Gegenlieferung erhielt die Fa. Hußlein von Frau S. Werbeartikel zum Bruttoverkaufspreis von 10.580 DM.
Die Fa. Hußlein erteilte im Anschluß an den Erhalt der Werbeartikel am 5.7.04 die Abrechnung:

Lieferung einer Packmaschine		10.000 DM
+ 15 % Umsatzsteuer		1.500 DM
abzüglich Ihre Lieferung von		
Werbeartikeln netto	9.200 DM	
+ 15 % Umsatzsteuer	1.380 DM	./. 10.580 DM
Restforderung		920 DM

In den Sachkonten wurde zu diesem Vorgang am 12.7.04 gebucht:
GWG 800 DM
Vorsteuer 120 DM an Bank 920 DM

Den Antransport der Maschine führte die Spedition Schnellgut durch, die hierfür 800 DM + 15 % Umsatzsteuer in Rechnung stellte. Der Bruttobetrag wurde am 30.6.04 aus der Betriebskasse bezahlt und mit der Buchung
Bezugskosten 800 DM
Vorsteuer 120 DM an Kasse 920 DM
erfaßt.
Noch am 30.6.04 führten Arbeiter einer Elektrofirma die Aufstellung und Montage der Maschine durch. Die entstandenen Kosten von netto 300 DM

wurden im Juli 04 bezahlt und über Lohnaufwand gebucht. Die Vorsteuer von 45 DM wurde zutreffend behandelt.

7. Warenbewertung
Der Warenbestand wurde an zwei verschiedenen Stichtagen aufgenommen:

a) Inventur am 10.12.04 (Werbeartikel)
Die Werbeartikel wurden bereits am 10.12.04 zu Verkaufspreisen ohne Umsatzsteuer erfaßt. Als Inventurwert ergaben sich 100.000 DM. Für die Zeit vom 10.12.04 - 31.12.04 wurde nachstehende Aufzeichnungen geführt:

Verkäufe zu Verkaufspreisen ohne USt	100.000 DM
Einkäufe zu Einkaufspreisen ohne USt	45.000 DM
Rücksendungen von Kunden zu Verkaufspreisen incl. USt	5.750 DM

Frau S. kalkuliert im Großhandel mit einem Rohgewinnsatz von 20 % netto. Die Einkäufe, Verkäufe und Rücksendungen in der Zeit vom 10.12. - 31.12. wurden auf den Warenkonten zutreffend gebucht.

b) Inventur am 31.12.04 (Spielwaren)
Die Spielwaren wurden am 31.12.04 aufgenommen. Dabei ergaben sich die folgenden 4 Gruppen:

- Computerspiele
Der Wertansatz dieser Waren erfolgte mit den Anschaffungskosten von 25.000 DM. Bisher wurde nicht berücksichtigt, daß bei der Hälfte der Computerspiele die Wiederbeschaffungskosten bis zum Bilanzstichtag um 8 % gestiegen sind. S. nahm eine abweichende Bewertung von den Anschaffungskosten nicht vor, da bei einem Fünftel der Waren die Wiederbeschaffungskosten bis zum Bilanzstichtag um 10 % abgesunken waren.

- Scherzartikel
Die Scherzartikel wurden mit den Bruttoverkaufspreisen aufgenommen. Als Inventurwert ergaben sich 44.850 DM. Zur Ermittlung der Nettoverkaufspreise wird mit einem Rohaufschlagsatz von 50 % auf die Anschaffungskosten kalkuliert. Beim Bezug dieser Waren sind durchschnittlich 3 % Bezugskosten und 2 % Skonto angefallen, die zutreffend verbucht worden waren.

- Brettspiele
Die Bewertung erfolgte mit den Einkaufspreisen netto i.H.v. 35.000 DM, obwohl die Lieferanten auf den Jahreseinkauf von netto 500.000 DM einen Bonus i.H.v. netto 25.000 DM gewährten, der auf dem Konto "Erhaltene Boni" zutreffend erfaßt wurde.

- *Restlicher Bestand*
Dieser Teil des Warenbestandes wurde zu Nettoeinkaufspreisen von 20.000 DM aufgenommen. 50 % wurden in 04 unter Abzug von 3 % Skonto bezahlt. Die anderen 50 % wurden in 05 unter Abzug von 2 % Skonto beglichen.
- *Sonstiges*
Frau S. entnahm am 24.12.04 aus dem Lager Spielwaren als Weihnachtsgeschenke für Familienangehörige. Den Bruttoverkaufspreisen von 575 DM dieser im Herbst 04 bezogenen Waren stehen Anschaffungskosten i.H.v. 400 DM gegenüber. Wegen der starken Nachfrage hatte der Lieferant die Bezugspreise (bei sonst gleichen Bezugskonditionen) ab 20.12.04 um 10 % erhöht.
Mangels Geldbewegung wurde eine Buchung nicht für erforderlich gehalten.

- *Abschluß der Warenkonten*
Das Konto Waren wird als aktives gemischtes Bestandskonto geführt. Die Warenkonten sind nach der Bruttomethode abzuschließen. Das Konto Bestandsveränderungen soll nicht eröffnet werden. Die Konten "Preisnachlässe beim Warenverkehr" sollen in der G+V-Rechnung ausgewiesen werden.

8. Forderungen
Der zum 31.12.04 ausgewiesene Forderungsbestand stammt ausschließlich aus Umsätzen, die mit 15 % der Umsatzsteuer unterworfen wurden.
Einige Sachverhalte bedürfen allerdings noch der Begutachtung.
a) Der Kunde Willy Winzig (WW) muß seit 1.10.04 eine längere Haftstrafe verbüßen. Vor Antritt der Haft legte er noch die eidesstattliche Versicherung ab. Mehrere Pfändungsversuche sind in 04 fruchtlos verlaufen. Die Forderung an WW beträgt 1.150 DM und ist in dem Sachkonto Forderungen enthalten.
b) An den Kunden Hubert Sorglos besteht eine Forderung von 9.200 DM. Sorglos kam im November 04 wegen seiner Spielleidenschaft in Zahlungsschwierigkeiten. Die Auskunftei Allwissend teilte Ende Dezember 04 mit, daß voraussichtlich nur mehr mit einem Eingang von 60 % der Forderung zu rechnen sei.
c) An die Kundin Susi Schnell lieferte S. am 31.12.04 Waren zum Nettoverkaufspreis von 1.000 DM. Da die Kundin am 31.1.05 verstarb und wegen fehlender Erben bzw. fehlender Erbmasse mit einer Bezahlung nicht mehr gerechnet werden kann, wurde die Rechnung weder in 04 noch in 05 eingebucht.
d) Der Kunde Emil Ehrlich beglich überraschend eine in 03 als uneinbringlich ausgebuchte Forderung i.H.v. 1.140 DM (USt-Satz 14%) durch Barzahlung

Bilanzsteuerrecht 161

am 23.12.04. Mit diesem Betrag wurden am 24.12.04 die restlichen Weihnachtseinkäufe getätigt. Eine Buchung erfolgte für 04 nicht.
e) Die Pauschalwertberichtigung wurde in den Vorjahren zulässigerweise mit 2 % bemessen.

9. Rückstellungen

a) Der **Anfangsbestand** Rückstellungen setzt sich zusammen aus

Rückstellung Gewerbesteuer 02	3.000 DM
Rückstellung Gewerbesteuer 03	4.000 DM
Rückstellung Steuerberatungskosten 03	6.000 DM
Anfangsbestand	13.000 DM

Der Gewerbesteuerbescheid 02 ging am 4.5.04 ein und wies eine Nachzahlung von 2.700 DM aus. Bei Zahlung wurde gebucht:

Rückstellungen   3.000 DM   an   Bank   2.700 DM
                                   a.o.Ertrag   300 DM

Der **Gewerbesteuerbescheid 03** ging am 16.12.04 ein und wies eine Nachzahlung von 4.800 DM aus. Wegen der Fälligkeit und Bezahlung in 05 wurde in 04 nichts gebucht.

Der Steuerberater rechnete über die **Jahresabschlußkosten 03** und die betrieblichen Steuererklärungskosten 03 am 3.11.04 mit 6.000 + 15 % USt ab. Buchung bei Zahlung am 22.11.04:

Sonstiger Aufwand   6.000 DM
Vorsteuer   900 DM   an   Bank   6.900 DM

b) Auf dem Konto Betriebssteuern werden die Gewerbesteuervorauszahlungen I - III/04 mit insgesamt 9.000 DM ausgewiesen. Die Vorauszahlung IV/04 wurde durch die Stadt Regensburg vom 10.11.04 bis zum 10.2.05 unverzinslich gestundet und gebucht:

Betriebssteuern   3.000 DM   an   Rückstellungen   3.000 DM

Die voraussichtliche Gewerbesteuerjahresschuld 04 beträgt 10.000 DM.

c) Der Steuerberater von Frau Sommer wird für in 05 durchzuführende Arbeiten vermutlich nachstehende Beträge in Rechnung stellen:

Jahresabschluß 04	6.000 DM + USt
Gewerbesteuererklärung 04	300 DM + USt
Umsatzsteuererklärung 04	300 DM + USt
Einkommensteuererklärung 04	700 DM + USt

d) Die Einkommensteuernachzahlung 04 wird 3.800 DM betragen.

Die Sachverhalte c) und d) fanden in der Buchhaltung bisher keinen Niederschlag.

Anlage 1

S	Grund u. Boden	H		S	Darlehen	H	
					VZ	600.000	

S	Gebäude	H		S	Verbindlichkeiten LuL	H	
VZ	600.000			VZ	721.550	AB	145.600
						VZ	690.000

S	Maschinen	H		S	Sonstige Verbindlichkeiten	H	
				VZ	203.700	AB	13.700
						VZ	208.710

S	Fuhrpark	H		S	Umsatzsteuer	H	
AB	16.660			VZ	94.190	AB	1.500
						VZ	126.000

S	GWG	H		S	Vorsteuer	H	
VZ	800			VZ	102.275	VZ	98.438

S	Waren	H		S	Rückstellungen	H	
AB	120.000			VZ	3.000	AB	13.000
VZ	600.000					VZ	3.000

S	Forderungen	H		S	Delkredere	H	
AB	38.760	VZ	905.306			AB	680
VZ	966.000						

S	Bank	H		S	Eigenkapital	H	
AB	106.000	VZ	1.539.432			AB	109.940
VZ	1.458.116						

S	Kasse	H		S	Entnahmen	H	
AB	3.000	VZ	31.995	VZ	82.000	VZ	2.400
VZ	30.000						

S	Disagio	H		S	Einlagen	H	
						VZ	1.200

S	Zinsaufwand	H		S	AfA	H	

Bilanzsteuerrecht

S	a.o.Aufwand	H	S	Mietaufwand	H
			VZ	24.000	

S	Löhne u. Gehälter	H	S	Sonstiger Aufwand	H
VZ	92.000		VZ	52.390	

S	Ges. soz. Aufwand	H	S	Warenverkauf	H
VZ	16.560			VZ	840.000

S	Betriebssteuern	H	S	Lieferantenskonti	H
VZ	12.000			VZ	19.200

S	Kfz-Kosten	H	S	Kundenskonti	H
VZ	17.000		VZ	14.600	

S	Bezugskosten	H	S	Erhaltene Boni	H
VZ	800			VZ	25.000

S	Eigenverbrauch	H	S	a.o.Ertrag	H
				VZ	300

Lösung
Tz. 1a

Die Forderung erlosch durch die Barzahlung und muß mit ihrem vollen Nennwert ausgetragen werden. Der Skontoabzug bewirkt eine Berichtigung der Umsatzsteuer nach § 17 Abs. 1 Nr. 1 UStG. Die Verwendung der Barmittel für private Zwecke stellt eine Barentnahme i.S.d. § 4 Abs. 1 S. 2 EStG dar und muß dementsprechend erfaßt werden.

Barzahlung (98 %)	1.127 DM
Bruttoforderung (1.127 DM : 98 x 100)	1.150 DM
Bruttoskonto	23 DM
Umsatzsteuer 15/115	./. 3 DM
Nettoskonto	20 DM

Buchungssatz:

Entnahmen	1.127 DM			
Kundenskonto	20 DM			
Umsatzsteuer	3 DM	an	Forderungen	1.150 DM

Tz. 1b
Hier liegt eine typische Fehlbuchung vor, da keine betriebliche Kassenbewegung stattfand. Die Buchung muß storniert werden. Die Spende kann nicht als Aufwand eingelegt werden, da Spenden zu den Sonderausgaben i.S.d. § 10b EStG gehören und nach § 12 Nr. 1 EStG den Gewinn nicht mindern dürfen.
Stornobuchung:
Kasse   575 DM   an   Entnahmen   575 DM

Tz. 1c
Die vorliegende rechnerische Saldendifferenz war durch die Fehlbuchung in Tz. 1b bedingt. Nach Durchführung der Stornobuchung betragen sowohl der Kassenbestand lt. Sachkonto als auch der tatsächliche Kassenbestand jeweils 1.580 DM, so daß eine Berichtigung nicht erforderlich ist.

Tz. 2a
Der Auszug muß wegen des Vollständigkeitsprinzips verbucht werden (§ 246 Abs. 1 HGB). Die Abbuchung der Lebensversicherungsprämie stellt eine sog. Barentnahme nach § 4 Abs. 1 S. 2 EStG dar. Eine Abgrenzung der für 05 vorausbezahlten Beträge darf nicht erfolgen, da § 5 Abs. 5 EStG nur für betriebliche Aufwendungen gilt.
Buchungssatz:
Entnahmen   1.200 DM   an   Bank   1.200 DM

Tz. 2b
Bei der Rechenmaschine handelt es sich um ein abnutzbares bewegliches Wirtschaftsgut, das einer selbständigen Nutzung fähig ist und dessen Anschaffungskosten, zu denen nicht die abziehbare Vorsteuer gehört, 800 DM nicht übersteigen. Die Voraussetzungen für die Bewertungsfreiheit nach § 6 Abs. 2 EStG sind erfüllt, so daß die Anschaffungskosten im Wirtschaftsjahr 04 in voller Höhe als Betriebsausgabe angesetzt werden.
Buchungssatz:
GWG   800 DM
Vorsteuer   120 DM   an   Bank   920 DM

Tz. 3a
Bei den Pkws handelt es sich um abnutzbares bewegliches Anlagevermögen (R 32 Abs. 1 S. 5 EStR), die nach § 6 Abs. 1 Nr. 1 EStG und § 253 Abs. 1 HGB mit den Anschaffungskosten, vermindert um die AfA, zu bewerten sind.

Die AfA muß angesetzt werden, da § 6 EStG und § 253 HGB den Ansatz zwingend vorschreiben. Die Rest-ND des Pkw Superstar beläuft sich Anfang 04 auf 3,5 Jahre, so daß die degressive AfA nach § 7 Abs. 2 EStG im Vergleich zur linearen AfA nach § 7 Abs. 1 EStG höher ausfällt.

Buchwert 1.1.04	16.660 DM
AfA 30 %	4.998 DM

Buchungssatz:
AfA 4.998 DM an Fuhrpark 4.998 DM

Tz. 3b
Der Pkw Allround rechnet vom 1.10.04 an aufgrund seiner ab diesem Zeitpunkt überwiegenden eigenbetrieblichen Nutzung zum notwendigen Betriebsvermögen (R 13 Abs. 1 S. 5 EStR). Maßgebend für die Einordnung als notwendiges Betriebsvermögen ist der Zeitpunkt, in dem die Grenze der 50 %-igen eigenbetrieblichen Nutzung überschritten wurde. Die Überführung vom PV in das BV geschieht im Rahmen einer Einlage (§ 4 Abs. 1 S. 5 EStG). Die Einlagebewertung erfolgt nach § 6 Abs. 1 Nr. 5 EStG, wobei zu beachten ist, daß die Einlage innerhalb von 3 Jahren seit der Anschaffung vorgenommen wurde. Dies bedingt die Ermittlung der fortgeschriebenen Anschaffungskosten (§ 6 Abs. 1 Nr. 5 S. 2 EStG) und den Vergleich mit dem Teilwert, der sich in den Wiederbeschaffungskosten (ohne Umsatzsteuer) widerspiegelt.

Anschaffungskosten im PV brutto (§ 9b EStG)	34.500 DM
lineare AfA vom 1.04.03 - 31.12.03 (20 % v. 34.500 DM), 9/12	./. 5.175 DM
lineare AfA vom 1.01.04 - 30.09.04 (20 % v. 34.500 DM), 9/12	./. 5.175 DM
fortgeschriebene Anschaffungskosten	24.150 DM
Vergleich mit Teilwert (Wiederbeschaffungskosten netto)	21.000 DM

Nach der Systematik des § 6 Abs. 1 Nr. 5a EStG muß innerhalb der 3-Jahres-Frist der kleinere Wert eingelegt werden. Somit Ansatz der Einlage mit 21.000 DM.
Die Einlage wird für die AfA-Berechnung der Anschaffung gleichgestellt, so daß der Einlagewert auf die verbleibende Restnutzungsdauer verteilt wird. Es besteht die Wahlmöglichkeit zwischen der linearen und der degressiven AfA (R 44 Abs. 5 S. 1 EStR). Der degressiven AfA nach § 7 Abs. 2 EStG ist hier der Vorzug zu geben, da sich die Restnutzungsdauer im Einlagezeitpunkt auf 3,5 Jahre beläuft. Die Halbjahresregelung der R 44 Abs. 2 EStG kann angewandt werden, weil eine AfA vor der Einlage nicht bei der Einkunftsermittlung berücksichtigt wurde (= nicht zulässig war).

Einlagewert	21.000 DM
AfA 30 % v. 21.000 DM	6.300 DM
½ nach R 44 Abs. 2 S. 6 EStR	<u>3.150 DM</u>

Buchungssatz:
Fuhrpark	17.850 DM			
AfA	3.150 DM	an	Einlage	21.000 DM

Tz. 3c

Die Kraftfahrzeugkosten vom 1.1. - 30.9.04 für den Pkw Allround stellen Kosten der Lebensführung dar (§ 12 Nr. 1 EStG) und dürfen den Gewinn nicht mindern. Ebenso darf die hierauf ausgewiesene Umsatzsteuer nicht als Vorsteuer erfaßt werden, da keine Leistung an das Unternehmen vorliegt (§ 15 Abs. 1 Nr. 1 UStG). Die Ausbuchung erfolgt über Entnahme.

Buchungssatz:
Entnahmen	6.675 DM	an	Kfz-Kosten	6.000 DM
			Vorsteuer	675 DM

Die bisherige Erfassung der Kfz-Nutzung i.H.v. 1.200 DM über Entnahmen und gleichzeitiger Gegenbuchung auf Konto Einlagen stellt eine Buchung dar, die keinerlei Auswirkung auf den Gewinn hat. Trotzdem muß diese Fehlbuchung beseitigt werden, da keine Einlage vorliegt.

Berichtigungsbuchung:
Einlagen	1.200 DM	an	Entnahmen	1.200 DM

Nachdem es sich bei dem Pkw Allround ab dem 1.10.04 um notwendiges BV handelt, sind die laufenden Kosten zuerst als Betriebsausgabe zu erfassen. Die anteilige private Nutzung stellt eine Nutzungsentnahme (§ 4 Abs. 1 S. 2 EStG) dar, die mit den tatsächlichen Selbstkosten zu bewerten ist (R 39 S. 1 EStR). Die private Kfz-Nutzung wird mit den auf den privaten Anteil entfallenden Kosten angesetzt, da die Aufwendungen durch Belege und die Fahrten durch ein ordnungsgemäß geführtes Fahrtenbuch nachgewiesen werden können; § 6 Abs. 1 Nr. 4 Satz 3 EStG 1996.
Bei der Nutzungsentnahme handelt es sich um umsatzsteuerpflichtigen Eigenverbrauch nach § 1 Abs. 1 Nr. 2b UStG, wobei zu beachten ist, daß die Teile, die nicht zum Vorsteuerabzug berechtigt haben, nicht in die umsatzsteuerliche Bemessungsgrundlage eingehen (Abschn. 155 Abs. 2 Satz 4 und Abs. 3 UStR 1996). Die anfallende Umsatzsteuer auf den Eigenverbrauch

Bilanzsteuerrecht 167

gehört nach § 12 Nr. 3 EStG zu den nichtabzugsfähigen Ausgaben und erhöht die Entnahme.
Ermittlung der Gesamtentnahme

	mit USt	ohne USt
AfA		4.650 DM
laufende Kosten	2.500 DM	500 DM
Gesamtkosten	2.500 DM	5.150 DM
Privatanteil 40 %	1.000 DM	2.060 DM
Umsatzsteuer 15 %	150 DM	
Brutto	1.150 DM	2.060 DM
nichtsteuerbarer Eigenverbrauch	2.060 DM	←
Gesamtentnahme	3.210 DM	

Erforderliche Buchung:
Privatentnahme 3.210 DM an Eigenverbrauch 15 % 1.000 DM
                              Eigenverbrauch 0 % 2.060 DM
                              Umsatzsteuer   150 DM

Tz. 4
Das erworbene bebaute Grundstück zerfällt für die Bewertung nach § 6 EStG in zwei Wirtschaftsgüter. Der Grund und Boden stellt ein unbewegliches nichtabnutzbares Wirtschaftsgut des Anlagevermögens dar (R 32 Abs. 1 S. 6 EStR) und wird nach § 6 Abs. 1 Nr. 2 EStG mit den Anschaffungskosten bewertet. Das aufstehende Gebäude zählt zu den unbeweglichen abnutzbaren Wirtschaftsgütern des Anlagevermögens (R 32 Abs. 1 S. 5, R 42 Abs. 1 Nr. 4 EStR) und wird nach § 6 Abs. 1 Nr. 1 EStG mit den Anschaffungskosten, vermindert um die AfA, bewertet.
Die Ermittlung der AK erfolgt unter Beachtung des § 255 Abs. 1 HGB und der R 32a EStR. Abziehbare Vorsteuer darf in die AK nicht eingehen (§ 9b Abs. 1 S. 1 EStG). Zuerst sind die gesamten AK des bebauten Grundstücks zu ermitteln und danach im Verhältnis der Verkehrswerte aufzuteilen.

Kaufpreis	600.000 DM
Grundbuch, Notar, Versteigerer	10.000 DM
Grunderwerbsteuer	12.000 DM
gesamte Anschaffungskosten	622.000 DM
davon Anteil Grund u. Boden 25 %	155.500 DM
davon Anteil Gebäude 75 %	466.500 DM

Die aus privaten Mitteln beglichenen Anschaffungsnebenkosten i.H.v. 10.000 DM + 600 DM USt werden über Einlage (§ 4 Abs. 1 S. 5 EStG) eingebucht. Die am Bilanzstichtag noch rückständige Grunderwerbsteuer muß als sonstige Verbindlichkeit passiviert werden, da es sich um eine betriebliche Schuld handelt (R 13 Abs. 15 S. 1 - 3 EStR).
Nachdem es sich bei dem Gebäude um ein abnutzbares Wirtschaftsgut handelt, erfolgt die Berechnung der AfA nach § 7 EStG. Eine AfA nach § 7 Abs. 5 EStG ist nicht zulässig, da das Gebäude nicht im Jahr der Herstellung angeschafft wurde. Möglich ist lediglich die AfA nach § 7 Abs. 4 S. 1 Nr. 2a EStG, da der Antrag auf Baugenehmigung vor dem 31.3.1985 gestellt wurde. Somit lineare Gebäude-AfA mit 2 % der Bemessungsgrundlage (R 43 Abs. 1 EStR). Maßgebend für den Beginn der Gebäude-AfA ist nicht der Nutzungsbeginn, sondern der Übergang von Nutzen und Lasten (R 44 Abs. 1 S. 1 EStG). Im Jahr der Anschaffung wird die lineare Gebäude-AfA zeitanteilig eingestellt (R 44 Abs. 2 S. 1 EStR).

Anschaffungskosten Gebäude		466.500 DM
AfA 2 % für 1 Monat		./. 778 DM
Bilanzansatz Gebäude 31.12.04		465.722 DM

Erforderliche Buchungen:

Grund u. Boden	155.500 DM			
Vorsteuer	600 DM	an	Gebäude	133.500 DM
			Einlage	10.600 DM
			So. Verbindlichkeit	12.000 DM
AfA	788 DM	an	Gebäude	788 DM

Tz. 5

Darlehen sind nach § 253 Abs. 1 S. 2 HGB mit dem Rückzahlungsbetrag anzusetzen (siehe auch R 37 Abs. 1 S. 1 EStR). Dies sind hier 630.000 DM. Das einbehaltene Disagio wird als Rechnungsabgrenzungsposten auf den Zinsfestschreibungszeitraum verteilt, da dieser kürzer als die Darlehenslaufzeit ist (R 37 Abs. 3 S. 2 EStR). Im Jahr der Darlehensaufnahme muß die Auflösung des Abgrenzungspostens zeitanteilig erfolgen.

Auflösung Disagio in 04:

Zugang Disagio	30.000 DM
Jahresbetrag = 1/5 v. 30.000 DM	6.000 DM
Anteil für Dezember 04 = 1/12 v. 6.000 DM	500 DM

Die in 04 entstandenen Schuldzinsen i.H.v. 3.150 DM (630.000 DM x 6 % x 1/12) sind als "Sonstige Verbindlichkeiten" zu passivieren, denn der Unter-

nehmer hat sämtliche Vermögensgegenstände und Schulden im Jahresabschluß auszuweisen (§ 246 Abs. 1 HGB).
Erforderliche Buchungssätze:
Disagio	29.500 DM			
Zinsaufwand	500 DM	an	Darlehen	30.000 DM
Zinsaufwand	3.150 DM	an	So. Verbindlichkeit	3.150 DM

Tz. 6
Es liegt ein Tausch mit Baraufgabe vor. Inhaltlich zerfällt der Tausch mit Baraufgabe in ein Veräußerungs- und ein Anschaffungsgeschäft.

Veräußerungsgeschäft
Als Erlös für die veräußerten Werbeartikel wird der gemeine Wert der erhaltenen Wirtschaftsgüter abzüglich Aufzahlung und vermindert um die Umsatzsteuer angesetzt.

Gemeiner Wert Packmaschine	11.500 DM
Aufzahlung	./. 920 DM
Zwischensumme	10.580 DM
Umsatzsteuer 15/115	./. 1.380 DM
Nettoerlös	9.200 DM

Erforderliche Buchung:
Forderungen	10.580 DM	an	Warenverkauf	9.200 DM
			Umsatzsteuer	1.380 DM

Anschaffungsgeschäft
Bei dem erworbenen Wirtschaftsgut handelt es sich um ein abnutzbares bewegliches Wirtschaftsgut des Anlagevermögens (R 32 Abs. 1 S. 5 EStR). Die Bewertung erfolgt nach § 6 Abs. 1 Nr. 1 EStG mit den Anschaffungskosten, vermindert um die AfA. Die AK sind nach § 255 Abs. 1 HGB und R 32a EStR zu ermitteln. Zu den AK gehören auch die Transport- und Montagekosten. Die Erfassung dieser Kosten auf Aufwandskonten ist unzutreffend, da dies dem Bilanzierungsansatz nach § 6 Abs. 1 Nr. 1 EStG widerspricht.

Gemeiner Wert der hingegebenen WG	10.580 DM
Aufzahlung	+ 920 DM
Rechnungspreis brutto	11.500 DM
Vorsteuer	./. 1.500 DM
Rechnungspreis netto	10.000 DM
Transportkosten	+ 800 DM
Montagekosten	+ 300 DM
Anschaffungskosten	11.100 DM

Eine Behandlung als GWG kann nicht erfolgen, da die AK über 800 DM liegen (§ 6 Abs. 2 EStG). Die abziehbare Vorsteuer aus der Rechnung der Fa. Hußlein beträgt 1.500 DM, wovon erst 120 DM erfaßt wurden.
Erforderliche Berichtigungsbuchung:

Maschinen	11.100 DM			
Vorsteuer	1.380 DM	an	Forderungen	10.580 DM
			GWG	800 DM
			Bezugskosten	800 DM
			Löhne u. Gehälter	300 DM

Die AfA wird degressiv nach § 7 Abs. 2 EStG ermittelt. Die Anschaffung wurde am 30.6.04 mit der Montage vollendet, so daß die AfA für ein volles Wj in Anspruch genommen werden kann (R 44 Abs. 2 S. 3 EStR).
AfA = 30 % v. 11.100 DM <u>3.330 DM</u>
Buchungssatz:
AfA   3.330 DM   an   Maschinen   3.330 DM

Tz. 7
Die Warenbestände rechnen zum Umlaufvermögen (R 32 Abs. 3 EStR) und sind nach § 6 Abs. 1 Nr. 2 EStG mit den AK oder dem niedrigeren Teilwert zu bewerten. Aufgrund der Maßgeblichkeit der HB für die StB (§ 5 Abs. 1 EStG) muß bei Unternehmen, die nach HGB zur Buchführung verpflichtet sind, der niedrigere Wert beigelegt werden (R 36 Abs. 1 S. 3 EStR).
a) Inventur am 10.12.04
Die Warenbestandsaufnahme kann innerhalb der letzten drei Monate vor oder der ersten beiden Monate nach dem Schluß des Geschäftsjahrs aufgestellt werden (§ 241 Abs. 3 Nr. 1 HGB). Wegen der zeitverschobenen Inventur am 10.12.04 erfolgt eine Fortschreibung, die nach der folgenden Formel vorgenommen werden kann: Wert des Warenbestands am Bilanzstichtag = Wert des Warenbestands am Inventurstichtag abzüglich Wareneinsatz (Umsatz vermindert um den durchschnittlichen Rohgewinn) zuzüglich Wareneingang.

Warenbestand 10.12.04 zu Nettoverkaufspr.		100.000 DM
./. Wareneinsatz zu Nettoverkaufspreisen		
Warenverkauf netto	100.000 DM	
Rücksendungen von Kunden netto	./. 5.000 DM	./. 95.000 DM
Zwischensumme zu Nettoverkaufspreisen		5.000 DM
abzüglich Rohgewinn 20 %		./. 1.000 DM
Zwischensumme zu Einkaufspreisen		4.000 DM
+ Wareneinkauf netto		+ 45.000 DM
Warenbestand 31.12.04 zu Anschaffungskosten		49.000 DM

b) Inventur am 31.12.04
- *Computerspiele*
Nachdem das Prinzip der Einzelbewertung (§ 252 Abs. 1 Nr. 3 HGB) auch bei Waren zur Geltung kommt, muß jedes Wirtschaftsgut einzeln bewertet werden. Dies bedeutet auch, daß Wertsteigerungen der einen Ware nicht mit Wertminderungen der anderen Ware verrechnet werden dürfen, da dies ansonsten den Ansatz des höheren Teilwerts zur Folge hätte.

Anschaffungskosten	25.000 DM
Teilwertabschlag = 25.000 : 5 x 10%	./. 500 DM
Bewertungsansatz Computerspiele	24.500 DM

- *Scherzartikel*
Die Waren wurden zu Verkaufspreisen aufgenommen, so daß die AK durch retrograde Berechnung zu ermitteln sind:

Bruttoverkaufspreis	44.850 DM
Umsatzsteuer 15/115	./. 5.850 DM
Nettoverkaufspreis = 150 %	39.000 DM
Rohaufschlag = 50%	/.13.000 DM
Anschaffungskosten = 100 %	26.000 DM

Nachdem bereits auf die Anschaffungskosten kalkuliert wurde, sind Bezugskosten und Skonto nicht mehr zu berücksichtigen, da der Wertansatz Anschaffungskosten diese beiden Teile bereits enthält.

- *Brettspiele*
Boni muß als nachträgliche Minderung der AK berücksichtigt werden (R 32a Abs. 1 S. 3 EStR).

Einkaufspreise netto	35.000 DM
Bonus 5 % (25.000 : 500.000 x 100)	./. 1.750 DM
Anschaffungskosten	33.250 DM

- *Restlicher Bestand*
Soweit die Skontierung bis zum Bilanzstichtag erfolgte, muß der Skonto bei der AK-Berechnung berücksichtigt werden. Skonto, der erst nach dem Bilanzstichtag in Anspruch genommen wurde, darf bei der Ermittlung zum 31.12.04 nicht angesetzt werden.

Einkaufspreise netto	20.000 DM
Skonto 10.000 DM x 3 %	./. 600 DM
Anschaffungskosten	19.400 DM

Zusammenfassung der Bestände
Werbeartikel	49.000 DM
Computerspiele	24.500 DM
Scherzartikel	26.000 DM
Brettspiele	33.250 DM
Restlicher Bestand	<u>19.400 DM</u>
Gesamtbestand	<u>152.150 DM</u>

Buchungssatz:
Schlußbilanz(konto)   152.150 DM   an   Wareneinkauf   152.150 DM

- *Sonstiges*

Es liegt eine Sachentnahme (§ 4 Abs. 1 S. 2 EStG) vor, die nach § 6 Abs. 1 Nr. 4 S. 1 EStG mit dem Teilwert angesetzt wird. Diese Entnahme löst eine Umsatzsteuer auf den Eigenverbrauch aus (§ 1 Abs. 1 Nr. 2a UStG), die nach § 12 Nr. 3 EStG den Gewinn nicht mindern darf.

Anschaffungskosten	400 DM
+ 10 % Preissteigerung	<u>+ 40 DM</u>
Teilwert	440 DM
Umsatzsteuer 15 %	<u>+ 66 DM</u>
Gesamtentnahme	<u>506 DM</u>

Buchungssatz:
Entnahmen   506 DM   an   Eigenverbrauch 15 %   440 DM
                                 Umsatzsteuer   66 DM

Tz. 8

a) Endgültig ausgefallene Forderungen müssen ausgebucht werden, da ihr Teilwert 0 DM beträgt. Die USt wird nach § 17 Abs. 2 Nr. 1 UStG berichtigt.
Erforderliche Buchung:
a.o. Aufwand   1.000 DM
Umsatzsteuer   150 DM   an   Forderungen   1.150 DM

b) Die Forderung Sorglos wurde in 04 zweifelhaft. Allerdings darf sie weder ganz noch teilweise ausgebucht werden, denn der Ausfall steht noch nicht endgültig fest. Das Ausfallrisiko von 40 % muß bei der Ermittlung des Delkredere berücksichtigt werden (siehe e).

c) Am Bilanzstichtag lag für die Forderung Schnell kein über dem Durchschnitt liegendes Ausfallrisiko vor. Die Tatsache der Uneinbringlichkeit, die erst in 05 eintrat, darf zum 31.12.04 nicht zurückbezogen werden (Wertbeeinflussungstheorie), so daß der Anspruch aktiviert werden muß (§ 246 Abs. 1 HGB).

Erforderliche Buchung:
Forderungen 2.300 DM an Warenverkauf 2.000 DM
　　　　　　　　　　　　　　Umsatzsteuer　　　300 DM

d) Forderungen, die bereits als uneinbringlich ausgebucht worden sind und wider Erwarten eingehen, müssen als betriebliche Erträge ausgewiesen werden. Die Umsatzsteuer ist zu berichtigen (§ 17 Abs. 2 Nr. 1 Satz 2 UStG). Maßgebend ist der Umsatzsteuersatz im Zeitpunkt der ursprünglichen Lieferung oder sonstigen Leistung (hier 14 %). Die Verwendung der Barmittel für private Zwecke stellt eine Entnahme dar (§ 4 Abs. 1 S. 2 EStG).
Buchungssatz:
Entnahmen 1.140 DM an a.o.Ertrag 1.000 DM
　　　　　　　　　　　　　Umsatzsteuer　　　140 DM

e) Berechnung Delkredere

	Forderungen	Ausfall in %	Delkredere
Bestand lt. Sachkonto	99.454 DM		
Umsatzsteuer	./.12.972 DM		
Nettobestand	86.482 DM		
EWB Sorglos	./. 8.000 DM	40 %	3.200 DM
PWB Rest	78.482 DM	2 %	1.570 DM
Schlußbestand Delkredere			4.770 DM

Buchungssätze:
Delkredere 4.770 DM an Schlußbilanz(konto) 4.770 DM
G+V 4.090 DM an Delkredere 4.090 DM

Tz. 9
a) Die Auflösung der Rückstellung für Gewerbesteuer 02 wurde zutreffend behandelt.
Rückstellungen sind aufzulösen, sobald die Ungewißheit wegfällt (R 31c Abs. 14 EStR). Die Ungewißheit hinsichtlich der Gewerbesteuerrückstellung 03 fiel mit Eingang des Steuerbescheides am 16.12.04 weg. Da die Schuld erst in 05 beglichen wurde, muß sie zum 31.12.04 als "Sonstige Verbindlichkeit" ausgewiesen werden. Die Differenz zwischen Rückstellung (4.000 DM) und tatsächlicher Nachzahlung (4.800 DM) wird als a.o.Aufwand erfaßt. Die Ausführungen gelten analog für die Steuerberatungskosten 03.
Erforderliche Berichtigungsbuchung:
Rückstellungen 10.000 DM
a.o.Aufwand 800 DM an Sonst. Verbindlichkeit 4.800 DM
　　　　　　　　　　　　　Sonstiger Aufwand　6.000 DM

b) Gestundete Vorauszahlungen zur Gewerbesteuer dürfen nicht als Rückstellung erfaßt werden, da es sich hierbei nicht um eine ungewisse Verbindlichkeit handelt. Die Differenz zwischen voraussichtlicher Jahressteuerschuld und Vorauszahlungen ergibt eine Erstattung, die als "Sonstige Forderung" erfaßt wird (R 20 Abs. 2 S. 3 EStR).

Voraussichtliche Jahressteuerschuld 04	10.000 DM
Vorauszahlungen I - IV/04	./.12.000 DM
Überzahlung	2.000 DM

Berichtigungsbuchung:

Rückstellungen	3.000 DM			
Sonstige Forderung	2.000 DM	an	Sonst. Verbindlichkeit	3.000 DM
			Betriebssteuern	2.000 DM

c) Für Kosten anläßlich der Erstellung des Jahresabschlusses und der betrieblichen Steuererklärungen 04 muß ebenfalls eine Rückstellung für ungewisse Verbindlichkeiten gebildet werden, da die wirtschaftliche Verursachung im Wirtschaftsjahr 04 liegt (§ 249 Abs. 1 S. 1 HGB, R 31c Abs. 1 S. 1 Nr. 1 EStR, R 31c Abs. 4 EStR). Für die Einkommensteuererklärung darf eine Rückstellung nicht gebildet werden, weil es sich hierbei um private Kosten (§ 12 EStG) handelt (R 31c Abs. 6 S. 3 EStR). Die Höhe der Rückstellung bemißt sich nach dem anfallenden Honorar ohne abziehbare Vorsteuer (R 38 Abs. 5 S. 2 EStR) = 6.600 DM.

Buchung:

Sonstiger Aufwand	6.600 DM	an	Rückstellungen	6.600 DM

d) Die Einkommensteuer rechnet zu den Personensteuern (§ 12 Nr. 3 EStG), die den Gewinn nicht mindern dürfen. Eine Rückstellung kann insoweit nicht erfolgen (R 31c Abs. 6. EStR).

Anlage 1

S	Grund u. Boden		H		S	Darlehen		H
4	155.500	SB	155.500		SB	630.000	VZ	600.000
							5	30.000
						630.000		630.000

S	Gebäude		H		S	Verbindlichkeiten LuL		H
VZ	600.000	4	133.500		VZ	721.550	AB	145.600
		4	788		SB	114.050	VZ	690.000
		SB	465.712			835.600		835.600
	600.000		600.000					

Bilanzsteuerrecht

S	Maschinen		H		S	Sonstige Verbindlichkeiten		H
6	11.100	6	3.330		VZ	203.700	AB	13.700
		SB	7.770		SB	41.660	VZ	208.710
	11.100		11.100				4	12.000
							5	3.150
							9a	4.800
							9b	3.000
						245.360		245.360

S	Fuhrpark		H		S	Umsatzsteuer		H
AB	16.660	3a	4.998		VZ	94.190	AB	1.500
3b	16.350	SB	28.012		1a	3	VZ	126.000
	33.010		33.010		8a	150	3c	150
					VoSt	5.262	6	1.380
					SB	29.931	7	66
							8c	300
							8d	140
						129.536		129.536

S	GWG		H		S	Vorsteuer		H
VZ	800	6	800		VZ	102.275	VZ	98.438
2b	800	G+V	800		2b	120	3c	675
	1.600		1.600		4	600	USt	5.262
					6	1.380		
						104.375		104.375

S	Waren		H		S	Rückstellungen		H
AB	120.000	SB	152.150		VZ	3.000	AB	13.000
VZ	600.000	G+V	567.850		9a	10.000	VZ	3.000
	720.000		720.000		9b	3.000	9c	6.600
					SB	6.600		
						22.600		22.600

S	Forderungen		H		S	Delkredere		H
AB	38.760	VZ	905.306		SB	4.770	AB	680
VZ	966.000	1a	1.150				G+V	4.090
6	10.580	6	10.580			4.770		4.770
8c	2.300	8a	1.150					
		SB	99.454					
	1.017.640		1.017.640					

S	Bank		H		S	Eigenkapital		H
AB	106.000	VZ	1.539.432		Entnahm.	91.683	AB	109.940
VZ	1.458.116	2a	1.200		SB	137.231	Einlagen	31.600
		2b	920				Gewinn	87.374
		SB	22.564			228.914		228.914
	1.564.116		1.564.116					

S	Kasse		H	S	Entnahmen		H
AB	3.000	VZ	31.995	VZ	82.000	VZ	2.400
VZ	30.000	SB	1.580	1a	1.127	1b	575
1b	575			2a	1.200	3c	1.200
	33.575		33.575	3c	6.675	Kapital	91.683
				3c	3.210		
				7	506		
				8d	1.140		
					95.858		95.858

S	Disagio		H	S	Einlagen		H
5	29.500	SB	29.500	3c	1.200	VZ	1.200
				Kapital	31.600	3b	21.000
						4	10.600
					32.800		32.800

S	Zinsaufwand		H	S	AfA		H
5	500	G+V	3.650	3a	4.998	G+V	13.766
5	3.150			3b	4.650		
	3.650		3.650	4	788		
				6	3.330		
					13.766		13.766

S	a.o. Aufwand		H	S	Mietaufwand		H
8a	1.000	G+V	1.800	VZ	24.000	G+V	24.000
9a	800						
	1.800		1.800				

S	Löhne u. Gehälter		H	S	Sonstiger Aufwand		H
VZ	92.000	6	300	VZ	52.390	9a	6.000
		G+V	91.700	9c	6.600	G+V	52.990
	92.000		92.000		58.990		58.990

S	Ges. soz. Aufwand		H	S	Warenverkauf		H
VZ	16.560	G+V	16.560	G+V	851.200	VZ	840.000
						6	9.200
						8c	2.000
					851.200		851.200

S	Betriebssteuern		H	S	Lieferantenskonti		H
VZ	12.000	9b	2.000	G+V	19.200	VZ	19.200
		G+V	10.000				
	12.000		12.000				

S	Kfz-Kosten		H	S	Kundenskonti		H
VZ	17.000	3c	6.000	VZ	14.600	G+V	14.620
		G+V	11.000	1a	20		
	17.000		17.000		14.620		14.620

Bilanzsteuerrecht

S	Bezugskosten		H		S	Erhaltene Boni		H
VZ	800	6	800		G+V	25.000	VZ	25.000

S	Eigenverbrauch 15 %		H		S	a.o. Ertrag		H
G+V	1.440	3c	1.000		G+V	1.300	VZ	300
		7	440				8d	1.000
	1.440		1.440			1.300		1.300

S	Eigenverbrauch 0 %		H		S	Sonstige Forderung		H
G+V	2.060	3c	2.060		9b	2.000	SB	2.000

Soll	Gewinn- und Verlustrechnung 04		Haben
Wareneinsatz	567.850 DM	Warenverkauf	851.200 DM
Kundenskonti	14.620 DM	Lieferantenskonti	19.200 DM
Löhne u. Gehälter	91.700 DM	Erhaltene Boni	25.000 DM
Ges.soz.Aufwendungen	16.560 DM	a.o.Ertrag	1.300 DM
AfA	13.766 DM	Eigenverbrauch 15 %	1.440 DM
GWG	800 DM	Eigenverbrauch 0 %	2.060 DM
Delkredere	4.090 DM		
Mietaufwand	24.000 DM		
Kfz-Kosten	11.000 DM		
Sonstiger Aufwand	52.990 DM		
Zinsaufwand	3.650 DM		
a.o.Aufwand	1.800 DM		
Betriebssteuern	10.000 DM		
Gewinn	87.374 DM		
	900.200 DM		900.200 DM

Aktiva	Schlußbilanz 31.12.04		Passiva
Grund u. Boden	155.500 DM	Darlehen	630.000 DM
Gebäude	465.712 DM	Verbindlichkeiten L+L	114.050 DM
Maschinen	7.770 DM	Sonstige Verbindlichkeit	41.660 DM
Fuhrpark	28.012 DM	Umsatzsteuer	29.931 DM
Waren	152.150 DM	Rückstellungen	6.600 DM
Forderungen	99.454 DM	Delkredere	4.770 DM
Sonstige Forderung	2.000 DM	Eigenkapital	137.231 DM
Bank	22.564 DM		
Kasse	1.580 DM		
Disagio	29.500 DM		
	964.242 DM		964.242 DM

Dritter Teil:
Einkommensteuer

Einzelfälle

Vorbemerkung
Die Fälle in diesem Teil des Bandes fallen gegenüber den anderen drei Buchteilen in der Darstellung etwas anders aus. Aufgrund der Komplexität des Einkommensteuerrechts wurden einzelne kleine Fallsammlungen geschaffen, die jeweils mehrere Themenbereiche umfassen können.

I. Steuerpflicht, Veranlagungsform, Tarif

FALL 1

Persönliche Steuerpflicht; sachliche Steuerpflicht; Veranlagungsformen; mehrere Ehen; Tarif

Sachverhalt:
1. Resi Schober und Georg Wimmerl wohnen seit ihrer Geburt in München. Seit Mai 02 besitzen sie eine gemeinsame Eigentumswohnung, in der sie zusammenleben. Am 14.12.03 bestellen sie beim Standesamt das Aufgebot. Dort erfolgt auch am 5.1.04 die standesamtliche Eheschließung. Genau ein Jahr später heiraten sie kirchlich.
2. Der Afrikaner Kalababa Bobo reist im Februar 04 mit seinen 4 Frauen in das Bundesgebiet ein und eröffnet einen mobilen Handel mit Lederwaren aller Art. Insgesamt bleibt er bis zum 17.12.04 ununterbrochen in Deutschland. Einen festen Wohnsitz begründet er nicht. Die Ehen mit seinen Frauen wurden allesamt vor seinem Stammeshäuptling geschlossen und werden in seinem Heimatland voll anerkannt. Er will mit allen zusammenveranlagt werden.
3. Edi Bunsenbrenner sitzt seit 3 Jahren wegen schweren Diebstahls in der Justizvollzugsanstalt Straubing ein. Seine Ehefrau Paula besucht ihn regelmäßig im Gefängnis. Beide wollen nach der 8jährigen Haftstrafe wieder zusammenleben.

4. Susi ist seit 2 Jahren mit dem arbeitslosen Arzt Tobias verheiratet. Sie arbeitet als Angestellte bei einem Buchverlag. Tobias erhält lediglich Lohnersatzleistungen vom Arbeitsamt. Im September 03 geht er im Rahmen einer karitativen Hilfsaktion nach Afrika. Dort wird er ab 16.11.03 als vermißt gemeldet, sein Aufenthalt ist nicht bekannt.
5. Anni Raff heiratet für eine einmalige Zahlung von 30.000 DM den Asylbewerber Ali. Weder vor noch nach der Heirat hat sie irgendwelche Kontakte zu ihm. Ali benötigt die Ehepapiere, um in Deutschland bleiben zu können.
6. Der Japaner Kamikaze Bonsai wohnt seit ca. 2 Jahren in Landshut und arbeitet dort als Ingenieur bei der Niederlassung einer japanischen Firma. Seine Frau Suzuke wohnt weiterhin in Tokio. 2x im Jahr kommt sie für ca. 3 Wochen nach Landshut, um ihn zu besuchen.
7. Die Eheleute Huber leben in einer Mietwohnung in Passau. Seit dem 19.9.02 gehen beide ihre eigenen Wege und haben keinerlei gemeinsame Interessen mehr. Am 12.2.03 findet Frau Huber nach längerer Suche eine eigene Wohnung und zieht dort ein. Im Februar 05 wird die Ehe geschieden.
8. Sachverhalt wie bei 7., jedoch ziehen die Eheleute im Jahr 04 noch einmal zusammen und versuchen miteinander einen Neuanfang. Nach 3 Wochen kommt es erneut zum Streit und Frau Huber zieht wieder aus.

Aufgabe: Nehmen Sie zur Veranlagungsart, der Steuerpflicht sowie zum Tarif der in den einzelnen Sachverhalten angesprochenen Jahre Stellung. Prüfen Sie, ob in den Sachverhalten 3. bis 8. eine Zusammenveranlagung möglich ist.

Lösung
Zu 1.
Steuerpflicht
Resi und Georg sind beide natürliche Personen (§ 1 BGB), die ihren Wohnsitz (§ 8 AO) im Inland haben. Somit sind sie mit allen ihren Einkünften („Welteinkünfte", § 2 Abs. 1 EStG) unbeschränkt einkommensteuerpflichtig.

Veranlagungsform
Die Voraussetzungen des Ehegattenwahlrechts gem. § 26 Abs. 1 S. 1 EStG liegen für das Jahr 02 nicht vor, da die beiden nicht miteinander verheiratet

sind. Dies gilt ebenfalls für das Jahr 03. In beiden Jahren werden sie dementsprechend einzeln veranlagt gemäß § 25 Abs. 1 EStG.
Im Jahr 04 können sie nun zum ersten Mal das Wahlrecht für Ehegatten nach § 26 Abs. 1 S.1 EStG in Anspruch nehmen, da alle Voraussetzungen - Ehegatten, beide unbeschränkt steuerpflichtig, nicht dauernd getrennt lebend - gleichzeitig im Jahr 04 zusammen vorliegen. Aufgrund des Wahlrechts können sie zwischen der getrennten Veranlagung (§ 26a EStG), der Zusammenveranlagung (§ 26b EStG) und der besonderen Veranlagung (§ 26c EStG) entscheiden. Solange die Voraussetzungen in den Folgejahren vorliegen, können sie in diesen Jahren dann zwischen der getrennten Veranlagung und der Zusammenveranlagung wählen.
Die besondere Veranlagung kann später nicht mehr gewählt werden, da diese nur im Jahr der Eheschließung möglich ist. Bei der getrennten Veranlagung reicht es aus, wenn sie von einem der Ehegatten gewählt wird (§ 26 Abs. 2 S. 1 EStG); die besondere Veranlagung muß dagegen von beiden Ehegatten gewählt werden (§ 26 Abs. 2 S. 2 EStG). Eine Zusammenveranlagung erfolgt, wenn beide Ehegatten diese wählen (§ 26 Abs. 2 S. 2 EStG) oder wenn die Ehegatten auf eine ausdrückliche Wahl verzichten. In diesem Fall wird dann eine Zusammenveranlagung von „amtswegen" (§ 26 Abs. 3 EStG) unterstellt.

Tarif
Aufgrund der Einzelveranlagungen werden die beiden Steuerpflichtigen in den Jahren 02 und 03 nach dem Grundtarif (§ 32a Abs. 1 u. 4 EStG) besteuert.
Für die Veranlagungszeiträume ab 04 kommt es jeweils darauf an, welche Veranlagungsform gewählt wurde.
Die getrennte Veranlagung und die besondere Veranlagung folgern ebenfalls den Grundtarif (§ 32a Abs. 1 u. 4 EStG).
Werden die Ehegatten zusammenveranlagt, erhalten sie den Splittingtarif (§ 32a Abs. 5 EStG). Dabei werden die Einkünfte der Ehegatten zunächst getrennt ermittelt, danach aber zusammengerechnet und die Ehegatten werden dann wie ein Steuerpflichtiger behandelt (§ 26b EStG, R 174b Abs. 1 EStR).

Zu 2.
Steuerpflicht
Durch die Einreise ins Bundesgebiet und der mehr als 6-monatigen Aufenthaltszeit sowie der Einnahmeerzielungsabsicht begründet Kalababa mit seinen Frauen (alle natürliche Personen, § 1 BGB) seinen gewöhnlichen

Aufenthalt (§ 9 AO). Sie sind demzufolge alle unbeschränkt einkommensteuerpflichtig (§ 1 Abs. 1 S. 1 EStG) und zwar mit ihren sämtlichen Einkünften (§ 2 Abs. 1 EStG).

Veranlagungsform
Da die Ehen in seinem Heimatland anerkannt werden, hat Kalababa die Möglichkeit, das Ehegattenwahlrecht (§ 26 Abs. 1 S. 1 EStG, H 174 EStH) in Anspruch zu nehmen. Die Voraussetzungen - unbeschränkt steuerpflichtig, Ehegatten, nicht dauernd getrennt lebend - liegen gleichzeitig im VZ vor. Allerdings kann er nur mit einer seiner Frauen zusammenveranlagt werden, da Mehrfachehen nach dem deutschen Rechtssystem nicht möglich sind. Die anderen Frauen werden gem. § 25 Abs. 1 EStG einzeln veranlagt.
Kalababa kann wählen, welche der Frauen mit ihm zusammenveranlagt wird.

Tarif
Die Ehegatten erhalten den Splittingtarif (§ 32a Abs. 5 EStG), da sie zusammenveranlagt werden. Dabei werden die Einkünfte der Ehegatten getrennt ermittelt, zusammengerechnet und die Ehegatten dann wie ein Steuerpflichtiger behandelt. Die restlichen Frauen werden aufgrund der Einzelveranlagungen nach dem Grundtarif (§ 32a Abs. 1 u. 2 EStG) veranlagt.

Zu 3.
Steuerpflicht
Beide haben ihren Wohnsitz im Inland, sind natürliche Personen und somit mit allen ihren Einkünften (§ 2 Abs. 1 EStG) unbeschränkt einkommensteuerpflichtig (§ 1 Abs. 1 S. 1 EStG).

Veranlagungsform
Obwohl die Ehegatten aufgrund der Freiheitsstrafe räumlich getrennt leben, ist ein dauerndes getrennt leben nicht anzunehmen, da die beiden nach Verbüßung der Strafe wieder zusammenleben möchten und Paula ihren Ehemann regelmäßig besucht (R 174 Abs. 1 S. 3 - 5 EStR). Da die restlichen Voraussetzungen gem. § 26 Abs. 1 S. 1 EStG ebenfalls vorliegen, können die Ehegatten zusammenveranlagt werden.

Tarif
Da die Ehegatten zusammenveranlagt werden, wird die Splittingtabelle (§ 32a Abs. 5 EStG) angewandt.

Zu 4.
Steuerpflicht
Susi und Tobias sind beide natürliche Personen (§ 1 BGB), die ihren Wohnsitz (§ 8 AO) im Inland haben. Sie sind somit mit ihrem Welteinkommen (Einkünfte aus nichtselbständiger Tätigkeit gem. § 2 Abs. 1 Nr. 4 i.V.m. § 19 EStG; die Lohnersatzleistungen von Tobias sind nach § 3 Nr. 2 EStG steuerfrei) unbeschränkt einkommensteuerpflichtig (§ 1 Abs. 1 S. 1 EStG).

Veranlagungsform
In den Jahren 01 bis 03 können die beiden zusammenveranlagt werden, da sie unbeschränkt einkommensteuerpflichtige Ehegatten sind, nicht dauernd getrennt leben und diese Voraussetzungen im VZ bzw. zu Beginn des VZ zusammen vorgelegen haben.
Für das Jahr 04 ist zu prüfen, ob ein dauerndes getrennt leben der Ehegatten vorliegt. Dies ist nicht der Fall, da bei Vermißten davon auszugehen ist, daß sie weiterhin verheiratet sind und nur zeitlich räumlich getrennt sind. Ferner wird angenommen, daß der Vermißte seinen Wohnsitz im Inland hat (R 174 Abs. 1 S. 8 EStR und H 174 EStH). Somit kann Susi auch weiterhin mit ihrem Ehegatten zusammenveranlagt werden.

Zu 5.
Steuerpflicht
Beide haben ihren Wohnsitz (§ 8 AO) im Inland und sind als natürliche Personen (§ 1 BGB) unbeschränkt einkommensteuerpflichtig (§ 1 Abs. 1 S. 1 EStG) und zwar mit ihren sämtlichen Einkünften (§ 2 Abs. 1 EStG).

Veranlagungsform
Anni und Ali würden zwar wegen der Heirat zu Ehegatten werden, aber die Rechtsgültigkeit dieser Ehe müßte verneint werden, da es sich offensichtlich um eine Scheinehe handelt. Zusätzlich müßte ein dauerndes getrennt leben angenommen werden, da die zur einer Ehe gehörende Lebens- und Wirtschaftsgemeinschaft fehlt (R 174 Abs. 1 S. 1 EStR). Somit liegen die erforderlichen Voraussetzungen gem. § 26 Abs. 1 S. 1 EStG nicht vor, es existiert kein Ehegattenwahlrecht. Die beiden werden nach § 25 Abs. 1 EStG einzeln veranlagt.

Tarif
Da jeweils eine Einzelveranlagung vorliegt, wird die Grundtabelle (§ 32a Abs. 1 u. 4 EStG) angewandt.

Zu 6.
Steuerpflicht
Kamikaze begründet durch seinen Zuzug ins Inland einen Wohnsitz (§ 8 AO) und ist somit unbeschränkt einkommensteuerpflichtig. Durch die vereinzelten Besuche in Landshut begründet Suzuke im Inland weder einen Wohnsitz noch einen gewöhnlichen Aufenthalt (§ 9 AO). Sie ist somit nicht einkommensteuerpflichtig. Eine beschränkte Einkommensteuerpflicht wäre nur gegeben, wenn Suzuke inländische Einkünfte hätte. Eine Veranlagung gem. § 1a Abs. 1 Nr. 2 EStG kommt nicht in Betracht, da Japan nicht zur EU gehört.

Veranlagungsform
Die beiden sind Ehegatten, nicht dauernd getrennt lebend, aber Suzuke ist nicht unbeschränkt einkommensteuerpflichtig. Somit liegen die Voraussetzungen für das Ehegattenwahlrecht nicht vor. Eine Zusammenveranlagung ist deshalb nicht möglich. Lediglich Kamikaze wird einzeln veranlagt (§ 25 Abs. 1 EStG). Seine Ehefrau wird nicht veranlagt. *Anmerkung:* Selbst wenn Suzuke inländische Einkünfte hätte, könnte keine Zusammenveranlagung durchgeführt werden, weil Suzuke dazu unbeschränkt einkommensteuerpflichtig sein müßte. Eine beschränkte Steuerpflicht reicht hierzu nicht aus.

Tarif
Kamikaze wird nach § 25 Abs. 1 EStG einzeln veranlagt und es kommt somit die Grundtabelle zum Ansatz.

Zu 7.
Steuerpflicht
Die Eheleute Huber haben ihren Wohnsitz im Inland und sind beide unbeschränkt einkommensteuerpflichtig.

Veranlagungsform
Die Voraussetzungen des § 26 Abs. 1 S. 1 EStG - unbeschränkt steuerpflichtig, Ehegatten, nicht dauernd getrennt lebend - liegen zu Beginn des VZ 02 allesamt noch vor. Auch wenn sie ab dem 19.9.02 getrennt leben, können sie ihr Wahlrecht zwischen getrennter Veranlagung und Zusammenveranlagung ausüben. Eine Einzelveranlagung ist im VZ 02 nicht möglich.

Für das Jahr 03 kommt eine Ehegattenveranlagung nicht mehr in Betracht, da ein dauerndes getrennt leben anzunehmen ist. Eine räumliche Trennung, die erst ab dem 12.2.03 stattfindet, ist hierzu nicht Voraussetzung. Es reicht, wenn die zum Wesen einer Ehe gehörende Lebens- und Wirtschaftsgemeinschaft nicht mehr besteht (R 174 Abs. 1 S. 1 u. 2 EStR). Somit werden die beiden Ehegatten jeweils einzeln veranlagt.

Tarif
Wählen die Ehegatten im VZ 02 die Zusammenveranlagung (§ 26 b EStG), so erhalten sie den Splittingtarif (§32 a Abs. 5 EStG), bei getrennter Veranlagung (§ 26 a EStG) kommt die Grundtabelle (§ 32 a Abs. 1 u. 4 EStG) zum Ansatz. Ab dem VZ 03 wird die Grundtabelle angewandt, da die beiden einzeln veranlagt werden.

Zu 8.
Steuerpflicht
Lösung wie bei Tz. 7

Veranlagungsform
VZ 02 und 03 wie unter 7.)
Im Jahr 04 liegen die Voraussetzungen für das Ehegattenwahlrecht nach § 26 Abs. 1 S.1 EStG, wenn auch nur für einen kurzen Zeitraum, wieder vor. Somit können sie erneut zwischen getrennter Veranlagung und Zusammenveranlagung wählen.

Tarif
Für die VZ 02 und 04 kann der Grundtarif oder der Splittingtarif (je nach Ausübung des Ehegattenwahlrechts) zur Anwendung kommen. Für den VZ 03 wird der Grundtarif zugrunde gelegt.

FALL 2

Besonderheiten bei der Ehegattenveranlagung

Sachverhalt:
1. Martin ist mit Franziska seit 3 Jahren verheiratet. Am 25.1.04 trennen sich die beiden nach einem Streit. Am 15.10.04 wird die Ehe rechtskräftig geschieden. Am 23.12.04 heiratet Franziska ihren langjährigen heimlichen

Einkommensteuer 185

    Freund Paul. Beide Ehemänner beantragen die Zusammenveranlagung mit Franziska.
2. Wie Sachverhalt 1., nur Paul lebt in Österreich, während Franziska weiterhin in Deutschland lebt.
3. Egon ist mit Leni seit Jahren glücklich verheiratet. Am 11.2.04 verunglückt Egon bei einem Unfall tödlich. Am 17.11.04 heiratet Leni ihre frühere Jugendliebe Xaver.
4. Johann und Maria trennen sich am 20.1.04 nach 10jähriger Ehe. Da die Ehe noch im selben Jahr geschieden wird, können beide ihre neuen Lebensgefährten heiraten. Johann heiratet am 12.12.04 Bea, Maria ehelicht am 23.12.04 den Franzosen Jean-Paul. Beide Ehepaare leben in München.
5. Wie Sachverhalt 5., nur Jean-Paul lebt weiterhin in Frankreich.
6. Karl und Elvira sind seit Jahren glücklich miteinander verheiratet. Im März 04 erleidet Karl in der Arbeit einen Herzanfall und verstirbt.
7. Wie Sachverhalt 3., nur im Zeitpunkt des Todes leben die Ehegatten bereits dauernd getrennt.
8. Wie Sachverhalt 3, aber im Januar 04 ist einer der Ehegatten nach einem heftigen Streit aus der gemeinsamen Wohnung ausgezogen und hat die Scheidung eingereicht (Rechtskraft Scheidungsurteil 1.3.05).

Aufgabe: Nehmen Sie zu den jeweiligen Veranlagungsmöglichkeiten, sowie zum Tarif Stellung. Gehen Sie davon aus, daß sämtliche Personen, soweit aus dem Sachverhalt nichts anderes hervorgeht, unbeschränkt einkommensteuerpflichtig sind.

Lösung ◄
Zu 1.
Veranlagungsform
Die Voraussetzungen für das Ehegattenwahlrecht gem. § 26 Abs. 1 S.1 EStG liegen sowohl für die Ehe Martin mit Franziska, als auch für die Ehe Franziska mit Paul vor (sog. Kollisionsfall). Allerdings kann gem. § 26 Abs. 1 S. 2 EStG das Wahlrecht nur für die zuletzt im VZ geschlossene Ehe ausgeübt werden (Umkehrschluß aus R 174 Abs. 2 S. 1 EStR, H 184b EStH). Eine Zusammenveranlagung nach § 26b EStG kommt somit nur für die Ehe Franziska mit Paul in Frage. Martin („nicht berücksichtigungsfähiger Ehegatte") wird gem. § 25 Abs. 1 EStG einzeln veranlagt.

Tarif
Die zusammenveranlagten Ehegatten erhalten gem. § 32a Abs. 5 EStG den Splittingtarif. Um eine Benachteiligung des „übrig gebliebenen" Ehegatten zu vermeiden, wird bei dessen Veranlagung ebenfalls die Splittingtabelle gem. **§ 32a Abs. 6 Nr. 2** EStG angewandt, da die Ehe Martins mit Franziska die Voraussetzungen des § 26 Abs. 1 S. 1 EStG erfüllt hat, Franziska wieder geheiratet hat und in der neuen Ehe von Franziska das Ehegattenwahlrecht nach § 26 Abs. 1 EStG ebenfalls möglich ist.

Zu 2.
Veranlagungsform
Paul ist nicht unbeschränkt steuerpflichtig, da er seinen Wohnsitz nicht im Inland hat. Somit liegt für die Ehe Franziska mit Paul das Ehegattenwahlrecht nicht vor. Es kommt demnach nicht zu einem Kollisionsfall, da das Wahlrecht nur für eine Ehe (Martin - Franziska) vorliegt (R 174 Abs. 2 S. 2 EStR). Martin und Franziska können somit zusammenveranlagt werden.
Eine Einkommensteuerveranlagung wird für Paul wegen fehlender Einkommensteuerpflicht nicht durchgeführt.
Tarif
Gem. § 32a Abs. 5 EStG erhalten Martin und Franziska im Falle einer Zusammenveranlagung das Ehegattensplitting. Bei getrennter Veranlagung kommt die Grundtabelle zum Zug.

Zu 3.
Veranlagungsformen
Für die Veranlagungsform der ersten Ehe kommt es darauf an, wie das Wahlrecht der zweiten Ehe ausgeübt worden ist. Wählen Leni und Xaver die Veranlagung nach § 26b EStG, so gilt § 26 Abs. 1 S. 2 EStG. Egon wird somit einzeln veranlagt, da das Ehegattenwahlrecht nur für die zweite Ehe gilt. Das gleiche gilt, wenn Leni und Xaver die getrennte Veranlagung wählen.
Im Jahr 04 können Leni und Xaver auch die besondere Veranlagung nach § 26c EStG wählen. Das heißt, die beiden werden so gestellt, als ob sie nicht verheiratet wären (§ 26c Abs. 1 S. 1 EStG). Für die Ehe Egon mit Leni gilt deshalb § 26 Abs. 1 S. 2 EStG nicht, d.h., es existiert für diese Ehe ein zusätzliches Wahlrecht. Dies ist aber nur der Fall, wenn die erste Ehe durch Tod aufgelöst worden ist und in der zweiten Ehe die besondere Veranlagung gewählt wurde (§ 26 Abs. 1 S. 3 EStG, R 174 Abs. 2 S. 1 EStR).

Tarif
Wählen die Ehegatten der zweiten Ehe die Zusammenveranlagung, so gilt die Lösung zu 1. entsprechend. Wählen sie die getrennte Veranlagung, erhalten Leni und Xaver den Grundtarif gem. § 32a Abs. 1 u. 4 EStG, Egon den Splittingtarif nach § 32a Abs. 6 Nr. 2 EStG (H 184b EStH).
Wird in der zweiten Ehe die besondere Veranlagung gewählt, so gilt für Xaver der Grundtarif. Auf das zu versteuernde Einkommen von Leni und Egon wird dann je nach Veranlagungsform die Grundtabelle oder die Splittingtabelle angewandt. Für Egon kommt § 32a Abs. 6 Nr. 2 EStG nicht zum Zug.

Zu 4.
Veranlagungsform
In beiden neuen Ehen liegen die Voraussetzungen für das Ehegattenwahlrecht vor. Beide Ehepaare können das Wahlrecht in ihrer zweiten Ehe unabhängig voneinander ausüben und sich zwischen den möglichen drei Ehegattenveranlagungen entscheiden.
Tarif
Bei der Zusammenveranlagung werden die Ehegatten nach § 32 a Abs. 5 EStG mit der Splittingtabelle besteuert. Die getrennte Veranlagung würde den Grundtarif nach sich ziehen.

Zu 5.
Veranlagungsform
Ein Wahlrecht existiert nur für die Ehe Johann mit Bea. Für die Ehe Maria mit Jean-Paul wird dies verneint, da Jean-Paul nicht unbeschränkt einkommensteuerpflichtig ist. Allerdings wird Maria nicht als „übriggebliebener Ehegatte" behandelt, da sie ja ebenfalls wieder geheiratet hat. Maria wird gem. § 25 Abs. 1 EStG einzeln veranlagt.
Tarif
Für die Ehe Johann und Bea gilt Lösung zu Sachverhalt 4. entsprechend. Maria wird gem. § 32a Abs. 1 u. 4 EStG mit der Grundtabelle besteuert, da eine Einzelveranlagung vorliegt und sie kein „übrig gebliebener" Ehegatte ist.

Zu 6.
Veranlagungsform
Zu Beginn des VZ 04 liegen die Voraussetzungen des § 26 Abs. 1 S. 1 EStG - Ehegatten, nicht dauernd getrennt lebend, beide unbeschränkt einkommensteuerpflichtig - gemeinsam vor. Somit kann Elvira für sich und als Rechts-

nachfolger von Karl das Ehegattenwahlrecht in Anspruch nehmen und zwischen getrennter Veranlagung und Zusammenveranlagung wählen.
In den Folgejahren wird Elvira einzeln veranlagt.
Tarif
Werden die Ehegatten nach § 26b EStG veranlagt, so kommt der Splittingtarif zum Ansatz. Sollte die getrennte Veranlagung durchgeführt werden, so wäre der Grundtarif für jeden der Ehegatten anzuwenden.
Für das Jahr 05 erhält Elvira trotz Einzelveranlagung den Splittingtarif (sog. „Witwensplitting oder Gnadensplitting") gem. § 32a Abs. 6 Nr. 1 EStG. Voraussetzung hierfür ist, daß im Zeitpunkt des Todes die Voraussetzungen des Ehegattenwahlrechts nach § 26 Abs. 1 S. 1 EStG vorgelegen haben.
Ab dem Jahr 06 erhält sie dann aufgrund der Einzelveranlagung den Grundtarif (§ 32a Abs. 1 u. 4 EStG)

Zu 7.
Veranlagungsform
Es gilt die Lösung zu 6.
Tarif
Für das Jahr 04 und für die Jahre ab 06 gilt die Lösung zu 6.
Im VZ 05 sind die Bedingungen des Witwensplittings nicht erfüllt, da im Zeitpunkt des Todes von Karl die Voraussetzungen des Ehegattenwahlrechts nicht mehr vorgelegen haben. Elvira erhält deswegen im Jahr 05 aufgrund der Einzelveranlagung den Grundtarif.

Zu 8.
Veranlagungsform
Das Ehegattenwahlrecht zwischen getrennter Veranlagung und Zusammenveranlagung existiert nur für das Jahr 04, da die Voraussetzungen nur bis zum Januar des Jahres 04 vorgelegen haben. Ab dem Jahr 05 werden für beide Personen Einzelveranlagungen durchgeführt.
Tarif
Für das Jahr 04 gilt Lösung zu 6. Ab dem VZ 05 wird jeweils der Grundtarif (§ 32a Abs. 1 u. 4 EStG) angewandt, da die Ehegatten jeweils einzeln veranlagt werden. Ein Witwensplitting kann nicht gewährt werden, da § 26 Abs. 1 S. 1 EStG im Zeitpunkt des Todes nicht erfüllt ist.

FALL 3

Sachliche Steuerpflicht

Sachverhalt:
1. Herr Huber füllt in der Arbeit heimlich einen Lottozettel aus und trägt ihn während der Frühstückspause zur Annahmestelle. Einige Tage später erfährt er, daß er 750.000 DM gewonnen hat.
2. Edi Langfinger veräußert gestohlenen Schmuck an diverse Abnehmer. Aus seiner Buchführung ergibt sich ein Gewinn von ca. 230.000 DM.
3. Hermann Pinsel malt in seiner Freizeit leidenschaftlich gerne Gebirgslandschaften. Die Werke verschenkt er im ganzen Freundes- und Bekanntenkreis zu allen möglichen Anlässen. Ab und zu kann er auch ein Bild verkaufen, wobei die Einnahmen bei weitem nicht die Ausgaben decken. In den letzten 10 Jahren ergab sich ein durchschnittlicher Jahresverlust von ca. 12.000 DM.
4. Alfons arbeitet das ganze Jahr im Betrieb seines Onkels Olaf als Vorarbeiter (monatlicher Bruttoarbeitslohn 3.500 DM, Nettobezug 2.450 DM). Da er der Lieblingsneffe von Olaf ist, erbt er bei dessen Tod ein Barvermögen von insgesamt 400.000 DM.
5. Herr Fuchs ist ein leidenschaftlicher Kreuzworträtselfan. Immer wieder schickt er seine Lösungen an die jeweiligen Verlage. Eines Tages hat er Glück und er gewinnt 1.000 DM.
6. Herr Eck betreibt in Amberg ein Architekturbüro. Die Einnahmen hieraus betragen in 04 560.000 DM, die Kosten im Zusammenhang mit dem Betrieb belaufen sich auf 370.000 DM. Ferner nahm er im Jahr 04 an einem Wettbewerb für die Neugestaltung einer Fußgängerzone in einer Kleinstadt teil. Herr Eck konnte den mit 25.000 DM ausgesetzten ersten Preis gewinnen. Eine Erfassung erfolgte in 04 nicht.
7. Hans Faul ist seit 8 Monaten arbeitslos. Er bezieht lediglich Arbeitslosengeld i.H.v. 400 DM wöchentlich.
8. Horst Plunder veräußert aus einer finanziellen Notlage heraus seinen privaten Pkw für 15.000 DM.
9. Was ändert sich beim Sachverhalt 9, wenn der Pkw zum Betriebsvermögen rechnet und zu 100 % betrieblich genutzt wird.
10. Die Profitennisspielerin Doris Bobbel erspielt sich im VZ 04 insgesamt ein Preisgeld i.H.v. 270.000 DM. Ferner kann sie bei einem Turnier einen Sportwagen im Wert von 120.000 DM als Gewinn einstreichen.

Aufgabe: Entscheiden Sie, ob es sich bei den jeweiligen Zuflüssen um steuerbare, steuerpflichtige, oder um steuerfreie handelt. Nehmen Sie, falls erforderlich, zur Einkunftsart Stellung.

▶ **Lösung**

Zu 1.
Der Lottogewinn stellt einen Vermögenszufluß dar, der nicht unter die Einkünfte des § 2 Abs. 1 EStG einzuordnen und deshalb nicht steuerbar ist.

Zu 2.
Die Tätigkeit ist ein rechtswidriges Geschäft. Allerdings übt Edi diese Tätigkeit selbständig (R 134 EStR), nachhaltig (R 134a EStR) und mit Gewinnerzielungsabsicht (R 134b EStR) aus und erfüllt somit die Grundsätze eines Gewerbebetriebes. Nach § 40 AO ist es für die Besteuerung von Einkünften unerheblich, ob sie aus gesetzes- oder sittenwidrigen Geschäften resultieren. Der Gewinn i.H.v. 230.000 DM wird somit als Einkünfte aus Gewerbebetrieb (§ 2 Abs. 1 Nr. 2 i.V.m. § 15 EStG) besteuert.

Zu 3.
Hermann malt aus rein privaten Gründen und nicht aus wirtschaftlichem Interesse. Betriebe bzw. Unternehmen, die über Jahre hinweg keine positiven Betriebsergebnisse erreichen, würden nach wirtschaftlichen Gesichtspunkten eingestellt bzw. aufgegeben werden. Wird dies nicht getan, so muß man davon ausgehen, daß lediglich das private Interesse im Vordergrund steht. Im Steuerrecht spricht man in diesem Fall von Liebhaberei.
Die Verluste, die hierdurch entstehen, sind steuerlich nicht zu berücksichtigen, d.h., sie sind nicht mit anderen positiven Einkünften auszugleichen. Eventuelle Zufallsgewinne sind dementsprechend ebenfalls nicht zu erfassen.

Zu 4.
Alfons bezieht aus seiner Tätigkeit als Vorarbeiter Einkünfte aus nichtselbständiger Tätigkeit gem. § 2 Abs. 1 Nr. 4 i.V.m. § 19 Abs. 1 EStG. Die Einkünfte bilden den Überschuß der Einnahmen über die Werbungskosten (§ 2 Abs. 2 Nr. 2 EStG). Die Einnahmen betragen lt. Sachverhalt 12 x 3.500 DM = 42.000 DM.
Die Erbschaft i.H.v. 400.000 DM rechnet nicht zu den Einkünften aus nichtselbständiger Arbeit. Vielmehr stellt sie einen einmaligen Vermögensanfall

dar, der steuerlich nicht erfaßt werden darf, da er nicht unter die 7 Einkunftsarten des EStG fällt.

Zu 5.
Spielgewinne und -preise sind grundsätzlich nicht steuerbar, solange kein betriebliches oder berufliches Interesse für die Teilnahme an dem Wettbewerb im Vordergrund steht. Herr Fuchs hat deshalb den Gewinn von 1.000 DM nicht zu versteuern.

Zu 6.
Herr Eck erzielt mit seinem Architekturbüro Einkünfte aus selbständiger Tätigkeit gem. § 2 Abs. 1 Nr. 3 i.V.m. § 18 Abs. 1 EStG. Die Einkünfte sind der Gewinn (§ 2 Abs. 2 Nr. 1 EStG).
Als Architekt nimmt er aus betrieblichem Interesse an dem Wettbewerb teil, da er den Auftrag für die Planung der Fußgängerzone erhalten möchte. Der Preis i.H.v. 25.000 DM stellt eine Betriebseinnahme dar.
Die Gewinnermittlung erfolgt gem. § 4 Abs. 3 EStG durch Gegenüberstellung der Betriebseinnahmen und der Betriebsausgaben (§ 4 Abs. 4 EStG).
Die Betriebseinnahmen betragen somit 585.000 DM, die Betriebsausgaben 370.000 DM. Daraus ergibt sich ein Gewinn von 215.000 DM.

Zu 7.
Herr Faul bezieht vom Arbeitsamt sog. „Lohnersatzleistungen". Diese sind nach § 3 Nr. 2 EStG steuerfrei. Sie werden lediglich für die Berechnung des sog. Progressionsvorbehalt gem. § 32b EStG herangezogen.

Zu 8.
Der Pkw stellt notwendiges Privatvermögen dar. Der Verkauf von Privatvermögen ist grundsätzlich nicht steuerbar. Eine Ausnahme bieten hier die §§ 17 und 23 EStG, wonach unter bestimmten Voraussetzungen auch die Veräußerung von Privatvermögen zu steuerpflichtigen Einkünften führen kann.

Zu 9.
Der Pkw stellt notwendiges Betriebsvermögen dar. Veräußerungen von Betriebsvermögen sind steuerlich als Betriebseinnahmen zu erfassen.

Zu 10.
Als Berufssportlerin erzielt Doris Bobbel Einkünfte aus gewerblicher Tätigkeit gem. § 2 Abs. 1 i. V. m. § 15 EStG. Die Preisgelder stellen Betriebseinnahmen dar. Ebenso muß sie den Wert des Sportwagens als BE erfassen.

II. Freibeträge des § 32 EStG

FALL 4

Steuerliche Berücksichtigung von Kindern, Haushaltsfreibetrag

Sachverhalt:
1. Max (14 Jahre), Moritz (22 Jahre) und Helene (25 Jahre) sind die ehelichen Kinder der Ehegatten Hans und Gretel Schneider. Sämtliche Kinder wohnen im elterlichen Haus in Nürnberg. Max besucht das Gymnasium in Nürnberg, Moritz studiert an der Fachhochschule Maschinenbau und Helene ist als Steuerinspektorin im Finanzamt Nürnberg-West tätig. Außer Helene bezieht keines der Kinder eigene Einkünfte oder Bezüge.
2. Erika Graf und Hans Baron leben seit Jahren in wilder Ehe zusammen. Aus der Beziehung stammt der 5jährige Waldemar. Da Erika im Jahr 04 keinerlei Einkünfte hat, stimmt sie einer Übertragung des Kinderfreibetrages auf Hans zu. Im Melderegister der Stadt Nürnberg ist Waldemar bei Hans gemeldet. Beide Elternteile tragen den Unterhalt des Kindes zu je 50 %. Nehmen Sie Stellung zum VZ 1995.
3. Wie Fall Nr. 2, mit dem Unterschied, daß es sich um den VZ 1996 handelt.
4. Emil und Susan Berger sind seit 4 Jahren geschieden. Die beiden gemeinsamen Kinder Otto (17 Jahre) und Barbara (29 Jahre) leben bei Susan Berger in Dresden. Emil Berger wohnt seit der Scheidung in Hof/Saale. Im Melderegister sind die beiden Kinder bei Emil gemeldet. Die Eltern erfüllen ihre Unterhaltspflichten jeweils voll. Otto befindet sich als Steueranwärter beim Finanzamt Dresden I in Ausbildung. Barbara ist seit einem Autounfall schwerstbehindert und nicht in der Lage, ihren Lebensunterhalt selbst zu bestreiten. Die erforderlichen Ausweise des Versorgungsamtes liegen vor. Sie war bisher nicht verheiratet. Das Kindergeld wird an die Mutter bezahlt.

5. Franz (4 Jahre) lebt seit dem 15.3.04 bei seinen Pflegeeltern Monika und Guntram Birkl, die ihn wie ihr eigenes Kind aufziehen und auch voll die Unterhaltskosten tragen. Die leiblichen Eltern, die gem. § 26b EStG veranlagt werden, haben kein Interesse an Franz und leisten keinerlei Zahlungen.
6. Was ändert sich an der Lösung zu Sachverhalt 5., wenn sich im Jahr 04 Guntram und Monika trennen und Franz bei Guntram wohnt? Nehmen Sie Stellung zum Jahr 05.
7. Der Gastarbeiter Ali lebt seit Jahren mit seinem Sohn Sinan in München. Seine Frau wohnt seit 2 Jahren in Ankara bei ihren kranken Eltern, um diese zu pflegen. Sinan ist 19 Jahre alt und bemüht sich seit dem Abitur um einen Ausbildungsplatz. Das Arbeitsamt in München hat sämtliche erforderlichen Unterlagen, um ihm diesen zu vermitteln. Er erhält keine Lohnersatzleistungen bzw. andere Einkünfte und Bezüge.
8. Jan und Elsa Kurz sind glücklich verheiratet und haben 2 Kinder (8 u. 12 Jahre). Am 17.10.04 verstirbt Jan bei einem Verkehrsunfall. In den Steuererklärungen für die Jahre 04 und 05 beantragt Elsa jeweils die Zusammenveranlagung mit Jan. Die Familie hat ihren Wohnsitz in Leipzig.
9. Alwin Eder lebt von seiner Ehefrau Birgit seit 2 Jahren getrennt. Diese hat jeglichen Kontakt zu ihm und zu den 3 gemeinsamen Kindern, Bernd (6 Jahre), Benjamin (19 Jahre) und Monika (13 Jahre) abgebrochen. Alwin erhält von seiner Frau keinerlei Unterstützung bzw. Geld für die Erziehung der Kinder. Benjamin ist seit dem 1.7.03 bei der Bundeswehr und hat sich für 2 Jahre verpflichtet. Nach der Wehrdienstzeit will er ein Studium beginnen. Bis zur Einberufung war er Schüler am Gymnasium. Alwin stellt den Antrag, die Kinderfreibeträge auf ihn zu übertragen. Alle 3 Kinder sind bei ihm gemeldet. Alwin erhält das gesamte Kindergeld.

Aufgabe: Nehmen Sie dazu Stellung, welche Freibeträge nach § 32 EStG zu gewähren sind, wenn Sie davon ausgehen, daß das Kindergeld nicht zur gebotenen steuerlichen Freistellung (§ 31 S. 4 EStG) führt. Setzen Sie voraus, daß sämtliche Kinder unbeschränkt einkommensteuerpflichtig sind.

Lösung
Zu 1.
Max, Moritz und Helene sind leibliche Kinder der Eheleute Schneider und im 1. Grad mit diesen verwandt (§ 32 Abs. 1 Nr. 1 EStG).

Max ist als Kind für den gesamten VZ zu berücksichtigen, da er im VZ das 18. Lj noch nicht vollendet hat (§ 32 Abs. 3 EStG).
Die Ehegatten erhalten zusammen einen KFB i.H.v. monatlich 522 DM, da sie zusammenveranlagt werden und da das Kindschaftsverhältnis zu jedem Elternteil besteht (32 Abs. 6 S. 2 EStG)
Moritz hat zu Beginn des VZ das 18., aber noch nicht das 27. Lj vollendet und befindet sich im gesamten VZ in Berufsausbildung (R 180 Abs. 1 S. 3 EStR). Er ist deshalb gem. § 32 Abs. 4 Nr. 2a EStG als Kind zu berücksichtigen.
Auch hier erhalten die Ehegatten einen KFB von monatlich 522 DM.
Helene hat das zu Beginn des VZ das 18., aber noch nicht das 27. Lj vollendet. Allerdings ist sie nicht mehr in Ausbildung, so daß für die Tochter ein KFB nicht in Betracht kommt.
Ein Haushaltsfreibetrag kann nicht gewährt werden, da die Steuerpflichtigen nach § 26 b EStG zusammenveranlagt werden (§ 32 Abs. 7 S. 1 EStG).

Zu 2.
Waldemar ist ein nichteheliches Kind von Erika Graf und Hans Baron und mit beiden im 1. Grad verwandt (§ 32 Abs. 1 Nr. 1 EStG). Waldemar hat zu Beginn des VZ das 18. Lj noch nicht vollendet und ist deshalb zu berücksichtigen (§ 32 Abs. 3 EStG).
Grundsätzlich erhält jeder der beiden Elternteile einen KFB i.H.v. 2.052 DM (§ 32 Abs. 6 S. 1 EStG). Da allerdings Erika einer Übertragung des KFB zustimmt, bekommt Hans den vollen KFB mit 4.104 DM. Durch die Zustimmung der Mutter zur Übertragung des KFB bedarf es keiner Zuordnung zum Vater.
Hans Baron erhält außerdem den Haushaltsfreibetrag (H 182 EStH) i.H.v. 5.616 DM.

Zu 4.
Waldemar ist ein nichteheliches Kind von Erika Graf und Hans Baron und mit beiden im 1. Grad verwandt (§ 32 Abs. 1 Nr. 1 EStG). Waldemar hat in keinem Monat des VZ das 18. Lj vollendet und ist deshalb zu berücksichtigen (§ 32 Abs. 3 EStG).
Grundsätzlich erhält jeder der beiden Elternteile einen KFB i.H.v. monatlich 261 DM (§ 32 Abs. 6 S. 1 EStG). Eine Übertragung des Kinderfreibetrages ist allerdings nur möglich, wenn eines der Elternteile seine Unterhaltspflicht nicht im wesentlichen nachkommt. Da dies nicht der Fall ist, wird der Kinderfreibetrag nicht übertragen.

Hans Baron erhält außerdem den Haushaltsfreibetrag (H 182 EStH) i.H.v. 5.616 DM, da ihm das Kind zuzuordnen ist.

Zu 4.
Otto und Barbara sind eheliche Kind von Emil und Susan und zu diesen im 1. Grad verwandt (§ 32 Abs. 1 Nr. 1 EStG).
Otto hat im VZ das 18. Lj noch nicht vollendet und ist deshalb gem. § 32 Abs. 3 EStG berücksichtigungsfähig.
Barbara hat bereits das 27. Lj zu Beginn des VZ vollendet und wäre somit nicht mehr berücksichtigungsfähig. Allerdings ist sie aufgrund ihrer Behinderung außerstande, sich selbst zu unterhalten. Sie kann deswegen steuerlich berücksichtigt werden (§ 32 Abs. 4 Nr. 3 EStG).
Da beide Elternteile ihrer Unterhaltsverpflichtung nachkommen, erhalten sie jeweils für jedes Kind einen KFB von monatlich 261 DM (§ 32 Abs. 6 S. 1 EStG).
Nachdem die Eltern die Voraussetzungen des § 26 Abs. 1 S. 1 EStG nicht mehr erfüllen und daher nicht nach § 26a oder § 26b EStG veranlagt werden können, ist zu prüfen, wem der Haushaltsfreibetrag zusteht. Maßgebend für die Zuordnung sind die Eintragungen im Melderegister. Herr Berger erhält deswegen für beide Kinder insgesamt einen Haushaltsfreibetrag i.h.v. 5.616 DM gem. § 32 Abs. 7 S. 1 u. 2 EStG. Auf die tatsächlichen Verhältnisse kommt es nicht an.

Zu 5.
Franz ist nur zu seinen leiblichen Eltern im 1. Grad verwandt (§ 32 Abs. 1 Nr. 1 EStG). Für den KFB ist zu prüfen, ob zu Guntram und Monika ein Pflegekindschaftsverhältnis gem. § 32 Abs. 1 Nr. 2 EStG besteht.
Franz lebt auf Dauer im Haushalt von Guntram und Monika, sie behandeln ihn wie ihr eigenes Kind, zu den leiblichen Eltern besteht keinerlei Kontakt, und Guntram und Monika kommen zu einem wesentlichen Teil für den Unterhalt des Kindes auf (R 177 Abs. 1, 2 u. 4 EStR). Es ist deshalb ein Pflegekindschaftsverhältnis zu Guntram und Monika anzunehmen.
Franz hat weder zu Beginn des VZ 04 noch im Laufe des VZ 04 das 18. Lj vollendet und ist deshalb sowohl bei den leiblichen Eltern, als auch bei seinen Pflegeeltern. berücksichtigungsfähig (§ 32 Abs. 3 EStG). Die leiblichen Eltern erhalten für die Monate Januar und Februar 04 einen Kinderfreibetrag von jeweils monatlich 522 DM. Die Pflegeeltern gehen nach § 32 Abs. 2 S. 2 EStG den leiblichen Eltern vor und sie erhalten deshalb für die Monate März - Dezember 04 einen Kinderfreibetrag von jeweils monatlich 522 DM.

Ergänzung zum Rechtsstand vor 1996:
Im Jahr der Begründung des Pflegekindschaftsverhältnisses ist es unbedeutend, ob die leiblichen Eltern Unterhaltskosten für Franz übernommen haben (R 177 Abs. 5 S. 1 EStR). Es erfolgt deshalb auch eine Berücksichtigung bei den Pflegeeltern. Die leiblichen Eltern erhalten gem. § 32 Abs. 6 S. 2 EStG gemeinsam einen KFB von 4.104 DM. Guntram und Monika erhalten ebenfalls gemäß § 32 Abs. 6 S. 2 EStG einen KFB i.H.v. 4.104 DM. In den Folgejahren erhalten nur noch Guntram und Monika einen KFB von jährlich 4.104 DM. Die leiblichen Eltern erhalten keinen KFB, da sie ihrer Unterhaltspflicht nicht nachgekommen sind (R 177 Abs. 5 S. 2 EStG). Die Berücksichtigung bei den Pflegeeltern kommt nach § 32 Abs. 7 EStG Vorrang zu.

Guntram und Monika bekommen keinen Haushaltsfreibetrag, da sie nach § 26 b EStG zusammen veranlagt werden (§ 32 Abs. 7 EStG).

Zu 6.
Im VZ 05 existiert nur noch zu Guntram ein Pflegekindschaftsverhältnis. Zu Monika ist es zu verneinen, da es an der Haushaltszugehörigkeit mangelt. Deswegen erhält lediglich Guntram einen KFB gem. § 32 Abs. 6 S. 3 Nr. 2 EStG i.H.v. 522 DM monatlich.

Zu 6.
Sinan ist ein leibliches Kind von Ali und mit ihm im 1. Grad verwandt (§ 32 Abs. 1 Nr. 1 EStG). Sinan ist unbeschränkt einkommensteuerpflichtig gem. § 1 Abs. 1 S.1 EStG, da er seinen Wohnsitz (§ 8 AO) im Inland hat (§ 32 Abs. 2 EStG).
Sinan hat das 18. Lj, aber noch nicht das 27 Lj vollendet. Zudem kann er seine Berufsausbildung mangels eines Ausbildungsplatzes nicht beginnen bzw. vollenden. Dadurch kann Sinan gem. § 32 Abs. 4 Nr. 1 EStG als Kind berücksichtigt werden. Ali erhält für Sinan einen KFB gem. § 32 Abs. 6 S. 3 Nr. 1 EStG i.H.v. monatlich 522 DM.

Bei der Einkommensteuerveranlagung des Ali wird ein Haushaltsfreibetrag mit 5.616 DM berücksichtigt, da Ali einen KFB oder Kindergeld für Sinan erhält und sein Sohn offensichtlich in seiner Wohnung gemeldet ist.

Zu 8.
Die beiden Kinder sind zu Jan und Elsa im 1. Grad verwandt (§ 32 Abs. 1 Nr. 1 EStG). Beide Kinder sind unbeschränkt einkommensteuerpflichtig. Da die Kinder unter 18 Jahre alt sind, können sie gem. § 32 Abs. 3 EStG berücksichtigt werden.
Die Ehegatten erhalten bis zum Oktober 04 einen KFB i.H.v. monatlich 522 DM gem. § 32 Abs. 6 S. 2 EStG. Ab dem November 04 erhält Elsa einen KFB i.H.v. monatlich 522 DM gem. § 32 Abs. 6 S. 3 Nr. 1 EStG, da Jan im Oktober 04 verstarb.

Für den VZ 04 erhalten die Ehegatten aufgrund der Zusammenveranlagung keinen Haushaltsfreibetrag.
Für den VZ 05 kann dem Antrag auf Zusammenveranlagung nicht mehr entsprochen werden. Es findet eine Einzelveranlagung statt (§ 25 EStG). Allerdings kann ein Haushaltsfreibetrag nicht berücksichtigt werden, da für den VZ 05 nochmals der Splittingtarif (sog. Witwensplitting gem. § 32 a Abs. 6 Nr. 1 EStG) zur Anwendung kommt.

Zu 9.
Sämtliche Kinder sind zu Alwin und Birgit Eder im 1. Grad verwandt, da sie deren leibliche Kinder sind (§ 32 Abs. 1 Nr. 1 EStG).
Bernd und Monika sind gem. § 32 Abs. 3 EStG berücksichtigungsfähig, da sie das 18. Lj zu Beginn des VZ noch nicht vollendet haben.
Benjamin kann nicht berücksichtigt werden, da er seinen Grundwehrdienst ableistet (§ 32 Abs. 5 Nr. 2 EStG). Er könnte jedoch in einem späteren VZ über das 21. bzw. 27. Lj hinaus berücksichtigt werden, wenn die Voraussetzungen des § 32 Abs. 4 Nr. 1 oder Nr. 2a EStG vorliegen (§ 32 Abs. 5 EStG).

Da Herr Eder den Antrag auf Zuordnung gestellt hat und Frau Eder ihrer Unterhaltsverpflichtung nicht nachkam, erhält Alwin für die Kinder Bernd und Monika jeweils einen KFB von monatlich 522 DM (§ 32 Abs. 6 S. 5 EStG).

Herrn Eder steht ein Haushaltsfreibetrag i.H.v. 5.616 DM (§ 32 Abs. 7 S. 1 EStG) zu, da er mindestens einen KFB bekommt und die Kinder in seinem Haushalt gemeldet sind. Einer Zuordnung bedarf es nicht, da alle KFB auf ihn übertragen wurden (H 182 - Abzug ohne Zuordnung - EStH).

Ergänzung zum Rechtsstand vor 1996:
Benjamin ist ebenfalls berücksichtigungsfähig, da er zwar das 18., aber noch nicht das 27. Lj vollendet hat und seine Berufsausbildung durch die Wehrdienstzeit unterbrochen wurde (§ 32 Abs. 4 Nr. 3 i.V.m. S. 2 EStG). Die Verpflichtung für 2 Jahre zählt noch als Wehrdienst (H 180b - Freiwilliger Wehrdienst - EStH).

III. Vereinnahmung und Verausgabung (§ 11 EStG)

FALL 5

Grundsätze des § 11 EStG;
regelmäßig wiederkehrende Zahlungen

Sachverhalt:
1. Herr Bahr (B) zahlt für sein Büro monatlich 750 DM Miete, die jeweils zum 1. des Monats fällig wird. B begleicht die Mietzahlungen grundsätzlich in bar. Vor Antritt einer mehrwöchigen Reise bezahlt er am 23.12.04 die Mieten für Dezember, Januar und Februar bei seinem Vermieter.
2. Was wäre, wenn B unbar bezahlt und den Überweisungsauftrag für die 3 Monate am 21.12.04 gegen Mittag in den Briefkasten der Bank einwirft. Am 23.12.04 wird sein Konto belastet. Die Kontoauszüge werden ihm am 3.1.05 zugesandt. Auf dem Konto des Vermieters erfolgt die Gutschrift am 2.1.05.
3. Was wäre, wenn B die Miete mit Scheck bezahlt und den Scheck am 27.12.04 in den Briefkasten seines Vermieters einwirft, obwohl er weiß, daß dieser für 2 Wochen zum Skifahren verreist ist.
4. Wie Sachverhalt 3., nur weiß B, daß der Scheck wegen Unterdeckung nicht eingelöst werden wird.
5. Frau Kaiser schließt bei einer Versicherungsgesellschaft eine Lebensversicherung ab. Die monatlichen Prämien von 150 DM sind jeweils zum Monatsbeginn fällig. Wegen eines kleinen Lottogewinns überweist sie am 29.12.04 die Prämien für das Jahr 05 i.H.v. 1.800 DM in einem Betrag.
6. Herr Säumig zahlt für einen Kredit an das Bankhaus „Wucher & Söhne" vierteljährlich 1.200 DM Zinsen. Die Zinsen sind jeweils nachschüssig am Quartalende fällig. Da er mit der Zahlung für das 3. Quartal 04 in Rückstand kam, mußte er im 4. Quartal zusätzlich 100 DM Säumnisgebühr

Einkommensteuer 199

zahlen. Säumig überwies am 2.1.05 1.300 DM an das Bankhaus. Laut Vertrag ist eine eventuell anfallende Gebühr am Ende des nächsten Quartal zu zahlen.
7. Herr Eck zahlt für seine Büroräume 1.000 DM Monatsmiete. Die Zahlung erfolgt durch Dauerauftrag. Die Miete für das abgelaufene Monat ist jeweils am 5. des Folgemonats fällig. Die Überweisung für Dezember 04 erfolgte pünktlich am 30.12.04.
8. Frau Huber erwirbt für ihr Büro am 30.12.04 eine neuen Schreibtisch für 2.400 DM, der am gleichen Tag geliefert wird. Frau Huber zahlt den Schreibtisch am 10.1.05 per Scheck, den sie dem Besitzer des Möbelgeschäftes persönlich übergibt.
9. Bei einem Umzug findet Herr Schlampig ein verloren geglaubtes Sparbuch wieder. In der Bank werden ihm am 2.3.05 die Gutzinsen für die Jahre 02 mit 350 DM, 03 mit 389 DM und 04 mit 450 DM gutgeschrieben.

Aufgabe: Stellen Sie fest, in welchem VZ die Verausgabung zu berücksichtigen ist. Nehmen Sie bei den Sachverhalten 2 und 3 auch zum Zufluß Stellung.
Hinweis: Keine der beteiligten Personen ermittelt die Einkünfte durch Betriebsvermögensvergleich.

Lösung
Zu 1.
Mieten sind regelmäßig wiederkehrende Zahlungen i.S.d. § 11 Abs. 1 S. 2 EStG. Bei Barzahlung gilt der Zeitpunkt der Geldübergabe als Abflußzeitpunkt. Die Fälligkeit der Miete ist jeweils der 1. des Monats. Die Zahlung erfolgte für die Dezembermiete am 23.12.04. Sie gilt im Dezember als abgeflossen (§ 11 Abs. 2 S. 2 EStG).
Die Januarmiete ist fällig am 1. Januar und wurde am 23.12.04 bezahlt. Somit liegen Fälligkeit und Zahlung innerhalb der sog. 10-Tages-Frist. Die Januarmiete wird dem Jahr der wirtschaftlichen Zugehörigkeit 05 zugerechnet. Es greift die Ausnahmeregel für gleichmäßig wiederkehrende Zahlungen gem. § 11 Abs. 2 S. 2 EStG.
Bei der Februarmiete ist zwar der Zeitpunkt der Zahlung, nicht aber der Fälligkeitstermin innerhalb der kurzen Zeit, d.h., daß das Jahr der Zahlung und nicht das Jahr der wirtschaftlichen Zugehörigkeit maßgebend ist. Der Mietaufwand wird deswegen dem Veranlagungszeitraum 04 zugeordnet (§ 11 Abs. 2 S. 1 EStG).

Zu 2.
Abfluß
Wird eine Zahlung per Überweisungsauftrag beglichen, gilt der Tag, an dem der Überweisungsträger bei der Bank eingegangen ist, als Tag der Zahlung (H 116 - Überweisung - EStH). Somit sind die drei Monatsmieten bereits am 21.12.04 abgeflossen. Der Tag der Kontobelastung oder der Tag der Kenntnisnahme über den Geldabfluß sind nicht maßgebend.
Da Fälligkeit und Zahlung nicht innerhalb kurzer Zeit liegen, sind die Mietzahlungen dem Veranlagungszeitraum 04 zuzuordnen.
Zufluß
Bei Überweisung gilt der Tag der Gutschrift auf dem Konto des Empfängers als Zufluß. Die Dezembermiete ist am 1.12.04 fällig, die Zahlung erfolgte mit Gutschrift auf dem Konto am 2.1.05. Fälligkeit und Zahlung liegen nicht innerhalb der 10-Tages-Regelung. Somit kommt § 11 Abs. 1 S. 1 EStG zur Anwendung, da die Voraussetzungen der Ausnahmeregelung nicht erfüllt sind.
Bei den Mieten für Januar und Februar 05 liegen Fälligkeit und Zufluß innerhalb desselben VZ, weshalb sie steuerlich im VZ 05 erfaßt werden müssen.

Zu 3.
Abfluß
Die Zahlung erfolgte bereits mit Übergabe des Schecks. Durch den Einwurf in den Briefkasten des Vermieters verliert B die wirtschaftliche Verfügungsmacht über den Scheck. Die Zahlung gilt als am 27.12.04 als geleistet. Zu den einzelnen Mieten ist noch anzuführen:
Die Dezembermiete ist im Jahr der wirtschaftlichen Zugehörigkeit abgeflossen und fällig gewesen. Sie wird deshalb im Jahr 04 als Ausgabe erfaßt (§ 11 Abs. 2 S. 1 EStG).
Die Januarmiete ist am 1. Januar 05 fällig, gezahlt wurde sie am 27.12.04. Da Zahlung und Fälligkeit innerhalb kurzer Zeit liegen, wird die Januarmiete dem Jahr der wirtschaftlichen Zugehörigkeit (= 05) zugeordnet (§ 11 Abs. 2 S. 2 EStG).
Bei der Februarmiete ist lediglich die Zahlung, nicht aber auch die Fälligkeit innerhalb des 10-Tages-Zeitraumes. Die Ausnahmeregelung des § 11 Abs. 2 S. 2 EStG gilt somit nicht, so daß der Aufwand im VZ 04 berücksichtigt wird.
Zufluß
Mit dem Einwurf des Schecks in den Briefkasten gilt die Zahlung beim Vermieter als zugeflossen. Daß der Vermieter sich in Urlaub befindet, spielt

keine Rolle, da der Briefkasten zum Verfügungsmachtbereich des Vermieters gehört.
Bei der Dezembermiete liegen Fälligkeit und Zahlung innerhalb desselben VZ. Die Einnahme gilt somit im Dezember 04 als zugeflossen (§ 11 Abs. 1 S. 1 EStG).
Die Januarmiete ist am 1.1.05 fällig, der Zufluß erfolgte am 27.12.04. Da Zufluß und Fälligkeit innerhalb kurzer Zeit liegen, gilt die Ausnahmeregelung des § 11 Abs. 1 S. 2 EStG. Die Miete gilt im Jahr der wirtschaftlichen Zugehörigkeit (= 05) als zugeflossen.
Bei der Februarmiete liegt zwar die Zahlung, nicht aber die Fälligkeit innerhalb kurzer Zeit. Die Ausnahmeregelung des § 11 Abs. 1 S. 2 gilt somit nicht und die Mieteinnahme wird im VZ 04 erfaßt.

Zu 4.
Da der Scheck durch die Bank nicht eingelöst wird und B dies bekannt ist, gilt die Zahlung als nicht geleistet.

Zu 5.
Die Versicherungsprämien sind regelmäßig wiederkehrende Zahlungen.
Der Abfluß erfolgt am 29.12.04 mit Eingang des Überweisungsauftrages beim Bankinstitut. Nachdem die Prämien monatlich fällig sind, gliedert sich die Überweisung für steuerrechtliche Zwecke in 12 Einzelbeträge auf.
Für die am 1.1.05 fällige Januarprämie erfolgte die Zahlung am 29.12.04. Fälligkeit und Zahlung befinden sich innerhalb der 10-Tages-Frist, so daß der Aufwand dem Jahr der wirtschaftlichen Zugehörigkeit (= 05) zugeordnet wird (§ 11 Abs. 2 S. 2 EStG).
Die restlichen Prämien sind alle außerhalb der 10-Tages-Frist fällig (1.2., 1.3. usw.), so daß die Ausnahmeregelung nicht zum Tragen kommt. Es gilt somit das Jahr des Abflusses 04 als Verausgabungsjahr (§ 11 Abs. 1 S. 1 EStG).

Zu 6.
Schuldzinsen stellen eine regelmäßig wiederkehrende Leistung i.S.d. § 11 Abs. 2 S. 2 EStG dar. Nicht dazu zählt die Säumnisgebühr, da sie nur einmalig auf Grund eines Versäumnisses gezahlt und nicht ständig geschuldet wird.
Die Schuldzinsen für das 4. Quartal sind am 31.12.04 fällig und werden am 2.1.05 durch Überweisung bezahlt. Da Zahlung und Fälligkeit innerhalb kurzer Zeit liegen, gilt das Jahr der wirtschaftlichen Zugehörigkeit als Abflußjahr, dies ist das Jahr 04 (§ 11 Abs. 2 S.2 EStG).
Die Säumnisgebühr stellt keine regelmäßig wiederkehrende Zahlung dar. Die Ausnahmeregelung des § 11 Abs. 2 S. 2 EStG ist somit nicht anzuwenden, so daß die Gebühr dem VZ der Zahlung (= 05) zugeordnet wird.

Zu 7.
Die Miete ist eine regelmäßig wiederkehrende Zahlung. Als Jahr der wirtschaftlichen Zugehörigkeit ist der Zeitraum anzusehen, für den die Miete gezahlt wird. Dies ist im angegebenen Sachverhalt der Dezember 04. Die Miete ist fällig am 5.1.05, die Zahlung erfolgte am 30.12.04. somit sind Zahlung und Fälligkeit innerhalb kurzer Zeit. Die Miete gilt im Jahr der wirtschaftlichen Zugehörigkeit 04 als abgeflossen (§ 11 Abs. 2 S. 2 EStG).

Zu 8.
Der Erwerb des Schreibtisches stellt keine regelmäßig wiederkehrende Aufwendung dar. Die Bezahlung erfolgte mit Übergabe des Schecks am 10.1.05 - H 116 (Scheck, Scheckkarte, Kreditkarte) EStH -, so daß die Aufwendungen im VZ 05 zu berücksichtigen sind.

Zu 9.
Sparbuchzinsen gelten in dem Jahr als bezogen, für das sie gutgeschrieben werden. Der Zeitpunkt der Eintragung ist unbeachtlich. Der Zufluß der einzelnen Zinsbeträge ist jeweils der 31.12. des entsprechenden Jahres, da die Sparbuchzinsen zu diesem Stichtag fällig sind; H 116 (Zinsen) EStH.

IV. Gewinneinkünfte

FALL 6

Gewinnermittlung nach § 4 Abs. 3 EStG

Sachverhalt: Paul Gahr (G) betreibt in Rosenheim ein Architekturbüro. Er ermittelt seinen Gewinn durch Gegenüberstellung der Betriebseinnahmen und der Betriebsausgaben. Er ist voll zum Vorsteuerabzug berechtigt. Für das Jahr 04 hat er einen Gewinn i.H.v. 135.050 DM ermittelt. Über die korrekte Behandlung folgender Geschäftsvorfälle ist er sich allerdings nicht sicher:

1. Ein Kunde bezahlte am 3.1.04 eine Rechnung i.H.v. 11.400 DM. Die Rechnung stammte noch aus dem Jahr 01 (damaliger USt-Satz 14 %) und G rechnete eigentlich nicht mehr mit dem Eingang des Betrages. Da G annahm, die Rechnung sei bereits verjährt, unterließ er eine Erfassung als BE.
2. Vom Finanzamt Rosenheim erhielt er am 17.1.04 den Einkommensteuer- und den Umsatzsteuerbescheid 02. Aufgrund zu hoher Vorauszahlungen erstattete das FA 6.400 DM Einkommensteuer. Da G außer den Einkünf-

ten aus seiner Architektentätigkeit keine anderen Einkünfte erzielte, erfaßte er die Erstattung als BE. Die Gutschrift erfolgte am 24.1.04 auf das betriebliche Bankkonto. Der Umsatzsteuerbescheid weist eine Nachzahlung von 2.495 DM aus. Die Überweisung erfolgte am 17.2.04 und wurde als Aufwand aufgezeichnet.

3. G erwarb mit Kaufvertrag vom 23.12.03 einen Pkw der Marke „Mazda 323 Kombi". Da für das Jahr 04 vom Hersteller eine Preiserhöhung angekündigt war, zahlte G bei Abschluß des Kaufvertrages 10.000 DM + 1.500 DM USt an. Der Pkw wurde am 18.2.04 an Paul ausgeliefert. Die Rechnung lautete wie folgt:

1 Pkw Mazda 323 Kombi GL	19.500,00 DM
Metallic-Lackierung	1.200,00 DM
Radio mit Cassettenteil	425,00 DM
Überführungskosten	480,00 DM
Sanitätskoffer	154,00 DM
Gesamtpreis netto	21.759,00 DM
15 % Umsatzsteuer	3.263,85 DM
Gesamtpreis brutto	25.022,85 DM
Anzahlung vom 23.12.03	./.11.500,00 DM
Restbetrag	13.522,85 DM

Die voraussichtliche Nutzungsdauer des Pkw, der ausschließlich betrieblich genutzt wird, beläuft sich auf 5 Jahre. G erfaßte den Nettorechnungsbetrag und die Umsatzsteuer im Jahre 04 als BA. Die Anzahlung wurde im VZ 03 nicht als BA aufgezeichnet.

4. Bei einem Einbruch in der Nacht vom 15.3. auf den 16.3.04 wurde eine Schreibmaschine (ND 4 Jahre) entwendet. Die 2 Jahre alte Maschine kostete bei der Anschaffung 750 DM + 105 DM USt. G nahm im Zeitpunkt der Anschaffung die Bewertungsfreiheit nach § 6 Abs. 2 EStG in Anspruch. Der Teilwert der Schreibmaschine, den G als BA aufzeichnete, betrug am Tag des Diebstahls 270 DM.

5. Die laufenden Kfz-Kosten für den Betriebs-Pkw „Audi 100 2,6 E" betrugen insgesamt 4.800 DM netto. Darin sind Steuer und Versicherung i.H.v. 1.400 DM enthalten. Die in Rechnung gestellten Vorsteuerbeträge summieren sich auf 510 DM. G erwarb den Audi (ND 5 Jahre) am 2.3.02 und nahm bisher die höchstmögliche AfA nach § 7 Abs. 2 EStG aus den Anschaffungskosten von 62.400 DM (inländischer Brutto- listenpreis im Zeitpunkt der erstmaligen Zulassung: 75.000 DM) vor. Der Anteil der privaten Fahrten betrug nach Aufzeichnungen im Fahrtenbuch

25 %. G zeichnete sämtliche Aufwendungen (einschl. AfA und USt) als BA auf. Ferner hatte er sämtliche Belege aufbewahrt.
5a. Was ändert sich an der Lösung der Tz. 5, wenn G kein Fahrtenbuch führt bzw. die Belege nicht aufbewahrt hat?
6. Im April 04 fertigte G für seinen Bruder einen Bauplan für dessen zukünftiges Einfamilienhaus. Hierfür entstanden Aufwendungen von insgesamt netto 280 DM, die in den BA enthalten sind. Für vergleichbare Objekte hätte G einer fremden Person 6.400 DM + USt in Rechnung gestellt. G schenkte den Eingabeplan seinem Bruder zum Geburtstag.
7. Auf einer Baustelle wurde am 30.4.04 durch die Unachtsamkeit eines Angestellten ein Kompaßgerät, das G zum Vermessen von Bauvorhaben benutzte, so stark beschädigt, daß es nur noch Schrottwert hatte. Das Gerät hatte zum 1.1.04 einen Buchwert von 1.560 DM und eine Restnutzungsdauer von 3 Jahren. G erhielt von der Versicherung 1.800 DM erstattet. Für das defekte Gerät erzielte er beim Schrotthändler Gerümpel 140 DM + 15% USt. G erfaßte aus dem gesamten Vorgang den Buchwert 1.1.04 als BA und in gleicher Höhe die Versicherungsleistung. Die restlichen Beträge wurden nicht erfaßt.
8. Neben der Bauplanung wurde auch noch die Bauaufsicht durchgeführt. Dabei verauslagte G in 04 für mehrere Kunden in deren Namen und auf deren Rechnung Gebühren i.H.v. insgesamt 1.850 DM bei verschiedenen Behörden. Lediglich ein Kunde erstattete die verauslagten Beträge im Jahr 04 nicht zurück. Erst nach Einschaltung eines Rechtsanwalts ging der strittige Betrag von 135 DM im März 05 auf dem Bankkonto ein. Da er sich am Jahresende über die genaue Behandlung nicht sicher war, unterließ er jegliche Aufzeichnungen.
9. G bestellte am 22.12.04 einen neuen Zeichentisch. Der Kaufpreis belief sich auf 9.200 einschließlich 1.200 DM Umsatzsteuer. G bezahlte die Rechnung sofort in bar. Aufgrund der Feiertage verzögerte sich die Anlieferung und erfolgte erst am 4.1.05, weshalb G den gesamten Sachverhalt bei der Gewinnermittlung 04 nicht berücksichtigte.
10. Seinen im Mai 02 erworbenen Privat-Pkw benutzt G zu 5 % für betriebliche Fahrten. Insgesamt betrugen die gesamten laufenden Kosten in 04 netto 6.500 DM, davon waren 5.100 DM mit Umsatzsteuer (765 DM) belastet. Die Anschaffungskosten des Pkw (ND 5 Jahre) beziffern sich auf 39.900 DM (einschließlich 4.900 DM USt). G zeichnete von den Aufwendungen 2.853 DM als BA auf.
11. G erstand im VZ 01 mehrere GmbH-Anteile einer großen Bauträgergesellschaft. Durch die Anlage versprach er sich bessere Geschäftsbezie-

hungen und Gewinne durch die Gewinnausschüttungen. Die Anteile wurden mit den Anschaffungskosten von 16.000 DM in das Verzeichnis gem. R 16 Abs. 3 S. 5 EStR eingetragen. Zum 1.1.04 hatten die Anteile einen Wert von 17.500 DM, am 31.12.04 von 18.200 DM. G erfaßte die Kurssteigerung von 700 DM im VZ 04 als BE.
12. Die Gewinnausschüttung für das Jahr 03 erfolgte am 19.6.04. Die Gutschrift erfolgte auf dem betriebliche Bankkonto mit 716,63 DM und wurde als sonstige BE erfaßt. Die erforderliche Steuerbescheinigung liegt vor (Kapitalertragsteuer 245 DM, Solidaritätszuschlag 18,37 DM).
13. G hatte sein Büro in gemieteten Räumen. Bei Bezug mußte er beim Vermieter eine Kaution i.H.v. 4.500 DM hinterlegen. Die Kaution wurde auf einem gesonderten Konto angelegt. Der Kontostand zum 31.12.04 belief sich zwischenzeitlich auf 4.920 DM. Am 15.1.05 wurden die Zinsen für 04 i.H.v. 142,28 DM eingetragen. Eine Steuerbescheinigung liegt vor (Kapitalertragsteuer 63 DM, Solidaritätszuschlag 4,72 DM). Aufzeichnungen wurden aus diesem Sachverhalt nicht vorgenommen.
14. Für die Anschaffung des Zeichentisches (Sachverhalt 9) nahm G einen Kleinkredit über 7.500 DM auf. Das Kreditinstitut zahlte laut Darlehensvertrag lediglich 7.150 DM aus. Eine Rückzahlung bzw. Zinsen wurden in 04 nicht geleistet. G behandelte die Darlehensausreichung als BE i.H.v. 7.050 DM. Die Laufzeit des Darlehens und der Zinsfestschreibungszeitraum stimmen mit 3 Jahren überein. Die erste Tilgung i.H.v. 2.500 DM sollte zum 1.1.06 erfolgen.
15. G befand sich in 04 mehrere Wochen im Krankenhaus. Da er eine Krankenhaustagegeldversicherung abgeschlossen hatte, wurden ihm hieraus Leistungen in Höhe von 14.500 DM gewährt.

Aufgabe: Ermitteln Sie den niedrigst möglichen Gewinn für den VZ 04. Auf die Aufzeichnungspflichten ist hinzuweisen.

Lösung ◄
Paul Gahr erzielt durch seine Tätigkeit als Architekt Einkünfte aus selbständiger Tätigkeit gem. § 18 Abs. 1 i.V.m. § 2 Abs. 1 Nr. 3 EStG. Da er als Freiberufler nicht verpflichtet ist Bücher zu führen, ermittelt er seinen Gewinn zulässigerweise durch Gegenüberstellung der Betriebseinnahmen und Betriebsausgaben gem. § 4 Abs. 3 EStG. Gewinnermittlungszeitraum ist das Kalenderjahr (§ 2 Abs. 7 S. 2 EStG). Da er zum Vorsteuerabzug berechtigt

ist, gehört die in Rechnung gestellte Umsatzsteuer nicht zu den Anschaffungskosten (§ 9b Abs. 1 S. 1 EStG).

Vorläufiger Gewinn 135.050 DM

Zu 1.
Für den Erfassungszeitpunkt einer BE ist auf den Zufluß abzustellen (R 16 Abs. 2 S. 1 EStR, § 11 Abs. 1 S. 1 EStG). Die vereinnahmte Umsatzsteuer ist im Zeitpunkt der Vereinnahmung ebenfalls als BE aufzuzeichnen (R 86 Abs. 4 S. 1 EStR). Die Umsatzsteuer beträgt bei Ausführung der Leistung vor dem 1.1.1993 14 % und verändert sich nicht durch den Zahlungseingang. + 11.400 DM

Zu 2.
Die Einkommensteuer stellt eine Personensteuer dar und darf nicht als BE erfaßt werden. Die Gutschrift auf dem betrieblichen Bankkonto bildet eine Bareinlage (§ 4 Abs. 1 S. 5 EStG). Geldeinlagen bleiben bei der Gewinnermittlung nach § 4 Abs. 3 EStG außer Ansatz. ./. 6.400 DM
Die Umsatzsteuer ist eine Betriebssteuer. Die Zahlung an das Finanzamt stellt eine BA im Zeitpunkt der Zahlung (§ 11 Abs. 2 S. 1 EStG, R 86 Abs. 4 S. 1 EStR) dar. Die Aufzeichnung als BA war somit korrekt.

Zu 3.
Der Pkw stellt notwendiges Betriebsvermögen dar (R 13 Abs. 1 S. 1 EStR), da er ausschließlich betrieblich genutzt wird. Nachdem er zum abnutzbaren Anlagevermögen (R 32 Abs. 1 S. 1 u. 5 EStR) zählt, sind die Anschaffungskosten im Wege der AfA als BA zu erfassen (§ 4 Abs. 3 S. 3 EStG, R 16 Abs. 3 S. 2 EStR).
Die Anschaffungskosten (R 32a Abs. 1 S. 1 EStR) werden wie folgt ermittelt:

Gesamtpreis netto 21.759 DM
Sanitätskoffer ./. 154 DM
AK 21.605 DM

Für bewegliche WG des AV kann die degressive AfA nach § 7 Abs. 2 EStG in Anspruch genommen werden. Maßgebend für den AfA-Beginn ist der Zeitpunkt der Lieferung (§ 9a EStDV, R 44 Abs. 1 S. 1u. 2 EStR). Da die Anschaffung im

1. Halbjahr erfolgte, wird die Vereinfachungsregel der R 44 Abs. 2 S. 3 EStR angewandt, wonach bei Anschaffung in der 1. Jahreshälfte die volle Jahres-AfA zu gewähren ist.
Die degressive AfA darf nur angewandt werden, wenn das WG in ein laufend geführtes Verzeichnis eingetragen wurde (§ 7 Abs. 2 S. 3 i.V.m. § 7a Abs. 8 S. 1 EStG).
Die Umsatzsteuer gehört nicht zu den Anschaffungskosten, da G zum Vorsteuerabzug berechtigt ist (§ 9b Abs. 1 S. 1 EStG).

AfA = AK x 30 % = 21.605 x 30 % =	6.482 DM	
BA bisher aufgezeichnet	21.759 DM	+ 15.277 DM

Die Umsatzsteuer ist im Zeitpunkt der Zahlung ebenfalls als BA zu erfassen (§ 11 Abs. 2 S. 1 EStG, R 86 Abs. 4 S. 1 EStR).

USt lt. Abrechnung (aufgerundet)	3.264 DM	
USt aus Anzahlung	./.1.500 DM	
USt als BA in 04	1.764 DM	./. 1.764 DM

Die USt aus der Abschlagszahlung des Jahres 03 wird als BA im VZ 03 erfaßt. Eine Berichtigung der Veranlagung 03 kann nur im Rahmen der AO-rechtlichen Vorschriften geschehen.

Zu 4.
Die Schreibmaschine stellte notwendiges BV (R 13 Abs. 1 S. 1 EStR) dar, da es sich um ein abnutzbares bewegliches Anlagevermögen (R 32 Abs. 1 S. 1 u. 5 EStR) handelt. Im Zeitpunkt der Anschaffung wurde die Bewertungsfreiheit gem. § 6 Abs. 2 EStG für geringwertige WG - AK netto nicht mehr als 800, ND länger als 1 Jahr und eigenständige Nutzung möglich - in Anspruch genommen. Die BA betrugen deshalb bei Anschaffung 750 DM. Durch die Erfassung des Teilwertes (270 DM) als BA würde es zu einer doppelten Berücksichtigung kommen. + 270 DM

Zu 5.
Der Pkw „Audi" stellt notwendiges BV (R 13 Abs. 1 S. 5 EStR) dar, da er zu mehr als 50 % eigenbetrieblich genutzt wird. Er ist somit abnutzbares bewegliches Anlagevermögen (R 32 Abs. 1 S. 1 u. 5 EStR). Die laufenden Kosten und die AfA wurden richtig als BA erfaßt. Allerdings sollte bei der AfA ein Wechsel zu § 7 Abs. 1 EStG vorgenommen werden, da diese im VZ 04 gegenüber der degressiven AfA zum

höheren Betriebsausgabenansatz führt (§ 7 Abs. 3 S. 1 EStG).
Die Bemessungsgrundlage für die AfA stellen die AK und
nicht der Listenpreis dar (R 43 Abs. 1 EStR).

Entwicklung der AfA:
AK 02	62.400 DM	
AfA 02: 30 % v. 62.400 DM	./. 18.720 DM	
Restwert 31.12.02	43.680 DM	
AfA 03: 30 % v. 43.680 DM	./. 13.104 DM	
Restwert 31.12.03	30.576 DM	
AfA 04: 30 % v. 30.576 DM (erklärt)	9.173 DM	
AfA 04 nach Wechsel zu § 7 Abs. 1:		
30.576 DM : 3	10.192 DM	
AfA-Erhöhung = Gewinnminderung		./. 1.019 DM

Die Verwendung des Pkw für private Fahrten stellt eine Nutzungsentnahme dar (§ 4 Abs. 1 S. 2 UStG, § 1 Abs. 1 Nr. 2b UStG), die umsatzsteuerpflichtig ist. Die Entnahme wird mit den anfallenden Selbstkosten bewertet (§ 6 Abs. 1 Nr. 4 S. 3 EStG, R 39 S. 1 EStR, § 10 Abs. 4 Nr. 2 UStG)). Kosten, die nicht zum Vorsteuerabzug berechtigt haben, scheiden allerdings aus der umsatzsteuerlichen Bemessungsgrundlage aus (Abschn. 155 Abs. 2 S. 4 UStR). Die USt für den Eigenverbrauch kann nach § 12 Nr. 3 EStG nicht als Aufwand berücksichtigt werden.

Diese Ermittlungsmethode ist allerdings nur möglich, wenn sämtliche Kosten aufgezeichnet und nachgewiesen werden und zusätzlich ein Fahrtenbuch (H 118 EStH) geführt wird.

Ermittlung der Gesamtentnahme:

	mit USt	ohne USt
laufende Kosten	3.400	1.400
AfA	10.192	
Gesamtkosten	13.592	1.400
Privat 25 %	3.398	350
USt 15 %	510	
Bruttowert	3.908	
nichtsteuerbarer EV	350	
Gesamtentnahme	4.258	

Die Entnahme (einschließlich der USt) stellt eine fiktive BE dar. + 4.258 DM

Der Sanitätskoffer stellt notwendiges BV gem. R 13 Abs. 1 S. 5 EStR dar. Er gehört zum abnutzbaren, beweglichen Anlagevermögen (R 32 Abs. 1 S. 5 EStR). Da er eine Nutzungsdauer von über einem Jahr hat, die AK nicht mehr als 800 DM betragen und er eigenständig nutzbar ist, wird die Bewertungsfreiheit gem. § 6 Abs. 2 EStG in Anspruch genommen (R 40 Abs. 4 EStR). Die Aufnahme in das besondere Verzeichnis nach § 6 Abs. 2 S. 4 EStG ist erforderlich, da die Anschaffungskosten über 100 DM liegen (R 40 Abs. 3 EStR). ./.   154 DM

Zu 5a.
Da G die Aufzeichnungspflichten nicht erfüllt hat, greift die ab dem VZ 1996 gültige Regelung des § 6 Abs. 1 Nr. 4 S. 2 EStG.

	mit USt	ohne USt
Bruttolistenpreis	75.000	
1 % monatlich für private Kfz-Nutzung	750	
davon 20 % ohne USt	./. 150	+ 150
Kosten netto	600	150
USt 15 %	90	0
Kosten brutto	690	150
Übertrag nicht ust-bare Kosten	150	
Gesamtentnahme monatlich	840	
x Monate	x 12	
= Gesamtentnahme im VZ 04	10.080	

Zu 6.
Die Erstellung des Plans stellt eine sonstige Leistung dar, die Paul im Rahmen seines Unternehmens ausführt. Sein Bruder ist ein Angehöriger i. S. d. § 15 AO. Die unentgeltliche Überlassung bildet einen Eigenverbrauchstatbestand gem. § 1 Abs. 1 Nr. 2b UStG und stellt eine Nutzungsentnahme gem. § 4 Abs. 1 S. 2 dar. Diese ist mit den Selbstkosten von 280 DM zu bewerten (R 39 S. 1 EStR, § 10 Abs. 4 S. 1 UStG) und ist in dieser Höhe als eine fiktive BE zu erfassen (280 DM + 42 DM USt). +   322 DM
Die Eigenverbrauchsumsatzsteuer ist gem. § 12 Nr. 3 nicht abzugsfähig.

Zu 7.
Das Kompaßgerät gehört zum notwendigen Betriebsvermö-

gen (R 13 Abs. 1 S. 1 EStR) und wird als abnutzbares, bewegliches Anlagevermögen (R 32 Abs. 1 S. 5 EStR) eingeordnet.
Die AfA muß bis zum Zeitpunkt des Ausscheidens berechnet werden. AfA und Restbuchwert sind als BA zu erfassen (R 16 Abs. 3 S. 4 EStR).

Ermittlung der AfA:
Buchwert 1.1.04   1.560 DM
AfA linear mit 50 %, aber zeitanteilig mit
4/12   ./. 260 DM
Restbuchwert   1.300 DM

Eine Gewinnauswirkung ergibt sich allerdings nicht, da bereits der gesamte Buchwert 1.1.04 als BA aufgezeichnet wurde.

Die Versicherungserstattung und der Bruttoerlös aus dem Schrottverkauf sind BE im Zeitpunkt des Zuflusses (R 16 Abs. 3 S. 1 EStR, Anlage zu R 16 Nr. 4 EStR, § 11 Abs. 1 S. 1 EStG).

Versicherungserstattung (1.800 ./. 1.560 bereits erfaßt)   +   240 DM
Schrotterlös brutto (140 DM + 21 DM USt)   +   161 DM

Zu 8.
Die Bezahlung der Gebühren erfolgte auf fremden Namen und auf fremde Rechnung. Bei G ist deshalb nichts veranlaßt (R 16 Abs. 2 S. 4 EStR). Auch die erst in 05 vereinnahmten Beträge von 135 DM stellen in 04 keine BA dar, da G noch nicht mit dem endgültigen Ausfall rechnen konnte.

Zu 9.
Der Zeichentisch zählt zum notwendigen BV (R 13 Abs. 1 S. 1 EStR) und stellt abnutzbares bewegliches AV (R 32 Abs. 1 S. 5 EStR) dar. Die AK können nicht sofort als BA erfaßt werden, sondern sind im Wege der AfA auf die ND zu verteilen (§ 4 Abs. 3 S. 3 EStG). Maßgebend für den Beginn der AfA ist der Zeitpunkt der Lieferung (§ 9 a EStDV, R 44 Abs. 1 S. 1 EStR). Nachdem die Lieferung erst im VZ 05 erfolgte kann für den VZ 04 eine AfA nicht angesetzt werden. Die Anzahlung hat auf den AfA-Beginn keine Auswirkung.

Allerdings wird die USt im Zeitpunkt der Zahlung als BA erfaßt (R 86 Abs. 4 S. 1 EStR), da sie nicht zu den Anschaffungskosten zählt (§ 9 b Abs. 1 S. 1 EStG).   ./. 1.200 DM

Zu 10.

Der Pkw stellt notwendiges Privatvermögen dar, da er zu mehr als 90 % privat genutzt (R 13 Abs. 1 S. 6 EStR) wird. Die betrieblichen Fahrten mit dem privaten Pkw sind als Kosteneinlage zu behandeln (§ 4 Abs. 1 S. 5 EStG). Die Bemessungsgrundlage bilden nach § 6 Abs. 1 Nr. 5 EStG die anteiligen Kosten. Diese sind in Höhe des betrieblichen Nutzungsanteils als BA abzugsfähig.
Ermittlung der Kosten:

Kaufpreis brutto (§ 9b Abs. 1 S. 1 EStG)	39.900 DM	
AfA linear, bei ND 5 Jahre 20 %	7.980 DM	
laufende Kosten brutto	7.265 DM	
Gesamtkosten	15.245 DM	
betrieblicher Anteil 5 %	762 DM	
als Aufwand aufgezeichnet	2.853 DM	
Minderung BA	2.091 DM	+ 2.091 DM

Zu 11.

Die GmbH-Anteile stellen notwendiges BV nach R 13 Abs. 1 S. 1 EStR dar. Sie gehören zum nichtabnutzbaren Anlagevermögen (R 32 Abs. 1 S. 4 EStR). Die jeweiligen Wertsteigerungen sind bei der Gewinnermittlung nach § 4 Abs. 3 EStG unbeachtlich, da auch hier ein höherer Teilwert nicht angesetzt werden darf (§ 6 Abs. 1 Nr. 2 EStG). Sie können somit nicht als BE erklärt werden. ./. 700 DM

Zu 12.

Nachdem die Wertpapiere Betriebsvermögen sind, werden auch die daraus resultierenden Erträge als Betriebseinnahmen erfaßt. Die Dividende fließt am 19.6.04 zu (§ 11 Abs. 1 S.1 EStG). Allerdings ist dies nur ein Teil der gesamten Ausschüttung, da Kapitalertragsteuer einbehalten wurde und eine anrechenbare Körperschaftsteuer vorliegt. Die einbehaltene bzw. anrechenbaren Steuern sind nicht abzugsfähig gem. § 12 Nr. 3 EStG. Sie stellen sogenannte „Zwangsentnahmen" dar (§ 4 Abs. 1 S.2 EStG).
Ermittlung der Gewinnausschüttung:

Nettodividende	716,63 DM
Kapitalertragsteuer (§ 43 Abs. 1 Nr. 1, § 43a Abs. 1 Nr. 1 EStG)	245,00 DM
Solidaritätszuschlag	18,37 DM

Bardividende	980,00 DM
anrechenbare Körperschaftsteuer, 3/7	
(§ 20 Abs. 1 Nr. 3 u. Abs. 3 EStG)	420,00 DM
Bruttodividende	1.400,00 DM

Von den zu versteuernden Einnahmen wurde bereits die Nettodividende aufgezeichnet, so daß nur noch die anrechenbaren Steuern als Beteiligungserträge zu erfassen sind. + 683 DM

Zu 13.
Die Kaution stellt eine Forderung gegenüber dem Vermieter dar und rechnet zum notwendigen Betriebsvermögen (R 13 Abs. 1 S. 1 EStR). Allerdings haben bei der Gewinnermittlung gem. § 4 Abs. 3 EStG Forderungen keine Auswirkung.
Die Zinsen auf die Kaution sind Betriebseinnahmen und fließen mit Ablauf des Jahres zu. Auf die Eintragung im Sparbuch kommt es nicht an. Durch das Bankinstitut wurde Kapitalertragsteuer i.H.v. 30 % der Einnahmen einbehalten (§ 43 Abs. 1 Nr. 7, § 43a Abs. 1 Nr. 4 EStG).

Ermittlung der Betriebseinnahmen:

Gutschriftsbetrag	142,28 DM
Kapitalertragsteuer	63,00 DM
Solidaritätszuschlag	4,72 DM
Zinseinnahme	210,00 DM

Nachdem bisher keine Aufzeichnung vorgenommen wurde, ergibt sich eine Gewinnauswirkung von + 210 DM

Zu 14.
Das Darlehen wurde für ein WG des notwendigen BV aufgenommen und rechnet aus diesem Grund ebenfalls zum notwendigen BV (R 13 Abs. 15 EStR). Der Unterschiedsbetrag zwischen Darlehensauszahlung und Nennbetrag des Darlehens bildet ein sog. Damnum (Disagio) und stellt einen vorweggenommenen Zins dar. Das Damnum gehört um Zeitpunkt des Abflusses - dies ist die Ausreichung des Darlehens - zu den BA; H 116 (Damnum) EStH. ./. 450 DM
Die Darlehensauszahlung selbst gehört nicht zu den BE (R 16 Abs. 2 S. 6 EStR). ./. 7.050 DM
Nachdem in 04 keine Zinsen bezahlt wurden, kann ein Aufwand hierfür nicht berücksichtigt werden.

Zu 15. Leistungen aus der Krankenhaustagegeldversicherung rechnen zu den nicht einkommensteuerbaren Vorgängen, da Leistungen nicht im Rahmen einer Einkunftsart erzielt werden. Die Nichtaufzeichnung war somit zutreffend.
Berichtigter Gewinn   153.607 DM

V. Überschußeinkünfte

FALL 7
Einkünfte aus nichtselbständiger Arbeit

Sachverhalt: Herr Langer (L) ist in einer großen Spedition in München als leitender Angestellter beschäftigt. Auf seiner Lohnsteuerkarte sind u.a. folgende Eintragungen ersichtlich:

Bruttoarbeitslohn vom 1.1. - 31.12.	103.380,03 DM
Einbehaltene Lohnsteuer	17.536,30 DM
Einbehaltene Kirchensteuer	1.402,90 DM
Solidaritätszuschlag	1.315,22 DM
Arbeitnehmeranteil zur Sozialversicherung	10.368,00 DM

Für das Jahr 04 liegen für L die nachstehenden Angaben vor:
1. Herr Langer wohnt in einer kleinen Ortschaft 45 km (einfache Entfernung bis zum Firmenparkplatz der Firma) von seiner Arbeitsstelle entfernt. Er fährt täglich 12 km mit seinem Pkw nach Freising, von dort aus mit der S-Bahn nach München. Für die Karte nach München mußte er monatlich 120 DM bezahlen. Nur im August löste er eine einzige Wochenkarte, für die er 35 DM verausgabte. An insgesamt 4 Tagen begab er sich aus privaten Gründen mit der Monatskarte nach München. Eine Einzelkarte hätte 12 DM gekostet. Insgesamt fuhr er an 225 Tagen nach München zur Arbeit.
2. Eines Abends entdeckte er beim Einsteigen in seinen Pkw, daß während des Tages jemand den Wagen angefahren und Scheinwerfer mit Blinker beschädigt hatte. Die erfolgte Reparatur verursachte Kosten von insgesamt 740 DM (einschließlich Umsatzsteuer), da der Lack ebenfalls beschädigt war und ausgebessert werden mußte. Von der Versicherung erhielt L keine Erstattung, da eine Kaskoversicherung nicht bestand.

3. L mußte zusätzlich an 2 Abenden gegen Mitternacht in die Firma fahren, da an der EDV-Anlage Fehlfunktionen auftraten. L war als EDV-Fachmann zuständig bei eventuellen Störungen. Diese Fahrten wurden mit dem eigenen Pkw durchgeführt und sind bei Tz. 1 nicht enthalten.
4. L erteilte in 04 auf Grund seiner umfangreichen Kenntnisse Unterricht an der Volkshochschule Freising. Die Kurse wurden jeweils am Wochenende abgehalten. Der Kurs umfaßte 40 Stunden und je Stunde wurden 40 DM vergütet. Zusätzlich erstattete ihm die Volkshochschule die Anfahrtkosten im Rahmen der steuerlichen Vorschriften mit 124,80 DM.
5. Ein Vertreter überzeugte Herrn Langer, daß ein Diktiergerät eine sinnvolle Investition und eine ungemeine Arbeitserleichterung sei. Er erwarb daraufhin am 14.2.04 ein entsprechendes Gerät. Der Kaufpreis betrug 425 DM einschließlich Umsatzsteuer. Die Nutzungsdauer beträgt 4 Jahre.
6. Da L die Zeit im Zug sinnvoll nutzen wollte und er auch manchmal Arbeit mit nach Hause nahm, erstand er am 13.11.04 einen Laptop. Der Computer, den er ausschließlich für berufliche Zwecke nutzte, verursachte Anschaffungskosten von 2.080 DM brutto. Nach Rückfrage beim Finanzamt wurde die Nutzungsdauer auf 4 Jahre festgelegt.
7. Da L über ständige Rückenbeschwerden klagte, empfahl ihm ein Freund bereits im Jahr 02, daß er sich einen neuen Bürostuhl anschaffen solle. Nach eingehenden Informationen erwarb er am 1.4.02 einen Stuhl der Marke „Sitz gut", der für entspanntes Arbeiten garantieren sollte. Der Kaufpreis des Stuhles betrug brutto 1.710 DM Die Lieferfirma gewährt bei der Bezahlung des Stuhles 20 % Rabatt. Der Stuhl wurde von L lediglich privat genutzt. Eine berufliche Verwendung erfolgte in 02 bzw. 03 nicht. Am 1.1.04 entschloß er sich, den Stuhl in sein Büro mitzunehmen und ihn gegen seine bisherige Sitzgelegenheit auszuwechseln. Die Gesamtnutzungsdauer kann mit 4 Jahren angenommen werden.

Die Ehefrau des L wird gelegentlich als Bürohilfe bei einem Bekannten in dessen Firma tätig. Auf der Lohnsteuerkarte 04 wurden 6.900 DM Bruttoarbeitslohn bescheinigt. Weitere Eintragungen unterblieben. Kosten entstanden Frau Langer nicht, da sie die Arbeitsstätte zu Fuß erreichte.

Aufgabe: Ermitteln Sie die Einkünfte der Ehegatten Langer für den VZ 04.

▶ **Lösung**

Herr Langer und seine Ehefrau erzielen jeweils Einkünfte aus nichtselbständiger Tätigkeit gem. § 2 Abs. 2 Nr. 4 i.V.m. § 19 EStG. Zu ermitteln ist der Überschuß der Einnahmen (§ 8 EStG) über die Werbungskosten (§ 9 EStG). Ermittlungszeitraum ist das Kalenderjahr (§ 2 Abs. 7 EStG). Lohnsteuer Solidaritätszuschlag und Kirchensteuer sind nichtabzugsfähige Personensteuern gem. § 12 Nr. 3 EStG. Die einbehaltene Lohnsteuer wird nach § 36 Abs. 2 Nr. 2 EStG auf die Einkommensteuer angerechnet. Die Kirchensteuer kann nur im Rahmen der Sonderausgaben berücksichtigt werden. Der Arbeitgeberanteil zur Sozialversicherung bleibt nach § 3 Nr. 62 EStG steuerfrei. Der Arbeitnehmeranteil zur Sozialversicherung ist gem. § 12 Nr. 1 EStG nicht abzugsfähig, allerdings im Rahmen der Sonderausgaben zu berücksichtigen.

Zu 1.
Es handelt sich um Fahrten zwischen Wohnung und Arbeitsstätte gem. § 9 Abs. 1 Nr. 4 EStG. Die Wahl des Beförderungsmittel steht L frei (Abschn. 42 Abs. 1 S. 4 LStR). Die Kosten für die Fahrten mit dem Pkw können nur in Höhe der Pauschbeträge gem. § 9 Abs. 1 Nr. 4 S. 4 Buchstabe a) EStG i. H. v. 0,70 DM/Entfernungskilometer angesetzt werden (Abschn. 42 Abs. 1 S. 1 LStR).
225 Tage x 12 km x 0,70 DM   1.890 DM
Die Aufwendungen für die S-Bahnkarten sind ebenfalls Werbungskosten gem. § 9 Abs. 1 Nr. 4 EStG und können in der tatsächlichen Höhe geltend gemacht werden (Abschn. 42 Abs. 7 S. 1, 2 LStR), dabei ist die private Mitbenutzung unbeachtlich.
11 x 120 DM + 1 x 35 DM =   1.355 DM

Zu 2.
Unfallkosten sind außergewöhnliche Kosten und neben den Pauschbeträgen zu berücksichtigen (Abschn. 42 Abs. 5 S. 2 u. 3 LStR). Da L keine Versicherungsleistungen erhält, sind die Reparaturkosten in vollem Umfang WK nach § 9 Abs. 1 S. 1 EStG. Voraussetzung für den Abzug als WK ist, daß der Unfall sich auf der Fahrt Wohnung - Arbeitsstätte oder während der Parkdauer anläßlich einer solchen Fahrt ereignete.   740 DM

Zu 3.
Es handelt sich um Fahrten im Sinne des § 9 Abs. 1 Nr. 4 S. 2

EStG. Die Kosten sind somit als Werbungskosten abzugsfähig.
2 Tage x 45 km x 0,70 DM =   63 DM

Zu 4.
Die Unterrichtstätigkeit stellt eine Nebentätigkeit i.S.d. Abschn. 68 LStR dar, die selbständig ausgeübt wird. Da L die Tätigkeit für die Volkshochschule ausübt, kommt die Befreiungsvorschrift des § 3 Nr. 26 EStG zum Ansatz. Nachdem die Gesamteinnahmen 2.400 DM nicht überschreiten, bleiben sie außer Ansatz. Die entstandenen Aufwendungen sind nicht zu berücksichtigen (§ 3c EStG).

Zu 5.
Das Diktiergerät wird ausschließlich beruflich genutzt und stellt somit ein Arbeitsmittel gem. Abschn. 44 Abs. 1 S. 1 LStR dar. Grundsätzlich sind dabei die Anschaffungskosten auf die Nutzungsdauer zu verteilen. Nachdem aber die Anschaffungskosten (netto) 800 DM nicht überschreiten und das WG selbständig nutzungsfähig ist, gilt § 6 Abs. 2 EStG entsprechend (§ 9 Abs. 1 Nr. 7 S. 2 EStG). L kann somit im Zeitpunkt der Zahlung den Kaufpreis in voller Höhe als Werbungskosten behandeln (Abschn. 44 Abs. 3 S. 1 LStR).   425 DM

Zu 6.
Der Computer stellt ebenfalls ein Arbeitsmittel i.S.d. Abschn. 44 Abs. 1 S. 1 LStR dar. Allerdings liegen die AK netto über 800 DM, so daß die AK auf die ND zu verteilen sind (Abschn. 44 Abs. 3 S. 2 LStR). Die in Rechnung gestellte USt gehört ebenfalls zu den AK, da L nicht zum Vorsteuerabzug berechtigt ist (§ 9b Abs. 1 S. 1 EStG).
Die AfA beginnt ab dem Zeitpunkt der Lieferung (§ 9a EStDV). Nach Abschn. 44 Abs. 3 S. 3 LStR kann L aus Vereinfachungsgründen bei Anschaffung in der 2. Jahreshälfte eine Halbjahres-AfA in Anspruch nehmen. Die AfA wird nach § 7 Abs. 1 EStG linear vorgenommen, da es sich um Privatvermögen handelt.
2.080 DM : 4 = 520 DM x 50 % =   260 DM

Zu 7.
Der Stuhl wird ab 1.1.04 erstmalig beruflich genutzt. Ab diesem Zeitpunkt ist die AfA als WK zu berücksichtigen. Maßgebend für die AfA-Ermittlung sind dabei die ursprünglichen Anschaffungskosten, vermindert um eine fiktive AfA (Abschn. 44 Abs. 3 S. 7 u. 8 LStR) für die Zeit der privaten Nutzung und die Restnutzungsdauer ab dem Zeitpunkt der beruflichen Nutzung.

Ermittlung des Restwertes 1.1.04:
Rechnungspreis 1.4.02	1.710 DM
Rabatt 20 %	./. 342 DM
Anschaffungskosten 1.4.02	1.368 DM
AfA nach § 7 Abs. 1 EStG für 02	
linear 25 % v. 1.368 DM = 342 x 9/12	./. 256 DM
AfA für 03: 25 % v. 1.368 DM	./. 342 DM
Restwert 1.1.04	770 DM

Da der Restwert den Betrag von 800 DM nicht überschreitet, kann L den errechneten Wert von 770 DM in voller Höhe als WK beantragen (Abschn. 44 Abs. 3 S. 9 LStR).   770 DM

Die Gesamtwerbungskosten betragen 5.503 DM. Da die tatsächlichen Werbungskosten über dem Arbeitnehmer-Pauschbetrag (§ 9a Nr. 1 EStG) von 2.000 DM liegen, werden diese angesetzt. Die Einkünfte betragen somit 103.380 DM ./. 5.503 DM = 97.877 DM.

Frau Langer hat offensichtlich keine Werbungskosten. Somit wird bei der Ermittlung der Einkünfte der Pauschbetrag gem. § 9a Nr. 1 EStG berücksichtigt.

Ermittlung der Einkünfte:
Einnahmen aus § 19 EStG	6.900 DM
Arbeitnehmer-Pauschbetrag	./.2.000 DM
Einkünfte	4.900 DM

FALL 8

Einkünfte aus Kapitalvermögen

Sachverhalt: Waldi Span (W.S.) und Maria Rad (M.R.) leben seit 3 Jahren in München zusammen in einer gemeinsamen Wohnung. Am 25.11.04 heirateten sie. In der gemeinsamen Steuererklärung, Anlage KSO, erklärten sie folgendes:

1. W.S. hat seit Jahren bei der Sparkasse München-Stadt ein Sparkonto. Das Guthaben am 31.12.04 betrug 35.000 DM. Die Eintragung der Zinsen für 04 i.H.v. 840 DM erfolgte am 26.1.05. Ein Freistellungsauftrag wurde erteilt.
2. Seinem langjährigen, mittellosen Freund G. Dröniger lieh W.S. im Juni 02 15.000 DM. Das Darlehen sollte 5 Jahre tilgungsfrei bleiben, lediglich ein Zinssatz von 5 % p.A. wurde vereinbart. Die Zinsen wurden vierteljährlich zum Quartalsende fällig und bezahlt. Die Zinsen für das 4. Quartal 04 wurden am 5.1.05 auf seinem Konto gutgeschrieben. W.S. stellte dies am 12.1.05 fest, als er seine Kontoauszüge bei seiner Bank abholte.
3. W.S. bezog am 1.3.04 Aktien der „MALFI-AG" mit Sitz in Kempten. Insgesamt erwarb er 300 Stück Aktien mit Nennwert von je 100 DM. Der Kurswert betrug bei Anschaffung 150%. Die Bank belastete sein Konto neben dem Kaufpreis noch mit Bankspesen und einer Courtage von zusammen 420 DM.
4. Am 15.5.04 erhielt W.S. eine Dividendengutschrift der MALFI-AG für das Wirtschaftsjahr 03. Nach Abzug der Kapitalertragsteuer und des Solidaritätszuschlages (39,37 DM) wurden auf sein Konto 1.535,63 DM überwiesen. Die erforderliche Steuerbescheinigung liegt vor.
5. Im Herbst 04 mußte die AG starke Umsatzrückgänge verzeichnen. Dadurch sank der Kurswert zum 31.10.04 auf 125 %. Da mit einem weiteren Kursverfall zu rechnen war, veräußerte W.S. die Aktien am 13.12.04 zu einem Kurswert von 115%. Durch den Verkauf entstanden ihm Kosten i.H.v. 240 DM.
6. Für den Erwerb der Aktien nahm W.S. ein Darlehen über 30.000 DM auf. Der Zinssatz betrug 7 %. Die Tilgung des Darlehens sollte nach 3 Jahren in einem Betrag erfolgen. Ein Disagio wurde nicht einbehalten. Die Zinsen wurden jeweils zum Quartalsende fällig und bezahlt. Für die Verwaltung des Aktiendepots berechnete ihm die Bank 85 DM. Das Konto wurde damit am 15.12.04 belastet.

Einkommensteuer 219

7. M.R. hat bei der Bayerischen Vereinsbank ihr laufendes Girokonto. Am Jahresende wurden ihr insgesamt 45 DM Guthabenzinsen für die Guthabenstände auf dem Girokonto gezahlt. Laut Vertrag betrug die Verzinsung 1%.
8. Bei der gleichen Bank hatte M.R. vom 1.2.04 - 1.8.04 ein Festgeld über 20.000 DM angelegt. Nach Ablauf der festgeschriebenen Zeit wurden ihr das Festgeld plus die aufgelaufenen Zinsen von 406,50 DM auf ihr laufendes Konto überwiesen. Der einbehaltene SolZ betrug 13,50 DM.
9. Gehen Sie bei der Aufgabenbearbeitung davon aus, daß, falls nicht gesondert angesprochen, keine Freistellungsaufträge gestellt wurden.

Aufgabe: 1. Ermitteln Sie für die beiden Steuerpflichtigen die Einkünfte aus Kapitalvermögen. Gehen Sie davon aus, daß erforderliche Bescheinigungen vorliegen.
2. Was ändert sich an Ihrem Ergebnis, wenn die Steuerbescheinigungen nicht vorliegen?
3. Was ändert sich an Ihrem Ergebnis, wenn die Aktien der MALFI-AG am 1.8.04 zu gleichen Konditionen gekauft wurden und W.S. lediglich auf einen entsprechenden Kursgewinn gehofft hatte?

Lösung
W.S. und M.R. erzielen Einkünfte aus Kapitalvermögen gem. § 20 Abs. 1 i.V.m. § 2 Abs. 1 Nr. 5 EStG. Die Einkünfte sind der Überschuß der Einnahmen (§ 8 EStG) über die Werbungskosten (§ 9 EStG). Der Ermittlungszeitraum stimmt mit dem Kalenderjahr überein (§ 2 Abs. 7 EStG).

Aufgabenstellung 1
Zu 1.
Die Zinsen sind Einnahmen gem. § 20 Abs. 1 Nr. 7 EStG. Als regelmäßig wiederkehrende Einnahmen fließen sie gem. § 11 Abs. 1 S.1 EStG grundsätzlich mit Ablauf des 31.12. zu, da sie an diesem Tag fällig sind. Die Eintragung der Zinsen in das Sparbuch ist unbeachtlich. Da W.S. für dieses Konto einen Freistellungsauftrag gestellt hatte, wurde keine Kapitalertragsteuer einbehalten. Die Einnahmen sind somit mit 840 DM zu erfassen.

Zu 2.
Die Zinsen für die Überlassung des Darlehens sind ebenfalls Einnahmen gem. § 20 Abs. 1 Nr. 7 EStG. Der Zufluß bestimmt sich ebenfalls nach der Fälligkeit. Nachdem Fälligkeit und Zahlung der Zinsen für das 4. Quartal innerhalb des 10-Tages-Zeitraumes liegen, gelten sie gem. § 11 Abs. 1 S. 2 EStG im Jahr der wirtschaftlichen Zugehörigkeit als zugeflossen. Maßgebend für den Zufluß ist die Gutschrift auf dem Bankkonto und nicht die Entgegennahme der Kontoauszüge. Kapitalertragsteuer wurde nicht einbehalten, da Privatpersonen zur Einbehaltung und Abführung einer Kapitalertragsteuer nicht verpflichtet sind (§ 43 Abs. 1 Nr. 7b EStG Umkehrschluß). W.S. bezieht somit Einnahmen von 750 DM (5 % von 15.000 DM).

Zu 3.
Die Anschaffung der Aktien fällt nicht in den Bereich der Werbungskosten.
Die AK sind wie folgt zu ermitteln:

Nennwert 100 DM x 300 Stück	30.000 DM
Kurswert = Nennwert x Kurs (150 %)	45.000 DM
Courtage + Bankspesen = Anschaffungsnebenkosten	420 DM
Anschaffungskosten	45.420 DM

Zu 4.
Dividenden sind Einnahmen aus Kapitalvermögen nach § 20 Abs. 1 Nr. 1 EStG. Daß die Dividende für ein Wj gezahlt wird, in dem W.S. noch nicht Anteilseigner war, ist unbeachtlich, denn maßgeblich für die Erfassung der Einnahmen ist das Zuflußprinzip des § 11 Abs. 1 S. 1 EStG.
Ermittlung der Einnahmen:

Nettodividende	73,125 %	1.535,63 DM	
Solidaritätszuschlag (7,5 % v. 25 %)	1,875 %	39,37 DM	
Kapitalertragsteuer (§ 43 Abs. 1 Nr. 1, § 43a Abs. 1 Nr. 1 EStG)	25,000 %	525,00 DM	
Bardividende	100,000 %	2.100,00 DM	
anrechenbare Körperschaftsteuer (§ 20 Abs. 1 Nr. 3 EStG)	3/7	900,00 DM	
Bruttodividende		3.000,00 DM	
Einnahmen aus Kapitalvermögen			3.000,00 DM

Die anrechenbare Körperschaftsteuer und die einbehaltene Kapitalertragsteuer sind auf die Einkommensteuerschuld anzurechnen (§ 36 Abs. 2 S. 1 Nr. 3 und 2 EStG). Voraussetzung hierfür ist, daß die Steuerbescheinigung vorliegt (R 213g Abs. 2; R 154 Abs. 2 S. 2 EStR). Die Erfassung als

Einnahme aus Kapitalvermögen erfolgt in dem VZ, in dem die Nettodividende zufließt (R 154 Abs. 2 S. 1 EStR).

Zu 5.
Vermögensänderungen beim Vermögensstamm bilden keine Werbungskosten und sind einkommensteuerrechtlich unbeachtlich, da im Privatvermögen keine Teilwertabschreibungen möglich sind. Die Veräußerung der Aktien fällt nicht unter die steuerbaren Einkünfte, da die Veräußerung nicht innerhalb der Spekulationsfrist des § 23 Abs. 1 Nr. 1b EStG erfolgte. Demzufolge haben auch die Veräußerungskosten keine einkommensteuerliche Auswirkung.

Zu 6.
Das Darlehen wurde zum Erwerb der Aktien aufgenommen. Somit sind die Schuldzinsen durch Erwerb und Erhalt der Einnahmen (§ 9 Abs. 1 Nr. 1 EStG) verursacht. Da W.S. beim Erwerb der Aktien die Erzielung von Dividendeneinnahmen auf längere Sicht beabsichtigte und nicht die Wertsteigerung der Aktien im Vordergrund stand, sind die Schuldzinsen als Werbungskosten abzugsfähig (R 154 Abs. 1 S. 1 u. 2 EStR). Die Schuldzinsen betragen für 04: 30.000 DM x 7 % x 10/12 = 1.750 DM.
Die Verwaltungskosten von 85 DM sind ebenfalls den Werbungskosten gem. § 9 Abs. 1 S. 1 EStG zuzurechnen und im Zeitpunkt der Zahlung (= Belastung des Kontos) zu erfassen.

Zu 7.
Die Guthabenzinsen auf dem Girokonto von M.R. sind ebenfalls Einnahmen gem. § 20 Abs. 1 Nr. 7 EStG i.H.v. 45 DM, die im VZ 04 zugeflossen und daher in 04 zu erfassen sind (§ 11 Abs. 1 S. 1 EStG). Kapitalertragsteuer wurde von der Bank nicht einbehalten, da die Verzinsung nicht mehr als 1 % beträgt (§ 43 Abs. 1 Nr. 7b Doppelbuchstabe bb EStG).

Zu 8.
Die Zinsen aus dem Festgeld rechnen zu den Einnahmen aus Kapitalvermögen (§ 20 Abs. 1 Nr. 7 EStG). Da die Verzinsung über 1 % liegt und kein Freistellungsauftrag vorliegt, wurde bei der Auszahlung der Zinsen Kapitalertragsteuer i.H.v. 30 % (§ 43 Abs. 1 Nr. 7, § 43a Abs. 1 Nr. 4 EStG), sowie der SolZ einbehalten. Die Einnahmen betragen daher: 406,50 DM + 13,50 DM = 420 DM : 70 x 100 = 600 DM. Die einbehaltene Kapitalertragsteuer und der SolZ dürfen die Einkünfte nicht mindern (§ 12 Nr. 3 EStG), sie werden aber auf die entsprechenden Jahressteuerschulden angerechnet.

Zusammenstellung der Einnahmen bzw. Ermittlung der Einkünfte:

Sachverhalt	Waldi Span	Maria Rad
Einnahmen		
1. Zinsen Sparkonto	840 DM	
2. Zinsen Darlehen	750 DM	
4. Dividende	3.000 DM	
7. Zins Girokonto		45 DM
8. Zins Festgeld		600 DM
Einnahmen aus Kapitalvermögen	4.590 DM	645 DM
Werbungskosten:		
6. Darlehenszinsen	./. 1.750 DM	
6. Verwaltungsgebühr	./. 85 DM	
Zwischensumme	2.755 DM	645 DM
Sparerfreibetrag jeweils 6.000 DM, höchstens aber Zwischensumme.	./.2.755 DM	./.645 DM
Einkünfte	0 DM	0 DM

Nachdem die tatsächlichen WK über dem Werbungskosten-Pauschbetrag des § 9a S. 1 Nr. 1b EStG von 200 DM (bei Zusammenveranlagung) liegen, kommt der Ansatz des gemeinsamen Pauschbetrages nicht zum Zug. Eine Aufteilung des Werbungskosten-Pauschbetrages ist nicht zulässig (R 85 Abs. 1 S. 1 - 3 EStR).

Der Sparerfreibetrag wird bei jedem Steuerpflichtigen höchstens bis zur Höhe der um die WK verminderten Einnahmen abgezogen (§ 20 Abs. 4 S. 3 EStG).

Aufgabenstellung 2
Die Lösung ändert sich gegenüber der Lösung 1 insoweit, daß die einbehaltenen Steuerabzugsbeträge (Kapitalertragsteuer, Solidaritätszuschlag) zwar als Einnahme erfaßt, aber nicht auf die Steuerschulden angerechnet werden (§ 36 Abs. 2 Nr. 2 S. 2 EStG, R 154 Abs. 2 S. 3 EStR).
Die anrechenbare Körperschaftsteuer wird dagegen nicht als Einnahme erfaßt, ebenso wird auch keine Anrechnung vorgenommen (§ 36 Abs. 2 S. 4 Buchst. f EStG, R 213g Abs. 2 S. 1 u. 2 EStR). Die Einnahmen von W.S. betragen aus der Dividendenausschüttung somit nur 2.100 DM.

Aufgabenstellung 3
Sollten die Aktien in rein spekulativer Absicht erworben worden sein, so werden die Schuldzinsen nicht als Werbungskosten anerkannt, da nicht auf

längere Sicht mit einem Überschuß der Einnahmen über die Werbungskosten zu rechnen ist, sondern lediglich die Wertsteigerung der Einkunftsquelle im Vordergrund steht; H 153 (Schuldzinsen) EStH. Da somit keine WK anfallen, können die Ehegatten lediglich den Werbungskosten-Pauschbetrag i.H.v. 200 DM gem. § 9a S. 1 Nr. 1b EStG erhalten.

Die Einkünfte stellen sich danach wie folgt dar:

Sachverhalt	Waldi Span	Maria Rad
Einnahmen		
1. Zinsen Sparkonto	840 DM	
2. Zinsen Darlehen	750 DM	
4. Dividende	Keine Dividende, da Erwerb nach der Ausschüttung.	
7. Zins Girokonto		45 DM
8. Zins Festgeld		600 DM
Einnahmen aus Kapitalvermögen	1.590 DM	645 DM
Werbungskosten-Pauschbetrag	./. 100 DM	./.100 DM
Zwischensumme	1.490 DM	545 DM
Sparerfreibetrag jeweils 6.000 DM, höchstens aber Zwischensumme.	./.1.490 DM	./.545 DM
Einkünfte	0 DM	0 DM

Ferner ist zu prüfen, ob ein Spekulationsgeschäft i.S.d. § 22 Nr. 2 i.V.m. § 23 EStG vorliegt. Da Ankauf und Verkauf der Aktien innerhalb der 6-monatigen Spekulationsfrist (§ 23 Abs. 1 Nr. 1b EStG) liegen, ist ein eventueller Spekulationsgewinn gem. § 23 Abs. 3 EStG zu berechnen.

Verkaufspreis 30.000 DM x 115 %	34.500 DM
Veräußerungskosten	./. 240 DM
Veräußerungserlös	34.260 DM
Anschaffungskosten	./.45.420 DM
Veräußerungsverlust	11.160 DM

Zu beachten ist ferner, daß die für die Depotverwaltung angefallenen Gebühren und die für die Finanzierung des Aktienpakets angefallenen Zinsen den Veräußerungsverlust erhöhen, da diese Aufwendungen mit den Aktien in direktem Zusammenhang stehen.

Dieser Spekulationsverlust könnte nur mit Gewinnen aus anderen Spekulationsgeschäften verrechnet werden. Eine Verrechnung mit den anderen Einkünften ist nicht möglich (§ 23 Abs. 3 S. 4 EStG).

FALL 9
Einkünfte aus Kapitalvermögen: Werbungskosten, Werbungskosten-Pauschbetrag, Sparer-Freibetrag

Sachverhalt: Die Ehegatten Lust (L) werden gem. § 26b EStG zusammenveranlagt. Für den VZ 04 sind die nachstehenden Sachverhaltsangaben mit Abwandlungen vorgegeben:
1. Die Ehegatten Lust erklären für den VZ 04 keinerlei Werbungskosten aus Kapitalvermögen.
1.1 Die Einnahmen aus Kapitalvermögen belaufen sich bei Herrn L auf 5.500 DM und bei Frau L auf 90 DM.
1.2 Die Einnahmen aus Kapitalvermögen betragen bei Herrn L 9.000 DM und bei Frau L 90 DM.
2. An Werbungskosten aus Kapitalvermögen fielen bei Herrn L 150 DM und bei Frau L 20 DM an.
2.1 Die Einnahmen aus Kapitalvermögen belaufen sich bei Herrn L auf 12.000 DM und bei Frau L auf 3.000 DM.
2.2 Einnahmen wie bei 2.1, nur daß die Werbungskosten bei Herrn L 250 DM und bei Frau L 20 DM betragen.
3. Die Einnahmen aus Kapitalvermögen des Herrn L betragen 18.400 DM, während bei Frau L keine Einnahmen aus Kapitalvermögen vorliegen. Die Werbungskosten aus Kapitalvermögen belaufen sich bei Herrn L auf 424 DM und bei Frau L auf 840 DM.

Aufgabe: Ermitteln Sie die jeweiligen Einkünfte aus Kapitalvermögen der Ehegatten Lust.

▶ **Lösung**

	Ehemann	Ehefrau
Zu Sachverhalt 1.1		
Einnahmen	5.500	90
abzüglich WK-PB von 100 DM,		

höchstens aber Einnahmen	./. 100	./.90
abzüglich nicht ausgeschöpfter WK-PB der Ehefrau (auf Ehemann zu übertragen)	./. 10	
Sparerfreibetrag gem. § 20 Abs. 4 EStG; je Ehegatte 6.000 DM, höchstens bis zur Höhe der um die WK geminderten Einnahmen.	./.5.390	./. 0
Einkünfte aus Kapitalvermögen	0	0

Zu Sachverhalt 1.2

Einnahmen	9.000	90
abzüglich WK-PB von 100 DM, höchstens aber Einnahmen	./. 100	./.90
abzüglich nicht ausgeschöpfter WK-PB der Ehefrau	./. 10	
Sparerfreibetrag gem. § 20 Abs. 4 EStG; je Ehegatte 6.000 DM, höchstens bis zur Höhe der um die WK geminderten Einnahmen.	./.6.000	./. 0
Zwischensumme	2.890	0
abzüglich nicht ausgeschöpfter Sparer-Freibetrag der Ehefrau (auf Ehemann übertragen)	./.2.890	0
Einkünfte	0	0

Zu Sachverhalt 2.1

Einnahmen	12.000	3.000
Ansatz des WK-PB, da dieser höher ist als die gemeinsamen tatsächlichen WK der Ehegatten.	./. 100	./. 100
Sparerfreibetrag gem. § 20 Abs. 4 EStG; je Ehegatte 6.000 DM, höchstens bis zur Höhe der um die WK geminderten Einnahmen.	./.6.000	./.2.900
Zwischensumme	5.900	0
abzüglich nicht ausgeschöpfter Sparer-Freibetrag der Ehefrau	./.3.100	0
Einkünfte	2.800	0

Zu Sachverhalt 2.2

Einnahmen	12.000	3.000
Ansatz der tatsächlichen WK, da diese über dem WK-PB liegen. Unbedeutend ist, daß die tatsächlichen WK von Frau L geringer sind als der		

hälftige PB (R 85 Abs. 1 S. 3 EStR).	./. 250	./. 20
Sparerfreibetrag gem. § 20 Abs. 4 EStG; je Ehegatte 6.000 DM, höchstens bis zur Höhe der um die WK geminderten Einnahmen.	./.6.000	./.2.980
Zwischensumme	5.750	0
abzüglich nicht ausgeschöpfter Sparer-Freibetrag der Ehefrau	./.3.020	0
Einkünfte	2.730	0

Zu Sachverhalt 3

Einnahmen	18.400	0
Ansatz der tatsächlichen WK, da diese über dem WK-PB liegen. Tatsächliche WK dürfen auch zu einem Verlust aus Kapitalvermögen führen.	./. 424	./.840
Sparerfreibetrag von 6.000 DM je Ehegatte. Der Sparerfreibetrag der Ehefrau wird in vollem Umfang auf den Ehegatten übertragen. Obwohl bei der Ehefrau keine positiven Einnahmen vorliegen, erhält auch sie einen Sparerfreibetrag (R 156 Abs. 1 S. 3 EStR).	./.6.000	0
Zwischensumme	11.976	./.840
abzüglich nicht ausgeschöpfter Sparer-Freibetrag der Ehefrau	./.6.000	0
Einkünfte	5.976	./.840

FALL 10

Einkünfte aus Vermietung und Verpachtung

Sachverhalt: Johann Graf van der Bilst (JG) erwarb durch notariellen Kaufvertrag (KV) vom 14.2.04 ein noch in Bau befindliches 4-Familienhaus in Straubing (Bauantrag vom 6.6.1993). Als Übergang von Nutzen und Lasten wurde der 1.4.04 vereinbart; zu diesem Zeitpunkt erfolgte auch die Kaufpreiszahlung. Ab Fertigstellung (= Bezugsfertigkeit) am 1.7.04 konnte JG alle 4 Wohnungen, die jeweils 90 m² groß sind, fremdvermieten. Die Grundbucheintragung über den Eigentumsübergang erfolgte am 14.10.04. Der Kaufpreis für das Rohbaugrundstück betrug 660.000 DM. Der Anteil für den Grund und Boden des Grundstückes belief sich auf 1/6 des Gesamtkaufpreises. Nach

Entrichtung des Kaufpreises fielen folgende Rechnungen an, die JG allesamt, soweit nicht ausdrücklich anders dargestellt, im VZ 04 beglich.

Grunderwerbsteuer lt. Steuerbescheid vom 23.12.03, Überweisung am 4.1.05:	13.200 DM
Teppichböden - fest verklebt:	2.500 DM
Diverse Handwerkerrechnungen; darunter befindet sich ein "Eigenbeleg" über 2.400 DM für von JG selbst erbrachte Arbeitsleistungen:	39.900 DM
Lieferung und Einbau von 4 Küchenzeilen der Marke "Hausfrauentraum" am 24.6.04, ND 8 Jahre. Für die darin enthaltenen und montierten Spülen beträgt der Kostenanteil jeweils 600 DM:	19.200 DM
Kanalgebühren für die Zuleitung zum öffentlichen Kanalnetz (vom Haus bis zum Übergabepunkt ins öffentliche Kanalnetz):	6.036 DM
Laufende Kanalgebühren (Abwassergebühren):	920 DM
Kanalanschlußgebühren für den erstmaligen Anschluß an das öffentliche Kanalnetz:	12.000 DM
Grundsteuer an die Stadt Straubing:	1.040 DM
Notargebühren für den notariellen KV (darin enthalten 660 DM USt):	5.060 DM
Inseratskosten für Mietersuche (einschließlich 15 % USt):	253 DM
Fahrtkosten: davon entfallen 186 DM auf Fahrten zum erworbenen Objekt (Baustandskontrolle, Besprechungen) und 576 DM auf Fahrten zu Banken wegen Verhandlungen über die Finanzierung des Bauprojekts:	762 DM
Laufende sonstige Hauskosten, davon 1.110 DM für eine Gebäudehaftpflichtversicherung:	10.000 DM

Zur Finanzierung benötigte JG ein Darlehen i.H.v. 300.000 DM. Nach zähen Verhandlungen mit diversen Banken einigte er sich mit dem Bankhaus "Wucher & Söhne" auf ein Annuitätendarlehen von 10 % p.A. (Tilgung 2 %, Zins 8 %). Die Zinszahlungen sind jeweils am Quartalsende fällig, die Tilgung erfolgt jährlich am 31.12. Am 1.4.04 überwies die Bank 285.000 DM (vereinbarter Auszahlungsbetrag). Die Zahlung für das 2. und 3. Quartal (je 6.000 DM) erfolgte pünktlich, die für das 4. Quartal (10.500 DM) erfolgte am 18.1.05. Zur Absicherung des Darlehens wurde eine Sicherungshypothek in das Grundbuch eingetragen. Die Kosten für das Amtsgericht (Grundbuchamt) und den Notar betrugen brutto 780 DM. In der Notarrechnung wurden 60 DM Umsatzsteuer offen ausgewiesen. Die Zahlung erfolgte noch im Dezember 04. Die Finanzierungskosten sind in den oben aufgeführten Aufwendungen nicht enthalten.

J. G. erzielte in 04 folgende Einnahmen aus dem Mietwohngrundstück:
Monatliche Miete pro Wohnung: 750 DM
Monatliche Pauschale von 200 DM je Mieter (Heizung, Wasser usw.): 200 DM
Mietkaution von 1.125 DM je Mieter. 4.500 DM
JG legte die Kaution jeweils auf einem zu seinen Gunsten gesperrten Sparbuch, für das ein Freistellungsauftrag existiert, an. Auf den Sparbüchern wurden Guthabenzinsen gutgeschrieben mit: 120 DM
Für einen Bausparvertrag, für den ebenfalls ein Freistellungsauftrag gestellt wurde und den JG zur Finanzierung des Hauskaufs abgeschlossen · hatte, sind ebenfalls Guthabenzinsen gutgeschrieben worden, für 04 insgesamt 290 DM
Mieter Sch. Blum zahlte die Miete für Januar und Februar 05 inklusive der Nebenkosten bereits am 28.12.04 in bar. Die Mieten und die Umlagen sind immer am Monatsletzten fällig.

Aufgabe: Ermitteln Sie die Einkünfte aus Vermietung und Verpachtung für das Jahr 04. Die Einkünfte sollen möglichst niedrig gehalten werden.
Was ändert sich, wenn das Gebäude im Jahr 1996 fertiggestellt wurde und JG die Werbungskosten pauschal ermittelt?

▶ **Lösung**

Allgemeines
JG erzielt durch die Vermietung der Wohnungen Einkünfte aus Vermietung und Verpachtung nach § 21 i.V.m. § 2 Abs. 1 Nr. 6 EStG. Die Einkünfte sind der Überschuß der Einnahmen über die Werbungskosten (§ 2 Abs. 2 Nr. 2 EStG). Ermittlungszeitraum ist das Kalenderjahr.

Anschaffung
Da JG das Gebäude noch vor Fertigstellung erwarb, es im Inland liegt, der Bauantrag bzw. der Kaufvertrag nach dem 28.02.1989 erfolgte und es zu Wohnzwecken genutzt wird, kann er die Absetzung für Abnutzung gem. § 7 Abs. 5 S. 1 Nr. 3 EStG in Anspruch nehmen.

Durch den Kauf erwarb JG 2 Wirtschaftsgüter, zum einem das Gebäude und zum anderen den Grund und Boden, so daß für die Ermittlung der AfA-Bemessungsgrundlage der Kaufpreis im Verhältnis der Verkehrswerte anteilig aufzusplitten ist; H 43 (Anschaffungskosten) EStH. Auf den Grund und Boden entfallen somit 110.000 DM, auf das Gebäude 550.000 DM.
Zur Ermittlung der endgültigen Anschaffungskosten und der Herstellungskosten sind R 32a und R 33 EStR heranzuziehen.

Sachverhalt	HK/AK Gebäude	AK Grund u. Boden	sonstige Kosten
Kaufpreis	550.000	110.000	
Grunderwerbsteuer = ANK (R 32 a Abs. 1 S. 2 EStR) Aufteilung auf Grund und Boden und Gebäudeteil, maßgebend ist die Entstehung und nicht die Zahlung.	11.000	2.200	
Teppichboden = HK (R 33 Abs. 1 EStR)	2.500		
Handwerkerrechnungen ohne Wert der eigenen Arbeitsleistung.	37.500		
Küche: Die Küchen stellen jeweils eigenständig nutzbare WG dar, die nicht Bestandteil des Gebäudes werden. Lediglich die Kosten der Spülen zählen zu den HK des Gebäudes.	2.400		
Kanalgebühren für die Zuleitung = HK Gebäude (H 33a EStH).	6036		
Laufende Kanalgebühren sind WK (§ 9 Abs. 1 Nr. 2 EStG).			920
Kanalanschlußgebühren = AK des Grund und Boden (H 33a EStH).		12.000	
Grundsteuer = WK (§ 9 Abs. 1 Nr. 2 EStG)			1.040
Notarkosten für den Kauf des Grundstücks = AK, da sie in Zusammenhang mit dem Erwerb stehen. Die nichtabziehbare USt gehört nach § 9b Abs. 1 S. 1 EStG ebenfalls zu den AK, die im Verhältnis der Verkehrswert auf Gebäude und Grund u. Boden aufgeteilt werden.	4.225	845	

Sachverhalt	HK/AK Gebäude	AK Grund u. Boden	sonstige Kosten
Inseratskosten = WK (§ 9 Abs. 1 S. 1 EStG).			253
Fahrtkosten: soweit sie in Zusammenhang mit der Finanzierung des Grundstückes stehen, stellen sie WK gem. § 9 Abs. 1 Nr. 1 EStG dar. Stehen sie in Zusammenhang mit der Anschaffung, rechnen sie zu den AK.	186		576
Laufende Hauskosten = WK gem. § 9 Abs. 1 S. 1 EStG. Die Haftpflichtversicherung gehört ebenfalls zu den WK und nicht zu den Sonderausgaben, da diese nachrangig sind (§ 10 Abs. 1 S. 1 EStG).			10.000
Summe:	<u>613.847</u>	<u>125.045</u>	<u>12.789</u>

Die AK bzw. die HK können nur im Wege der AfA berücksichtigt werden. Die Bemessungsgrundlage sind die HK/AK des Gebäudes (R 43 Abs. 1 EStG). Die AfA gem. § 7 Abs. 5 EStG ist im Jahr der Fertigstellung als Jahresbetrag anzusetzen; H 44 (Teil des auf ein Jahr entfallenden AfA-Betrags) EStH.
613.847 DM x 7 % = 42.970 DM (gerundet). Die AfA gehört zu den WK (§ 9 Abs. 1 Nr. 7 EStG).

Finanzierung
Die Kosten, die in Zusammenhang mit der Finanzierung des Grundstücks stehen, sind WK. Allerdings gilt dies nicht für die Tilgungsleistungen, da diese lediglich zur Kapitalrückführung dienen und somit Vorgänge auf der Vermögensebene darstellen. Maßgebend für den WK-Abzug ist der Zeitpunkt der Zahlung (§ 11 EStG).
Die Zinszahlungen für das 2. und 3. Quartal sind im VZ 04 zu erfassen (§ 11 Abs. 2 S. 1 EStG). Die Zinszahlung für das 4. Quartal erfolgt zusammen mit der Tilgung erst am 18.1.05. Da Zinsen regelmäßig wiederkehrende Zahlungen darstellen, ist zu prüfen, ob die Ausnahmeregelung des § 11 Abs. 2 S. 2 EStG greift. Da die Fälligkeit und die Zahlung nicht innerhalb kurzer Zeit liegen, kommt die Sonderregelung nicht zum Tragen und die Zinsaufwendungen für das 4. Quartal 04 sind erst im Kalenderjahr 05 als WK zu erfassen.

Die Differenz zwischen Auszahlungsbetrag und Nennbetrag des Darlehens stellt ein Disagio bzw. Damnum dar. Durch die Einbehaltung eines Teilbetrages erhält der Darlehensnehmer einen günstigeren Nominalzins. Das Damnum kommt wirtschaftlich gesehen einem Vorwegzins gleich und muß als WK gem. § 9 Abs. 1 Nr. 1 EStG erfaßt werden. Abflußzeitpunkt des Damnums ist die Darlehensausreichung.

Notar- und Grundbuchkosten, die in Zusammenhang mit der Finanzierung stehen, stellen ebenfalls WK dar. Auch hier ist für die Berücksichtigung der Zeitpunkt der Zahlung (§ 11 Abs. 2 S. 1 EStG) maßgebend. Die nichtabzugsfähige Umsatzsteuer (§ 9 b Abs. 1 S. 1 EStG) zählt ebenfalls im Zeitpunkt der Zahlung zu den Werbungskosten.

Zusammenstellung der Finanzierungskosten:
Schuldzinsen	12.000 DM
Damnum	15.000 DM
Notar- und Grundbuchamt	780 DM
Gesamt	27.780 DM

Einnahmen

Die **Miete** einschließlich der **Nebenkosten** (sog. Bruttomiete) wird grundsätzlich im Zeitpunkt der Vereinnahmung als Einnahmen gem. § 8 Abs. 1 EStG zu erfaßt.

Die **Kaution** stellt keine Einnahme bei JG dar, da die Geldbeträge nicht in sein wirtschaftliches bzw. bürgerlich-rechtliches Eigentum übergehen. Somit sind auch die Guthabenzinsen nicht bei ihm, sondern bei den jeweiligen Mietern steuerlich zu erfassen.

Zinsen aus Bausparverträgen stellen grundsätzlich Einnahmen aus Kapitalvermögen gem. § 20 Abs. 1 Nr. 7 EStG dar. Da dieser Bausparvertrag aber in einem engen zeitlichen Zusammenhang mit dem Grundstückserwerb steht, sind sie demzufolge als Einnahmen aus Vermietung und Verpachtung zu erfassen (§ 20 Abs. 3 EStG); H 161 (Einnahmen) EStH.

Mieten stellen regelmäßig wiederkehrende Einnahmen dar. Wirtschaftlich gehören die **Bruttomieten für Januar und Februar 05** in den VZ 05, die Zahlung erfolgte aber bereits im Jahr 04. Es ist deshalb zu prüfen, ob die Ausnahmeregelung des § 11 Abs. 1 S. 2 EStG gilt. Da die Mieten im Beispielsfall nachschüssig gezahlt werden, liegt zwar die Zahlung, nicht aber die Fälligkeit innerhalb der 10-Tages-Frist. Somit sind die vorausgezahlten Mieten im Jahr des Zuflusses, somit im VZ 04, zu erfassen.

Zusammenstellung der Einnahmen:
Bruttomiete Juli - Dezember 04
950 DM x 6 Monate x 4 Parteien	22.800 DM
Guthabenzinsen aus Bausparvertrag	120 DM
Bruttomieten Januar und Februar 05	1.900 DM
Gesamteinnahmen	24.820 DM

Ermittlung der Einkünfte aus Vermietung und Verpachtung:
Gesamteinnahmen	24.820 DM
AfA	./.42.970 DM
Finanzierungskosten	./.27.780 DM
Sonstige WK	./.12.789 DM
Einkünfte aus Vermietung und Verpachtung	./.58.719 DM

Der Verlust ist mit anderen positiven Einkünften im Jahr 04 zu verrechnen (vertikaler Verlustausgleich).

Zusatzfrage

Ab dem VZ 1996 besteht die Möglichkeit, anstelle der tatsächlichen WK die WK pauschal nach § 9a S. 1 Nr. 2 EStG zu ermitteln. Voraussetzung hierfür ist, daß die vermieteten Räume zu Wohnzwecken genutzt werden. Neben dem Pauschbetrag von 42 DM sind sowohl die Schuldzinsen, als auch die AfA zu berücksichtigen.

Ermittlung der Einkünfte bei Anwendung des § 9a S. 1 Nr. 2 EStG
Mieteinnahmen - wie bisher -	24.820 DM
WK-Pauschbetrag nach § 9a S. 1 Nr. 2 EStG	
90 m² x 42 DM = 3.780 DM je Wohnung	
x 4 Wohnungen	
x 6/12 (zeitanteilig)	./. 7.560 DM
Schuldzinsen (Finanzierungskosten) - wie bisher -	./. 27.780 DM
AfA - wie bisher -	./. 42.970 DM
Einkünfte aus Vermietung und Verpachtung	./. 53.490 DM

In der Zeit vom 1.1.1996 - 30.6.1996 wurden keine Einkünfte erzielt, da das Gebäude noch nicht fertiggestellt und somit nicht nutzbar war. Gem. § 9a S. 1 Nr. 2 S. 5 EStG dürfen für diese Zeiträume keine WK-Pauschbeträge angesetzt werden.

Einkommensteuer 233

FALL 11

Sonstige Einkünfte (Altersrente)

Sachverhalt: Herr Fürst wurde am 14.6.1929 in Finsterwalde/Sachsen geboren und ist seit einigen Jahren verwitwet. Bei einem Rentenberatungsgespräch erfuhr er, daß er bereits seit dem 1. Juni 1994 Anspruch auf eine Altersrente hätte. Er stellt am 15.10.1995 einen Rentenantrag bei der zuständigen Behörde. Aufgrund des Rentenbescheides vom 1.2.1996 wurde ihm ab Februar 1996 die nachstehende monatliche Altersrente gewährt:

Rentenbetrag	1.788,52 DM
Beitragsanteil zur Krankenversicherung	./. 111,78 DM
Zuschuß zur Krankenversicherung	+ 55,89 DM
Auszuzahlender Betrag	1.732,63 DM

Zugleich wurde ihm ein Nachzahlungsbetrag für 4 Monate seit Stellung des Rentenantrages i.H.v. 6.930,52 DM überwiesen. Bis Ende 1996 wurde keine Erhöhung der Rentenbezüge durchgeführt.
Der Rentenberater berechnete ihm Gebühren i.H.v. 135 DM, die er in 1996 durch Banküberweisung beglich.

Aufgabe: Ermitteln Sie die sonstigen Einkünfte für den VZ 1996.

Lösung ◄
Aufgrund des Altersruhegeldes erzielt F sonstige Einkünfte nach § 22 Nr. 1 S. 3 Buchstabe a i.V.m. § 2 Abs. 1 Nr. 7 EStG. Der Besteuerung wird der Überschuß der Einnahmen (§ 8 EStG) über die Werbungskosten (§ 9 EStG) unterworfen (§ 2 Abs. 2 Nr. 2 EStG. Ermittlungszeitraum ist das Kalenderjahr (§ 2 Abs. 7 EStG).
Einnahmen im Sinne des EStG sind der sog. Ertragsanteil, der aus der Tabelle des § 22 Nr. 1 EStG abgelesen wird. Maßgebend für die Ermittlung des Ertragsanteils ist der Zeitpunkt, in dem der Rentenanspruch entstanden ist. D.h., auf die Antragstellung bzw. die erstmalige Zahlung der Rente kommt es nicht an. Selbst wenn einzelne Rentenansprüche verjährt sind, hat dies auf den Beginn der Rente keine Auswirkung; H 167 (Beginn der Rente) EStH.
F vollendete mit Ablauf des 13.6.1994 sein 65. Lebensjahr. Da der Rentenanspruch somit zum 1.6.1994 entstand, wird der Ertragsanteil, obwohl das 65.

Lebensjahr noch nicht vollendet war, ab dem VZ 1996 mit 27 % angesetzt (R 167 Abs. 5 EStR).
Maßgebend für die Ermittlung der Einnahmen ist der monatliche Rentenbetrag. Der Zuschuß zur Krankenversicherung wird nach § 3 Nr. 14 EStG als steuerfreie Einnahme nicht der Besteuerung unterworfen. Der Eigenanteil zur Krankenversicherung mindert nicht die Einnahmen. Es handelt sich hierbei um Aufwendungen für die Lebensführung, die nach § 12 Nr. 1 EStG die Einkünfte nicht mindern dürfen.
Die erhaltene Rentennachzahlung wird ebenfalls mit dem Ertragsanteil von 27 % besteuert. Die Einnahmen werden im Jahr des Zuflusses, somit in 1996 erfaßt (§ 11 Abs. 1 S. 1 EStG).

Die Gebühren für das Beratungsgespräch stellen Werbungskosten nach § 9 Abs. 1 S. 1 EStG dar. Da aber die tatsächlichen Werbungskosten den Werbungskosten-Pauschbetrag von 200 DM (§ 9a S. 1 Nr. 1c EStG) nicht überschreiten, wird dieser Pauschbetrag angesetzt.

Einkunftsermittlung

Rente Februar - Dezember 1996 (1.788,52 DM x 11)	19.673,72 DM
Rentennachzahlung (1.788,52 DM x 4)	7.154,08 DM
zugeflossene Rente in 1996	26.827,80 DM
x Ertragsanteil in v.H.	27 %
Ertragsanteil in DM (abgerundet)	7.243,00 DM
Werbungskosten-Pauschbetrag	./. 200,00 DM
Sonstige Einkünfte	7.043,00 DM

FALL 12

Sonstige Einkünfte (Unterhaltsleistungen)

Sachverhalt: Birgit Heu (H) ist seit 2 Jahren von ihrem Ehemann Werner Heu geschieden. Die beiden Kinder Günter (3 Jahre alt) und Gabi (5 Jahre alt) leben bei Frau Heu. Herr Heu überweist an seine geschiedene Ehefrau monatlich 1.600 DM Unterhalt. Darin enthalten sind auch 850 DM, die er laut Gerichtsbeschluß für seine beiden Kinder zahlen muß. Frau Heu stimmt zu, daß ihr geschiedener Ehemann die Unterhaltszahlungen als Sonderausgaben steuerlich berücksichtigen kann.

Aufgabe:
1. Ermitteln Sie die Einkünfte gem. § 22 Nr. 1a EStG.
2. Wie hoch sind die Einkünfte, wenn Herr Heu zu einer Gesamtzahlung von 2.850 DM verpflichtet wurde (einschließlich Unterhalt für die Kinder), er aber für seine geschiedene Ehefrau freiwillig zusätzlich 650 DM zahlt?
3. Kann Frau Heu beantragen, daß nur ein Teil der erhaltenen Unterhaltsleistungen als sonstige Einkünfte besteuert werden?

Lösung
Zu 1.
Da Frau H dem Sonderausgabenabzug bei ihrem geschiedenen Ehemann zustimmt, muß sie die Zahlungen bei sich als sonstige Einkünfte gem. § 22 Nr. 1a EStG versteuern. Zu ermitteln ist der Überschuß der Einnahmen über die Werbungskosten (§ 2 Abs. 2 Nr. 2 EStG).
Als Einnahmen muß sie allerdings nur die Unterhaltszahlungen für sich selbst erfassen. Die Unterhaltsleistungen für die Kinder braucht sie nicht versteuern, allerdings werden sie auch nicht zum Sonderausgabenabzug zugelassen. Die Einkünfte ermitteln sich wie folgt:

Monatliche Zahlung	1.800 DM
Unterhalt Kinder	./. 850 DM
= Unterhalt Frau Heu	950 DM
x 12 = Jahreseinnahme	11.400 DM
WK-PB nach § 9a S. 1 Nr. 1c EStG, da keine Angaben über WK vorliegen.	./. 200 DM
Einkünfte gem. § 22 Nr. 1a EStG	11.200 DM

Zu 2.
Auch die freiwillig gezahlten Beträge können bei Herrn H als Sonderausgaben abgezogen werden, wenn Sie bei Frau H als Einkünfte erfaßt werden; H 86b (Unterhaltsleistungen) EStH.
Einkünfteermittlung:

Monatliche Zahlung	3.500 DM
Unterhalt Kinder	./. 850 DM
= Unterhalt Frau Heu	2.650 DM
x 12 = Jahreseinnahme	31.800 DM
Höchstbetrag nach § 10 Abs. 1 EStG, R 86b Abs. 3 EStR	27.000 DM
WK-PB nach § 9a S. 1 Nr. 1c EStG, da keine Angaben über WK vorliegen.	./. 200 DM
Einkünfte gem. § 22 Nr. 1a EStG	26.800 DM

Zu 3.
Frau H kann beantragen, daß nur ein Teil der Unterhaltszahlungen als Sonderausgaben zum Abzug zugelassen (R 86b Abs. 1 EStG) und somit nur zum Teil bei ihr besteuert wird.

FALL 13

Spekulationsgeschäft (Bebautes Grundstück ohne Vermietung)

Sachverhalt: Herr Wiese (W) erwarb in 02 ein 1.600 m² großes, unbebautes Grundstück. Die zutreffend ermittelten AK betrugen 160.000 DM. Nutzen und Lasten gingen am 15.9.02 auf W über. Der Kaufvertrag wurde am 29.8.02 vor dem Notar geschlossen. Die Auflassungsvormerkung erfolgte am 2.10.02, die Eintragung ins Grundbuch am 15.12.02.

Das Grundstück wurde Anfang 03 in zwei Bauplätze geteilt. Im Laufe des VZ 03 errichtete W auf den beiden Grundstücken ein Doppelhaus. Die HK betrugen 350.000 DM je Doppelhaushälfte. Eine Hälfte bewohnt W seit der Fertigstellung mit seiner Familie selbst, die andere Haushälfte veräußerte er für 500.000 DM.

Der Kaufvertrag hierfür wurde am 25.8.04 notariell geschlossen. Der Einlassungsvormerk datiert auf den 4.10.04, die Eintragung ins Grundbuch erfolgte am 7.1.05. Im Vertrag wurde der Übergang von Nutzen und Lasten auf den 1.10.04 festgelegt. Der Preis je m² unbebautes Grundstück stieg gegenüber der Anschaffung bis zur Veräußerung um 20 %. Aus dem bebauten Grundstück wurden keine Einkünfte erzielt und es bestand keine Vermietungsabsicht.

Bei der Abgabe seiner Steuererklärung macht W geltend, daß er keinerlei spekulative Absicht beim Kauf des Grundstückes gehabt hätte. Der Verkauf erfolgte aus einer finanziellen Notlage heraus. Die AfA für das veräußerte Objekt (Fertigstellung 15.5.04) möchte er als Werbungskosten geltend machen. Veräußerungskosten entstanden ihm für Inserate usw. i.H.v. 357 DM.

Einkommensteuer

Aufgabe: Ermitteln Sie, ob sonstige Einkünfte vorliegen!

Lösung

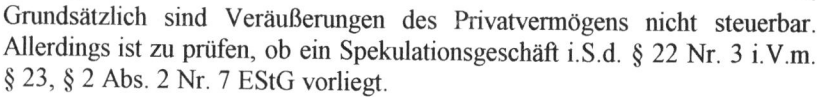

Grundsätzlich sind Veräußerungen des Privatvermögens nicht steuerbar. Allerdings ist zu prüfen, ob ein Spekulationsgeschäft i.S.d. § 22 Nr. 3 i.V.m. § 23, § 2 Abs. 2 Nr. 7 EStG vorliegt.
Für die Berechnung der Spekulationsfrist des § 23 Abs. 1 Nr. 1a EStG ist der Abschluß des obligatorischen Rechtsgeschäftes maßgebend. Somit die Zeitpunkte, an denen die Kaufverträge abgeschlossen wurden (R 169 Abs. 1 EStR). Der zeitliche Unterschied zwischen den Kaufverträgen (29.8.02 - 25.8.04) beträgt nicht mehr als 2 Jahre. Somit liegt ein Spekulationsgeschäft vor. Nicht maßgebend für die Fristberechnung sind der Übergang von Nutzen und Lasten, die Auflassungsvormerkung und die Eintragung im Grundbuch. Maßgebend für ein Spekulationsgeschäft ist, daß ein angeschafftes Wirtschaftsgut wieder veräußert wird. Beim Verkauf der 2. Doppelhaushälfte ist dies nur für den Grund und Boden zutreffend. Das darauf stehende Gebäude wurde nicht angeschafft sondern hergestellt; H 169 (Identisches Wirtschaftsgut) EStH.
Auch wenn der Steuerpflichtige nicht in spekulativer Absicht gehandelt hat bzw. die Veräußerung aus einer Notlage erfolgte, wird nur auf die zeitlichen Voraussetzungen des Spekulationsgeschäftes abgestellt; H 169 (Spekulationsabsicht) EStH.
Ermittlung des Spekulationsgewinnes gem. § 23 Abs. 3 EStG:

Veräußerungspreis	500.000 DM
davon Grund und Bodenanteil 800 m² x 120 DM	96.000 DM
abzüglich Anschaffungskosten Grund und Boden 160.000 DM : 1.600 m² x 800 m²	./.80.000 DM
abzüglich Veräußerungskosten	./. 357 DM
Spekulationsgewinn	15.643 DM

FALL 14

Spekulationsgeschäft (Bebautes Grundstück mit Vermietung)

Sachverhalt: Werner Rössl (WR) erwarb mit Kaufvertrag vom 15.1.04 eine Eigentumswohnung (Baujahr 01) in Landshut. Die zutreffend ermittelten Anschaffungskosten betragen:

Grund- und Bodenanteil   40.000 DM
Gebäudeanteil   320.000 DM

Der Übergang von Nutzen und Lasten erfolgte zum 1.2.04. Die Eintragung im Grundbuch erfolgte allerdings erst am 15.3.04. WR nutzte die Wohnung vom 1.2.04 - 30.6.05 zu eigenen Wohnzwecken. Nachdem WR sich beruflich veränderte, zog er am 30.6.05 aus der Wohnung aus und nach Nürnberg um. Die Wohnung vermietete er an einen Bekannten zur üblichen Miete von monatlich 900 DM (einschließlich Nebenkosten). An Werbungskosten (ohne AfA) fielen aus der vermieteten Wohnung für das 2. Halbjahr 05 3.500 DM an. Die AfA soll nach § 7 Abs. 4 Nr. 2 EStG ermittelt werden.
Nachdem der Mieter reges Interesse an der Wohnung zeigte, entschloß sich WR, die Wohnung an diesen zu verkaufen. Der Notarvertrag wurde am 22.12.05 geschlossen, wobei der Übergang von Nutzen und Lasten zum 1.1.06 vereinbart wurde. Der Verkaufspreis der Wohnung betrug 423.000 DM, wobei das Wertverhältnis Gebäude : Grund u. Boden unverändert blieb. Der Verkaufspreis wurde noch in 05 vereinnahmt.

Aufgabe: 1. Berechnen Sie eventuelle Spekulationsgewinne aus dem vorliegenden Sachverhalt. Gehen Sie davon aus, daß 04 dem Kalenderjahr 1994 entspricht.
2. Was ändert sich an der Lösung, wenn das Jahr 04 dem Kalenderjahr 1996 entspricht?

▶ **Lösung**
Grundsätzlich sind Veräußerungen aus dem Privatvermögen nicht steuerbar. Allerdings ist zu prüfen, ob ein Spekulationsgeschäft i.S.d. § 22 Nr. 2 i.V.m. § 23 EStG vorliegt.
Für die Berechnung der Spekulationsfrist des § 23 Abs. 1 Nr. 1a EStG ist der Abschluß des obligatorischen Rechtsgeschäfts maßgebend. Somit die Zeitpunkte, an denen die Kaufverträge abgeschlossen wurden (R 169 Abs. 1 EStR). Der zeitliche Unterschied zwischen den Kaufverträgen (15.1.04 - 22.12.05) beträgt nicht mehr als 2 Jahre. Somit liegt ein Spekulationsgeschäft vor. Nicht maßgebend für die Fristberechnung sind der Übergang von Nutzen und Lasten, die Auflassungsvormerkung und die Eintragung im Grundbuch.
Für die Beurteilung als Spekulationsgeschäft ist zudem maßgebend, daß ein angeschafftes Wirtschaftsgut wieder veräußert wird. Beim Verkauf der

Eigentumswohnung werden 2 Wirtschaftsgüter übertragen (Gebäudeteil und Grund u. Boden). Der Kauf- und der Veräußerungspreis sind somit auf die beiden WG aufzuteilen und zwar im Verhältnis der Verkehrswerte (H 43 - Anschaffungskosten - EStH).

Die Ermittlung der Spekulationsgewinne erfolgt nach § 23 Abs. 3 EStG, wobei bei der Aufgabenstellung 1 vom Veräußerungspreis die Anschaffungskosten abzuziehen sind. Hierbei ist die AfA außer Betracht zu lassen (R 169 Abs. 2 S. 1 EStR).
Bei der Aufgabenstellung 2 sind allerdings die AK, vermindert um die AfA, soweit sie bei der Ermittlung der Einkünfte i.S.d. § 2 Abs. 1 Satz Nr. 4 - 6 abgezogen worden sind, zu berücksichtigen (§ 23 Abs. 3 S. 2 EStG 1996). Diese Regelung gilt für alle Spekulationsgeschäfte, bei denen Kauf- und Verkaufsdatum nach dem 31. Juli 1995 liegen (§ 52 Abs. 22 EStG 1996).

Grund und Boden
Veräußerungspreis (1/9)	47.000 DM
Anschaffungskosten	./. 40.000 DM
Spekulationsgewinn	7.000 DM

Die Ermittlung des Spekulationsgewinn ist für beide Varianten gleich, da es sich bei dem Grund u. Boden nicht um ein abnutzbares WG handelt.

Gebäudeteil - Aufgabenstellung 1 -
Veräußerungspreis (1/9)	376.000 DM
Anschaffungskosten	./. 320.000 DM
Spekulationsgewinn	56.000 DM

Gebäudeteil - Aufgabenstellung 2 -
Veräußerungspreis (1/9)		376.000 DM
Anschaffungskosten	320.000 DM	
AfA (2 % v. 320.000 für ½ Jahr)	./. 3.200 DM	316.800 DM
Spekulationsgewinn		59.200 DM

Da die Spekulationsgewinne die jährliche Freigrenze des § 23 Abs. 3 S. 3 EStG übersteigen, sind sie voll einkommensteuerpflichtig.

FALL 15

Spekulationsgeschäft (Unbebautes Grundstück)

Sachverhalt: Herr Müller (M) veräußert mit Notarvertrag vom 20.4.04 (Übergang von Nutzen und Lasten zum 1.5.04) ein von seinem Vater geerbtes Grundstück für 220.000 DM. Der Rechtsvorgänger hatte das Grundstück am 15.4.02 (Datum des Notarvertrages) für 205.000 DM erworben. Der Übergang von Nutzen und Lasten wurde damals auf den 1.5.02 festgelegt. Der Vater verstarb am 1.7.03. Das Grundstück hatte zu diesem Zeitpunkt einen Verkaufswert von 215.000 DM.

Aufgabe: 1. Liegt ein Spekulationsgeschäft i.S.d. § 22 Nr. 2 u. § 23 EStG vor?
2. Wie verändert sich die Lösung, wenn der Vater den Notarvertrag bereits am 20.4.02 abgeschlossen hätte?

▶ **Lösung**

Zu 1.
Die Veräußerung von privaten Wirtschaftsgütern ist grundsätzlich nicht steuerbar. Allerdings ist zu prüfen, ob die sog. „Spekulationsfrist" des § 23 Abs. 1 Nr. 1a EStG für Grundstücke unterschritten ist.
Das Grundstück ging im Rahmen der Gesamtrechtsnachfolge auf M über. Die Erbschaft stellt keine Anschaffung i.S.d. § 23 Abs. 1 EStG dar; H 169 (Anschaffung) EStH. Für die Berechnung der Spekulationsfrist ist vielmehr das Anschaffungsdatum durch den Erblasser maßgebend. Zwischen der Anschaffung durch den Vater am 15.4.02 und dem Verkauf am 20.4.04 liegen mehr als 2 Jahre. Somit ein Spekulationsgeschäft nicht vor.
Maßgebend für die Berechnung der Spekulationsfrist sind die Daten der Kaufverträge. Der Übergang von Nutzen und Lasten bzw. der Todestag des Vaters sind unbeachtlich.

Zu 2.
Hat der Vater den Kaufvertrag erst am 20.4.02 abgeschlossen, ändert sich die Lösung wie folgt:
Die Spekulationsfrist beginnt mit Beginn des Tages nach Abschluß des obligatorischen Rechtsgeschäftes; somit mit Beginn des 21.4.02. Sie dauert 2 Jahre, da es sich um ein Grundstück handelt und endet mit Ablauf des

20.4.04 (§§ 187, 188 BGB). Der Verkauf erfolgte am letzten Tag der Spekulationsfrist, so daß ein Spekulationsgewinn nach § 23 Abs. 3 EStG ermittelt wird:

Veräußerungspreis	220.000 DM
AK des Rechtsvorgängers	./.205.000 DM
Spekulationsgewinn	15.000 DM

Maßgebend für die Ermittlung des Spekulationsgewinns sind der Veräußerungspreis, eventuelle Veräußerungskosten und die Anschaffungskosten (hier: des Rechtsvorgängers). Ein möglicher Verkaufspreis im Zeitpunkt des Erbfalls bleibt unbeachtlich.

FALL 16

Spekulationsgeschäft (andere Wirtschaftsgüter)

Sachverhalt: Herr Müller (M) erwarb am 22.6.04 100 Aktien im Nennwert von 50 DM der Lufthansa AG. Die Anschaffungskosten betrugen 192 DM pro Aktie. Nachdem der Kurs um 22 DM je Aktie gefallen war und M einen weiteren Kursverlust befürchtete, veräußerte M die Aktien am 11.11.04 zum Kurswert von 170 DM.
Am 1.8.04 erstand M auf einem Trödelmarkt ein altes Bild für 200 DM. Als nach einiger Zeit ein Bekannter zu Besuch war, erkannte dieser, daß es sich bei dem Bild um ein Original eines bekannten Künstlers handelte. M verkaufte das Bild am 23.12.04 an eine Galerie für 15.000 DM.
Frau M veräußerte mit notariellem Kaufvertrag vom 15.10.04 ein unbebautes Grundstück für 55.000 DM, das sie in 03 für 60.000 DM erworben hatte. An Veräußerungskosten entstanden ihr 480 DM.
Die Ehegatten Müller werden gem. §§ 26, 26b EStG zusammenveranlagt.

Aufgabe: Ermitteln Sie die steuerpflichtigen Spekulationsgewinne der Ehegatten Müller.

Lösung ◄

Herr M erwarb die Aktien am 22.6.04 und veräußerte sie am 11.11.04. Nachdem die Aktien zum Privatvermögen zählten, ist zu prüfen, ob ein Spekulationsgeschäft gem. § 22 Nr. 2, § 23 i.V.m. § 2 Abs. 2 Nr. 7 EStG vorliegt. Die Spekulationsfrist beträgt bei Wertpapieren 6 Monate (§ 23 Abs. 1 Nr. 2 EStG). Diese Frist ist unterschritten, es liegt somit ein Spekulationsgeschäft vor. Der Spekulationsgewinn wird gem. § 23 Abs. 3 EStG ermittelt:

Veräußerungspreis (100 Stück x 170 DM)	17.000 DM
Anschaffungskosten	./.19.200 DM
Spekulationsverlust	2.200 DM

Dieser Spekulationsverlust darf nicht mit anderen Einkünften, sondern nur mit Spekulationsgewinnen ausgeglichen werden (§ 23 Abs. 3 S. 4 EStG).

Durch den Verkauf des Bildes tätigt M ebenfalls ein Spekulationsgeschäft i.S.d. § 23 Abs. 1 Nr. 1b EStG. An- und Verkauf des Bildes erfolgten innerhalb der Spekulationsfrist, die bei Bildern 6 Monate beträgt. Der Spekulationsgewinn wird nach § 23 Abs. 3 EStG ermittelt

Veräußerungspreis	15.000 DM
Anschaffungskosten	./. 200 DM
Spekulationsgewinn	14.800 DM

Der Spekulationsgewinn aus dem Bildverkauf wird mit dem Spekulationsverlust aus dem Aktienveräußerung verrechnet:

Spekulationsgewinn aus Bildverkauf	14.800 DM
Spekulationsverlust aus Aktienverkauf	./. 2.200 DM
Steuerpflichtige Gewinne aus Spekulationsgeschäften	12.600 DM

Frau Müller tätigt ebenfalls ein Spekulationsgeschäft, da An- und Verkauf des Grundstückes innerhalb der Spekulationsfrist (für Grundstücke 2 Jahre) liegen. Ermittlung des Spekulationsgewinnes/verlustes:

Veräußerungspreis	55.000 DM
Anschaffungskosten	./.60.000 DM
Veräußerungskosten	./. 480 DM
Spekulationsverlust	5.480 DM

Der Verlust aus dem Spekulationsgeschäft kann weder mit anderen Einkünften noch mit dem Spekulationsgewinn des Ehegatten verrechnet werden (§ 23 Abs. 3 S. 4 EStG). Da Frau M in 04 keine weiteren Spekulationsgeschäfte tätigte, wird der Verlust steuerlich nicht berücksichtigt.

VI. Sonderausgaben

FALL 17

Sonderausgaben

Sachverhalt: Aus der Einkommensteuererklärung 04 der Ehegatten Brause (B) sind folgende Eintragungen ersichtlich:
1. Vorsorgeaufwendungen 7.530 DM
2. gezahlte Kirchensteuer 9.240 DM
3. Steuerberatungskosten 1.426 DM
4. Spenden an gemeinnützige Organisationen 850 DM
   Spenden an politische Parteien 4.500 DM

Der Einkommensteuererklärung war eine Anlage beigefügt, in der B zu den einzelnen Punkten Stellung nahm und diese genauer erläuterte:
1. Bei den Versicherungen handelt es sich um Haftpflichtversicherungen und um eine Kapitalversicherung mit Rentenwahlrecht und laufender Beitragszahlung, die allesamt bei der Bayernversicherung abgeschlossen wurden. Am 15.11.04 erhielt ich eine Beitragsrückerstattung der Kraftfahrzeughaftpflichtversicherung i.H.v. 54 DM. Dieser Betrag wurde bisher nicht berücksichtigt.
2. Am 12.1.04 wurde vom Kirchensteueramt eine Überzahlung der Kirchensteuer 02 i.H.v. 2.420 DM auf unser Konto überwiesen. Den Bescheid hierzu erhielten wir bereits am 21.12.03.
3. Die Rechnung des Steuerberaters hatte folgenden Inhalt:
   Erstellen der Einkommensteuererklärung 03 400 DM
   Erstellen der Gewinnermittlung freiberufliche Tätigkeit 500 DM
   Erstellen der Umsatzsteuererklärung 03 340 DM
   Summe 1.240 DM
   15 % Umsatzsteuer 186 DM
   Rechnungsbetrag brutto 1.426 DM
4. Die gemeinnützigen Spenden erhielten die Freiwillige Feuerwehr (350 DM) und der örtliche Sportverein (500 DM). Beide stellten die Spendenbescheinigung selbst aus. Die Spenden an politische Parteien i.H.v. 4.500 DM wurden in gleichen Teilen an die im örtlichen Gemeinderat vertretenen Parteien gezahlt. Es lagen jeweils ordnungsgemäße Spendenbescheinigungen vor.

Sonstige Angaben lt. Erklärung:
Herr B ist selbständiger Architekt und ermittelt seinen Gewinn nach § 4 Abs. 3 EStG. Der erklärte Gewinn beträgt 145.000 DM.
Frau B ist als Beamtin in der Gemeindeverwaltung tätig. Ihr Bruttoarbeitslohn beträgt 38.000 DM.
Die Vorsorgepauschale kann mit 3.996 DM angenommen werden. Beide Ehegatten haben das 50. Lebensjahr vollendet.

Aufgabe: Ermitteln Sie die abziehbaren Sonderausgaben der Eheleute Brause. Nehmen Sie zu eventuell erforderlichen Änderungen der Einkünfte Stellung.

▶ **Lösung**
Da die Ehegatten gem. §§ 26, 26b EStG zusammen zur Einkommensteuer veranlagt werden, ist es unbeachtlich, wer die Sonderausgaben bezahlt (R 86a EStR).
1. Vorsorgeaufwendungen
Die Haftpflichtversicherungsbeiträge werden nach § 10 Abs. 1 Nr. 2a EStG, die Beiträge zur Kapitalversicherung nach § 10 Abs. 1 Nr. 2b Buchstabe cc EStG im Rahmen der Höchstbetragsberechnung berücksichtigt.
Die Rückerstattung der Kfz-Haftpflichtversicherung im Jahr 04 mindert die für die Höchstbetragsberechnung berücksichtigungsfähigen geleisteten Beiträge. Somit betragen die Vorsorgeaufwendungen 7.476 DM (7.530 DM ./. 54 DM Erstattung).
Ermittlung der abzugsfähigen Vorsorgeaufwendungen; § 10 Abs. 3 EStG

	DM	DM	DM
Vorsorgeaufwendungen:		7.476	
Ermittlung des Vorwegabzuges:	12.000		
Kürzung gem. § 10 Abs. 3 EStG			
16 % v. 38.000 DM	./. 6.080		
gekürzter Vorwegabzug	5.920	./. 5.920	
der niedrigere Betrag wird angesetzt			5.920
verbleibende Vorsorgeaufwendugen		1.556	
Grundhöchstbetrag § 10 Abs. 3 Nr. 1 EStG, höchstens verbleibende Vorsorge-aufwendungen.		./. 5.220	
der niedrigere Betrag wird angesetzt			+ 1.556
Summe der beschränkt abzugsfähigen SA			7.476

Da die aus der Berechnung abziehbaren Vorsorgeaufwendungen die Vorsorgepauschale (§ 10c EStG) übersteigen, wird der Wert aus der Berechnung (7.476 DM) in die Einkommensermittlung übernommen.

2. Kirchensteuer
Die Kirchensteuer gehört nach § 10 Abs. 1 Nr. 4 EStG zu den unbeschränkt abzugsfähigen Sonderausgaben. Dabei müssen Kirchensteuererstattungen, auch wenn sich die Erstattung auf Vorjahre bezieht, von den geleisteten Zahlungen im VZ abgezogen werden, da für die Sonderausgaben das Zu- und Abflußprinzip des § 11 EStG zutrifft. Die berücksichtigungsfähige Kirchensteuer beläuft sich somit für das Jahr 04 auf 6.820 DM (9.240 DM ./. 2.420 DM).

3. Steuerberatungskosten
Steuerberatungskosten sind unbeschränkt abzugsfähige Sonderausgaben (§ 10 Abs. 1 Nr. 6 EStG). Soweit die Aufwendungen für Steuerberatungskosten den Betrag von 1.000 DM im Jahr nicht überschreiten, haben die Steuerpflichtigen das Wahlrecht, ob sie die Kosten als Betriebsausgaben, als Werbungskosten oder als Sonderausgaben gelten machen möchten (R 102 Abs. 1 EStR). Da diese Grenze im VZ 04 überschritten wurde, muß eine genaue Zuordnung des Aufwands vorgenommen werden. Dies gilt auch für die darauf entfallende Umsatzsteuer.

Die Kosten für die Gewinnermittlung und die Umsatzsteuerjahreserklärung sind betriebliche Aufwendungen und werden den Einkünften aus selbständiger Tätigkeit (§ 18 i.V.m. § 2 Abs. 2 Nr. 3 EStG) zugerechnet und sind somit Betriebsausgaben. Die Umsatzsteuer stellt im Zeitpunkt der Zahlung ebenfalls eine Betriebsausgabe dar (R 86 Abs. 4 S. 1 EStR). Die Begleichung dieser Kosten vom privaten Bankkonto stellt eine Geldeinlage dar. Bareinlagen sind, im Gegensatz zu den BA und BE, bei der Gewinnermittlung nach § 4 Abs. 3 EStG nicht aufzuzeichnen.
Aus dem Sachverhalt ergeben sich die nachstehenden BA:

Beratungskosten für Gewinnermittlung	500 DM
Beratungskosten für USt-Erklärung	340 DM
Umsatzsteuer 15 % von 840 DM	126 DM
Noch zu berücksichtigende BA	966 DM

Diese Betriebsausgaben i.H.v. 966 DM brutto reduzieren den erklärten Gewinn (145.000 DM) auf 144.034 DM.

Als Sonderausgaben sind somit nur die Kosten für die Kosten für die Erstellung der Einkommensteuererklärung mit brutto 460 DM zu berücksichtigen.

4. Spenden
Spenden können im Rahmen des § 10b EStG als Sonderausgaben abgezogen werden. Dabei muß zwischen Spenden an politische Parteien sowie Spenden i.S.d. § 10b Abs. 1 EStG unterschieden werden. Maßgebend für den Spendenabzug ist grundsätzlich das Vorliegen ordnungsgemäßer Spendenbescheinigungen (R 111 Abs. 5 u. 6. EStR).
Spenden an die Freiwillige Feuerwehr und den Sportverein
Der Feuerschutz sowie die Förderung des Sports sind in der Anlage zu R 111 Nr. 13 und Nr. 3 EStR als besonders förderungswürdige Zwecke anerkannt worden. Im Gegensatz zur Feuerwehr darf allerdings ein Sportverein keine eigenen Spendenbescheinigungen erstellen. Vielmehr hätte hier eine Zahlung über eine öffentliche Kasse erfolgen müssen, die diese dann an den Verein weitergeleitet hätte; H 111 (Durchlaufspende) EStH. Die Spendenbescheinigung darf dann nur von der öffentlichen Kasse, die den Betrag erhalten hat, ausgestellt werden. Da die formellen Voraussetzungen hinsichtlich der Spende an den Sportverein nicht erfüllt sind, kann nur die Spende an die Freiwillige Feuerwehr zum Sonderausgabenabzug zugelassen werden.
Spenden an politische Parteien
Zuerst ist die Steuerermäßigung i.S.d. § 34g EStG zu berechnen (§10 b Abs. 2 S. 2 EStG). Da die Ehegatten zusammen veranlagt werden, beträgt die Steuerermäßigung 50 % der Ausgaben für Spenden und Mitgliedsbeiträge an politische Parteien, maximal 1.500 DM (§ 34g S. 2 EStG). D.h., um eine höchstmögliche Steuerermäßigung zu bekommen, müssen die Ehegatten mindestens 3.000 DM an politische Parteien gespendet haben. Die Aufwendungen summierten sich im Kalenderjahr 04 auf 4.500 DM. Davon werden 3.000 DM vorrangig verbraucht, um die Steuerermäßigung nach § 34g EStG i.H.v. 1.500 DM zu erlangen. Die verbleibende Aufwand von 1.500 DM kann in vollem Umfang als Spende nach § 10b EStG berücksichtigt werden, da der Höchstbetrag für politische Spenden und Mitgliedsbeiträge i.H.v. 6.000 DM (bei Zusammenveranlagung) nicht überschritten wird (§ 10b Abs. 2 S. 1 EStG).
Die als SA zu berücksichtigenden Spenden errechnen sich wie folgt:

Freiwillige Feuerwehr	350 DM
Politische Parteien	1.500 DM
Summe	1.850 DM

Nachdem die Summe der unbeschränkt abzugsfähigen Sonderausgaben und der Spenden über dem Sonderausgaben-Pauschbetrag von 216 DM (§ 10c Abs. 1 und Abs. 2 S. 2 EStG) liegt, werden die höheren Beträge zum Ansatz gebracht.

Zusammenstellung der Sonderausgaben:

Vorsorgeaufwendungen	7.476 DM
Kirchensteuer	6.820 DM
Steuerberatungskosten	460 DM
Spenden	1.850 DM
Summe	16.606 DM

FALL 18

Förderung des Wohneigentums

Sachverhalt: Herr Jürgen Fritz (F) erwarb am 15.2.02 (Datum des Kaufvertrages) ein unbebautes Grundstück in Deggendorf/Bayern. Der Übergang von Nutzen und Lasten war auf den 1.3.02 festgelegt. Der Kaufpreis betrug 120.000 DM. An Kosten für den Kaufvertrag und die Grundbucheintragung fielen insgesamt 1.124 DM an. Die Grunderwerbsteuer setzte das Finanzamt mit 2.400 DM fest. Den Kaufpreis konnte F aus eigenen Mitteln begleichen, so daß eine Darlehensaufnahme noch nicht erforderlich war.

Im September 03 begann F mit dem Bau eines Einfamilienhauses. Die einzelnen Arbeiten vergab er an verschiedene Firmen. Diese stellten ihm bis zur Fertigstellung am 15.11.04 insgesamt 256.000 DM in Rechnung. Davon waren bis zum 31.12.04 224.000 DM bezahlt. Den Wert der eigenen Arbeitsleistung gab F mit 47.500 DM an. Am 30.11.04 bezog F mit seiner Familie das Einfamilienhaus.

Zur Finanzierung der Baukosten nahm F bei der örtlichen Sparkasse ein Darlehen i.H.v. 180.000 DM auf. Die Auszahlung erfolgte in 3 gleichen Raten unter Einbehalt eines Darlehensabgelds von jeweils 5 % des entsprechenden Darlehensnennbetrages. F hatte dies mit seiner Bank so vereinbart, um dadurch die monatlichen Zinsbelastungen abzusenken. Die Auszahlungen fanden am 1.4.04, 1.7.04 und 1.10.04 statt. Der Zinssatz für das Darlehen wurde mit 5,5 % vereinbart, die Zinsen sind nach Vertrag jeweils am Quartalsende fällig. Eine Tilgung sollte erstmals am 1.4.05 erfolgen.

Abweichend von den vertraglichen Vereinbarungen wurden die Schuldzinsen wie folgt überwiesen:

- Zinsen für das 2. Quartal 04   825 DM   bezahlt am 02.07.04
- Zinsen für das 3. Quartal 04   1.650 DM   bezahlt am 01.10.04
- Zinsen für das 4. Quartal 04   2.475 DM   bezahlt am 04.01.05

Die Grundsteuer summierte sich für das Jahr 04 auf 120 DM und wurde auch in diesem Kalenderjahr an die Stadtkasse überwiesen.
An weiteren Kosten fielen für die Grundschuldbestellung beim Notar 437 DM und für die Grundschuldeintragung beim Grundbuchamt 380 DM an. Die Bestellung der Grundschuld erfolgte am 25.11.04. Die beiden Beträge überwies R allerdings erst am 12.1.05.
Herr Fritz ist verheiratet mit Gerda Fritz. Die beiden ehelichen Kinder (8 und 11 Jahre alt) leben im gemeinsamen Haushalt. Der Gesamtbetrag der Einkünfte für den VZ 04 beträgt 98.422 DM. F und seine Ehefrau haben bisher weder die Fördermöglichkeiten des § 7b EStG noch die des § 10e EStG in Anspruch genommen.

Fragen: 1. Wie hoch sind die Steuerbegünstigung nach § 10e EStG und die Steuerermäßigung nach § 34f EStG für den VZ 04? Das Jahr 04 entspricht dabei dem Jahr 1994.
2. Was ändert sich, wenn der Gesamtbetrag der Einkünfte 270.000 DM beträgt?
3. Was ändert sich hinsichtlich der Grundförderung des § 10e EStG, wenn F mit seiner Familie bereits seit 03 das Einfamilienhaus bewohnt und im VZ 03 lediglich ein Abzugsbetrag nach § 10e Abs. 1 EStG i.H.v. 1.000 DM geltend gemacht wurde? Gehen Sie davon aus, daß die Bemessungsgrundlage 03 der des Jahres 04 entspricht.
4. Wie sieht die Lösung zu 1. aus, wenn der Bauantrag erst nach dem 31.12.1995 gestellt wurde und die Bezugsfertigkeit und Eigennutzung in vollem Umfang ab dem 15.12.1996 erfolgt?

▶ **Lösung**
Zu 1.
Grundförderung (§ 10e Abs. 1 EStG)
F hat, da er bisher er bisher die Förderung des § 7b bzw. § 10e EStG nicht in Anspruch nahm, die Möglichkeit, die Steuerbegünstigung des § 10e EStG für eine eigengenutzte Wohnung in Anspruch zu nehmen. Die Bemessungsgrundlage für den Abzugsbetrag nach § 10e Abs. 1 EStG setzt sich aus den

Herstellungskosten des Gebäudes bzw. der Wohnung zuzüglich 50 % der Anschaffungskosten des Grund und Bodens zusammen (§ 10e Abs. 1 S. 1 EStG).

Ermittlung der Bemessungsgrundlage:

	HK Gebäude	AK G u. B
Kaufpreis unbebautes Grundstück - R 32a Abs. 1 S. 1 EStR -		120.000 DM
Grunderwerbsteuer - R 32a Abs. 1 S. 2 EStR -		2.400 DM
Notar- und Grundbuchkosten für Kauf - R 32a Abs. 1 S. 2 EStR		1.124 DM
Fremdrechnungen = HK - R 33a Abs. 1 S. 1 EStR - Maßgebend für die Zuordnung ist die Entstehung der HK, nicht deren Bezahlung.	256.000 DM	
Der Wert der eigenen Arbeitsleistung kann nicht bei der HK berücksichtigt werden, da keine Kosten angefallen sind.	0 DM	
Summe	256.000 DM	123.524 DM
Hälfte des Grund u. Bodens	+ 61.762 DM	
Bemessungsgrundlage	317.762 DM	

F kann im VZ 04 einen Abzugsbetrag von bis zu 6 % der BMG, höchstens jedoch 19.200 DM, beantragen.

Abzugsbetrag nach § 10e Abs. 1 EStG   x 6 %
                                     19.066 DM

Die Grundförderung ist zu gewähren, da der Gesamtbetrag der Einkünfte bei den Ehegatten nicht mehr als 240.000 DM beträgt (§ 10e Abs. 5a EStG).

Vorkosten (§ 10e Abs. 6 EStG)
Aufwendungen, die bis zur erstmaligen Nutzung der Wohnung entstehen, in einem engen unmittelbaren Zusammenhang mit der Herstellung der Wohnung stehen, keine AK bzw. HK sind und bei einer evtl. Vermietung oder Verpachtung Werbungskosten i.S.d. § 9 EStG wären, können als sog. Vorkosten nach § 10e Abs. 6 EStG berücksichtigt werden.

Schuldzinsen
Schuldzinsen erfüllen die Voraussetzungen des § 10e Abs. 6 EStG. Die Zinsen für das 2. und 3. Quartal wurden jeweils bei Fälligkeit bezahlt und sind im Jahr 04 als Vorkosten abzuziehen. Die Zinsen für das 4. Quartal wurden für einen Zeitraum gezahlt, in dem die Wohnung sowohl ungenutzt, als auch eigengenutzt war.
Der Tag des Einzugs gilt als erstmalige Eigennutzung (Tz. 60 des BMF-Schreibens vom 25.10.1990, BStBl. I S. 626). Kosten, die an diesem Tag entstehen, sind im Rahmen des § 10e Abs. 6 berücksichtigungsfähig. Die Schuldzinsen für das 4. Quartal 04 sind somit aufzuteilen. Die Zinsen für die Monate Oktober und November i.H.v. 1.650 DM (2/3 von 2.475 DM) sind Vorkosten. Die Schuldzinsen für den Monat Dezember 04 i.H.v. 825 DM sind gem. § 10e Abs. 6a EStG abzugsfähig (§ 10e Abs. 6a EStG fordert für den erweiterten Schuldzinsenabzug die Herstellung oder Anschaffung vor dem 1.1.1995).
Für die Entscheidung, in welchem VZ die Kosten berücksichtigt werden können, muß § 11 EStG herangezogen werden. Da die Fälligkeit und die Bezahlung innerhalb der 10-Tages-Frist des § 11 Abs. 2 S. 2 EStG liegen und es sich bei Schuldzinsen um regelmäßig wiederkehrende Zahlungen handelt, ist das Jahr der wirtschaftlichen Zugehörigkeit maßgebend. Die Zinsen für das 4. Quartal 04 sind daher dem VZ 04 zuzuordnen.

Der Differenzbetrag zwischen Auszahlungsbetrag und Nennbetrag des Darlehens stellt ein Disagio oder Damnun dar und wird als Vorwegzins behandelt. Das Damnun gilt im Zeitpunkt der jeweiligen Darlehensauszahlung als abgeflossen. Nachdem die Darlehensausreichungen allesamt vor der Eigennutzung erfolgten, ist das gesamte Disagio (5 % von 180.000 DM = 9.000 DM) ebenfalls im Rahmen des § 10e Abs. 6 EStG zu berücksichtigen (Tz. 51 des BMF-Schreibens vom 25.10.1990, BStBl. I S. 626).

Grundschuldbestellung
Die Kosten anläßlich der Grundschuldbestellung stehen im Zusammenhang mit der Finanzierung des Gebäudes und sind deshalb ebenfalls als Vorkosten zu berücksichtigen, da diese Kosten jeweils vor dem Einzugstag entstanden sind. Allerdings wurden sie erst im Jahr 05 bezahlt, so daß aufgrund der Regelung in § 11 Abs. 2 S. 1 EStG erst im VZ 05 der Abzug als Vorkosten möglich ist.
Zusammenstellung der Vorkosten für 04:
Schuldzinsen 2. Quartal   825 DM

Schuldzinsen 3. Quartal	1.650 DM
Schuldzinsen 4. Quartal	1.650 DM
Damnum	9.000 DM
Summe	13.125 DM

Erweiterter Schuldzinsenabzug (§ 10e Abs. 6a EStG)
Die Schuldzinsen für Dezember 04 (825 DM) sind berücksichtigungsfähig nach § 10e Abs. 6a S. 1 EStG, da F das Gebäude vor dem 1.1.1995 hergestellt hat und er die Grundförderung des § 10e Abs. 1 EStG in Anspruch nehmen kann.

Steuerermäßigung nach § 34f EStG
Nachdem F die Steuerbegünstigung des § 10e Abs. 1 EStG in Anspruch nimmt, erfüllt er die Voraussetzungen des § 34f Abs. 3 EStG und kann somit für jedes Kind, für das er einen Kinderfreibetrag erhält und das in seinem Haushalt auf Dauer lebt, eine Steuerermäßigung i.H.v. jeweils 1.000 DM in Anspruch nehmen. Bei 2 Kindern beträgt die Steuerermäßigung insgesamt 2.000 DM.

Zu 2.
Die Grundförderung des § 10e Abs. 1 EStG und die Steuerermäßigung nach § 34f EStG können in dem VZ, in dem der Gesamtbetrag der Einkünfte 240.000 DM übersteigt, nicht in Anspruch genommen werden (§ 10e Abs. 5a S. 1 EStG). Dagegen sind die Vorkosten nach § 10e Abs. 6 EStG und der erweiterte Schuldzinsenabzug im Rahmen des § 10e Abs. 6a EStG möglich.

Zu 3.
F hat während des Begünstigungszeitraumes von 8 Jahren die Möglichkeit, die in den Vorjahren nicht in Anspruch genommene Grundförderung nach § 10e Abs. 3 S. 1 EStG bis zum Ende des Abzugszeitraums nachzuholen. Die höchstmögliche Steuerbegünstigung nach § 10e Abs. 1 EStG wird dann für 04 wie nachstehend berechnet:

Bemessungsgrundlage in 04	317.762 DM
Höchstmögliche Förderung für 03 und 04	
= 2 x 6 % = 12 %	38.132 DM
in Anspruch genommen im VZ 03	./. 1.000 DM
Höchstmöglicher Abzugsbetrag im VZ 04	37.132 DM

Zu 4.
Förderung nach dem Eigenheimzulagengesetz

Gem. § 19 EigZulG fällt das Objekt nicht mehr unter die Förderung des § 10e EStG, sondern unter die Regelung des Eigenheimzulagengesetzes (EigZulG). Ein Wahlrecht zwischen Alt- und Neuregelung besteht nicht, da der Bauantrag nach dem 31.12.1995 gestellt wurde.

Anspruchsberechtigter
F ist Anspruchsberechtigter i.S.d. § 1 EigZulG, da er unbeschränkt einkommensteuerpflichtig i.S.d. § 1 Abs. 1 EStG und Eigentümer des Grundstücks ist.

Begünstigtes Objekt
Es handelt sich um eine Wohnung im eigenen Haus, die ausschließlich eigengenutzt wird. Es ist keine Ferien- oder Wochenendwohnung und der Erwerb erfolgte nicht vom anderen Ehegatten (§ 2 Abs. 1 S. 3 EigZulG). Die Einkunftsgrenzen sind offensichtlich nicht überschritten (§ 5 EigZulG). Diese Grenze ist lediglich zu Beginn des Förderzeitraumes zu prüfen.

Bemessungsgrundlage
Die BMG nach § 8 EigZulG bilden die Herstellungskosten des Gebäudes und 100 % der Anschaffungskosten des Grund u. Bodens. Die Anschaffung des Grund u. Bodens vor dem 1.1.1996 ist unschädlich.

AK Grund u. Boden	123.524 DM
HK Gebäude	256.000 DM
BMG	379.524 DM

Höhe der Eigenheimzulage
F erhält nach § 9 EigZulG die Grundförderung von 5 % der BMG (5 % v. 379.524 DM = 18.976 DM), höchstens aber 5.000 DM jährlich und für die beiden Kinder, die in seinem inländischen Haushalt leben und für die er Kindergeld oder Kinderfreibetrag erhält, jeweils eine Kinderzulage von jeweils jährlich 1.500 DM.

Gesamtförderung und Prüfung der Begrenzung nach § 9 Abs. 6 EigZulG

Grundförderung	5.000 DM
Kinderzulage für 2 Kinder	3.000 DM
Jahresförderung	8.000 DM
Gesamtförderung in 8 Jahren	64.000 DM

Die Gesamtförderung darf insgesamt nicht mehr als die Bemessungsgrundlage betragen, um eine Überförderung zu vermeiden. Dies ist hier aber nicht gegeben, so daß die Förderung nicht begrenzt wird.

Förderung gem. § 10i EStG
Sämtliche Vorkosten, mit Ausnahme evtl. Erhaltungsaufwendungen, sind mit einem Vorkosten-Pauschbetrag von 3.500 DM abgegolten, der wie Sonderausgaben im Erstjahr (hier 1996) anzusetzen ist (§ 10i Abs. 1 S. 1 Nr. 1 EStG). Andere Fördermöglichkeiten bestehen nicht.

VII. Außergewöhnliche Belastung

FALL 19

Außergewöhnliche Belastungen

Sachverhalt: Herr und Frau Jäger (J) werden nach §§ 26, 26b EStG zusammen zur Einkommensteuer veranlagt. Aus der Ehe gingen die Kinder Max (22 Jahre alt, Student) und Marianne (12 Jahre alt, Gymnasiastin) hervor. Für beide Kinder erhalten die Ehegatten einen Kinderfreibetrag. Zu Beginn des VZ 04 lebten Max und Marianne im Haushalt der Eltern in Landshut. Zum 1.10.04 bezog Max eine 1½-Zimmer-Wohnung in München, da ihm das ständige Hin- und Herfahren zu umständlich wurde. An den Wochenenden und freien Tagen fuhr er zu seinen Eltern, in dessen Haus er weiterhin ein Zimmer unterhielt.
Seit 15.7.04 lebt der Adoptivsohn Lee (8 Jahre) bei den Ehegatten Jäger. Die Adoption wurde am 19.10.04 rechtskräftig. Lee, dessen Eltern bei einem Unfall ums Leben kamen, stammt aus Vietnam und wurde von Herrn Jäger persönlich mit dem Flugzeug in seinem Heimatland abgeholt. An Kosten für die Adoption entstanden den Ehegatten J 8.580 DM. Darin enthalten sind auch die Kosten für den Flug und das Hotel.
Frau Jäger war im VZ 04 mehrere Wochen im Krankenhaus. Da einige Behandlungspraktiken von der Krankenversicherung nicht anerkannt wurden, mußte Frau Jäger für Honorare, Krankenhaus, Pflege und Medikamente insgesamt 14.520 DM bezahlen. Die Krankenversicherung übernahm davon 11.320 DM. Da Frau J eine Krankenhaustagegeldversicherung abgeschlossen hatte, bekam sie aus dieser Versicherung noch einen Betrag von 1.400 DM erstattet.
Marianne Jäger beschädigte im Dezember 04 ihre Brille so stark, daß sie eine neue Brille benötigte. Die Kosten hierfür betrugen 650 DM. Die Kasse übernahm 80 % der Kosten. Die Erstattung erfolgte allerdings erst am 15.2.05.

Im Februar 04 verstarb der Vater des Herrn Jäger. Der Vater war bereits seit mehreren Jahren verwitwet. Als einziges Kind seines Vaters kam Herr J für die Begräbniskosten auf. Das Begräbnisinstitut erstellte eine Rechnung über 12.480 DM. Für das kirchliche Gedenkfeier bezahlte er 570 DM an die Kirchenverwaltung. Für die Verköstigung der Beerdigungsgäste mußte Herr Jäger eine Rechnung über 980 DM begleichen.
Der Nachlaß setzte sich aus einem kleinen Einfamilienhaus und diversen Wertpapieren im Wert von ca. 125.000 DM zusammen.
Der Sohn Max studiert im 3. Semester Betriebswirtschaft in München. Sein Studium finanzierte Max zum Teil selbst. Er war, da er bereits eine Steuergehilfenlehre absolvierte, an 2 Tagen in der Woche bei einem Steuerberater tätig. Der Bruttoarbeitslohn betrug im Jahr 04 insgesamt 7.600 DM. Zusätzlich wurde Max natürlich noch von seinen Eltern unterstützt. Die monatlichen Zahlungen betrugen 250 DM.
Die alleinstehende Mutter (67 Jahre alt) der Frau Jäger bezieht seit ihrem 65. Lj eine Rente i.H.v. 650 DM monatlich. Frau Jäger sowie ihr Bruder unterstützten sie gemeinsam mit jeweils 400 DM monatlich. Für ein Rentenberatungsgespräch, das die Rentnerin im Dezember 03 führte, überwies sie an die Rentenberatungsstelle am 12. Januar 04 insgesamt 270 DM.
Seit einem früheren Krankenhausaufenthalt ist Frau Jäger behindert. Das Versorgungsamt stellte den Grad der Behinderung bisher mit 40 % fest. Nach einer Untersuchung im April 04 wurde der Prozentsatz der Körperbehinderung mit 60 % festgestellt. Der neue Ausweis wurde am 15.6.04 ausgestellt.

Aufgabe: Nehmen Sie zu obigen Sachverhalten Stellung und prüfen Sie, inwieweit diese steuerlich berücksichtigt werden können. Gehen Sie davon aus, daß der Gesamtbetrag der Einkünfte 87.800 DM beträgt.

▶ **Lösung**
Außergewöhnliche Belastungen nach § 33 EStG
Adoptionskosten
Aufwendungen, die als außergewöhnliche Belastung berücksichtigt werden sollen, müssen sowohl dem Grund nach, als auch in der Höhe zwangsläufig erwachsen sein. Dies ist bei Adoptionskosten zu verneinen, da hierbei ein eigener, freier Entschluß des Steuerpflichtigen zu Grunde liegt (R 186 Abs. 2 EStR).

Krankheitskosten
Kosten für einen Krankenhausaufenthalt - dazu zählen auch die Kosten für die Unterbringung, Pflege sowie Honorare usw. - sind Kosten, die zwangsläufig entstehen. Allerdings werden sie nur in Höhe der Aufwendungen berücksichtigt, die dem Steuerpflichtigen tatsächlich entstehen. D.h., daß Erstattungen von dritter Seite, wie z.b. Krankenversicherungen, von den Aufwendungen abgezogen werden müssen. Ebenfalls abgezogen werden die Erstattungen aufgrund einer Krankenhaustagegeldversicherung, die eigens dafür abgeschlossen werden, daß eventuell anfallende Zusatzkosten abgedeckt werden können (R 186 Abs. 2 EStR). Die tatsächlichen Krankheitskosten betragen somit 14.520 DM abzüglich der 11.320 DM Leistungen der Krankenversicherung und abzüglich 1.400 DM Leistung der Krankenhaustagegeldversicherung, so daß sich ein Differenzbetrag von 1.800 DM ergibt, der im Rahmen des § 33 zu berücksichtigen ist.

Brille
Die Ehegatten Jäger sind gegenüber ihrer minderjährigen Tochter unterhaltsverpflichtet. Somit liegt eine Zwangsläufigkeit dem Grunde nach vor. Erstattungen durch die Kasse müssen von den Kosten abgezogen werden, auch wenn der Zufluß erst im nächsten Jahr liegt (R 186 Abs. 2 EStR).

Kosten lt. Rechnung	650 DM
Erstattung Krankenkasse 80 %	./.520 DM
Berücksichtigungsfähige Kosten bei § 33 EStG	130 DM

Begräbniskosten
Begräbniskosten stellen eine außergewöhnliche Belastung i.S.d. § 33 EStG dar. Dazu gehören allerdings nicht die Kosten für den sog. Leichenschmaus. Eine Zwangsläufigkeit der Höhe nach ist nur insoweit zu bejahen, als die Kosten den Nachlaß übersteigen. Die Erbmasse übersteigt offensichtlich die anfallenden Kosten, so daß Herr Jäger nicht belastet wird.

Berechnung der außergewöhnlichen Belastung
Lediglich die Kosten für den Krankenhausaufenthalt sowie für die Brille sind zu erfassen und betragen insgesamt 1.930 DM.
Diese Aufwendungen sind nur soweit berücksichtigungsfähig, soweit sie die zumutbare Eigenbelastung übersteigen. Diese richtet sich nach dem Familienstand, der Anzahl der zu berücksichtigenden Kinder (§ 33 Abs. 3 S. 2 EStG) und den finanziellen Verhältnissen der Steuerpflichtigen. Der Prozentsatz, der für die zumutbare Belastung maßgebend ist, wird der Tabelle des § 33 Abs. 3 EStG entnommen. Bei drei Kindern und einem Gesamtbetrag der Einkünfte i.H.v. 87.800 DM beträgt dieser 1 %.
Aufwendungen   1.930 DM

zumutbare Belastung (1 % v. 87.800 DM)	./.	878 DM
Außergewöhnliche Belastung nach § 33 EStG		1.052 DM

Ausbildungsfreibetrag für Sohn Max

Die Ehegatten erhalten für Max einen Kinderfreibetrag und tragen für die Ausbildung Kosten (§ 33 a Abs. 2 S. 1 EStG). Auf die Höhe der Aufwendungen kommt es dabei nicht an (R 191 Abs. 2 S. 2 EStR). Da Max das 18. Lj zu Beginn des VZ bereits vollendet hat, können seine Eltern einen Ausbildungs-FB gemäß § 33a Abs. 2 Nr. 2 EStG beantragen. Ab 1.10.04 hat Max eine eigene Wohnung, weshalb für die Zeit vom 1.1. - 30.9.04 der Freibetrag von 2.400 DM und für die Zeit vom 1.10. - 31.12.04 der Freibetrag von 4.200 DM für die Berechnung des berücksichtigungsfähigen Ausbildungsfreibetrages zugrunde gelegt werden (§ 33a Abs. 2 Nr. 2 EStG). Die eigenen Einkünfte von Max werden bei der Ermittlung des Freibetrages angerechnet, soweit diese 3.600 DM übersteigen (§ 33a Abs. 2 S. 3 EStG). Max bezieht Einnahmen aus nichtselbständiger Arbeit mit 7.600 DM, die um den Arbeitnehmerpauschbetrag des § 9a Nr. 1 EStG i.H.v. 2.000 DM vermindert werden.

Die Ermittlung des berücksichtigungsfähigen Ausbildungsfreibetrages stellt sich wie folgt dar:

Zeitraum 01.01. - 30.09.	9/12 v. 2.400 DM	1.800 DM	
Zeitraum 01.10. - 31.12.	3/12 v. 4.200 DM	1.050 DM	
		2.850 DM	
eigene Einkünfte		5.600 DM	
anrechnungsfreier Betrag		3.600 DM	
schädliche Einkünfte		2.000 DM	./. 2.000 DM
Ausbildungsfreibetrag			850 DM

Unterhaltsfreibetrag

Aufgrund der geringen Rente, welche die Mutter von Frau Jäger bezieht, besteht für Frau Jäger die Verpflichtung, ihre Mutter zu unterstützen. Nachdem weder die Steuerpflichtige noch eine andere Person Anspruch auf einen Kinderfreibetrag für die unterhaltene Person hat und die Stpfl gesetzlich dazu verpflichtet ist, ihre Mutter zu unterstützen, kann auf Antrag ein FB bis zu 12.000 DM gewährt werden (§ 33a Abs. 1 S. 2 EStG). Da auch Frau Jägers Bruder die Mutter in gleicher Höhe unterstützt, wird der Unterhaltsfreibetrag zu gleichen Teilen aufgeteilt (§ 33a Abs. 1 S. 6 EStG). Die eigenen Einkünfte und Bezüge der Mutter werden bei der Ermittlung des Freibetrages angerechnet (§ 33a Abs. 1 S. 4 EStG), soweit diese 1.200 DM übersteigen.

Unter Einkünfte sind die Einkünfte i.S.d. § 2 Abs. 1 EStG zu verstehen, H 190 (Anrechnung eigener Einkünfte und Bezüge) EStH. Da die Mutter lediglich eine Rente bezieht, ist dies der Ertragsanteil. Maßgebend hierfür ist das vollendete Lebensjahr bei Beginn der Rente. Der Ertragsanteil beträgt laut Tabelle des § 22 Nr. 1 EStG 27 %.

Rente 650 DM x 12	7.800 DM
Ertragsanteil in v.H.	x 27 %
Ertragsanteil in DM	2.106 DM
Werbungskosten (Zahlung vom 12.1.04)	./. 270 DM
Sonstige Einkünfte	1.836 DM

Der nicht steuerbare Teil der Rente ist als Bezug zu erfassen, H 190 (Anrechnung eigener Einkünfte und Bezüge) EStH. Diese Bezüge werden durch eine Unkostenpauschale i.H.v. 360 DM vermindert (R 190 Abs. 5 S. 1 EStR).

Gesamtrente	7.800 DM
Ertragsanteil in DM	./.2.106 DM
Eigene Bezüge	5.694 DM
Unkostenpauschale	./. 360 DM
Anrechenbare Bezüge	5.334 DM

Ermittlung des Unterhaltsfreibetrages

Höchstmöglicher Unterhaltsfreibetrag			12.000 DM
Höchstens die Aufwendungen	12 x 400 DM x 2		9.600 DM
Einkünfte Mutter		1.836 DM	
Bezüge Mutter		5.334 DM	
Summe		7.170 DM	
Anrechnungsfreier Betrag		./.1.200 DM	
Anzurechnende Einkünfte u. Bezüge		5.970 DM	./. 5.970 DM
Gesamter Unterhaltsfreibetrag			3.630 DM
Anteil Frau Jäger 50 %			1.815 DM

Pauschbetrag für Behinderte
Aufgrund ihrer Behinderung erhält Frau Jäger einen Freibetrag für Körperbehinderte von 1.410 DM (§ 33b Abs. 3 S. 1 i.V.m. Abs. 2 Nr. 2b EStG). Der Nachweis erfolgt durch die Vorlage des Behindertenausweises. Da sich der Prozentsatz der Behinderung während des VZ 04 erhöht hat, kommt der höhere Pauschbetrag zum Ansatz (R 194 Abs. 3 EStR).

Vierter Teil:
Umsatzsteuer

Einzelfälle

Vorbemerkung

Alle in den Einzelfällen dargestellten Unternehmen versteuern Ihre Umsätze nach vereinbarten Entgelten (§ 16 Abs. 1 S. 1 UStG). Voranmeldungszeitraum ist der Kalendermonat (§ 18 Abs. 2 S. 2 UStG). Erforderliche Belege und Aufzeichnungen i.S.v. § 22 UStG i.V.m. § 63 UStDV sind vorhanden. Erteilte Rechnungen enthalten, soweit aus dem jeweiligen Sachverhalt nicht ausdrücklich etwas Gegenteiliges hervorgeht, die nach § 14 UStG und den §§ 31ff. UStDV erforderlichen Angaben. Der anzuwendende Steuersatz beträgt bei steuerpflichtigen Umsätzen 15 bzw. 7 %.

I. Unternehmer, Unternehmen

FALL 1

Unternehmerfähigkeit und unternehmerische Tätigkeit

Sachverhalt: Herr L. Polta hat, obwohl er die polnische Staatsangehörigkeit besitzt, seit 1.1.02 seinen Wohnsitz in München, Sonthofer Str. 18.
Vom 1.1. - 31.12.04 hat er in München nachfolgende Aktivitäten entwickelt:
1. 2 Tage je Woche ist er bei der Fa. Lunte KG (Maschinenhersteller) in München als Pförtner (monatliches Gehalt 1.000 DM) beschäftigt.
2. Von Fall zu Fall tätigt er im Freundes- und Bekanntenkreis Vermittlungsgeschäfte für verschiedene Versicherungsgesellschaften in München. Dafür erhält er Gutschriften (Provisionen), die sich nach der Höhe der abgeschlossenen Vertragssummen bemessen.
3. Den Rest der Woche verbringt er in seinem Textilgeschäft in München. Die Räume dafür hat er ab 1.3.03 angemietet. Leider mußte er jedoch im VZ 04 nach anfänglich guten Geschäften 2 Angestellte entlassen.
   Ein Großteil des Warenbestandes wurde als Ladenhüter unter den Selbstkosten und ohne Gewinn veräußert.

4. Zusammen mit seiner deutschen Ehefrau vermietet er laut Mietvertrag ein im VZ 03 geerbtes Einfamilienhaus in Nürnberg an das Rentnerehepaar Huber zu Wohnzwecken für monatlich 800 DM.

Frage: Ist Polta im vorliegenden Sachverhalt unternehmerfähig bzw. Unternehmer und welche unternehmerische Tätigkeiten i.S.d. UStG sind ihm zuzurechnen?

Lösung ◀
L. Polta (Stpfl.) ist als natürliche Person unternehmerfähig (Abschn. 16 Abs. 1 S. 1 UStR = Träger von umsatzsteuerlichen Rechten und Pflichten), da er nach außen in Erscheinung tritt und sich am allgemeinen wirtschaftlichen Verkehr beteiligt. Unerheblich ist, daß der Stpfl. nicht deutscher Staatsangehöriger ist (§ 1 Abs. 2 S. 3 UStG).

Zu 1.
Die Tätigkeit als Pförtner wird nach Abschn. 17 Abs. 1 UStR erkennbar nicht auf eigene Rechnung und nicht auf eigene Verantwortung ausgeführt. Der Stpfl. wird unselbständig tätig, da er als Arbeitnehmer gegenüber der Firma Lunte KG weisungsgebunden ist (§ 2 Abs. 2 Nr. 1 UStG).
Hinweis: Eigener Unternehmer i.S.d. § 2 Abs. 1 S. 1 UStG ist die Lunte KG als Maschinenhersteller in München.
Polta wird somit nicht als Unternehmer i.S.v. § 2 Abs. 1 S. 1 UStG tätig. Die erzielten Einnahmen gehören zu den Einkünften aus nichtselbständiger Arbeit nach § 19 EStG.

Zu 2.
Da laut Sachverhalt der Abschluß von Vermittlungsgeschäften für **verschiedene** Gesellschaften in unregelmäßigen Abständen gegen ein **Erfolgshonorar** (= Provision) erfolgt, wird der Stpfl. selbständig (Abschn. 17 Abs. 1 UStR) tätig. Im Gegensatz zur nichtselbständigen Tätigkeit ist der Stpfl. bei der Gestaltung dieser Tätigkeit keiner Aufsicht (Weisung) unterworfen und in der Bestimmung seiner Arbeitszeit frei. Maßgebend für das Merkmal „selbständige Tätigkeit" ist somit das Gesamtbild der Verhältnisse (siehe auch BFH-Urteil vom 14.6.1985, BStBl 1985 II S. 661).
Die Vermittlungstätigkeit stellt auch eine Leistung im wirtschaftlichen Sinn dar (Abschn. 18 Abs. 1 S. 2 UStR), die mit Wiederholungsabsicht betrieben

wird (Abschn. 18 Abs. 2 UStR) und auf Dauer zur Erzielung von Entgelten angelegt ist (Abschn. 18 Abs. 2 S. 1 UStR).
Nachdem der Stpfl. ebenfalls daraus Einnahmen (= Provision) erzielt (§ 2 Abs. 1 S. 3 UStG i.V.m. Abschn. 18 Abs. 3 UStR), wird er hinsichtlich dieser Tätigkeit zum Unternehmer und erbringt diese Leistungen im Rahmen seines Unternehmens (§ 2 Abs. 1 S. 1 und S. 3 UStG).

Zu 3.
Mit dem Verkauf von Textilien erfüllt der Stpfl. den Unternehmerbegriff nach § 2 Abs. 1 S. 1 UStG. Unschädlich für die Annahme der gewerblichen Tätigkeit ist nach § 2 Abs. 1 S. 3 UStG, daß die Absicht, Gewinn zu erzielen, fehlt (Stichwort: „Ladenhüterverkauf zu Selbstkosten"). Entscheidend ist vielmehr, daß die Tätigkeit auf Erzielung von Einnahmen gerichtet war (Abschn. 18 Abs. 3 S. 1 UStR). Der Textilverkauf wird somit seiner unternehmerischen Tätigkeit zugerechnet.

Zu 4.
Die Vermietung durch die Eheleute Polta erfolgt im Rahmen einer Gesellschaft des bürgerlichen Rechts (GdbR). Es handelt sich hier um einen nichtrechtsfähigen Personenzusammenschluß, der jedoch unternehmerfähig sein kann (Abschn. 16 Abs. 1 UStR).
Nachdem die GdbR nach außen hin (siehe Mietvertrag) selbständig in Erscheinung tritt und Einnahmen (für die Vermietung) nachhaltig erhält, ist sie selbst Unternehmer i.S.d. § 2 Abs. 1 S. 1 u. S. 3 UStG. Die Umsätze müssen in einer eigenen Umsatzsteuererklärung erfaßt werden.

FALL 2

Unternehmensumfang und Beginn bzw. Ende der unternehmerischen Tätigkeit

Sachverhalt I: Herr Labert (L) betrieb vom 1.1.04 - 31.12.04 in Berlin eine Schreinerei. Gegenstand des Unternehmens war der Innenausbau (Möbel, Holzdecken usw.).
Im August 04 veräußerte L aus seinem Anlagevermögen einen bisher nur für die Schreinerei verwendeten Lastkraftwagen an einen Privatmann für 10.000 DM netto.

Ebenfalls in 04 hat L in seiner Freizeit ein Buch mit dem Titel „Ökologischer Bauen mit Holz" verfaßt, worin er die Praxiserfahrungen aus seinem Handwerk darstellt. Ein Verlag hat ihm dafür ein einmaliges Honorar i.H.v. 5.000 DM gezahlt.

Auf Drängen eines Kunden hat er einen seit Jahren im Wohnzimmer seines Einfamilienhauses stehenden Eichenschrank für 3.000 DM verkauft.

Frage: Welche dieser Aktivitäten fallen in den Rahmen des Unternehmens?

Sachverhalt II: Frau Kluge (K) beabsichtigt, in der Innenstadt von Hamburg ein Speiselokal zu eröffnen. Zu diesem Zweck beauftragte sie am 4.2.04 einen Makler mit der Suche nach geeigneten Geschäftsräumen. Noch im gleichen Monat gelang es, ein ansprechendes Ladenlokal anzumieten.
Nachdem die Räume entsprechend renoviert und eingerichtet wurden, eröffnete K am 1.6.04 das Restaurant und tätigt die ersten Umsätze.
Der Ehemann von Frau Kluge, der Alleininhaber eines Elektrogeschäfts war, verstarb am 5.10.04. Das Geschäft ging an seine Ehefrau (Frau Kluge) als Alleinerbin über. Diese veräußerte das gesamte Elektrogeschäft 14 Tage später im ganzen an Herrn Mähner.
Frau Kluge hat bis Ende Januar 04 in Hamburg einen Buchladen betrieben. Der Räumungsverkauf fand am 28.1.04 statt. Leider konnten nicht alle Bücher und Einrichtungsgegenstände sofort verkauft werden. Der Restbestand an Büchern und Einrichtungsgegenständen wurde erst am 4.5.04 an einen „fahrenden Händler" für 3.000 DM veräußert. Die Gewerbeabmeldung erfolgte zum 30.1.04.

Fragen: 1. Wann beginnt bei Frau Kluge die unternehmerische Tätigkeit (Betrieb des Speiselokals)?
2. Gehört der Verkauf des Unternehmens des Ehemanns zu ihrem Unternehmen?
3. In welchem Voranmeldungszeitraum endet die unternehmerische Tätigkeit aus dem Betrieb des Buchladens?

Lösung ◀
Zu Sachverhalt I:
Das Unternehmen des L umfaßt nach § 2 Abs. 1 S. 2 UStG i.V.m. Abschn. 20 Abs. 1 S. 1 UStR die gesamte gewerbliche und berufliche Tätigkeit des [selben] Unternehmers.

Dazu gehört nach Abschn. 20 Abs. 2 S. 1 UStR der Innenausbau (Schreinerei), da es sich hier um eine ständig wiederkehrende branchentypische gewerbliche Tätigkeit handelt (Grundgeschäfte).
Nicht zu den Grundgeschäften gehört die entgeltliche Überlassung des Eichenschrankes an den Kunden. Hierin ist kein Handeln im Rahmen des Unternehmens zu sehen, auch wenn diese Veräußerung bei anderen Privathaushalten üblich und vergleichbar ist (z.b. Verkaufsangebot in einer Wochenzeitschrift im Inseratsteil).
Der Anlagenverkauf stellt ein gelegentliches Geschäft dar, das notwendig mit einem Tätigkeitsbereich (Schreinerei) des Unternehmens zusammenhängt (Abschn. 20 Abs. 2 S. 1 u. 2 UStR). Auf die Nachhaltigkeit dieses „Hilfsgeschäftes" kommt es nicht an, wenn der Gegenstand zum unternehmerischen Bereich des Stpfl. gehörte (Abschn. 20 Abs. 2 S. 4 UStR).
Ebenfalls zu den Umsätzen im Rahmen des Unternehmens ist als sog. „Nebengeschäft" die Erstellung des Fachbuches zu sehen. Als Begründung kann angeführt werden, daß diese Aktivität mit der Haupttätigkeit in engem wirtschaftlichen Zusammenhang steht.

Zu Sachverhalt II:
Tz. 1
Als Beginn der Unternehmereigenschaft hinsichtlich des Speiselokals ist auf das erste, nach außen erkennbare, auf eine Unternehmertätigkeit gerichtete Tätigwerden, abzustellen. Vorbereitungshandlung = Anmietung des Ladenlokals im Februar 04, sofern später nachhaltig Leistungen gegen Entgelt ausgeführt werden. Eine Unternehmereigenschaft wird nicht begründet, wenn es nach den Vorbereitungshandlungen nicht oder nicht nachhaltig zur Ausführung entgeltlicher Leistungen kommt (Abschn. 19 Abs. 1 S. 2 UStR). Wird aber eine Unternehmereigenschaft begründet, ist der Stpfl. grundsätzlich zum Vorsteuerabzug aus den Anlaufkosten berechtigt (Abschn. 191 Abs. 1 S. 2 UStR).

Tz. 2
Die Unternehmereigenschaft des Ehemanns der Stpfl. geht nicht durch Erbfolge auf den Erben über (Abschn. 19 Abs. 1 S. 4 UStR). Die Stpfl. wird weder in ihrer Eigenschaft als Erbin, noch aufgrund des einmaligen Veräußerungsvorganges (19.10.04) Unternehmer i.S.d. UStG. Jedoch nimmt die Erbin als Gesamtrechtsnachfolgerin eine treuhandähnliche Stellung für den verstorbenen Unternehmer ein, so daß es gerechtfertigt ist, die Geschäftsveräußerung als letzten Akt der unternehmerischen Tätigkeit des Verstorbenen

anzusehen. Die Geschäftsveräußerung im ganzen zählt vom Grundsatz her zu den umsatzsteuerlich relevanten Vorgängen eines Unternehmens. Hier muß aber die Regelung beachtet werden, nach der Umsätze aus Geschäftsveräußerungen im ganzen ab 1.1.1994 nicht mehr der Umsatzsteuer (§ 1 Abs. 1a UStG) unterliegen.

Tz. 3
Die Unternehmereigenschaft endet mit dem letzten Tätigwerden nach außen hin (Abschn. 19 Abs. 2 S. 1 UStR). Im vorliegenden Sachverhalt findet dies mit Ablauf des Umsatzsteuervoranmeldungzeitraumes Mai 04 statt = Verkauf des restlichen Betriebsvermögens (Abschn. 19 Abs. 2 S. 3 UStR). Der Zeitpunkt der Abmeldung des Gewerbebetriebes ist unbeachtlich (Abschn. 19 Abs. 2 S. 2 UStR).
Die mit der Abwicklung in Zusammenhang stehenden Vorsteuerbeträge, wie z.B. aus Inseratskosten oder Maklerprovision, können jedoch bis zur Vollbeendigung des Unternehmens geltend gemacht werden.

II. Leistungsaustausch

FALL 3

Voraussetzungen für den umsatzsteuerlichen Leistungsbegriff

Sachverhalt: Herr Rohrbach (R) betreibt in Leipzig ein Architekturbüro. Er beteiligt sich Mai 04 an einem öffentlich ausgeschriebenen Wettbewerb der Stadt Leipzig zum Thema „Freizeitanlagen im Auewald".
Für seinen Entwurf erhält er einen Geldpreis i.H.v. 3.000 DM. Außerdem erhält er das Recht, 1 Jahr lang die Ausstellungen der Stadt Leipzig unentgeltlich zu besuchen.

Frage: Liegt zwischen der Stadt Leipzig und R ein Leistungsaustausch i.S.d. § 1 UStG vor?

Lösung ◄
Leistungsaustausch i.S.d. UStG kann nur dann vorliegen, wenn die Voraussetzungen des Abschn. 1 Abs. 1 UStR gleichzeitig erfüllt sind. Zunächst

erbringt R mit dem Entwurf eine Leistung im wirtschaftlichen Sinne, d.h. eine Leistung, bei denen ein über die reine Entgeltsentwicklung hinausgehendes eigenes wirtschaftliches Interesse des Entrichtenden verfolgt wird (Abschn. 1 Abs. 2 S. 2 UStR). Die Leistung des R (Entwurf) wird gegenüber einem Dritten, nämlich der Stadt Leipzig als Veranstalter des Wettbewerbes, erbracht. Somit sind sowohl Leistender, wie auch Leistungsempfänger vorhanden (= 2 Beteiligte, die nicht identisch sind); siehe Abschn. 1 Abs. 1 S. 2 UStR.
R hat für seine Leistung auch eine Gegenleistung erhalten. Diese Leistung (Entgelt) bestand sowohl in einer Barzahlung, als auch in der Hingabe eines Rechts (Dienstleistung). Auch wurde die Leistung von R wegen der Gegenleistung in Form der Barzahlung und des Rechts erbracht. Grund dafür ist, daß sich der Stpfl. am Wettbewerb mit der grundsätzlichen Absicht beteiligt hat, den für den besten Entwurf ausgesetzten Geldpreis zu erhalten.
Die Voraussetzungen für den Leistungsaustausch i.S.d. UStG sind somit gegeben. Bei der sonstigen Leistung des R handelt es sich folgerichtig um einen steuerbaren Umsatz (Abschn. 1 Abs. 1 S. 1 UStR).

FALL 4

Einheitlichkeit der Leistung; Haupt- und Nebenleistung

Sachverhalt I: Der in Hannover ansässige Obstgroßhändler M. Ecker (E) hat an den Einzelhändler F. Meier (M) am 13.4.04 drei Tonnen Südfrüchte verkauft. E beförderte die Ware noch am gleichen Tag mit eigenem Lastkraftwagen zum Abnehmer M nach Braunschweig. Vereinbarungsgemäß verlangte E von M neben dem Kaufpreis für das Obst i.H.v. 3.000 DM noch Transportkosten i.H.v. 500 DM und Verpackungskosten i.H.v. 300 DM. E hat M auf Wunsch über den gesamten Vorgang jeweils eine Abrechnung über die Obstlieferung, sowie die Transport- und Verpackungskosten ausgefertigt.

Frage: Sind die Transport- und Verpackungskosten selbständige Leistungen oder als übliche Nebenleistungen zu beurteilen?

Sachverhalt II: Frau Schön (S) hat ab 1.10.04 zwei Zimmer im 1. Stock ihres Einfamilienhauses in München an einen schwerbehinderten Rentner vermietet. Der monatliche Mietpreis stellt sich wie folgt dar:

Kaltmiete	400 DM
Umlage für Heizung, Strom usw.	100 DM
Gesamtmiete	<u>500 DM</u>

Zusätzlich hat sich S verpflichtet, das Frühstück und Abendessen für monatlich 200 DM zuzubereiten. Daneben erhält sie im Monat 50 DM für das Putzen der beiden Zimmer.

Frage: Stellen die Umlagen (zur Kaltmiete) und die Essens- und Reinemachekosten selbständige Leistungen oder ortsübliche Nebenleistungen dar?

Lösung ◄
Zum Sachverhalt I
Durch den Verkauf der Südfrüchte bewirkt E eine Lieferung nach § 3 Abs. 1 UStG.
Obwohl zivilrechtlich daneben noch mehrere selbständige Leistungen vorliegen (Transport- und Verpackungskosten), handelt es sich nach der Verkehrsauffassung und der tatsächlichen Übung insgesamt um eine einheitliche Leistung (Abschn. 29 Abs. 1 S. 4 UStR). Daran ändert auch die Tatsache nichts, daß sich der Abnehmer gegenüber dem leistenden Unternehmer mit einer gesonderten Abrechnung (Aufspaltung) der Leistung einverstanden erklärt (Abschn. 29 Abs. 1 S. 3 UStR). Die Verpackungs- und Transportkosten stellen eine Nebenleistung zur Hauptleistung (Lieferung von Südfrüchten) dar, da sie im Vergleich zur Hauptleistung nebensächlich sind und mit ihr eng zusammenhängen bzw. üblicherweise in ihrem Gefolge vorkommen (Abschn. 29 Abs. 3 S. 3 UStR).
Nebenleistungen teilen auch dann umsatzsteuerrechtlich das Schicksal der Hauptleistung, wenn - wie im vorliegenden Sachverhalt - ein besonderes Entgelt verlangt und entrichtet wird (Abschn. 29 Abs. 3 S. 1 und 2 UStR).
Daraus folgt, daß die Nebenleistungen in bezug auf die Steuerbarkeit, Steuerfreiheit sowie Steuerpflicht und Steuersatz von der umsatzsteuerrechtlichen Beurteilung der Hauptleistung abhängen.

Sachverhalt II
Die Überlassung der Wohnung an den Rentner stellt eine Vermietungsleistung (= sonstige Leistung) des S dar. Die Zurverfügungstellung von Heizung, Strom usw. in bezug auf die Vermietung der 2 Zimmer im 1. OG

bedeutet, daß diese Umlagen nach der Verkehrsanschauung bzw. nach der Vereinbarung im Mietvertrag üblicherweise vorkommen und somit Nebenleistungen zur Hauptleistung (Mietentgelt) darstellen.
Die Vermietung zu Wohnzwecken stellt einen steuerbaren Umsatz nach § 1 Abs. 1 Nr. 1 S. 1 UStG dar. Nachdem die Vermietung nicht kurzfristig erfolgt, sind die Umsätze hieraus nach § 4 Nr. 12a S. 1 UStG umsatzsteuerfrei. Diese Aussage trifft auch für die angesprochenen Nebenleistungen zu (Abschn. 29 Abs. 3 S. 1 und Abschn. 76 Abs. 5 UStR).
Dagegen sind die Zubereitung des Frühstücks und Abendessens und das Putzen der beiden Zimmer selbständige Hauptleistungen. Diese Leistungen stehen nicht mit der Hauptleistung in engem Zusammenhang bzw. sind bei Vermietungen nicht üblich. Diese Leistungen sind somit steuerbar nach § 1 Abs. 1 Nr. 1 S. 1 UStG und mangels Befreiungsvorschrift im § 4 UStG steuerpflichtig. Das gilt selbst dann, wenn die einzelnen Leistungen aus einem einheitlichen Vertrag herrühren und ein Gesamtentgelt entrichtet wird.

III. Fehlender Leistungsaustausch

FALL 5

Innenumsätze

Sachverhalt: Herr Kolm (K) betreibt im Jahr 04 in Nürnberg, Gustavstr. 5, in eigenen Räumen eine Bautischlerei. Daneben unterhält er einen kleinen Baustoffhandel in Fürth. Zusammen mit seiner Ehefrau betreibt er in Erlangen ein Baugeschäft. Außerdem ist er seit Jahren Alleininhaber und Betreiber einer Fremdenpension in Prag.
Alle angesprochenen Betriebe werden räumlich, buchmäßig und organisatorisch getrennt geführt. Im Kalenderjahr 04 haben sich u. a. nachfolgende Geschäftsvorfälle ereignet:
1. Am 5.6.04 hat K aus dem Baustoffhandelsgeschäft für seine Bautischlerei fertige Türen und Fenster entnommen. Dafür hat die Buchhalterin des Baustoffhandels eine Rechnung mit folgenden Inhalt ausgestellt:
Lieferung von Türen u. Fenstern am 5.6.04   20.000 DM
+ 15 % Umsatzsteuer   3.000 DM
Rechnungssumme   23.000 DM
Die Rechnung wurde an die Bautischlerei Kolm adressiert.

2. Infolge eines Zimmerbrandes am 4.3.04 in der Fremdenpension mußten u.a. Holzdecken, Fußböden, Türen und Fenster erneuert werden. K hat zu diesem Zweck passendes Holzmaterial aus seiner Bautischlerei verwendet und unter Mithilfe eines Gesellen in Innsbruck vom 10. bis 12.3.04 eingebaut. Die dabei entstandenen Lohnkosten des Gesellen betrugen 1.200 DM; die Materialkosten schlugen mit netto 8.000 DM zu Buche.
Einen fremden Dritten hätte K 11.000 DM zuzüglich Umsatzsteuer in Rechnung gestellt.
Beim Einkauf des verwendeten Materials wurde der Vorsteuerabzug bei der Bautischlerei i.H.v. 1.125 DM geltend gemacht.
3. Im Juni 04 hat der Stpfl. aus seiner Bautischlerei aufgrund der prekären Personalsituation seinem Bauunternehmen in Erlangen 3 Arbeitnehmer für 2 Wochen zur Verfügung gestellt. Von der Bauunternehmung wurde K ein Kostenersatz i.H.v. 14.000 DM gezahlt (Hinweis: Der Betrag entspricht dem Bruttopreis an einen fremden Dritten).
Über diesen Vorgang wurde weder eine Rechnung i.S.d. § 14 UStG erstellt, noch wurde eine Besteuerung vorgenommen. Lediglich die Überweisung des Kostenersatzes fand im Juli 04 statt.

Frage: Welche umsatzsteuerlichen Konsequenzen sind aus den vorliegenden Geschäftsvorfällen zu ziehen?

Lösung
Tz. 1
Gemäß § 2 Abs. 1 S. 2 UStG umfaßt das Unternehmen die **gesamte** gewerbliche und berufliche Tätigkeit des K.
Darum gehört neben der Bautischlerei auch der Baustoffhandel zum umsatzsteuerlichen Unternehmen. Dies bedeutet, daß K zwar die beiden Betriebe gesondert (organisatorisch/buchhalterisch) führen kann, jedoch nicht jeder Betrieb für sich zur Umsatzsteuer herangezogen wird, sondern nur die Gesamtheit des Unternehmens, d. h. das Unternehmen als einheitlich Ganzes = Unternehmenseinheit.
Zwischen den beiden Betrieben sind deshalb steuerbare Umsätze i.S.d. § 1 Abs. 1 Nr. 1 S. 1 UStG nicht möglich. Es handelt sich bei der Fenster- und Türenlieferung um sog. nicht steuerbare Innenumsätze (Abschn. 20 Abs. 1 S. 1 u. 3 UStR). Die in der Rechnung gesondert ausgewiesene Umsatzsteuer schuldet der Unternehmer (K) nicht nach § 14 Abs. 3 UStG (Abschn. 183

Abs. 3 S. 1 u. 2 UStR). Es handelt sich nicht um eine umsatzsteuerrechtlich relevante Rechnung, sondern vielmehr um einen unternehmensinternen Buchungsbeleg (Abschn. 183 Abs. 3 S. 2 UStR). Ein Vorsteuerabzug aus dieser Abrechnung scheidet beim Empfänger (Bautischlerei) des Beleges aus (Abschn. 192 Abs. 11 UStR).

Tz. 2

Bei der Entnahme des Holzmaterials aus dem Unternehmensvermögen der Bautischlerei und deren Einbau in der Fremdenpension handelt es sich ebenfalls um einen nicht steuerbaren Innenumsatz (Abschn. 20 Abs. 1 S. 3 UStR). Grund hierfür ist, daß die Fremdenpension, obwohl umsatzsteuerrechtlich im Ausland = Drittland (§ 1 Abs. 2 S. 2 und § 1 Abs. 2a S. 3 UStG) gelegen, trotzdem zum Unternehmen des Stpfl. gehört = gesonderter Betrieb (§ 2 Abs. 1 S. 2 UStG). Die Tatsache, daß die Umsätze, die K aus dem Betrieb der Fremdenpension erzielt, nichtsteuerbare Umsätze darstellen, da sie im Ausland bewirkt wurden (§ 1 Abs. 1 Nr. 1 S. 1 UStG i.V.m. § 1 Abs. 2 S. 2 UStG), bleibt für die Beurteilung dieses Sachverhalts ohne Bedeutung.
Der Vorsteuerabzug aus dem Materialeinkauf bei der Bautischlerei bleibt nach § 15 Abs. 2 Nr. 2 UStG i.V.m. Abschn. 205 Abs. 1 S. 1 UStR (Umkehrschluß) in vollem Umfang erhalten, da die ausländischen Umsätze aus der kurzfristigen Vermietung zur Beherbergung Fremder (§ 4 Nr. 12 S. 2 UStG) im umsatzsteuerlichen Inland zwingend umsatzsteuerpflichtig wären.

Tz. 3

Die Ehegatten Kolm treten hinsichtlich des Baugeschäfts **gemeinsam** nach außen hin auf.
Nach § 2 Abs. 1 S. 1 UStG i.V.m. Abschn. 16 Abs. 1 UStR ist dieser Personenzusammenschluß ein eigenes umsatzsteuerliches Unternehmen.
Die Überlassung von Arbeitnehmern aus der Bautischlerei stellt eine sonstige Leistung (§ 3 Abs. 9 UStG) an die Personengesellschaft im Rahmen eines Hilfsgeschäftes (Abschn. 20 Abs. 2 S. 1 u. S. 2 UStR) dar. Der Ort der sonstigen Leistung befindet sich nach § 3a Abs. 3 Nr. 7 i.V.m. § 3a Abs. 3 S. 1 UStG dort, wo der Empfänger = Ehegatten-Gesellschaft sein Unternehmen betreibt. Der Ort der sonstigen Leistung liegt somit in Erlangen (Inland). Da die sonstige Leistung im Inland (§ 1 Abs. 2 S. 1 UStG i.V.m. Abschn. 13 Abs. 1 S. 1 UStR) im Rahmen des Unternehmens von K gegen Entgelt (§ 10 UStG) erbracht wird, ist sie steuerbar (§ 1 Abs. 1 Nr. 1 S. 1 UStG).

Umsatzsteuer

Mangels Nichtanwendbarkeit von Steuerbefreiungsvorschriften des § 4 UStG liegt eine umsatzsteuerpflichtige Leistung des K vor. Das Entgelt bemißt sich nach § 10 Abs. 1 S. 2 UStG und ist alles, was der Empfänger aufwendet, abzüglich Umsatzsteuer (15 %).

Berechnung des Entgelts:
Bruttozahlung	14.000,00 DM
Umsatzsteuer 15/115	./. 1.826,09 DM
Entgelt	12.173,91 DM

Die Umsatzsteuer entsteht aus diesem Vorgang bei K mit Ablauf des USt-VAZ Juni 04 i.H.v. 1.826,09 DM (§ 13 Abs. 1 Nr. 1a S. 1 UStG i.V.m. Abschn. 177 Abs. 1 S. 1 und Abschn. 3 S. 1 UStR).

FALL 6

Schadenersatz und Vertragsstrafen

Sachverhalt: Der Spielwarenhersteller Franz Richter (R) in Bonn entschloß sich, bedingt durch die saisonbedingte gute Auftragslage, eine zusätzliche Stanzmaschine zu erwerben, um die Produktionskapazität zu erhöhen. Am 16.4.04 schloß R mit dem Maschinenhersteller Kunze (K) in Köln den Kaufvertrag über die Stanzmaschine „LX 3000" ab. Vereinbarter Kaufpreis: 140.000 DM zuzüglich 15 v.H. Umsatzsteuer.
Als verbindlicher Liefertermin wurde der 1.7.04 vereinbart.
Rein vorsorglich kam R mit K überein, daß für jeden Tag der Überschreitung des Lieferdatums (1.7.04) von K ein Preisnachlaß i.H.v. 500 DM je Verzugstag vom vertraglichen Kaufpreis abgezogen werden dürfe.
Tatsächlich übergab K die Maschine an R wegen größerer Abstimmungsprobleme am Laufwerk erst am 13.7.04. K rechnete am 1.8.04 ab:

1 Stanzmaschine „LX 3000"	140.000 DM
+ 15 % Umsatzsteuer	21.000 DM
Rechnungsbetrag brutto	161.000 DM
Nachlaß wegen Überschreitung des Liefertermins (12 Tage à 500 DM)	./. 6.000 DM
zu begleichender Kaufpreis	155.000 DM

R, der die Rechnung erst am 4.8.04 erhielt, bezahlte am 10.8.04 die Schuld unter Inanspruchnahme von 2 % Skonto aus 155.000 DM = 3.100 DM (Hinweis: R tätigt mit der Maschine nur steuerpflichtige Umsätze).

Frage: In welcher Höhe bzw. wann kann R den Vorsteuerabzug geltend machen? Wie ist der Abzug i.H.v. 6.000 DM umsatzsteuerrechtlich zu behandeln?

▶ **Lösung**
R hat die Maschine seinem Unternehmen zugeordnet (Abschn. 192 Abs. 18 Nr. 2 UStR). Die Vorsteuer aus der Maschinenlieferung ist abziehbar (§ 15 Abs. 1 Nr. 1 S. 1 UStG). Durch die Inanspruchnahme von Skonto ändert sich jedoch die Bemessungsgrundlage für den Umsatz (Abschn. 151 Abs. 1 UStR) und damit für die Höhe der abziehbaren Vorsteuer.
R kann den Vorsteuerabzug erst im VAZ August 04 vornehmen, da erst in diesem Umsatzsteuervoranmeldungszeitraum die Voraussetzungen zum Vorsteuerabzug gleichzeitig vorliegen (Abschn. 192 Abs. 2 S. 4 UStR). Dies sind:
- Vorliegen einer Rechnung i.S.d. § 14 Abs. 1 S. 2 UStG und
- Ausführung der Lieferung.

Der Abzug der vereinbarten Vertragsstrafe von R wegen nicht rechtzeitiger Erfüllung der Liefervereinbarung stellt echten, nicht steuerbaren Schadensersatz (Abschn. 3 Abs. 2 S. 1 i.V.m. Abschn. 149 Abs. 3 S. 4 UStR) dar, der das Entgelt für die vertraglich vereinbarte Leistung nicht mindern darf.

Berechnung der abziehbaren Vorsteuer:
Vorsteuer lt. Rechnung	21.000,00 DM
Vorsteuer aus Skonto (15/115 von 3.100 DM)	./. 404,35 DM
abziehbare Vorsteuer	20.595,65 DM

IV. Leistungsarten (Normalformen)

FALL 7

Gegenstand der Lieferung und Verschaffung der Verfügungsmacht (Ort und Zeitpunkt der Lieferung)

Sachverhalt: Frau Hannelore Jahn (J) betreibt in Bremen den Handel mit unbebauten und bebauten Grundstücken. Außerdem unterhält sie eine Verkaufsstätte in einem Vorort von Bremen für Baumaschinen aller Art.

Umsatzsteuer 271

In geringem Umfang, aber regelmäßig, tätigt sie - zum Teil spekulativ - Ein- bzw. Verkäufe von Obstfrachten. Bei Erstellung der USt-Jahreserklärung 04 ist sie sich über die umsatzsteuerrechtliche Behandlung nachstehender Geschäftsvorfälle nicht sicher und bittet um Klärung:
1. Nach langwierigen Verhandlungen gelang es ihr, das Grundstück Bremen, Fischerstr. 2, das dem Anlagevermögen von J. zugeordnet war, zu veräußern.
Das Grundstück ist mit einer alten Fabrikhalle bebaut. Darin befinden sich noch 2 alte Produktionsmaschinen, die bisher ebenfalls noch nicht verkauft werden konnten. Der Abschluß des notariellen Kaufvertrags fand am 3.2.04 statt. Der Eintrag des neuen Eigentümers (Erbengemeinschaft Kupfer) im Grundbuch erfolgte am 30.7.04. Der vereinbarte Kaufpreis betrug insgesamt 600.000 DM (Anteil für Maschinen 20.000 DM). Als Übergang von Nutzen und Lasten wurde der 1.4.04 vereinbart.
2. Am 5.3.04 erwarb der langjährige Kunde Ludwig Kleber in der Baumaschinenhandlung der Stpfl. eine Bohrmaschine Marke „ABS 100", die er sogleich nach erfolgter Zahlung von 650 DM mitnahm. Als Anerkennung für die Kundentreue übergab J dem K mit Aushändigung des Werkzeugs ohne Berechnung einen Satz Holzbohrer (Einkaufspreis netto 11 DM).
3. Mit Vertrag vom 14.4.04 hat J an die Hamburger Obsthändlerin Kathrin Groß (G) 3 t Apfelsinen verkauft, die zu diesem Zeitpunkt im Freihafen Bremen bei Lagerhalter Reinhard Krause (K) eingelagert waren.
Am 16.4.04 holte G mit eigenem Lastkraftwagen die Apfelsinen ab. Die Übergabe des Orderlagerscheins fand durch K an G bereits am 15.4.04 statt. Vereinbartes Entgelt 2.000 DM; die Zahlung erfolgte durch K per Scheck am 1.5.04 nach Abzug von Skonto (wie vereinbart) i.H.v. 2 v.H. aus 2.000 DM = 40 DM.

Frage: Stellen Sie fest, was Gegenstand der Lieferung ist und wie die Verschaffung der Verfügungsmacht erfolgt. Insbesondere sind der Ort und Zeitpunkt der Lieferung anzugeben.

Lösung ◀
Tz. 1
Bei dem Grundstück handelt es sich um einen unbeweglichen körperlichen Gegenstand (Abschn. 24 Abs. 1 S. 2 UStR).

Gemäß § 3 Abs. 1 UStG liegt beim Verkauf des Grundstücks durch J eine Lieferung vor, da die Verfügungsmacht an dem Gegenstand (Grundstück) der Erbengemeinschaft Kupfer als Käufer verschafft wird. Die Verschaffung der Verfügungsmacht erfolgt nach § 39 AO mit Übergang von Nutzen und Lasten am 1.4.04. Nicht maßgebend für den Lieferzeitpunkt ist der bürgerlich-rechtliche Eigentumsübergang, der am 30.7.04 durch Eintrag ins Grundbuch und Auflassung nach § 873 BGB vollzogen wird (Abschn. 24 Abs. 2 S. 4 UStR). Der Ort der Lieferung befindet dort, wo das Grundstück belegen ist (Abschn. 30 Abs. 1 S. 1 UStR), im Beispielsfall somit im Inland (§ 1 Abs. 2 S. 1 UStG).

Der Verkauf des Grundstücks ist steuerbar nach § 1 Abs. 1 Nr. 1 S. 1 UStG, da die übrigen Voraussetzungen für die Steuerbarkeit (Entgelt und Lieferung im Rahmen eines Unternehmens) gegeben sind. Allerdings kommt für diese Lieferung die Umsatzsteuerbefreiung des § 4 Nr. 9a UStG zum Zug, da dieser Umsatz unter das Grunderwerbsteuergesetz fällt. Die Bemessungsgrundlage beträgt nach § 10 Abs. 1 S. 2 UStG 580.000 DM (600.000 DM abzüglich 20.000 DM Anteil Maschinen).

Die Maschinen gehören als selbständige bewegliche Wirtschaftsgüter nicht zum bebauten Grundstück. Beim Verkauf dieser Gegenstände greift die Steuerbefreiung des § 4 Nr. 9a UStG nicht ein. Die Lieferung der beiden Maschinen bleibt somit steuerbar (§ 1 Abs. 1 Nr. 1 S. 1 UStG) und steuerpflichtig. Die Bemessungsgrundlage für die Umsatzsteuer ermittelt sich nach § 10 Abs. 1 S. 2 UStG wie folgt:

Bruttozahlung	20.000,00 DM
Umsatzsteuer 15/115	./. 2.608,70 DM
Bemessungsgrundlage	17.391,30 DM

Die Umsatzsteuer entsteht mit Ablauf des VAZ April 04 (§ 13 Abs. 1 Nr. 1a S. 1 UStG).

Tz. 2

Kleber hat am 5.3.04 durch Einigung (§ 151 BGB) und Übergabe (§ 929 S. 1 BGB) Eigentum an einer beweglichen Sache (Bohrmaschine) erlangt. Gleichzeitig wurde damit die Lieferung (§ 3 Abs. 1 UStG) von J an K ausgeführt (= Lieferzeitpunkt). Der Ort der Lieferung befindet sich nach § 3 Abs. 6 UStG i.V.m. Abschn. 30 Abs. 1 S. 2 UStR in der Verkaufsstätte des J (Abholfall durch K). Aus der steuerbaren (§ 1 Abs. 1 Nr. 1 S. 1 UStG) und mangels Befreiungsvorschrift (§ 4 UStG) steuerpflichtigen Lieferung entsteht eine Umsatzsteuer i.H.v. 15/115 aus 650 DM = 84,78 DM mit Ablauf des

Umsatzsteuervoranmeldungszeitraumes März 04 (§ 10 Abs. 1 S. 2 UStG, § 12 Abs. 1 UStG, § 13 Abs. 1 Nr. 1a S. 1 UStG).
Die unentgeltlich Dreingabe der Holzbohrer erfolgt aus rein (betrieblichem) unternehmerischem Interesse. Ein Leistungsaustausch findet nach Abschn. 1 Abs. 1 S. 2 UStR nicht statt, da der Leistung des J keine Gegenleistung (Entgelt des K) gegenübersteht.
Somit ist diese Lieferung nach § 1 Abs. 1 Nr. 1 S. 1 UStG nicht steuerbar (Abschn. 1 Abs. 1 S. 1 UStR).
Die Annahme eines Entnahmeeigenverbrauchs nach § 1 Abs. 1 Nr. 2a UStG scheidet ebenfalls aus, da es sich nicht um eine Wertabgabe des Unternehmers zu unternehmensfremden Zwecken handelt (Abschn. 7 Abs. 1 S. 1 UStR). Jedoch steht dem Steuerpflichtigen J, da er den Gegenstand bei Anschaffung seinem Unternehmen zugeordnet hat, der Vorsteuerabzug (§ 15 Abs. 1 Nr. 1 S. 1 UStG, Abschn. 192 Abs. 18 Nr. 2 UStR) in voller Höhe zu. Ein Vorsteuerausschlußgrund nach § 15 Abs. 2 UStG wird durch die Dreingabe nicht begründet.

Tz. 3
Die Apfelsinen stellen eine bewegliche Sache dar. Die Verschaffung der Verfügungsmacht wird nach Abschn. 30 Abs. 1 S. 2 UStR mit Übergabe des Orderlagerscheins von J an G am 15.4.04 (= Lieferzeitpunkt) bewirkt. Der Zeitpunkt des Vertragsabschlusses bzw. der Abholung der Ladung durch G ist hier nicht maßgebend.
Da sich die Ware zum Zeitpunkt der Verschaffung der Verfügungsmacht im Freihafen Bremen befand, handelt es sich um eine nichtsteuerbare Lieferung, denn der Freihafen Bremen gehört nicht zum Inland, sondern stellt ein nicht zum umsatzsteuerrechtlichen Inland gehörendes Zollfreigebiet dar (Abschn. 13 Abs. 1 S. 1 u. 2 UStR).
Der vorgenommene Skontoabzug wirkt sich deshalb nicht auf die Umsatzsteuer aus.

FALL 8

Reihengeschäft

Sachverhalt: Der Angestellte Louis Bauer (B) mit Wohnsitz in Chemnitz bestellt am 5.3.04 beim Fachhändler R. Lembach (L) in Leipzig eine Stereoanlage „System 2000". Da L dieses Auslaufmodell nicht auf Lager hat, wendet er sich an den Großhändler Hagl KG (H) in Berlin. Die KG gibt den Lieferauftrag ihrerseits an die Herstellerfirma Elektra OHG (E) in Hamburg weiter. Am 14.3.04 übergibt E in Hamburg die Anlage an den Spediteur Richard Schnell (S), der sie am 15.3.04 an B aushändigt.

B begleicht die Rechnung des L i.H.v. 3.000 DM am 4.4.04.

Frage: Welche Form der Lieferung liegt im vorgenannten Sachverhalt bei L vor?

▶ **Lösung**

L bewirkt an den Kunden B mit dem Verkauf der Stereoanlage eine Lieferung nach § 3 Abs. 1 UStG im Rahmen eines Reihengeschäftes (§ 3 Abs. 2 UStG). Die Begründung für das Reihengeschäft liegt darin, daß mehrere Unternehmer (L, H, E) über denselben Gegenstand (Stereoanlage) Umsatzgeschäfte (Verpflichtungsgeschäfte, hier: Kaufvertrag) abgeschlossen haben und der erste Unternehmer (= E) dem letzten Abnehmer (= L) in der Reihe unmittelbar die Verfügungsmacht beschafft. Der letzte Abnehmer kann umsatzsteuerlicher Unternehmer oder eine Privatperson sein. Beim Reihengeschäft gilt die Lieferung an den letzten Abnehmer gleichzeitig als Lieferung eines jeden Unternehmers in der Reihe. Mit Übergabe des Gegenstandes von E an den Spediteur (selbständiger Beauftragter) in Hamburg gilt die Lieferung als ausgeführt. Hierbei handelt es sich um eine Versendungslieferung nach § 3 Abs. 7 S. 3 u. S. 4 UStG. Da der Lieferant (Abschn. 30 Abs. 3 UStR) in Hamburg, somit im umsatzsteuerrechtlichen Inland, die Lieferung bewirkte, ist auch die Lieferung des L steuerbar und steuerpflichtig (§ 1 Abs. 1 Nr. 1 S. 1 UStG).

Die Bemessungsgrundlage ermittelt sich nach § 10 Abs. 1 S. 2 UStG:

Bruttoverkaufspreis	3.000,00 DM
Umsatzsteuer 15/115	./. 391,30 DM
Bemessungsgrundlage (Entgelt)	2.608,70 DM

Die Umsatzsteuer aus dieser Lieferung entsteht bei L mit Ablauf des Voranmeldungszeitraumes März 04 (§ 13 Abs. 1 Nr. 1a S. 1 UStG). Der Zeitpunkt der Zahlung ist für das Entstehen der Umsatzsteuer unbeachtlich.

FALL 9

Ort und Zeitpunkt der sonstigen Leistung

Sachverhalt: Der in München ansässige Bauunternehmer Michael Maier (M) hat vom 5. - 8.9.04 dem befreundeten Unternehmer Jaroslav Zanitzki (Z) aus Warschau (Polen) 3 Facharbeiter und einen Lastkraftwagen mit Kranaufbau zur Verfügung gestellt. Das Einsatzgebiet der Arbeiter und des Lastkraftwagens befand sich in der Innenstadt von Warschau.
Zusätzlich hat M dem polnischen Unternehmer einen Baufacharbeiter aus Stuttgart für die Baustelle in Warschau vermittelt.
Am 1.10.04 stellt M nach Abschluß der Arbeiten an Z die folgende Rechnung:

Gestellung von 3 Facharbeitern	6.000,00 DM
Vermittlung Baufacharbeiter	1.000,00 DM
Überlassung Lkw	4.000,00 DM
Gesamtsumme	11.000,00 DM

Im Oktober 04 wurde der obige Rechnungsbetrag auf dem Bankkonto des M gutgeschrieben.

Frage: Wie ist der Sachverhalt bei M umsatzsteuerrechtlich zu würdigen?

Lösung

Die Überlassung der 3 Facharbeiter durch M stellt eine sonstige Leistung nach § 3 Abs. 9 UStG dar (siehe auch Abschn. 24 Abs. 3 S. 1 UStR). Die Überlassung geschieht im Rahmen eines Hilfsgeschäftes (Abschn. 20 Abs. 2 UStR). Der Ort der sonstigen Leistung bestimmt sich nach § 3a Abs. 4 Nr. 7 i.V.m. Abs. 3 S. 1 UStG und liegt dort, wo der Empfänger sein Unternehmen betreibt. Infolgedessen befindet sich der Ort der sonstigen Leistung in Warschau.
Weil diese sonstige Leistung im Drittland = Ausland (§ 1 Abs. 2 S. 2 und Abs. 2a S. 3 UStG) bewirkt wurde, handelt es sich um einen nichtsteuerbaren Umsatz.
Die Vermittlung des Kranführers stellt eine sonstige Leistung nach § 3 Abs. 9 UStG dar, die ebenfalls den umsatzsteuerlichen Hilfsgeschäften zugeordnet wird (Abschn. 20 Abs. 2 UStR). Der Ort der sonstigen Leistung befindet sich

nach § 3 Abs. 4 Nr. 10 und § 3 Abs. 4 Nr. 7 UStG ebenfalls in Warschau (§ 3a Abs. 3 S. 1 UStG). Die sonstige Leistung ist deshalb nicht steuerbar.

Auch die Lkw-Vermietung muß als sonstige Leistung i.S.d. § 3 Abs. 9 UStG angesehen werden. Da es sich bei dem Lkw um ein Beförderungsmittel handelt, greift für die Bestimmung des Leistungsortes § 3a Abs. 4 Nr. 11 i.V.m. Abs. 3 UStG nicht (Abschn. 33 Abs. 5 UStR). Der Leistungsort wird nach § 3a Abs. 1 UStG bestimmt (Abschn. 33 Abs. 1 UStR). Dies ist der Ort, von dem aus M sein Unternehmen betreibt. Leistungsort ist somit München. Aus diesen Gründen stellt die Vermietung des Lkw einen steuerbaren und steuerpflichtigen Umsatz dar.
Die Bemessungsgrundlage ist das Entgelt nach § 10 Abs. 1 S. 2 UStG:

Rechnungspreis brutto	4.000,00 DM
Umsatzsteuer 15/115 (§ 12 Abs. 1 UStG)	./. 521,74 DM
Bemessungsgrundlage (Entgelt)	3.478,26 DM

Die Umsatzsteuer aus dieser Lieferung entsteht mit Ablauf des Voranmeldungszeitraumes September 04 (§ 13 Abs. 1 Nr. 1a S. 1 UStG). Daß in der Rechnung die Umsatzsteuer nicht gesondert ausgewiesen wurde, hat auf das Entstehen der Umsatzsteuer keinen Einfluß.

V. Leistungsarten (Sonderformen)

FALL 10

Werklieferung mit unechter Materialbeistellung

Sachverhalt: Der selbständige Schreinermeister Kurt Holzhausen (H) aus Nürnberg schloß im Mai 04 mit dem Beamten R. Knauser (K) einen Vertrag über den Einbau von Türen und Fenstern in dessen neuem Einfamilienhaus in Fürth. Laut Vereinbarung hatte K das für die Fertigung der Türen und Fenster erforderliche Material dem H zur Verfügung zu stellen.
Wegen der ungleichmäßigen Maserung und Qualität verzichtete H nach Rücksprache mit K auf die Verarbeitung des bereitgestellten Holzes. K war damit einverstanden, daß H Fichtenholz von einem Holzgroßhändler aus

Erlangen beschaffte und dieses für den Auftrag verwendete. Der Großhändler stellte H für die Lieferung 10.000 DM + 1.500 DM USt in Rechnung.
Das nicht verarbeitete Holz des K konnte H bei einem anderen Kunden verarbeiten.
Am 4.7.04 begann im Einfamilienhaus des K der Einbau der Fenster und Türen. Die Arbeiten waren am 6.7.04 abgeschlossen. H erstellte am 20.7.04 die Schlußrechnung:

Lieferung Türen und Fenster	14.000,00 DM
abzüglich Gestellung Fichtenholz	./. 3.000,00 DM
verbleiben	11.000,00 DM
+ 15 % Umsatzsteuer	1.650,00 DM
Rechnungsbetrag	12.650,00 DM

Der Rechnungsbetrag wurde am 25.7.04 ohne jeden Abzug durch K in bar beglichen.

Frage: Wie hoch ist die von H abzuführende Umsatzsteuer?

Lösung

Bei dem vorliegenden Vertrag (Verpflichtungsgeschäft) handelt es sich zunächst um eine Werkleistung des H nach § 3 Abs. 9 i.V.m. Abs. 4 S. 1 UStG (Umkehrschluß) mit Materialgestellung des Auftraggebers K (Abschn. 27 Abs. 1 S. 3 und Abs. 2 S. 4 UStR). K hat den Hauptstoff Fichtenholz dem H zur Verfügung gestellt, damit dieses Material in das fertige Produkt eingeht. Gegenstand des Leistungsaustausches sollten deshalb die laut Verpflichtungsgeschäft von H zu erstellenden Gegenstände abzüglich des vom Auftraggeber zur Verfügung gestellten Materials sein. Die Konsequenz davon wäre, daß das Fichtenholz als bereitgestelltes Material am Leistungsaustausch nicht teilnimmt.
Nachdem aber das von K bereitgestellte Holz als Hauptstoff von H nicht auftragsgemäß verwendet wird, wandelt sich die vorgesehene Werkleistung (mit Materialgestellung) in eine Werklieferung nach § 3 Abs. 1 i.V.m. Abs. 4 UStG mit unechter Materialbeistellung. Die Werklieferung hat ihre Ursache darin, daß H den erforderlichen Hauptstoff selbst beschafft und verwendet. Durch den schädlichen Materialaustausch bewirkt H einen Tausch mit Baraufgabe (§ 3 Abs. 12 S. 1 UStG, Abschn. 153 Abs. 1 UStR), da das Entgelt für die Werklieferung des H in einer Lieferung (Holz) des K und einer Geldleistung (Barauszahlung) des K besteht.

Nachdem sich der Ort der Werklieferung in Fürth (Inland) befindet (§ 3 Abs. 6 UStG, Abschn. 30 Abs. 1 UStR), ist der Vorgang steuerbar und nach § 12 Abs. 1 UStG mit 15 % steuerpflichtig.
Die Bemessungsgrundlage wird nach § 10 Abs. 2 S 2 und Abs. 1 S. 2 UStG folgendermaßen ermittelt:

Gemeiner Wert des von K hingegebenen Fichtenholzes	3.000,00 DM
zuzüglich Baraufzahlung	12.650,00 DM
Summe	15.650,00 DM
Umsatzsteuer 15/115	./. 2.041,30 DM
Entgelt	13.608,70 DM

Die Umsatzsteuer entsteht nach § 13 Abs. 1 Nr. 1a S. 1 UStG und Abschn. 177 Abs. 2 S. 1 UStR mit Ablauf des Voranmeldungszeitraumes Juli 04.
H kann aus dem in Erlangen erworbenen Fichtenholz den vollen Vorsteuerabzug (§ 15 Abs. 1 Nr. 1 S. 1 UStG) i.H.v. 1.500 DM beanspruchen. Aus der Materiallieferung des K kann H keinen Vorsteuerabzug geltend machen, da eine abziehbare Vorsteuer nicht vorliegt. Erstens liegt keine Lieferung eines Unternehmers an das Unternehmen des H vor und zweitens fehlt es an einer Rechnung mit gesondertem Steuerausweis.

VI. Handlungen im eigenen und fremden Namen

FALL 11

Agenturgeschäfte

Sachverhalt: Der in Regensburg wohnhafte selbständige Antiquitätenhändler Klaus Kaiser (K) hat auf einer Geschäftsreise in Polen bei dem befreundeten Altwarenhändler Kurt Stieglitz (S) eine wertvolle Vase aus dem 18. Jahrhundert gesehen.
Nach langen Verhandlungen übergab S am 5.8.04 in Krakau (Polen) dem K die Vase. K sagte zu, den Gegenstand „kommissionsweise" in Bayern zu veräußern.
Auf Drängen des S verpflichtete sich K, die Vase im Namen und für Rechnung des S zu verkaufen. Dabei sollte K bei einem Mindestverkaufspreis von 5.000 DM eine Provision von 10 % des tatsächlich erzielten Verkaufspreises

zustehen. Der Auslagenersatz (Reisekosten usw.) sollte gesondert vergütet werden.
K beförderte die Vase im eigenen Pkw und zahlte beim Grenzübertritt in Deutschland die Einfuhrumsatzsteuer i.H.v. 375 DM (15 % v. 2.500 DM). Außerdem entrichtete er 188 DM Einfuhrzoll. Die Zollbelege wurden auf den Namen des S ausgestellt. K trat lediglich als Bevollmächtigter des S auf.
Nach genauer Begutachtung in seinen Geschäftsräumen in Regensburg stellte K fest, daß die Vase einen kleinen Sprung aufwies. S war nach telefonischem Rückruf damit einverstanden, daß die Ausbesserung der Beschädigung von einem Arbeitnehmer des K ausgeführt wird. Für die Ausführung der Reparatur fielen im September 04 bei K für Material, Lohn und Unternehmergewinn insgesamt 400 DM an.
Am 6.10.04 gelang es K, die Vase an den Kunden Zeiser für 6.500 DM zu veräußern. K stellte die Rechnung an den Kunden im Namen und für Rechnung des S aus.
K erteilte dem S am 3.11.04 folgende Abrechnung:

Erlös aus Vasenverkauf	6.500 DM
davon ab:	
Provision	./. 650 DM
Reparaturkosten	./. 400 DM
Zoll und Einfuhrumsatzsteuer	./. 563 DM
Auslagenersatz (Reisekosten, Telefon)	./. 207 DM
Überweisungsbetrag	4.680 DM

Anlage: Einfuhrumsatzsteuer- und Zollbelege

Frage: Wie ist der gesamte Sachverhalt bei K umsatzsteuerrechtlich zu beurteilen?

Lösung ◄

K tritt gegenüber seinem Kunden beim Verkauf der Vase unter fremden Namen und auf fremde Rechnung (für S) auf (vgl. BFH v. 15.7.1987, BStBl II 1987 S. 746). Im fremden Namen bedeutet, daß für den Abnehmer der Vase beim Vertragsabschluß (Verkauf) eindeutig erkennbar war, daß er sich nicht in Rechtsbeziehungen zu K, sondern zum Auftraggeber des K, befindet. Der Abnehmer der Vase kannte beim Erwerb des Gegenstandes den Auftraggeber des K (Abschn. 26 Abs. 1 S. 5 UStR).
Durch den Verkauf der Vase für den Auftraggeber in Polen bewirkt K eine sonstige Leistung als Agent i.S.v. Abschn. 26 Abs. 1 UStR. Es handelt sich

um eine Vermittlungsleistung nach § 3 Abs. 9 UStG i.V.m. Abschn. 24 Abs. 3 UStR.
Dabei ist zu beachten, daß die vor dem Verkauf von Seiten des K erfolgte Reparatur keine Auswirkung auf die Anerkennung des Agenturgeschäftes hat. Der Ort der Vermittlungsleistung befindet sich nach § 3a Abs. 2 Nr. 4 UStG dort, wo der vermittelte Umsatz ausgeführt wird. Somit in Regensburg und im Inland nach § 1 Abs. 2 S. 1 UStG.
Die Vermittlungsleistung an S in Polen ist deshalb nach § 1 Abs. 1 Nr. 1 S. 1 UStG steuerbar und mangels Befreiungsvorschrift im § 4 UStG steuerpflichtig. Als Bemessungsgrundlage (§ 10 Abs. 1 S. 2 UStG) werden beim Agenten die Provision zuzüglich Vergütung der Auslagen angesetzt (Abschn. 149 Abs. 6 S. 1 u. 2 UStR).

Provision	650,00 DM
Auslagenersatz	+ 207,00 DM
Gesamtbrutto	857,00 DM
USt 15/115 (§ 12 Abs. 1 UStG)	./. 111,79 DM
Bemessungsgrundlage	745,21 DM

Gemäß § 13 Abs. 1 Nr. 1a S. 1 UStG entsteht die Umsatzsteuer mit Abschluß des Vermittlungsgeschäftes (= Oktober 04).

Der Einfuhrzoll und die Einfuhrumsatzsteuer, die der Agent für den Auftraggeber verauslagte, sowie der an den Auftraggeber abzuführende Gutschriftsbetrag, stellen beim Agenten einen sog. durchlaufenden Posten i.S. des § 10 Abs. 1 S. 5 UStG i.V.m. Abschn. 26 Abs. 1 S. 6 und Abschn. 152 Abs. 1 UStR dar. Bei K fällt daher aus diesen Beträgen keine Umsatzsteuer an.
Die Steuerbefreiung nach § 4 Nr. 5a UStG (Abschn. 52 UStR) ist für die Vermittlungsleistung des K nicht anwendbar, da sich der Ort der sonstigen Leistung im Inland befindet (§ 3 Abs. 6 UStG, Abschn. 52 Abs. 5 UStR).
Die Reparatur der Vase durch K stellt eine Werkleistung i.S. des § 3 Abs. 9 i.V.m. Abs. 4 UStG dar (vgl. dazu auch Abschn. 27 Abs. 1 S. 3 UStR). Die Ausführung der Reparatur stellt keine Lohnveredelung an einem Gegenstand der Ausfuhr dar, da der Gegenstand nicht wieder in das Ausland befördert bzw. versendet wird. Außerdem hat K die Vase nicht zum Zweck der Be- oder Verarbeitung ins Inland (Gemeinschaftsgebiet) eingeführt (§ 7 Abs. 1 UStG, Abschn. 141 Abs. 2 u. 3 UStR) oder zu diesem Zweck in diesem Gebiet erworben.

Umsatzsteuer 281

Der Ort der sonstigen Leistung befindet sich nach § 3a Abs. 2 Nr. 3c UStG i.V.m. Abschn. 36 Abs. 5 UStR in Regensburg. Dies ist der Ort des Tätigwerdens des leistenden Unternehmers K. Die sonstige Leistung ist somit steuerbar und steuerpflichtig nach § 1 Abs. 1 Nr. 1 S. 1 UStG.

Die Bemessungsgrundlage (§ 10 Abs. 1 S. 2 UStG) beträgt:

Bruttowert	400,00 DM
USt 15/115	./. 52,18 DM
Bemessungsgrundlage	347,82 DM

Die Umsatzsteuer i.H.v. 52,18 DM entsteht gemäß § 13 Abs. 1 Nr. 1a S. 1 UStG im Zeitpunkt der Vollendung der Werkleistung (Abschn. 177 Abs. 3 S. 1 UStG); somit mit Ablauf des September 04.

K wird auch bei der Einfuhr der Vase an der Grenzzollstelle als Agent tätig. K hat den Gegenstand im Zeitpunkt der Einfuhr nicht für sein Unternehmen eingeführt. Der Abzug der Einfuhrumsatzsteuer als Vorsteuer ist somit nicht zulässig (§ 15 Abs. 1 Nr. 2 UStG, Abschn. 199 Abs. 1 u. 4 UStR). Daß die Einfuhrumsatzsteuer durch K für S entrichtet wurde, ist unbeachtlich (Abschn. 199 Abs. 4 S. 3 UStR).

FALL 12

Einkaufskommission

Sachverhalt: Der in Augsburg lebende Landmaschinengroßhändler Sch. Lecker (L) liefert seit Jahren u.a. gebrauchte Landmaschinen aller Art an den in Pilsen (Tschechien) ansässigen Händler L. Haschek (H).
Nachdem das Angebot an preiswerten Geräten im Augsburger Raum trotz intensiver Bemühungen von L seinen Vorstellungen nicht entsprach, entschloß sich L, den Landmaschinenhändler W. Agner (A) in Kaufbeuren mit dem Einkauf von land- und forstwirtschaftlichen Maschinen zu beauftragen.
A schlug vor, die im eigenen Namen - aber für Rechnung des L - eingekauften Gegenstände monatlich abzurechnen. Die Provision des A wurde mit 10 % der Nettoeinkaufspreise vereinbart. Die Unkostenpauschale für A wurde mit zusätzlich 2 % der Nettoeinkaufspreise festgelegt.

Am 15.4.04 erhielt L von A folgende Abrechnung:

Lieferung von 2 Mähdreschern im April 04 zum
Einkaufspreis von   52.500 DM
davon Provision 10 %   5.250 DM
Unkostenpauschale 2 %   1.050 DM
USt 15 % v. 6.300 DM   945 DM
Rechnungsbetrag gesamt   59.745 DM

Neben dieser Abrechnung übersandte A dem L die beiden Einkaufsrechnungen (die auf ihn lauteten) vom 2.4. und 4.4.04 über netto 52.500 DM - zuzüglich 7.875 DM Umsatzsteuer - zur Kenntnisnahme.
L beglich die Forderung des A eine Woche später folgendermaßen:

Ihre Forderung   59.745 DM
abzüglich Lieferung eines Pfluges an Sie am
28.4.04 per Spedition   ./. 8.000 DM
Umsatzsteuer 15 % v. 8.000 DM   ./. 1.200 DM
verbleiben   50.545 DM

Den Betrag von 50.545 DM überwies L an A am 20.5.04.
Die beiden Mähdrescher wurden vom Augsburger Lager des L am 2.6.04 mit eigenem Tieflader nach Pilsen verbracht. L erhielt beim Grenzübergang eine Ausfuhrbescheinigung über die Ausfuhr der Mähdrescher nach Tschechien, sowie einen Scheck über 62.000 DM vom Abnehmer H in Pilsen.

Frage: Welche umsatzsteuerlichen Konsequenzen ergeben sich aus dem vorgenannten Sachverhalt für L und A?

▶ **Lösung**
Zu A
Zwischen L und A liegt hinsichtlich der Mähdreschereinkäufe ein Kommissionsgeschäft nach § 3 Abs. 3 S. 1 UStG vor. Es handelt sich hierbei um eine Einkaufskommission, da A im eigenen Namen, jedoch für Rechnung des L Gegenstände erwirbt und diese an L weiterliefert (§ 3 Abs. 3 S. 2 UStG). A wird als Auftragsausführender von L Kommissionär.
Als Kommissionär ist A stets Unternehmer (Eigenhändler) i.S.d. § 2 Abs. 1 S. 2 UStG, obwohl er eigentlich nur eine Geschäftsbesorgung vornimmt.
Zwischen A und L liegt beim Kommissionsgeschäft eine Lieferung nach § 3 Abs. 1 UStG vor. Der Zeitpunkt der Lieferung vom Kommissionär an den

Auftraggeber L (= Kommittent) fällt mit dem Zeitpunkt der Lieferung des Verkäufers (Rechnungen vom 2.4. und 4.4.04) an den Kommissionär zusammen (Abschn. 24 Abs. 2 S. 8 UStR), da bereits zu diesem Zeitpunkt die Gefahr des zufälligen Untergangs der Mähdrescher auf L übergeht (vgl. § 390 HGB). Ebenfalls zu diesem Zeitpunkt entsteht der Anspruch des A auf seine Provision (vgl. § 396 HGB).
Der Ort der Lieferung befindet sich nach § 3 Abs. 6 UStG im Inland. Die Lieferung des Kommissionärs ist deshalb nach § 1 Abs. 1 Nr. 1 S. 1 UStG steuerbar und mangels Anwendbarkeit einer Befreiungsvorschrift aus § 4 UStG auch steuerpflichtig.
Die Umsatzsteuer und das Entgelt bemessen sich für den Kommissionär wie folgt:

Kaufpreis des Verkäufers	52.500 DM
Provision Kommissionär	+ 5.250 DM
Kosten des Kommissionärs	+ 1.050 DM
Entgelt	58.800 DM
USt 15 %	8.820 DM

Bei Vorlage ordnungsgemäßer Abrechnungen würde die Umsatzsteuer i.H.v. 8.820 DM bei A mit Ablauf des Umsatzsteuer-Voranmeldungszeitraumes April 04 = Zeitpunkt der Lieferung (§ 13 Abs. 1 Nr. 1a S. 1 UStG) entstehen. Nachdem jedoch die Umsatzsteuer durch A in seiner Abrechnung zu niedrig ausgewiesen wurde und er aber die gesetzlich vorgeschriebene Steuer schuldet, wird in diesem Fall die USt unter Zugrundelegung des maßgeblichen Steuersatzes aus dem Gesamtrechnungsbetrag herausgerechnet (Abschn. 189 Abs. 7 S. 1 UStR). Die abzuführende Umsatzsteuer i.H.v. 15/115 aus 59.745 DM = 7.792,02 DM entsteht mit Ablauf des Voranmeldungszeitraumes April 04 (§ 13 Abs. 1 Nr. 1a S. 1 UStG).
Nach § 15 Abs. 1 Nr. 1 S. 1 UStG steht A aus den Eingangsrechnungen vom 2. bzw. 4.4.04 in vollem Umfang der Vorsteuerabzug zu, da die Mähdrescher für sein Unternehmen eingeführt wurden und der Vorsteuerausschluß nach § 15 Abs. 2 Nr. 1 UStG nicht gegeben ist. Die Vorsteuer kann nach Abschn. 192 Abs. 2 S. 4 UStR im April 04 i.H.v. 7.875 DM abgezogen werden.

Zu L
Nach § 15 Abs. 1 Nr. 1 S. 1 UStG steht L aus der Bruttobemessungsgrundlage des Kommissionärs grundsätzlich der Vorsteuerabzug zu, soweit keine Ausschlußumsätze i.S.d. § 15 Abs. 2 Nr. 1 UStG bei L vorliegen.

Nachdem jedoch A in seiner Abrechnung die Umsatzsteuer unrichtigerweise zu niedrig ausgewiesen hat, kann L den Vorsteuerabzug nur in Höhe des tatsächlich ausgewiesenen Umsatzsteuerbetrages geltend machen (Abschn. 189 Abs. 7 S. 2 UStR). Es bleibt jedoch dem leistenden Unternehmer unbenommen, den zu niedrig ausgewiesenen Steuerbetrag zu berichtigen (Abschn. 189 Abs. 7 S. 3 UStR). Die Vorsteuer i.H.v. 945 DM ist nach Abschn. 192 Abs. 2 S. 4 UStR erstmals in dem VAZ abziehbar, in dem der Empfang der Leistung und der Rechnung vorliegen. Dies ist hier erst im Mai 04 gegeben.

Mit der Begleichung der Forderung durch Barzahlung und Hingabe eines Pfluges bewirkt L gegenüber A eine Lieferung nach § 3 Abs. 1 UStG im Rahmen eines tauschähnlichen Umsatzes mit Baraufgabe (§ 3 Abs. 12 S. 2 UStG). Es handelt sich nach § 3 Abs. 7 S. 3 u. 4 UStG um eine Versendungslieferung, die mittels eines selbständigen Beauftragten (Spediteur) ausgeführt wird. Dieser Vorgang ist somit steuerbar und steuerpflichtig.

Die Bemessungsgrundlage ergibt sich aus Abschn. 153 Abs. 1 UStR:

Wert der erhaltenen Leistung	59.745 DM
Baraufgabe	./. 50.545 DM
	9.200 DM
USt 15/115	./. 1.200 DM
Bemessungsgrundlage	8.000 DM

Die Umsatzsteuer von 1.200 DM entsteht mit Ablauf des Voranmeldungszeitraumes April 04.

Mit dem Transport der Mähdrescher nach Tschechien bewirkt L eine Beförderungslieferung i.S.d. § 3 Abs. 7 S. 1 u. 2 UStG. Der Ort der Lieferung befindet sich nach Abschn. 30 Abs. 2 UStR in Augsburg = Inland, da die Lieferung mit Beginn der Beförderung als ausgeführt gilt. Der Umsatz ist somit steuerbar. Da aber die Voraussetzungen für eine Ausfuhrlieferung nach § 4 Nr. 1a UStG vorliegen (§ 6 Abs. 1 Nr. 1 UStG, § 10 UStDV), ist die Lieferung umsatzsteuerfrei. Die Bemessungsgrundlage beträgt nach § 10 Abs. 1 UStG 62.000 DM. Nach § 15 Abs. 3 Nr. 1a UStG tritt hinsichtlich dieser steuerfreien Umsätze der Ausschluß vom Vorsteuerabzug nicht ein (Abschn. 204 Abs. 2 UStR).

Umsatzsteuer

FALL 13

Verkaufskommission

Sachverhalt: Der selbständige Schreinermeister Klaus Buchtl (B) aus München verkauft seit 1.1.04 Fertigholztüren der Fa. Nordholz (N) aus Nürnberg. Den Kunden gegenüber tritt B für Rechnung der Fa. N, aber im eigenen Namen auf. Vereinbarungsgemäß erhält B pro verkaufter Tür 15 % des Bruttoverkaufspreises.
B hat im Jahr 04 nachstehende Verkäufe getätigt:
1. Lieferung von 110 Türen per Spediteur von Nürnberg (Fa. Nordholz) direkt nach Posen (Polen). B erhielt dafür 8.250 DM Provision. Die Fa. Nordholz hat die bei der Einfuhr nach Polen zu entrichtende Einfuhrumsatzsteuer geschuldet.
2. Mit Lastkraftwagen der Fa. Nordholz hatte B 3 gleichwertige Ladungen von N an Kunden in Regensburg, München und Landshut transportieren lassen. Da der Kunde (Abnehmer) in Landshut aufgrund von Problemen mit den ihm zur Verfügung stehenden Lagerräumen hatte, erklärte B sich damit einverstanden, die Ladung Türen in seinem Lager in München vorübergehend aufzubewahren. Letztendlich gelangten diese Türen im VZ 04 nicht mehr in den Besitz des Landshuter Kunden. Sie wurden erst im Februar 05 ausgeliefert. Die restlichen Türenlieferungen (Regensburg und München) erfolgten allesamt im VZ 04. B erzielte pro Ladung eine Provision i.H.v. 4.500 DM (insgesamt 13.500 DM) brutto.

Frage: Wie ist der Sachverhalt umsatzsteuerrechtlich zu würdigen?

Lösung
Allgemeines
B veräußert die Türen in eigenem Namen, jedoch für Rechnung der Fa. N. B wird als Kommissionär im Rahmen einer Verkaufskommission (§ 3 Abs. 3 UStG) tätig. Innerhalb dieser Kommission führt B Lieferungen nach § 3 Abs. 1 UStG aus. Der Kommissionär B bewirkt eine Geschäftsbesorgung; trotzdem ist er umsatzsteuerlicher Unternehmer (Eigenhändler) i.S.d. § 2 UStG. Nachdem mehrere Unternehmer über dieselben Gegenstände Kaufverträge abgeschlossen haben und der erste Unternehmer (N) dem letzten Abnehmer in der Reihe unmittelbar die Verfügungsmacht über den Gegenstand bzw. die Gegenstände verschafft, ist der Tatbestand des Reihengeschäftes gem. § 3

Abs. 2 UStG erfüllt. Dies bedeutet, daß die Lieferung der Fa. N an den **letzten** Abnehmer gleichzeitig als Lieferung eines jeden Unternehmers in der Reihe (hier: Kommissionär B) gilt.

Zu 1.
Die Lieferungen nach Polen werden durch selbständige Beauftragte (Spediteure) durchgeführt, so daß Versendungslieferungen i.S.d. § 3 Abs. 7 S. 3 u. 4 UStG vorliegen. Der Ort der Lieferung befindet sich im Inland = Nürnberg (Abschn. 30 Abs. 3 UStR).
Durch die Befreiungsvorschriften des § 4 Nr. 1a i.V.m. § 6 Abs. 1 UStG werden diese Lieferungen trotz Steuerbarkeit (§ 1 Abs. 1 Nr. 1 S. 1 UStG) umsatzsteuerfrei. Aus diesem Grund sind die Lieferungen von B im Rahmen des Reihengeschäftes ebenfalls umsatzsteuerfrei.
Die Höhe des steuerfreien Umsatzes (Bemessungsgrundlage nach § 10 Abs. 1 UStG) errechnet sich folgendermaßen:

Provision 15 %   8.250 DM
Verkaufserlöse 100 % (8.250 : 15 x 100)   55.000 DM

Grundsätzlich kann der Kommissionär den Vorsteuerabzug aus den Warenlieferungen des Kommittenten erst in dem Umsatzsteuervoranmeldungszeitraum vornehmen, in dem die Lieferung der Waren durch den Kommissionär an den Kunden (letzten Abnehmer in der Reihe) vorliegt. Zusätzlich muß beim Kommissionär eine ordnungsgemäße Rechnung i.S.d. § 14 Abs. 1 S. 2 UStG vorliegen, damit insgesamt die Voraussetzungen für den Vorsteuerabzug gegeben sind (Abschn. 192 Abs. 2 UStR). Im vorliegenden Sachverhalt liegt eine Rechnung nach § 14 Abs. 1 S. 2 UStG nicht vor. Der Vorsteuerabzug kommt somit für den Kommissionär nicht in Betracht. Nach § 15 Abs. 3 Nr. 1a UStG tritt der Vorsteuerausschluß bei den Wareneinkäufen von Kommittenten nicht ein.

Zu 2.
Bei den Lieferungen des Kommittenten (Fa. N) im Inland handelt es sich um Beförderungslieferungen nach § 3 Abs. 7 S. 1 u. 2 UStG. Der Ort der Lieferung richtet sich nach dem Beginn der Beförderung. Dies ist Nürnberg, so daß es sich um eine Lieferung im Inland handelt § 1 Abs. 2 S. 1 UStG, Abschn. 13 Abs. 1 UStR). Die Lieferung wird mit Beginn der Beförderung ausgeführt (Abschn. 30 Abs. 2 UStR).
Da diese Lieferungen nach § 1 Abs. 1 Nr. 1 S. 1 UStG steuerbar und steuerpflichtig sind, bewirkt B im Rahmen des Reihengeschäftes (§ 3 Abs. 2 UStG) ebenfalls steuerbare und steuerpflichtige Lieferungen an die Abnehmer

(Kunden). Nach Abschn. 24 Abs. 2 S. 8 UStR liegt beim Kommissionsgeschäft eine Lieferung des Kommittenten an den Kommissionär erst im Zeitpunkt der Lieferung des Kommissionsgutes (durch den Kommissionär) an den Abnehmer vor. Hinsichtlich der Türen, die B auf sein Lager genommen hat, liegt keine Lieferung an den Kunden in Landshut vor.

Es ergibt sich beim Kommissionär aufgrund der ausgeführten Lieferungen die nachstehende Bemessungsgrundlage (§ 10 Abs. 1 S. 2 UStG):

Provision je Ladung	4.500,00 DM
x 2 (Regensburg und München ausgeführt)	9.000,00 DM
Provision = 15 %; Bemessungsgrundlage incl. USt = 100 %	60.000,00 DM
Umsatzsteuer 15/115	./. 7.826,08 DM
Bemessungsgrundlage	52.173,92 DM

Die Umsatzsteuer hieraus entsteht mit Ablauf des Voranmeldungszeitraumes, in dem die Lieferung an die einzelnen Kunden (Endabnehmer) bewirkt wurde (§ 13 Abs. 1 Nr. 1a S. 1 UStG).

Im VAZ 04 ist der Vorsteuerabzug für den Kommissionär nur aus den Warenbezügen des Kommittenten möglich, die er tatsächlich im gleichen VAZ 04 veräußert.

VII. Bemessungsgrundlage bei Lieferungen und sonstigen Leistungen

FALL 14

Entgeltsumfang

Sachverhalt: Der selbständige Radio- und Fernsehhändler Klaus Kurz (K) hat eine im Mai 04 erworbene Stereoanlage im Juli 04 an den langjährigen guten Bekannten Richard Lang (L) zum „Sonderpreis" von 1.200 DM verkauft. L holte die Anlage persönlich im Geschäft des K in Fürth ab und entrichtete den Kaufpreis unter Abzug von 2 % Skonto.
K hatte den Einkauf der Anlage gebucht:
Wareneinkauf   1.100 DM
Vorsteuer   165 DM   an Verbindlichkeiten   1.265 DM
Bis zum Zeitpunkt der Veräußerung waren die Einkaufspreise für diese Geräte um 3 % angestiegen.

Frage: In welcher Höhe entsteht bei K aus diesem Vorgang Umsatzsteuer?

▶ **Lösung**

K hat die Anlage beim Erwerb seinem unternehmerischem Bereich zugeordnet (Abschn. 192 Abs. 18 Nr. 2 UStR). Die Zuordnungsentscheidung hat der Unternehmer mit der Inanspruchnahme des Vorsteuerabzugs (siehe Buchung) ausgeübt; Abschn. 192 Abs. 18 Nr. 2 S. 6 UStR.
Da kein Ausschlußgrund nach § 15 Abs. 2 Nr. 1 UStG vorliegt, kann K im Mai 04 i.H.v. 165 DM den Vorsteuerabzug vornehmen.
Beim Verkauf der Stereoanlage bewirkt K eine Lieferung nach § 3 Abs. 1 UStG (sog. Abholfall). Der Ort der Lieferung befindet sich nach § 3 Abs. 6 UStG in Fürth = Inland.
Die Lieferung ist somit steuerbar und steuerpflichtig nach § 1 Abs. 1 Nr. 1 S. 1 UStG. Die Bemessungsgrundlage nach § 10 Abs. 1 S. 2 UStG ist das Entgelt, das der Leistungsempfänger aufwendet. Hinsichtlich der Inanspruchnahme von Skonto lag eine Entgeltsminderung durch L vor (Abschn. 151 Abs. 1 UStR).

Kaufpreis	1.200,00 DM
2 % Skonto	./. 24,00 DM
Barpreis	1.176,00 DM
Umsatzsteuer 15/115	./. 153,40 DM
Bemessungsgrundlage	1.022,60 DM

Bei dem langjährigen guten Bekannten handelt es sich nach Abschn. 11 Abs. 3 UStR und Abschn. 158 Abs. 1 Nr. 2 UStR um eine „nahestehende Person", da K zu ihm eine enge persönliche Beziehung hat. Aus diesem Grund ist nach § 10 Abs. 5 Nr. 1 UStG die Mindestbemessungsgrundlage bei dieser Lieferung zu prüfen. Die Mindestbemessungsgrundlage richtet sich nach § 10 Abs. 4 Nr. 1 UStG nach dem Einkaufspreis für den Gegenstand im Zeitpunkt des Umsatzes.

Wareneinkauf	1.100,00 DM
3 % Preissteigerung	+ 33,00 DM
Mindestbemessungsgrundlage	1.133,00 DM

Da die Mindestbemessungsgrundlage nach § 10 Abs. 4 Nr. 1 UStG mit 1.133 DM höher liegt als das tatsächlich entrichtete Entgelt (1.022,60 DM), ist als Bemessungsgrundlage für diesen Umsatz der Wert nach § 10 Abs. 4 Nr. 1 UStG anzusetzen (Abschn. 158 Abs. 1 S. 3 UStR).

Die Umsatzsteuer beträgt somit nach § 12 Abs. 1 UStG 15 % v. 1.133 DM = 169,95 DM und entsteht nach § 13 Abs. 1 Nr. 1a S. 1 UStG mit Ablauf des Umsatzsteuervoranmeldungszeitraumes Juli 04.

FALL 15
Änderung der Bemessungsgrundlage

Sachverhalt: Der geschiedene Bauarbeiter Paul Pahr (P) hat am 3.9.04 mit dem Kfz-Händler Alexander Darnaps (D) in Stuttgart einen Kaufvertrag über die Lieferung eines Mercedes-Benz C 180 „Eleganza" abgeschlossen. Als Kaufpreis wurden inklusive Extras 45.000 DM plus 15 % USt vereinbart. Bei Übergabe des Pkw am 28.10.04 am Betriebssitz des D entrichtete P vereinbarungsgemäß eine Anzahlung i.H.v. 5.000 DM per Scheck. Der Restbetrag sollte in zwei gleichen Teilbeträgen Mitte November bzw. Dezember durch P bezahlt werden. Trotz mehrfacher Mahnungen kam P seinen Verpflichtungen auf Tilgung des restlichen Kaufpreises nicht nach. Nach umfangreichen Recherchen seines Rechtsanwalts erfuhr D, daß P Anfang Dezember 04 den Offenbarungseid geleistet hat. Daraufhin ließ D den Pkw am 10.12.04 von einem Angestellten am ehemaligen Wohnsitz des P in Tübingen abholen und zu seinem Unternehmenssitz in Stuttgart zurückbringen. Die von P erhaltene Zahlung wurde von D einbehalten und als „Nutzungsentschädigung" angesehen.
Nach Durchsicht und Pflegearbeiten am Kfz - die in eigener Werkstätte erfolgten - konnte D den Wagen am 5.1.05 an den pensionierten Beamten O. Klinger (K) für 40.000 DM veräußern, die dieser bei Abholung bar bezahlte.

Fragen: 1. Liegt ein Leistungsaustausch zwischen D und P bzw. zwischen D und K vor?
Wenn ja, entsteht USt und gegebenenfalls in welcher Höhe?
2. Was wäre, wenn dem D von seiner Versicherung ein Verdienstausfall von 2.000 DM erstattet worden wäre?

Lösung
Zu 1.
Der Vertragsabschluß zwischen D und P stellt ein Verpflichtungsgeschäft dar (Kaufvertrag nach §§ 433 ff. BGB). Das zivilrechtliche Verpflichtungsge-

schäft bereitet das umsatzsteuerlich bedeutsame Erfüllungsgeschäft vor. D bewirkt am 28.10.04 eine Lieferung nach § 3 Abs. 1 UStG, da er P an einem Gegenstand die Verfügungsmacht verschafft. Die Verschaffung der Verfügungsmacht erfolgt durch körperliche Übergabe des beweglichen Gegenstandes. Die wirtschaftliche und rechtliche Stellung des P ist so stark, daß er wie „ein Eigentümer" über die Kaufsache verfügen kann, insbesondere den noch rechtlichen Eigentümer (§ 39 Abs. 2 AO) von der Einwirkung auf die Sache ausschließen kann.

Obwohl bürgerlich-rechtlich noch kein Eigentum an der Sache übergegangen ist, liegt umsatzsteuerrechtlich eine Lieferung vor (Abschn. 24 Abs. 2 S. 4 UStR). Nach § 3 Abs. 6 UStG befindet sich der Ort der Lieferung in Stuttgart (Ort der Übergabe des Gegenstandes). Die Lieferung ist somit steuerbar und steuerpflichtig, da eine Befreiungsvorschrift nach § 4 UStG nicht zutrifft.

Die Umsatzsteuer beziffert sich nach § 12 Abs. 1 UStG auf 15/115 aus 51.750 DM = 6.750 DM. Die Bemessungsgrundlage beträgt nach § 10 Abs. 1 S. 2 UStG 45.000 DM (100/115 von 51.750 DM). Die Umsatzsteuer entsteht in voller Höhe mit Ablauf des Umsatzsteuervoranmeldungszeitraumes Oktober 04.

Die Anzahlung von 5.000 DM hat keine Auswirkung auf die abzuführende Umsatzsteuer, da D als Regelversteuerer der Sollversteuerung (vereinbarte Entgelte) unterliegt (§ 16 Abs. 1 S. 1 UStG). Das Problem der vorweggenommenen Versteuerung nach § 13 Abs. 1 Nr. 1a S. 4 UStG kommt bei dieser Anzahlung nicht zum Tragen, da die Entstehung der Umsatzsteuer aus der Lieferung in den gleichen VAZ wie die Entstehung der Umsatzsteuer aus der Anzahlung fällt.

Mit der Rückholung des Mercedes-Benz C 180 macht D von seinem Recht auf Eigentumsvorbehalt Gebrauch. Dabei wird mit der Rücknahme des Kfz eine Rückgängigmachung der ursprünglichen Lieferung an P bewirkt (Abschn. 1 Abs. 3 UStR). Nach § 17 Abs. 1 Nr. 1 UStG hat sich somit die Bemessungsgrundlage für diesen steuerpflichtigen Umsatz geändert, da die steuerpflichtige Lieferung rückgängig gemacht wurde (§ 17 Abs. 2 Nr. 3 UStG). Die zu berichtigende Umsatzsteuer beläuft sich auf 6.750 DM (15/115 von 51.750 DM).

Die Minderung der Umsatzsteuer ist nach § 17 Abs. 1 S. 3 UStG im Dezember 04, d.h., in dem Besteuerungszeitraum vorzunehmen, in dem die Änderung der Bemessungsgrundlage eingetreten ist.

Die ursprüngliche Lieferung wird durch eine Vermietungsleistung - Überlassung des Pkw Mercedes Benz 180 vom 28.10. - 10.12.04 - an P ersetzt.

Der Ort der sonstigen Leistung (§ 3 Abs. 9 UStG) liegt nach § 3a Abs. 1 S. 1 UStG dort, wo D sein Unternehmen betreibt. Dies ist Stuttgart und somit im Inland (§ 1 Abs. 2 UStG). § 3a Abs. 4 Nr. 11 UStG greift nicht, da es sich bei dem Pkw um ein Beförderungsmittel handelt (Abschn. 33 Abs. 5 UStR). Die Bemessungsgrundlage errechnet sich nach § 10 Abs. 1 S. 2 UStG nach dem durch P tatsächlich entrichteten Entgelt:

Zahlung brutto	5.000,00 DM
Umsatzsteuer 15/115	./. 652,18 DM
Bemessungsgrundlage (Entgelt)	4.347,82 DM

Die Umsatzsteuer von 652,18 DM entsteht mit Ablauf des Umsatzsteuervoranmeldungszeitraumes Dezember 04 (§ 13 Abs. 1 Nr. 1a S. 1 UStG, Abschn. 177 Abs. 3 UStR).

Alternativlösung:
Hinsichtlich der einbehaltenen Anzahlung i.H.v. 5.000 DM liegt kein Leistungsaustausch nach § 1 Abs. 1 UStG vor, da sich diese Zahlung von Anfang an nur auf die gewollte Gegenleistung von D bezog (vgl. Abschn. 1 Abs. 1 UStR). Die trotzdem von D erhaltene Zahlung bezieht sich somit nicht mehr auf die (beabsichtigte) Lieferung des Pkws. Mangels Leistungsaustausch stellt diese Zahlung deshalb echten nicht steuerbaren Schadenersatz nach Abschn. 3 Abs. 1 UStR dar.

Der Weiterverkauf des Pkw im Januar 05 an K stellt eine Lieferung nach § 3 Abs. 1 UStG dar, die, da der Ort der Lieferung (Abholfall) sich nach § 3 Abs. 6 UStG im Inland befindet, steuerbar und steuerpflichtig ist. Die Umsatzsteuer ergibt sich aus 15/115 von 40.000 DM = 5.217,39 DM. Die Umsatzsteuer aus dieser Lieferung hat D im Januar 05 an das zuständige Finanzamt abzuführen.

Zu 2.
Der von der Versicherung geleistete Verdienstausfall erfolgt nicht im Rahmen eines Leistungsaustausches nach Abschn. 1 Abs. 1 UStR, sondern in Erfüllung einer vertraglich vereinbarten Schadenersatzpflicht. Die Schadenersatzleistung der Versicherung stellt bei D einen echten nichtsteuerbaren Schadenersatz nach Abschn. 3 Abs. 1 UStR dar. Eine Steuerbarkeit (§ 1 Abs. 1 Nr. 1 S. 1 UStG) dieses Vorgangs entfällt damit.

VIII. Eigenverbrauch

FALL 16

Gegenstandsentnahme

Sachverhalt: Der Lebensmitteleinzelhändler G. Farg (F) in Würzburg hat am 1.1.04 von seinem langjährigen Bekannten L. Kreuzer einen gebrauchten Pkw der Marke BMW günstig erworben. In seiner Buchführung hat F den Kauf wie folgt aufgezeichnet:

Fuhrpark 14.000 DM an Bank 14.000 DM

Die Nutzungsdauer wurde bei Kauf auf 4 Jahre geschätzt, wobei F die degressive AfA wählte. Am 31.12.04 schenkte F den Pkw seinem Sohn, den dieser am gleichen Tag für Fahrten zu seiner Freundin nutzte. Im Zeitpunkt der Schenkung hatte der Pkw noch einen Wert von 10.000 DM (Wiederbeschaffungspreis). Bis zu diesem Zeitpunkt sind laut Buchführung für den Pkw die nachstehenden Aufwendungen angefallen:

Aufwand	*Vorsteuer*	*Nettoaufwand*
AfA		4.200 DM
Benzin	324 DM	2.160 DM
Kfz-Versicherung		1.210 DM
Kfz-Steuer		448 DM
Wartungskosten	102 DM	680 DM
Auspufferneuerung	105 DM	700 DM

Auf regennasser Fahrbahn wurde F anläßlich eines Kundenbesuches in Bern (Schweiz) unverschuldet in einen Auffahrunfall verwickelt. Den Blechschaden am Pkw ließ er in einer schweizerischen Vertragswerkstätte beseitigen. F erhielt noch am Tag der Reparatur (4.8.04) eine Rechnung in folgender Höhe:

Reparatur Blechschaden	10.000 sfr
+ 6,5 % Umsatzsteuer	650 sfr
Gesamtsumme	10.650 sfr

Hinweis:
1 Schweizer Franken entspricht 1,19 DM.
F bezahlte die Rechnung noch am gleichen Tag durch Scheck.

3 Monate nach dem Unfall erhielt F von der Versicherung des Unfallgegners einen Scheck i.H.v. 1.000 DM für Reparatur und Arbeitszeitausfallerstattung. Der Scheck wurde von F auf dem betrieblichen Bankkonto eingelöst.

Die Nutzung des Pkw setzt sich lt. Fahrtenbuch in 04 folgendermaßen zusammen:

Unternehmerisch veranlaßte Fahrten	4.000 km
Urlaubsreisen im Inland	1.200 km
Urlaubsreisen im Ausland (Schweiz)	800 km

Fragen: 1. Wie ist die Verwendung des Pkw im VZ 04 zu würdigen?
2. Welcher umsatzsteuerrechtliche Vorgang wurde durch die Schenkung an den Sohn bewirkt?

Lösung
Zu 1.
F hat den Pkw beim Kauf seinem unternehmerischen Bereich zugewiesen. Diese Entscheidung dokumentierte er durch die Buchung „Fuhrpark an Bank" bzw. den Abzug der laufenden Kosten als Betriebsausgabe. Der Pkw wurde Unternehmensvermögen. Der Zuordnungsentscheidung steht nicht entgegen, daß F für den Gegenstand keinen Vorsteuerabzug geltend machen konnte (Abschn. 192 Abs. 18 Nr. 2 i.V.m. Abschn. 8 Abs. 1 UStR).

Nachdem F den Gegenstand nicht nur für Zwecke im Rahmen seines Unternehmens, sondern auch für (private) Zwecke außerhalb seines Unternehmens (= Urlaubsreisen) verwendet, liegt hinsichtlich der privaten Nutzung Eigenverbrauch i.S.d. § 1 Abs. 1 Nr. 2b UStG vor (Abschn. 9 Abs. 2 S. 1 UStR). Der Ort des Eigenverbrauchs liegt dort, wo die entsprechende (sonstige) Leistung ausgeführt wurde = Inland (§ 3a Abs. 1 UStG, Abschn. 7 Abs. 2 S. 1 UStR).
Dabei ist der Eigenverbrauch auch steuerbar, soweit die Privatfahrten im Ausland ausgeführt werden (Abschn. 7 Abs. 2 S. 2 UStR). Auch hängt die Besteuerung des Eigenverbrauchs nicht davon ab, daß F beim Kauf des Pkw bzw. bei der Inspruchnahme von Aufwendungen teilweise keinen Vorsteuerabzug geltend machen kann (Abschn. 7 Abs. 3 S. 1 UStR). Mangels Befreiungsvorschrift im § 4 UStG ist die Privatnutzung des Pkw auch steuerpflichtig (§ 1 Abs. 1 Nr. 2 UStG).

Nach § 10 Abs. 4 Nr. 2 UStG dienen als Bemessungsgrundlage für den steuerpflichtigen Eigenverbrauch die bei der Ausführung dieser Umsätze entstandenen Kosten. Dabei sind nach dem Urteil des Europäischen Gerichtshofs vom 25.5.1993 (Abschn. 155 Abs. 2 S. 4 UStR) solche Kosten aus der Bemessungsgrundlage auszuscheiden, bei denen ein Vorsteuerabzug nicht möglich war. Ebenfalls nicht zur Bemessungsgrundlage gehören die Reparaturkosten in der Schweiz, obwohl diese Leistung für das Unternehmen bezogen wurde. Es bestand jedoch für F keine Möglichkeit auf Vorsteuerabzug, da nur Steuerbeträge, die nach dem **deutschen** Umsatzsteuergesetz geschuldet werden, als Vorsteuer abziehbar bzw. gegebenenfalls abzugsfähig sind (Abschn. 192 Abs. 1 S. 1 UStR). Aufgrund des Urteils des Europäischen Gerichtshofs vom 27.6.1989 entfällt auch der Ansatz der AfA bei der Ermittlung der Bemessungsgrundlage, da der Steuerpflichtige wegen Anschaffung des Pkw von einer Privatperson (Nichtunternehmer) nicht zum Vorsteuerabzug berechtigt war. Von den vorsteuerbelasteten Kosten ist die Zahlung der Versicherung i.H.v. 1.000 DM nicht abzusetzen, da diese Leistung zwar dem Unternehmen zugeführt wurde, es sich aber um Ersatz von Kosten handelt, die nicht zum Vorsteuerabzug berechtigt hatten.
Die Versicherungserstattung stellt nach Abschn. 3 Abs. 1 UStR echten nichtsteuerbaren Schadenersatz dar.

Ermittlung der Bemessungsgrundlage nach Abschn. 7 Abs. 3 S. 1 UStR und Abschn. 155 Abs. 3 UStR:

Benzinkosten	2.160 DM
Wartungskosten	680 DM
Auspufferneuerung	700 DM
Zwischensumme	3.540 DM
Privatanteil 1/3 (Verhältnis Gesamtfahrten zu Privatfahrten)	1.180 DM
Umsatzsteuer 15 %	177 DM

Die Umsatzsteuer entsteht nach § 13 Abs. 1 Nr. 2 UStG mit Ablauf des Umsatzsteuervoranmeldungszeitraumes der Verwendung.

Zu 2.
Mit der Schenkung an den Sohn bewirkt F eine Entnahme des Pkw aus dem Unternehmensvermögen, da der Vorgang bei entsprechender Ausführung an einen Dritten als Lieferung anzusehen wäre (Abschn. 8 Abs. 2 S. 1 UStR).

Die Entnahme des Gegenstandes (§ 1 Abs. 1 Nr. 2a UStG) wird nach § 3 Abs. 6 UStG und Abschn. 7 Abs. 2 UStR im Inland (§ 1 Abs. 2 S. 1 UStG) ausgeführt und ist somit steuerbar.
Nach dem BMF-Schreiben vom 13.5.1994 (BStBl 1994 I S. 298) ist jedoch zu überprüfen, ob die Umsatzsteuerbesteuerung des Entnahmeeigenverbrauchs durchzuführen ist. Danach kann die Umsatzbesteuerung des Entnahmeeigenverbrauchs aus Vereinfachungsgründen unterbleiben, wenn die Nettoaufwendungen (ohne USt) für Verbesserungen, Reparaturen und Wartungsarbeiten an dem entnommenen Pkw 20 v.H. der ursprünglichen AK des Pkw nicht übersteigen. Bei Überschreiten dieser Grenze unterliegt die Entnahme des Gegenstandes **insgesamt** der Umsatzsteuer.

Ermittlung der Nichtaufgriffsgrenze:
Wartungskosten	680 DM
Auspufferneuerung	700 DM
Summe	1.380 DM
20 % der AK (20 % v. 14.000 DM)	2.800 DM

Da die aufgewendeten Entgelte für Verbesserungen usw. nicht mehr als 20 % der Anschaffungskosten betragen, entfällt die Umsatzbesteuerung des Eigenverbrauchs (= Entnahme) aus Vereinfachungsgründen. Die Auslandsreparatur gehört nicht zu den Entgelten, die für die Berechnung der sog. Nichtaufgriffsgrenze herangezogen werden, da für F keine Möglichkeit zum Vorsteuerabzug bestanden hat.

Gemäß § 15 Abs. 1 Nr. 1 S. 1 UStG ist der Vorsteuerabzug aus den Benzinkosten, Wartungskosten und Auspuffreparatur i.H.v. insgesamt 531 DM zulässig, da der Pkw im Rahmen des Unternehmens für Umsätze verwendet wird, die den Vorsteuerabzug nicht ausschließen (§ 15 Abs. 2 Nr. 1 UStG).

Hinweis
Aufgrund des BFH-Urteils vom 30.3.1995 - VR 65/93 - berühren Aufwendungen zur Erhaltung oder zum Gebrauch des Gegenstands, die der Unternehmer mit Berechtigung zum Vorsteuerabzug in Anspruch genommen hat, die Frage der Besteuerung der Entnahme des Gegenstands (= nicht vorsteuerbelasteter Pkw) nicht.
Die Aufwendungen zur Erhaltung (= Auspufferneuerung) oder zum Gebrauch des Gegenstands (Wartungskosten) selbst führen grundsätzlich nicht zur Anschaffung oder Herstellung eines „Bestandteils" des Gegenstands.

Dies bedeutet, daß bei dem vorgegebenen Sachverhalt die Ermittlung der Nichtaufgriffsgrenze nach dem Schreiben des BMF vom 13.5.1994 entfällt.
Die vorgenannte Entnahme des Pkw bleibt somit nicht steuerbar.
Der vorgenommene Vorsteuerabzug aus den Aufwendungen bleibt natürlich unberührt.

FALL 17

Verwendungsentnahme

Sachverhalt: Der in München ansässige Antiquitätenhändler Max Mücke (M) hat sich im September 04 anläßlich der Ausstellung „Boot und Caravan" einen langgehegten Wunsch erfüllt und ein Wohnmobil erworben.
Der Verkäufer, die Fa. Wohnmobil GmbH in Augsburg, erteilte M absprachegemäß am 3.10.04 die nachstehende Abrechnung:

1 Wohnmobil Marke Centa De Luxe	70.000 DM
Sonderrabatt	./. 7.000 DM
Verkaufspreis netto	63.000 DM
15 % Umsatzsteuer	9.450 DM
Bruttoverkaufspreis	72.450 DM
abzüglich von Ihnen am 1.10.04 geliefertes Ölgemälde (Zolltarifnummer 99.01)	./.20.000 DM
verbleiben	52.450 DM

Die Übergabe des Ölgemäldes, das aus dem Lagerbestand des Antiquitätengeschäftes stammt, erfolgte am 1.10.04 in München. M beglich den Restkaufpreis i.H.v. 52.450 DM durch Banküberweisung am 10.10.04.
In der Umsatzsteuervoranmeldung für September 04 hat M die Umsatzsteuer i.H.v. 9.450 DM als Vorsteuer geltend gemacht.
Entgegen der nur zu eigenen privaten Zwecken beabsichtigten Nutzung hat M das Wohnmobil in der Zeit vom 1.10. - 31.12.04 wie folgt verwendet:
- 3 Wochen Selbstnutzung (Urlaubsfahrt in die Schweiz)
- 6 Wochen Vermietung an fremde Dritte (Erlös 5.000 DM brutto)
- 1 Woche Vermietung an die Schwester des M (Erlös 500 DM brutto)
In den restlichen 2 Wochen des Jahres 04 erfolgte weder eine Nutzung durch M noch eine Weitervermietung.

An Kosten sind im VZ 04 für das Wohnmobil angefallen:

Aufwand	Vorsteuer	Nettoaufwand
AfA		9.450,00 DM
Diesel (nur für Selbstnutzung des M)	120,00 DM	800,00 DM
Versicherung		1.840,00 DM
Kfz-Steuer		1.100,00 DM
Wartung	112,50 DM	750,00 DM
Finanzierungskosten Wohnmobil		1.215,00 DM

Frage: Wie ist der Sachverhalt bei M aus umsatzsteuerrechtlicher Sicht zu beurteilen?

Lösung ◀

Vorsteuerabzug und Zuordnung zum Unternehmen
Mit der Geltendmachung der Umsatzsteuer als Vorsteuer in der Umsatzsteuervoranmeldung September 04 hat M das Wohnmobil seinem Unternehmen zugeordnet (Abschn. 192 Abs. 18 Nr. 2 UStR). Obwohl das Wohnmobil nicht in vollem Umfang für das Unternehmen verwendet wird, kann der Steuerpflichtige die Umsatzsteuer aus dem Erwerb des Wohnmobils als Vorsteuer in vollem Umfang abziehen.

Als Zeitpunkt des Vorsteuerabzugs kommt aber erst der Oktober 04 in Betracht, da hier die Voraussetzungen für den Vorsteuerabzug (insbesondere Rechnung mit gesondertem Steuerausweis) erstmals vorliegen (Abschn. 192 Abs. 2 S. 4 UStR). Die abziehbare und abzugsfähige Vorsteuer beträgt somit 9.450 DM.

Lieferung Ölgemälde
Mit der Bezahlung der Kaufpreisschuld durch Hingabe eines Ölgemäldes und Banküberweisung bewirkt M eine Lieferung nach § 3 Abs. 1 UStG im Rahmen eines tauschähnlichen Umsatzes mit Baraufgabe (§ 3 Abs. 12 S. 2 UStG). Nach § 3 Abs. 6 UStG liegt der Ort der Lieferung im Inland. Es handelt sich somit bei der Lieferung des Ölgemäldes um einen steuerbaren und steuerpflichtigen Umsatz. Die Bemessungsgrundlage ermittelt sich wie nachstehend:

Wert der Gegenlieferung	72.450,00 DM
Banküberweisung	./.52.450,00 DM
verbleibt gemeiner Wert Ölgemälde nach § 9 BewG	20.000,00 DM
Umsatzsteuer 7 % (7/107)	./. 1.308,41 DM
Entgelt nach § 10 Abs. 2 S. 2 UStG	18.691,59 DM

Die Lieferung des Ölgemäldes unterliegt nach § 12 Abs. 2 Nr. 1 UStG i.V.m. Anlage Nr. 47 dem USt-Satz von 7 %. M hat diese Umsatzsteuer für den Oktober 04 anzumelden (§ 13 Abs. 1 Nr. 1a S. 1 UStG).

Verwendungseigenverbrauch
Das Wohnmobil wird im Jahr der Anschaffung (= erstmalige Nutzung) nicht nur für unternehmerische Zwecke verwendet. Die unternehmensfremde vorübergehende (private) Nutzung durch M für die Urlaubsfahrt stellt Verwendungseigenverbrauch nach § 1 Abs. 1 Nr. 2b UStG dar (Abschn. 9 Abs. 1 UStR). Nach § 3a Abs. 1 UStG liegt der Ort des Eigenverbrauchs im Inland (Abschn. 7 Abs. 2 UStR). Der Umsatz ist somit steuerbar und wegen fehlender Befreiungsvorschrift auch steuerpflichtig.
Zur Ermittlung des steuerpflichtige Verwendungseigenverbrauchs dürfen nach dem BMF-Schreiben vom 15.2.1994 (BStBl I 1994 S. 195) die sog. Leerstandszeiten, d.h. Zeiten, in denen der Gegenstand weder vermietet noch selbstgenutzt wird, nicht angesetzt werden. Dies bedeutet, daß sich das Verhältnis der unternehmerischen zur nichtunternehmerischen (privaten) Nutzung ausschließlich nach den Zeiten richtet, in denen der Gegenstand **tatsächlich** verwendet worden ist.

Ermittlung der nichtunternehmerischen Nutzung:
Vermietung an fremde Dritte	6 Wochen	60 %
Vermietung an Schwester	1 Woche	10 %
Selbstnutzung	3 Wochen	30 %
Gesamtnutzung	10 Wochen	100 %

Die Bemessungsgrundlage für den Eigenverbrauch beträgt nach Abschn. 155 Abs. 2 UStR:
AfA (Abschn. 155 Abs. 2 S. 1 - 3 UStR)	9.450 DM
Wartung (Abschn. 155 Abs. 2 S. 1 - 3 UStR)	750 DM
	10.200 DM
davon 30 %	3.060 DM
dazu Treibstoffkosten, da diese ausschließlich bei der nichtunternehmerischen Nutzung angefallen sind	800 DM
Bemessungsgrundlage (§ 10 Abs. 4 Nr. 2 UStG)	3.860 DM
Umsatzsteuer 15 %	579 DM

Kosten, bei denen der Unternehmer keine Möglichkeit zum Vorsteuerabzug hatte, bleiben bei der Ermittlung der Bemessungsgrundlage außer Ansatz (Abschn. 155 Abs. 2 S. 4 UStR).

Die Entstehung der Umsatzsteuer regelt sich nach § 13 Abs. 1 Nr. 2 UStG (mit Ablauf des jeweiligen Voranmeldungszeitraumes der Verwendung).

Vermietungsleistung
Mit der Überlassung des Wohnmobils an fremde Dritte bzw. an seine Schwester bewirkt M Vermietungsleistungen (= sonstige Leistung, § 3 Abs. 9 UStG). Der Ort dieser Leistung richtet sich nicht nach § 3a Abs. 4 Nr. 11 UStG, da es sich beim Wohnmobil zwar um einen beweglichen körperlichen Gegenstand handelt, dieser jedoch ein Beförderungsmittel i.S.d. Abschn. 33 Abs. 5 S. 2 UStR darstellt (Abschn. 33 Abs. 3 UStR). Nachdem § 3a Abs. 2 UStG ebenfalls nicht zutrifft, wird die Leistung des M an dem Ort ausgeführt, von dem aus M sein Unternehmen betreibt. Dies ist München. Dabei ist die Vermietung des Gegenstandes auch dann steuerbar, wenn das überlassene Beförderungsmittel während der Vermietung im Ausland genutzt wird (Abschn. 33 Abs. 3 Beispiel UStR).
Die Bemessungsgrundlage aus der Vermietungsleistung an fremde Dritte errechnet sich mit 4.347,82 DM (5.000 DM ./. 652,18 DM USt). Die USt entsteht mit Ablauf des jeweiligen Voranmeldungszeitraumes, in dem die Vermietungsleistung ausgeführt wird (§ 13 Abs. 1 Nr. 1a S. 1 UStG, Abschn. 177 Abs. 1 UStR).
Da es sich bei der Schwester des M um eine nahestehende Person i.S.d. Abschn. 11 Abs. 3 UStR handelt, ist die Mindestbemessungsgrundlage nach § 10 Abs. 5 Nr. 1 UStG zu prüfen. Dabei sind nur die vorsteuerbelasteten Kosten anzusetzen. Finanzierungskosten, Kfz-Steuer und Versicherungsaufwendungen bleiben außer Ansatz (Abschn. 158 Abs. 4 UStR).

Berechnung nach § 10 Abs. 4 Nr. 2 UStG:
AfA	9.450 DM
Wartung	750 DM
gesamt	10.200 DM
Vermietung an Schwester = 10 %	1.020 DM

Ein Ansatz der linearen AfA - abweichend von der bisher gewählten degressiven AfA - ist bei der Berechnung dieser Mindestbemessungsgrundlage nicht möglich, da diese Regelung nur bei der Ermittlung der Kosten bei Vermietung und Verpachtung von Gebäuden anwendbar ist (Abschn. 158 Abs. 3 UStR).
Da die Mindestbemessungsgrundlage (1.020 DM) das tatsächlich entrichtete Entgelt von 434,38 DM (500 DM ./. 15/115 USt) übersteigt, ist die Mindestbemessungsgrundlage (= Wert nach § 10 Abs. 4 Nr. 2 UStG) anzusetzen.

Die Umsatzsteuer beträgt nach § 12 Abs. 1 UStG 15 % v. 1.020 DM = 153 DM und entsteht nach § 13 Abs. 1 Nr. 1a S. 1 UStG mit Ablauf des Voranmeldungszeitraumes, in dem die Wohnmobilvermietung an die Schwester stattfand.

IX. Steuersätze

FALL 18

Abgrenzung allgemeiner und ermäßigter Steuersätze - Verzehr an Ort und Stelle

Sachverhalt: Der ledige Franz Rümmer (R) hat in Hamburg, Bremerstr. 15 am 1.10.04 ein bebautes Grundstück erworben. Das Gebäude wird von ihm wie folgt verwendet:

Erdgeschoß
Hier betreibt R eine Pizzeria. Die Einnahmen (Getränke und Speisen) daraus betrugen bis 31.12.04 insgesamt 105.000 DM brutto. Dabei entfielen auf Gästebewirtungen im Speiselokal 88.000 DM. Der Rest der Einnahmen rührt aus sog. Abholungen von besonders verpackten Speisen (Pizza, Salate usw.) her, die Kunden am Ausgabefenster seines Restaurants abholen können.
Durch ein Versehen wurden die Trinkgelder des Bedienungspersonals i.H.v. 1.500 DM ebenfalls als Umsätze des Speiselokals erfaßt und sind in dem Betrag von 105.000 DM enthalten.

Ebenfalls im Erdgeschoß befindet sich die Rezeption für die Zimmervermietung an Reisende im 1. Obergeschoß. An der Rezeption hat R von Gästen des Lokals bzw. der Pension im 1. Obergeschoß bis 31.12.04 nachstehende Einnahmen (brutto) erzielt:

Telefongebühren (1.430 Einheiten zu 0,50 DM)	715 DM
Verkauf von Straßenkarten	328 DM
lt. Zählwerk des Spielautomaten	5.140 DM

Der tatsächliche Kasseninhalt des Automaten betrug 2.120 DM.

1. Obergeschoß
Aus der Überlassung von 5 Einzelzimmern an Fremde (Dauer je Gast nicht länger als 1 Woche) wurden insgesamt 16.100 DM Einnahmen erzielt.

Frage: In welcher Höhe entsteht Umsatzsteuer?

Lösung
Pizzeria
Mit dem Verkauf von Speisen und Getränken in der Pizzeria bewirkt R Lieferungen nach § 3 Abs. 1 UStG. Der Ort der Lieferung befindet sich nach § 3 Abs. 6 UStG im Speiselokal des R = Hamburg (Inland nach § 1 Abs. 2 UStG). Da keine Steuerbefreiung nach § 4 Nr. 1 - 28 UStG greift, unterliegen die steuerbaren Lieferungen der Umsatzsteuerpflicht.
Grundlage für die Bemessungsgrundlage (§ 10 Abs. 1 S. 2 UStG) bilden die erzielten Erlöse. Dabei ist zu beachten, daß nach Abschn. 149 Abs. 5 S. 3 UStR die an das Bedienungspersonal freiwillig gezahlten Trinkgelder nicht zum Entgelt für die Leistung des R gehören.
Nach § 12 Abs. 2 Nr. 1 UStG i.V.m. Anlage zu § 12 Abs. 2 UStG unterliegen die Speiselieferungen grundsätzlich dem ermäßigten Steuersatz. Dies gilt jedoch nicht für Speisen und Getränkelieferungen, die wie im vorliegenden Sachverhalt zum Verzehr an Ort und Stelle bestimmt sind (§ 12 Abs. 2 Nr. 1 S. 2 UStG, Abschn. 161 Abs. 1 S. 1 UStR). Verzehr an Ort und Stelle liegt u.a. vor, wenn die in dem Speiselokal zubereiteten Gerichte den Gästen durch Bedienungspersonal serviert werden = räumlicher Zusammenhang zwischen Ort der Lieferung und dem Ort des Verzehrs (Abschn. 161 Abs. 2 S. 1 Nr. 1 UStR). Zudem handelt es sich bei den Tischen und Stühlen im Lokal um besondere Verzehreinrichtungen, so daß insgesamt die Voraussetzungen für den Verzehr an Ort und Stelle vorliegen. Diese Lieferungen unterliegen deshalb dem Regelsteuersatz nach § 12 Abs. 1 UStG (§ 12 Abs. 2 Nr. 1 S. 3 UStG).
Ermittlung der USt und der Bemessungsgrundlage:

Einnahmen Speiselokal lt. Registrierkasse	88.000,00 DM
falsch getippte Trinkgelder	./. 1.500,00 DM
Bruttoerlöse	86.500,00 DM
USt	./.11.282,60 DM
Bemessungsgrundlage	75.217,40 DM

Hinsichtlich der Speisen, welche die Kunden selbst abholten, fehlt es am Tatbestand „Verzehr an Ort und Stelle", da die Speisen nicht im Lokal, sondern woanders verzehrt wurden, so daß diese Lieferungen dem ermäßigten Steuersatz unterliegen. Ermittlung der USt und der Bemessungsgrundlage:

Einnahmen insgesamt	105.000,00 DM
Einnahmen Speiselokal	./. 88.000,00 DM
Einnahmen Straßenverkauf	17.000,00 DM
USt 7/107	./. 1.112,15 DM
Bemessungsgrundlage	15.887,85 DM

Telefon
Bei der Überlassung des Telefons an seine Gäste erbringt R eine sonstige Leistung nach § 3 Abs. 9 UStG im Rahmen eines Hilfsgeschäftes (Abschn. 20 Abs. 2 UStR). Der Ort der sonstigen Leistung richtet sich nach § 3a Abs. 1 UStG = Hamburg. Der Umsatz ist steuerbar und steuerpflichtig.

1.430 Einheiten x 0,50 DM	715,00 DM
USt 15/115	./. 93,28 DM
Bemessungsgrundlage	621,72 DM

Straßenkarten
Der Verkauf der Straßenkarten stellt Lieferungen nach § 3 Abs. 1 UStG von kartographischen Erzeugnissen dar, die nach § 12 Abs. 2 Nr. 1 UStG i.V.m. Anlage zu § 12 Abs. 2 UStG (Nr. 43) dem ermäßigten Steuersatz unterliegen. Die USt beträgt somit 7/107 aus 328 DM = 21,45 DM.

Spielautomaten
Mit der Zurverfügungstellung des Spielautomaten erbringt R eine sonstige Leistung nach § 3 Abs. 9 UStG, die nach § 3a Abs. 1 UStG steuerbar und steuerpflichtig ist. Nach dem Urteil des Europäischen Gerichtshofs vom 5.5.1994 (BStBl 1994 II S. 548) ist nur der um die Gewinne der Spieler bereits geminderte Kasseninhalt die Bemessungsgrundlage für die Umsatzsteuer. Der Gelddurchlauf ist nicht maßgebend. Dies bedeutet, daß entgegen der bisherigen Verwaltungsmeinung, die ein mehrfaches des Kasseninhaltes der Besteuerung unterwarf, nur noch der tatsächliche Kasseninhalt der Umsatzsteuer unterliegt.

Kasseninhalt	2.120,00 DM
USt 15/115	./. 276,52 DM
Bemessungsgrundlage	1.843,48 DM

Zimmervermietung
Die Vermietung und Verpachtung von Grundstücken bleibt nach § 4 Nr. 12a UStG vom Grundsatz her umsatzsteuerfrei. Nicht befreit ist aber die Überlassung von Wohn- und Schlafräumen, die ein Unternehmer zur kurzfristigen Beherbergung von Fremden bereithält (§ 4 Nr. 12 S. 2 UStG, Abschn. 84 Abs. 1 UStR), so daß die vorliegende sonstige Leistung nicht nur steuerbar, sondern auch steuerpflichtig ist. Der Leistungsort richtet sich nach dem Belegenheitsort des Grundstücks, hier Hamburg (§ 3a Abs. 2 Nr. 1a UStG). Die Umsatzsteuer beträgt 15/115 von 16.100 DM = 2.100 DM.

Zusammenstellung der Umsatzsteuer

Pizzeria	11.282,60 DM
Straßenverkauf	1.112,15 DM
Telefon	93,28 DM
Straßenkarten	21,45 DM
Spielautomat	276,52 DM
Zimmervermietung	2.100,00 DM
Umsatzsteuer	14.886,00 DM

Die Umsatzsteuer entsteht mit Ablauf des jeweiligen Voranmeldungszeitraumes der entsprechenden Lieferung oder sonstigen Leistung.

X. Steuerentstehung

FALL 19

Besteuerung nach vereinbarten Entgelten

Sachverhalt: Der in Nürnberg ansässige Hersteller von Brauereimaschinen Gunther Glimmer (G) hat am 10.1.1995 mit dem Getränkehersteller S. Reber (R) aus Stuttgart einen Kaufvertrag abgeschlossen, in dem sich G verpflichtet, eine neuartige Flaschenabfüllanlage zu erstellen und diese bis spätestens 30.11.1995 zu liefern und in der in München befindlichen Fabrikationshalle des R einzubauen. Aufgrund verschiedener Probleme durch Zulieferer sowie Änderungen des ursprünglichen Entwurfs der Anlage konnte G die Flaschenfüllanlage erst am 14.4.1996 mit eigenem Lkw an R ausliefern. Der komplette Einbau wurde durch einen Probelauf am 13.5.1996 beendet. Allerdings wurde die gesamte Anlage offiziell erst am 6.6.1996 durch einen Prüftechniker abgenommen.

Die Gesamtauftragssumme belief sich auf 1.300.000 DM zuzüglich gesetzlicher Umsatzsteuer. Vereinbarungsgemäß hatte G je nach Fertigungsfortschritt an R die nachstehenden Abschlagsrechnungen gesandt bzw. folgende Zahlungen erhalten:

Nr.	Rechnung vom	Rechnungsbetrag		Zahlung durch R am	Überweisungsbetrag	Zahlungseingang bei G
1	17.01.95	netto	200.000 DM	21.01.95	215.000 DM	31.01.95
		USt	30.000 DM			
		brutto	230.000 DM			
2	16.03.95	incl. USt	11.500 DM	23.03.95	11.000 DM	29.03.95
3	18.06.95	netto	8.000 DM	01.07.95	8.500 DM	08.07.95
		USt	1.200 DM			
		brutto	9.200 DM			
4	20.08.95	incl. USt	800.000 DM	28.08.95	750.000 DM	03.09.95
5	08.02.96		13.000 DM	15.02.96	12.000 DM	21.02.96
6	29.04.96	netto	100.000 DM	04.05.96	115.000 DM	10.05.96
		USt	15.000 DM			
		brutto	115.000 DM			
Summe der tatsächlichen Zahlungen					1.111.500 DM	

Am 10.6.1996 ging R die Schlußrechnung des G zu, die verkürzt wiedergegeben wird:

	Entgelt	USt (15 %)
Lieferung einer Flaschenabfüllanlage	1.300.000,00 DM	195.000,00 DM
Vorauszahlungen mit USt-Ausweis	./. 294.347,82 DM	./. 44.152,18 DM
Vorauszahlungen ohne USt-Ausweis	./. 773.000,00 DM	0,00 DM
verbleibende Restzahlung	232.652,18 DM	150.847,82 DM
Summe Schlußzahlung	383.500 DM	

R überwies den ausgewiesenen Schlußrechnungsbetrag am 20.7.1996 unter Abzug von 2 % Skonto, den er aus dem Gesamtrechnungsbetrag von brutto 1.495.000 DM vornahm.

Fragen: 1. Wann und in welcher Höhe entsteht bei G die Umsatzsteuer?
2. Wann und in welcher Höhe kann R den Vorsteuerabzug in Anspruch nehmen?

Lösung
Zu 1.
Der am 10.1.1995 abgeschlossene Kaufvertrag stellt ein Verpflichtungsgeschäft nach § 433 Abs. 1 u. 2 BGB dar, das umsatzsteuerrechtlich unbedeutend ist, solange keine der Parteien ihre Verpflichtung oder einen Teil der Verpflichtung erfüllt. Maßgebend ist somit das Erfüllungsgeschäft, d.h. die tatsächliche Vertragserfüllung, wie sie im Verpflichtungsgeschäft vereinbart wurde.
Zunächst bewirkt G mit der Erstellung der Anlage eine Werklieferung nach § 3 Abs. 4 UStG, da er als „Werkhersteller" selbstbeschaffte Stoffe verwendet, die nicht nur Zutaten oder sonstige Nebensachen darstellen (Abschn. 27 Abs. 1 UStR). Nach Abschn. 30 Abs. 4 S. 1 - 3 UStR befindet sich der Ort der Werklieferung nicht in Nürnberg (Beginn der Beförderung), sondern dort, wo der Gegenstand der Lieferung funktionsfähig eingebaut wird. Dies ist in diesem Sachverhalt Stuttgart (§ 3 Abs. 6 UStG). Es handelt sich somit um eine steuerbare und steuerpflichtige Werklieferung.

Die Bemessungsgrundlage beträgt nach § 10 Abs. 1 S. 2 UStG *zunächst* (ohne Skonto):

Summe der Zahlungseingänge	1.111.500 DM
Schlußrechnung	383.500 DM
Gesamt	1.495.000 DM
USt 15/115 (§ 12 Abs. 1 UStG)	./. 195.000 DM
Bemessungsgrundlage	1.300.000 DM

Die Umsatzsteuer entsteht nach § 13 Abs. 1 Nr. 1a S. 1 UStG im Zeitpunkt der Verschaffung der Verfügungsmacht am gelieferten Gegenstand (Abschn. 177 Abs. 2 UStR). Die Verschaffung der Verfügungsmacht geschieht normalerweise mit Übergabe und Abnahme der Maschine, so daß die Umsatzsteuer im Juni 1996 entstehen würde. Allerdings ist der Zeitpunkt der Lieferung aber bereits dann anzunehmen, wenn der Auftraggeber den Gegenstand durch schlüssiges Verhalten - hier durch Nutzung - abgenommen hat und eine förmliche Abnahme erst später erfolgt (Abschn. 178 Abs. 1 Nr. 1 S. 5 UStR),

so daß der Zeitpunkt der Werklieferung in den Mai 1996 fällt und die Umsatzsteuer deshalb im Umsatzsteuer-VAZ Mai 1996 entsteht.
Jedoch ist zu prüfen, ob aufgrund des vorgegebenen Sachverhalts die Mindest-Ist-Versteuerung nach § 13 Abs. 1 Nr. 1a UStG zur Anwendung kommt. Bei dieser Prüfung muß jede Anzahlung gesondert geprüft werden.

Rechnung vom 17.1.1995
Das Entgelt ermittelt sich nicht aus den in Rechnung gestellten Werten, sondern aus den tatsächlich bezahlten Beträgen, so daß die Bemessungsgrundlage für die Anzahlung 186.956,52 DM (215.000 DM ./. 15/115 USt) beträgt. Die Umsatzsteuer entsteht aus der tatsächlich erhaltenen Anzahlung mit Ablauf des Januar 1995 (§ 13 Abs. 1 Nr. 1a S. 4 UStG, Abschn. 181 Abs. 1 UStR) i.H.v. 28.043,48 DM.

Rechnung vom 16.3.1995
Das vereinnahmte Entgelt berechnet sich aus 11.000 DM abzüglich 15/115 USt von 1.434,79 DM. Obwohl ein gesonderter Umsatzsteuerausweis nicht vorliegt, ist die Mindest-Ist-Versteuerung anzuwenden. Dies führt dazu, daß die Umsatzsteuer aus dieser Anzahlung im März 1995 entsteht.

Rechnung vom 18.6.1995
Die Umsatzsteuer aus dieser Anzahlung ist mit Ablauf des Monats der Vereinnahmung = Juli 1995 abzuführen (§ 13 Abs. 1 Nr. 1a S. 4 UStG). Auf den Zeitpunkt der Rechnungsstellung mit USt-Ausweis kommt es nicht an.

Rechnung vom 20.8.1995
Begründung wie bei Rechnung vom 17.1.1995. Die Umsatzsteuer entsteht mit Ablauf des September 1995 i.H.v. 97.826,08 DM (15/115 aus 750.000 DM).

Rechnung vom 8.2.1996
Vereinnahmte Anzahlungen unterliegen in voller Höhe der Umsatzsteuer. Dabei ist es unbeachtlich, ob bzw. in welcher Höhe die Umsatzsteuer in der Teilbetragsrechnung ausgewiesen wurde. Aus dieser Abschlagsrechnung entsteht die USt mit Ablauf des Februar 1996 i.H.v. 1.565,21 DM (15/115 aus 12.000 DM).

Rechnung vom 29.4.1996
Die Anzahlung unterliegt nach § 13 Abs. 1 Nr. 1a S. 4 UStG nicht der Umsatzsteuer, da die Zahlung in dem Umsatzsteuer-VAZ vereinnahmt wird, in dem die Leistung durch G erbracht wird. Da Zahlung und Lieferung in den gleichen VAZ fallen, unterbleibt die Mindest-Ist-Versteuerung.

Somit berechnet sich die restliche Umsatzsteuer aus der Werklieferung wie folgt:

Gesamte USt	195.000,00 DM
USt aus Rechnung vom 17.1.1995	./. 28.043,48 DM
USt aus Rechnung vom 16.3.1995	./. 1.434,79 DM
USt aus Rechnung vom 18.6.1995	./. 1.108,70 DM
USt aus Rechnung vom 20.8.1995	./. 97.826,08 DM
USt aus Rechnung vom 8.2.1996	./. 1.565,21 DM
Verbleibende USt	65.021,74 DM

In dieser Höhe hat G im VAZ Mai 1996 Umsatzsteuer an das Finanzamt abzuführen. Auf den Zeitpunkt der Zahlung durch R kommt es nicht an (§ 16 Abs. 1 S. 1 UStG).
Durch die Inanspruchnahme von Skonto durch R hat sich die Bemessungsgrundlage für die Werklieferung des G geändert. Da Entstehung der Umsatzsteuer und Skontoabzug nicht in den gleichen VAZ fallen, muß die Umsatzsteuer nach § 17 Abs. 1 Nr. 1 UStG berichtigt werden. Die Minderung der Umsatzsteuer berechnet sich im Beispielsfall mit 2 % von 195.000 DM = 3.900 DM und ist im VAZ Juli 1996 durchzuführen.

Zu 2.
R hat aus der erhaltenen Werklieferung, soweit er diese seinem Unternehmen zuordnet (Abschn. 192 Abs. 18 Nr. 2 UStR) und sie nicht für vorsteuerabzugsschädliche Zwecke (§ 15 Abs. 2 Nr. 1 - 3 UStG) verwendet, nachstehenden Vorsteuerabzug:

Anzahlungen
Bei den beglichenen Teilrechnungen handelt es sich um Zahlungen vor Empfang der Leistung. Insoweit ist nach § 15 Abs. 1 Nr. 1 S. 2 UStG (Abschn. 193 Abs. 1 - 4 UStR) zu prüfen, ob und in welcher Höhe der vorweggenommene Vorsteuerabzug (vor Erhalt der Schlußrechnung und Lieferung) möglich ist.
Rechnung vom 17.1.1995
Der vorweggenommene Vorsteuerabzug aus dieser AZ ist erstmals im Januar 1995 zulässig, da eine Rechnung mit gesondertem Steuerausweis und die Zahlung vorliegt (Abschn. 193 Abs. 1 S. 1 u. 2 UStR). Jedoch kann vorweg nur der Steuerbetrag abgezogen werden, der in der tatsächlich geleisteten Zahlung enthalten ist (Abschn. 193 Abs. 4 UStR), so daß sich die abziehbare/abzugsfähige Vorsteuer mit 28.043,48 DM (15/115 aus 215.000 DM) bemißt.

Rechnung vom 16.3.1995
Aus dieser AZ kann R keinen Vorsteuerabzug geltend machen. Es wurde zwar die Zahlung geleistet, jedoch liegt keine ordnungsgemäße Rechnung i.S.d. § 14 Abs. 1 S. 2 Nr. 6 UStG mit gesondertem Steuerausweis vor. Die Sonderregelung über Kleinbetragsrechnungen (§ 33 UStDV) greift nicht, da der Gesamtbetrag der Rechnung 200 DM übersteigt.
Rechnung vom 18.6.1995
Der vorweggenommene Vorsteuerabzug ist erst im Juli 1995 möglich, da hier erstmalig die Voraussetzungen (gesonderter Steuerausweis und Zahlung) erfüllt sind (Abschn. 193 Abs. 1 S. 2 UStR). Die Höhe der abziehbaren Vorsteuer errechnet sich aus der geleisteten Zahlung und beträgt somit 1.108,70 DM (15/115 aus 8.500 DM).
Rechnungen vom 20.8.1996 und 8.2.1996
Obwohl der Empfänger der Abschlagszahlung die Zahlung der Umsatzsteuer unterwerfen muß, darf R keinen Vorsteuerabzug geltend machen, da der gesonderte Steuerausweis fehlt (§ 15 Abs. 1 Nr. 1 S. 2 UStG).
Rechnung vom 29.4.1996
Bei dieser AZ ist der Vorsteuerabzug im Mai 1996 zulässig, da in diesem Monat sämtliche Voraussetzungen des § 15 Abs. 1 Nr. 1 S. 2 UStG erfüllt sind.

Schlußrechnung
Nach Vorliegen der Schlußrechnung (= 10.6.1996) erhält R die Berechtigung, den (restlichen) Vorsteuerabzug aus der Lieferung geltend zu machen (§ 15 Abs. 1 Nr. 1 UStG, Abschn. 192 Abs. 2 S. 4 UStR). Der Vorsteuerabzug aus der Endrechnung kann in der Höhe geltend gemacht werden, die auf die verbleibende Restzahlung (zuzüglich Abschlagszahlungen ohne gesonderten USt-Ausweis!) entfällt (Abschn. 193 Abs. 5 S. 1 UStR). Dies bedeutet, daß R im Juni 1996 i.H.v. 150.847,82 DM den Vorsteuerabzug beanspruchen kann.
Der bei Zahlung im Juli 1996 in Anspruch genommene Skonto liegt eine Entgeltsminderung vor, die eine Änderung des bisher in Anspruch genommenen Vorsteuerabzugs verursacht. Da Vorsteuerabzugszeitpunkt und Änderung der Bemessungsgrundlage in zwei verschiedene VAZ fallen, ist die Berichtigung des Vorsteuerabzugs nach § 17 Abs. 1 Nr. 2 UStG vorzunehmen (Abschn. 223 Abs. 2 UStR). Da der Skonto aus dem gesamten Rechnungsbetrag mit 2 % bemessen wurde, beläuft sich die Vorsteuerberichtigung auf 2 % v. 195.000 DM = 3.900 DM. Die Vorsteuerberichtigung ist im VAZ Juli 1996 durchzuführen (§ 17 Abs. 1 S. 3 UStG).

Ergänzend wird darauf hingewiesen, daß ein eventueller Sicherheitseinbehalt durch R bei Zahlung der Schlußrechnung keine Auswirkung auf das umsatzsteuerliche Entgelt hat. Es liegt keine Entgeltsminderung i.S.d. Abschn. 151 Abs. 1 UStR vor, sondern lediglich eine besondere Vereinbarung über den Zahlungsmodus vor.

XI. Steuerbefreiungen

FALL 20

Ausgewählte Steuerbefreiungen

Sachverhalt: Der in Kassel ansässige Schreiner/Tischler F. Weißbach (W) übergab aus Altersgründen seinen bisherigen Betrieb an seinen langjährigen Gesellen H. Mosch (M), der den Betrieb weiterführt. Bis auf Kasse, Bank und Verbindlichkeiten hat W den gesamten Betrieb (einschließlich eines Grundstücks mit aufstehendem Werkstattgebäude) mit notariellen Kaufvertrag vom 3.2.1996 entgeltlich veräußert. Auf die Maschinen entfiel ein Kaufpreisanteil von 20 %. Der Übergang von Nutzen und Lasten erfolgte zum 1.3.1996.
W hatte das unbebaute Grundstück im Jahr 1991 mit einer Werkstätte bebaut. Als Fertigstellungstermin und Nutzungsbeginn wurde der 1.10.1991 angegeben. W hat aus den Baukosten einen Vorsteuerabzug von 40.000 DM in Anspruch genommen.
Durch den Verkauf entstanden W Steuerberatungskosten (Rechnung vom 26.2.1996) i.H.v. 1.000 DM + 150 DM USt.

M hatte die Notargebühren (Rechnung vom 15.4.1996) i.H.v. 3.000 DM + 450 DM USt zu tragen.
Bedingt durch starke Umsatzrückgänge war M gezwungen, das bebaute Grundstück - ohne Maschinen - an den Justizbeamten L. Artinger aus Kassel für 250.000 DM zu veräußern, der kurz darauf begann, das Gebäude in Wohnungen umzubauen. Der Übergang von Nutzen und Lasten erfolgte zum 1.3.1997.
Den gesamten Maschinenpark beförderte W zur angemieteten Werkhalle in Hannover.

Aufgabe: Beurteilen Sie die obigen Sachverhalte bei W und M!

▶ **Lösung**

Zu W
Bei der Übertragung des Betriebes handelt es sich um den Übergang des gesamten lebenden Unternehmens mit seinen wesentlichen Betriebsgrundlagen von W an M (Abschn. 5 UStR). Es handelt sich um eine Geschäftsveräußerung im ganzen; die Zurückbehaltung von Kasse, Bank und Verbindlichkeiten hat keine Auswirkung. Für den Zeitpunkt der Lieferung ist der Übergang von Nutzen und Lasten maßgebend (§ 39 AO).
Ab dem 1.1.1994 unterliegen die Umsätze im Rahmen einer Geschäftsveräußerung im ganzen nicht mehr der Umsatzsteuer (§ 1 Nr. 1a UStG). Durch die entgeltliche Veräußerung wird der maßgebliche Zeitraum für die Vorsteuerberichtigung des Wirtschaftsguts „bebautes Grundstück" nicht unterbrochen, da die Verpflichtung zur Berichtigung der Vorsteuer bei Änderung der Nutzungsverhältnisse auf den Erwerber übergeht (§ 15a Abs. 6a UStG). Eine Änderung der Nutzungsverhältnisse i.S.d. § 15a Abs. 1 UStG liegt im VZ 1996 gegenüber dem Kalenderjahr der erstmaligen Verwendung (= 1991) nicht vor, so daß eine Berichtigung der Vorsteuer in 1996 nicht erforderlich ist. W steht aus den mit der Geschäftsveräußerung in Zusammenhang stehenden Steuerberatungskosten in voller Höhe der Vorsteuerabzug mit 150 DM zu, da keine Umsätze vorliegen, die den Vorsteuerabzug ausschließen.

Zu M
Mangels Steuerbarkeit der Geschäftsveräußerung steht M kein Vorsteuerabzug aus dem übertragenen Unternehmen zu. Allerdings kann M die Vorsteuer von 450 DM, die auf die Anschaffungsnebenkosten (Notargebühren) entfällt, geltend machen (vgl. Umsatzsteuer-Rundschau 1994 S. 187). Die Möglichkeit des Vorsteuerabzugs besteht mit Vorliegen der Rechnung, also im April 1996.
Mit dem Verkauf des bebauten Grundstücks bewirkt M eine Lieferung nach § 3 Abs. 1 UStG. Lieferort ist nach § 3 Abs. 6 UStG dort, wo das bebaute Grundstück belegen ist, somit Kassel. Der Lieferzeitpunkt fällt nach § 39 AO mit dem Übergang von Nutzen und Lasten zusammen. Die Lieferung ist steuerbar, aber nach § 4 Nr. 9a UStG umsatzsteuerfrei, da dieser Umsatz unter das Grunderwerbsteuergesetz fällt (Abschn. 71 Abs. 1 UStR). Die Bemessungsgrundlage (§ 10 Abs. 1 UStG) beträgt 250.000 DM.

Durch die steuerfreie Lieferung des bebauten Grundstücks tritt eine Änderung der Verhältnisse für den Vorsteuerabzug gegenüber dem Kalenderjahr der erstmaligen Verwendung bei W ein (§ 15a Abs. 4 u. 5 UStG). Die steuerfreie Lieferung verursacht eine Vorsteuerberichtigung, die aber nicht durch W, sondern durch M durchgeführt werden muß (§ 15a Abs. 6a UStG). Bei Herstellung des Gebäudes war der Vorsteuerabzug zu 100 % möglich, so daß ab dem Zeitpunkt der steuerfreien Veräußerung die Vorsteuer zu 100 % aus dem Jahresbetrag bzw. dem anteiligen Jahresbetrag berichtigt werden muß.

Der Berichtigungszeitraum (BZ) für das bebaute Grundstück erstreckt sich nach § 15a Abs. 1 S. 2 UStG vom 1.10.1991 - 30.9.2001, so daß nach § 15a Abs. 2 S. 1 UStG der Jahresbetrag der zu berichtigenden Vorsteuer sich auf 4.000 DM (40.000 DM : 10 Jahre) beläuft. Nachdem das Grundstück innerhalb des BZ veräußert wurde, erstreckt sich die Vorsteuerberichtigung auf den Zeitraum zwischen Veräußerung und Ende des BZ (§ 15a Abs. 4 UStG). Somit auf die Zeit vom 1.3.1997 - 30.9.2001 (§ 45 UStDV).

Berechnung der Vorsteuerberichtigung

Fundstelle	Zeitraum	Monate	Jahresbetrag	x .../12	Berichtigungsbetrag
Abschn. 215 Abs. 4 UStR	01.03.1997 - 31.12.1997	10	4.000 DM	10/12	3.333,33 DM
Abschn. 215 Abs. 3 UStR	01.01.1998 - 31.12.2000	36	4.000 DM	36/12	12.000,00 DM
Abschn. 215 Abs. 5 UStR	01.01.2001 - 30.09.2001	9	4.000 DM	9/12	3.000,00 DM
Gesamter Vorsteuerberichtigungsbetrag					18.333,33 DM

M hat nach § 44 Abs. 4 UStDV die Berichtigung des Vorsteuerabzugs nach § 15a UStG in der Umsatzsteuervoranmeldung März 1997 vorzunehmen.

FALL 21

Verzicht auf Steuerbefreiung

Sachverhalt: Anläßlich der Erstellung der Umsatzsteuerjahreserklärung 1995 für die vermögende Witwe Christina Büchl (B) aus Würzburg traf der Bilanzbuchhalter Martin Kleber nachstehende Feststellungen:
Grundstück Würzburg, Laimerstr. 5
B hatte das Grundstück am 1.3.1993 in unbebautem Zustand erworben und sogleich mit der Bebauung begonnen. Ab dem Zeitpunkt der Fertigstellung (1.3.1995) wird das Objekt wie folgt vermietet bzw. überlassen:

- Erdgeschoß an Herrn Dr. Helm für dessen Zahnarztpraxis;
- 1. Obergeschoß an das Landratsamt Würzburg (Wohngeldstelle);
- 2. Obergeschoß an die Fa. Klink GmbH, die ihrerseits die Räume dem Geschäftsführer der GmbH als Wohnung überläßt;
- Dachgeschoß an ihren Sohn für dessen Rechtsanwaltspraxis.

Aus diesem Grundstück erzielte B je Stockwerk monatlich 4.000 DM Miete. Lediglich die Überlassung der Büroräume im Dachgeschoß erfolgte unentgeltlich. Die monatlichen Kosten für die unentgeltlich überlassenen Räume beliefen sich auf 2.100 DM, wovon 1.800 DM vorsteuerbelastet waren.

Grundstück Würzburg, Hofangerweg 28
Für das im Jahre 1986 geerbte unbebaute Grundstück hatte B bereits Anfang 1993 einen Bauantrag gestellt. Aufgrund verschiedener Beanstandungen durch die Baubehörde konnte B erst Anfang Dezember 1993 mit den Ausschachtungsarbeiten beginnen. Gleichzeitig wurden Betonsteine und anderes Baumaterial angefahren. Danach wurden aufgrund der Witterungsverhältnisse die Bauarbeiten bis zum Frühjahr 1994 eingestellt.
Nach erfolgter Bauabnahme im Oktober 1995 überließ sie das
- Erdgeschoß an den Tierarzt Dr. Fink für dessen Praxis;
- 1. Obergeschoß an den Heilpraktiker X. Breu für dessen Praxis;
- 2. Obergeschoß an die Fa. Hausbau GmbH u. Co KG zu Bürozwecken.

Die KG vereinnahmt lt. Auskunft ihres Steuerberaters Maklergebühren aus der Vermittlung von inländischen Immobilien. Außerdem errichtet die KG in geringem Umfang Einfamilienhäuser auf eigenem Grund u. Boden, die sie dann an Privatleute veräußert (= 80 % der Gesamtumsätze der KG).
Von jedem Mieter erhält B monatlich 3.500 DM. Alle vermieteten Einheiten sind gleich groß.

Frage: Hinsichtlich welcher Etagen (bei beiden Objekten) kann B nach § 9 UStG auf die Steuerbefreiung verzichten?

▶ **Lösung**
Allgemeines
Die Vermietung der beiden Gebäude stellt grundsätzlich eine sonstige Leistung nach § 3 Abs. 9 UStG (Abschn. 24 Abs. 3 S. 2 UStR) dar, die in

typischen Teilleistungen (§ 13 Abs. 1 Nr. 1a S. 2 UStG) monatlich bewirkt wird.
Der Ort der sonstigen Leistung befindet sich am Belegenheitsort des Grundstücks und dies ist Würzburg (somit Inland); § 3a Abs. 2 Nr. 1a UStG.
Die Überlassung der Räume ist steuerbar nach § 1 Abs. 1 Nr. 1 UStG, aber grundsätzlich steuerfrei nach § 4 Nr. 12a UStG. Jedoch kann B unter den Voraussetzungen des § 9 Abs. 1 u. 2 UStG für jeden Umsatz (jede Vermietung) zur Steuerpflicht optieren.

Grundstück Würzburg, Laimerstr. 5
Erdgeschoß
Nachdem die Vermietung an einen Unternehmer für dessen Unternehmen erfolgt, wäre der Verzicht auf die Steuerbefreiung nach § 9 Abs. 1 UStG grundsätzlich möglich. Da aber der Gebäudeteil durch den Mieter für steuerfreie Umsätze, die den Vorsteuerabzug ausschließen (§ 15 Abs. 2 Nr. 1 UStG), verwendet wird, ist seit dem 1.1.1994 nach § 9 Abs. 2 UStG eine Option unzulässig. Diese Einschränkung gilt aber aufgrund der Übergangsregelung in § 27 Abs. 2 UStG nicht, wenn der Baubeginn des Mietobjekts vor dem 11.11.1993 und die Fertigstellung bis zum 1.1.1998 erfolgt (Abschn. 148a Abs. 5 UStR). Nachdem mit der Errichtung des Gebäudes im März 1993 begonnen wurde, ist diese Übergangsregelung erfüllt, so daß der Verzicht auf die Steuerbefreiung möglich ist.
Die monatliche Bemessungsgrundlage beträgt nach § 10 Abs. 1 S. 2 UStG:

Bruttozahlung (= 115 %)	4.000,00 DM
USt (15/115)	./. 521,74 DM
Entgelt	3.478,26 DM

Die USt von monatlich 521,74 DM entsteht nach § 13 Abs. 1 Nr. 1a S. 1 UStG mit Ablauf des jeweiligen USt-VAZ der Vermietung.
Die Option zur Umsatzsteuerpflicht ermöglicht den Vorsteuerabzug aus den Baukosten (§ 15 Abs. 1 Nr. 1 S. 1 UStG).
1. Obergeschoß
Der Verzicht auf die Steuerbefreiung kann nach § 9 Abs. 1 UStG nicht erfolgen, da das Landratsamt eine hoheitliche Tätigkeit ausübt und daher nicht zu den Unternehmern i.S.d. § 2 Abs. 1 S. 1 u. 3 UStG rechnet und folglich auch keinen Unternehmensbereich (§ 2 Abs. 1 S. 2 UStG) hat. Somit entfällt die Möglichkeit einer Option.
Die Mieteinnahmen bleiben umsatzsteuerfrei nach § 4 Nr. 12a UStG. Die monatliche BMG beträgt nach § 10 Abs. 1 UStG 4.000 DM.

Der Vorsteuerabzug darf aus den anteiligen Herstellungskosten des Gebäudes nicht erfolgen (§ 15 Abs. 2 Nr. 1 UStG).

2. Obergeschoß
Die Vermietung erfolgte zwar an einen Unternehmer i.S.d. § 2 UStG, jedoch ist ein Verzicht auf die Steuerbefreiung durch B nicht möglich, weil das Stockwerk letztendlich ausschließlich für Umsätze verwendet wird (Wohnzwecke, § 4 Nr. 12a S. 1 UStG), die den Vorsteuerabzug ausschließen (§ 9 Abs. 2 UStG 1993).
Die Mieteinnahmen bleiben umsatzsteuerfrei nach § 4 Nr. 12a UStG. Die monatliche BMG beträgt nach § 10 Abs. 1 UStG 4.000 DM.
Der Vorsteuerabzug darf aus den anteiligen Herstellungskosten des Gebäudes nicht erfolgen (§ 15 Abs. 2 Nr. 1 UStG).

Dachgeschoß
Grundsätzlich findet bei B eine Überlassung von Räumen an einen Unternehmer (selbständiger Rechtsanwalt) für dessen Unternehmen (Anwaltskanzlei) statt. Da jedoch die Überlassung des Dachgeschosses an den Rechtsanwalt unentgeltlich erfolgt, bewirkt B Nutzungseigenverbrauch nach § 1 Abs. 1 Nr. 2b UStG (Abschn. 9 Abs. 1 S. 1 UStR).
Beim Eigenverbrauch findet die Möglichkeit der Option (§ 9 UStG) keine Anwendung (Abschn. 148 Abs. 2 S. 4 UStR). Der steuerbare Eigenverbrauch bleibt somit nach § 4 Nr. 12a S. 1 UStG umsatzsteuerfrei.
Als BMG sind nach § 10 Abs. 4 Nr. 2 UStG die Kosten anzusetzen, bei denen bei steuerpflichtiger Vermietung ein Vorsteuerabzug möglich gewesen wäre. Dies sind hier monatlich 1.800 DM.
Der Vorsteuerabzug darf aus den anteiligen Herstellungskosten des Gebäudes nicht erfolgen (§ 15 Abs. 2 Nr. 1 UStG).

Würzburg, Hofangerweg 28
Erdgeschoß
Nach § 9 Abs. 1 u. 2 UStG kann B hinsichtlich der Vermietung an den Tierarzt auf die Steuerbefreiung nach § 4 Nr. 12a UStG verzichten. Ein Ausschlußumsatz i.S.d. § 9 Abs. 2 UStG liegt bei Dr. Fink nicht vor, da die Umsätze des Tierarztes nach § 4 Nr. 14 S. 4a UStG von der Steuerbefreiung ausgenommen und damit umsatzsteuerpflichtig sind. Die monatliche Umsatzsteuer beträgt 15/115 von 3.500 DM = 456,52 DM und entsteht mit Ablauf des jeweiligen USt-VAZ (§ 13 Abs. 1 Nr. 1a S. 1 u. 2 UStG).
Der Vorsteuerabzug kann nach § 15 Abs. 1 Nr. 1 UStG aus den dem Erdgeschoß zuzurechnenden Kosten geltend gemacht werden.

1. Obergeschoß
B vermietet an einen Unternehmer für dessen Unternehmen, § 9 Abs. 1 UStG. Nachdem der Baubeginn des Gebäudes (= Beginn der Ausschachtungsarbeiten bzw. Anfuhr von nicht unbedeutendem Baumaterial zum Bauplatz) im Dezember 1993 durchgeführt wurde, greift nach § 27 Abs. 2 UStG die bis zum 31.12.1993 gültige Fassung des § 9 Abs. 2 UStG nicht. Somit ist die nach Art. 20 Nr. 9 StMBG gültige neue Fassung des § 9 Abs. 2 UStG anzuwenden, so daß eine Option nicht mehr zulässig ist, da der Leistungsempfänger den Grundstücksteil ausschließlich für steuerfreie Umsätze nach § 4 Nr. 14 UStG verwendet. Die BMG beträgt nach § 10 Abs. 1 UStG 3.800 DM. Ein Vorsteuerabzug ist aus den HK nicht gegeben; § 15 Abs. 2 Nr. 1 UStG.

2. Obergeschoß
Auch hier liegt eine entgeltliche Überlassung an einen Unternehmer für dessen Unternehmen vor. Nach § 9 Abs. 2 letzter Satz UStG hat der Unternehmer (hier B) die Voraussetzungen für den Verzicht auf die Steuerbefreiung (§ 9 Abs. 2 UStG) nachzuweisen. Dabei ist zu überprüfen, für welche (steuerpflichtige, steuerfreie, gemischte) Umsätze der Leistungsempfänger den Grundstücksteil nutzt.
Der Mieter (KG) tätigt mit den **Vermittlungsprovisionen** für inländische Immobilien sonstige Leistungen (§ 3 Abs. 9 UStG), die steuerbar (§ 1 Abs. 1 Nr. 1 UStG i.V.m. § 3a Abs. 2 Nr. 4 UStG) und steuerpflichtig sind.
Umsatzsteuerfrei ist die Lieferung von **bebauten Grundstücken**, da diese Umsätze der Grunderwerbsteuer unterliegen (§ 4 Nr. 9a UStG, Abschn. 71 Abs. 1 UStR). Nachdem die KG für diese Umsätze nicht optieren kann, da die Veräußerung an Nichtunternehmer erfolgte, bleibt es bei er Steuerfreiheit dieser Umsätze. Bemessungsgrundlage nach § 10 Abs. 1 UStG monatlich 3.500 DM. Die Bagatellgrenze des BMF-Schreibens vom 21.11.1994 trifft ebenfalls nicht zu (siehe Abschn. 148a Abs. 3 UStR).
Da die KG das 2. Obergeschoß somit zum Teil für steuerfreie Umsätze nutzt, die den Vorsteuerabzug ausschließen, ist der Verzicht auf die Steuerbefreiung nach § 9 Abs. 2 UStG nicht zulässig (siehe Abschn. 148a Abs. 1 UStR). Eine Umsatzsteuer entsteht somit nicht und auch hier kann aus den anteiligen Kosten kein Vorsteuerabzug geltend gemacht werden.

XII. Vorsteuer

FALL 22

Abziehbare/Abzugsfähige Vorsteuer

Sachverhalt: Herrn Steuerberater W. Trautmann aus Rostock wurden im Rahmen seiner Praxistätigkeit von seinen Mitarbeitern die nachstehenden Sachverhalte in bezug auf den Vorsteuerabzug vorgetragen:
1. Der selbständige Versicherungsvertreter G. Strahl (S) hat im Rahmen seiner Reisekostenabrechnung anläßlich einer Geschäftsreise nach München eine Taxiquittung von einem Taxiunternehmen (Fahrt vom Flughafen Berlin-Tegel zum Berliner Stadtteil Schöneberg) vorgelegt. Im Beleg war die Entfernung mit 7 km und der Fahrpreis mit 26 DM angegeben. Die Quittung war vom Taxifahrer am 28.3.04 ausgestellt worden. S tätigte in München umsatzsteuerpflichtige Provisionsumsätze.
2. Die Buchhändlerin A. Witter (W) aus Demin (Mecklenburg-Vorpommern) hat ebenfalls nach einer Geschäftsreise in Nordrhein-Westfalen einen Bahnfahrschein vom 4.11.04 in ihren Reisekosten abgelegt. Die Tarifentfernung betrug 50 km, der Fahrpreis 20 DM (Fahrstrecke Köln - Bonn). W führte bisher im Rahmen ihres Unternehmens keine Ausschlußumsätze (§ 15 Abs. 2 Nr. 1 UStG) aus.
3. Der Kfz-Händler A. Waldmeister (W) in Berlin erhielt von seinem Rechtsanwalt Dr. S. Kunz (K) am 14.10.04 eine Rechnung mit nachstehend auszuweisem Inhalt:
   - Honorar in Sachen Forderung (Kfz-Verkauf Mercedes 180e)) an Kunden R. Malz   1.000,00 DM
   - Honorar anläßlich Scheidungssache gegen Ehefrau Maria Waldmeister   500,00 DM
   - Umsatzsteuer 15 %   22,50 DM
   - Gesamtrechnung   1.522,50 DM

   W bezahlte die Rechnung des K am 26.10.04.
4. Bauunternehmer F. Rehling (R) aus Nürnberg erhielt am 3.3.04 einen Kran der Firma Liebherr (L) geliefert, den er noch am gleichen Tag in Betrieb nahm. Das Rechnungsdatum der Firma Liebherr über die Kranlieferung lautet auf den 30.3.04. Der tatsächliche Rechnungszugang erfolgte erst am 2.4.04. Die Rechnung weist einen Nettobetrag von 240.000 DM und Umsatzsteuer (15 %) von 36.000 DM aus. R bezahlte die Rechnung 5 Tage

nach Rechnungserhalt unter Abzug von 2 % Skonto. Der Kran wurde ab dem 3.3.04 bis zu 31.10.04 an Baustellen im Inland eingesetzt. R erstellte bis zum diesem Tag Einfamilienhäuser (für Wohnzwecke) auf ihm gehörenden Grundstücken, die nach der Fertigstellung mit dem dazugehörigen Grund und Boden an Privatleute veräußert wurden. Ab dem 1.11.04 hat R den Baukran auf einer Baustelle in Nürnberg (Erstellung eines Gebäudes auf dem Grundstück eines Kunden) eingesetzt.

Lösung
Zu 1.
Die sonstige Leistung des Taxiunternehmers wurde an das Unternehmen des S ausgeführt, da eine unternehmerisch bedingte Fahrt von S vorlag. Es ist nunmehr zu entscheiden, ob der Vorsteuerabzug bzw. in welcher Höhe möglich ist (Abziehbarkeit nach § 15 Abs. 1 Nr. 1 S. 1 UStG). Bevor die einzelnen Voraussetzungen des § 14 Abs. 1 S. 2 Nr. 1 - 6 UStG geprüft werden, ist zu entscheiden, ob es sich um eine Rechnung i.S.d. § 14 UStG handelt.
Bei der Taxiquittung handelt es sich nach Abschn. 195 Abs. 7 UStR nicht um einen Fahrausweis des § 34 UStDV. Somit ist diese Regelung nicht anwendbar. Ebenfalls erfüllt der vorliegende Beleg nicht die Voraussetzungen für Rechnungen über Kleinbeträge i.S.d. § 33 UStDV, da der Steuersatz in der Quittung fehlt (§ 33 S. 1 Nr. 4 UStDV). Ein Vorsteuerabzug nach § 35 UStDV kommt somit für S nicht in Betracht.
Da auch wegen des fehlenden Steuerbetrages ebenfalls keine ordnungsgemäße Rechnung nach § 14 Abs. 1 S. 2 Nr. 6 UStG vorliegt, kann S letztendlich keinen Vorsteuerabzug aus der Taxiquittung herleiten (§ 15 Abs. 1 Nr. 1 S. 1 UStG).

Zu 2.
Bei dem Ticket der Deutschen Bahn AG handelt es sich um einen Fahrausweis für die Beförderung von Personen (§ 34 Abs. 1 S. 1 UStDV). Obwohl kein Steuersatz nach § 34 Abs. 1 Nr. 3 UStDV angegeben ist, genügt nach § 34 Abs. 1 S. 2 UStDV anstelle des Umsatzsteuersatzes die Angabe der Tarifentfernung.
Bei einer Tarifentfernung von nicht mehr als 50 km kann aus dem Fahrausweis nur ein Vorsteuerabzug auf der Grundlage des ermäßigten Umsatzsteuersatzes (§ 12 Abs. 2 UStG) ermittelt werden (§ 35 Abs. 2 S. 1 Nr. 1 u. 2 UStDV, § 35 Abs. 2 S. 3 UStDV).

Neben der damit gegebenen Abziehbarkeit ist die Vorsteuer mit 7/107 aus 20 DM = 1,30 DM abzugsfähig, da W in Zusammenhang mit dieser Geschäftsreise keine Ausschlußumsätze i.S.d. § 15 Abs. 2 Nr. 1 UStG ausführt. Der Vorsteuerabzug ist im November 04 vorzunehmen (Abschn. 192 Abs. 2 S. 4 UStR).

Zu 3.
Der Rechtsanwalt K hat im Rahmen seines Unternehmens zwei gesonderte (getrennte) Leistungen an W erbracht und diese in einer Rechnung geltend gemacht. Bezüglich der Beratungsleistung in Sachen Forderung gegen den Kunden R. Malz wurde von K eine Leistung an bzw. für das Unternehmen des W ausgeführt. Da kein Ausschlußumsatz i.S.d. § 15 Abs. 2 Nr. 1 UStG vorliegt, ist die in Rechnung gestellte Umsatzsteuer grundsätzlich abziehbar (§ 15 Abs. 1 Nr. 1 S. 1 UStG, Abschn. 191 Abs. 1 S. 1 UStR).
K hat die zweite Leistung an W als Privatmann und somit für dessen außerunternehmerischen Bereich erbracht. Damit fehlt es insofern an den Voraussetzungen für den Vorsteuerabzug (Abschn. 192 Abs. 2 Nr. 3 UStR).
Weil aber die in Rechnung gestellte Umsatzsteuer in einem Betrag ausgewiesen wurde, muß sie im Verhältnis der erbrachten Leistungen aufgeteilt werden (§ 15 Abs. 1 Nr. 1 UStG, § 15 Abs. 4 UStG, Abschn. 192 Abs. 18 Nr. 1 UStR analog). Damit verbleibt W eine abziehbare und abzugsfähige Vorsteuer i.H.v. 2/3 (= Verhältnis 1.000 DM : 1.500 DM).
Da jedoch die Umsatzsteuer offensichtlich zu niedrig ausgewiesen wurde, darf der Leistungsempfänger nur den in der Rechnung ausgewiesenen Steuerbetrag aufteilen und das Ergebnis abziehen (Abschn. 189 Abs. 7 S. 2 UStR).
Die abziehbare Vorsteuer beträgt somit 2/3 von 22,50 DM = 15 DM und kann von W in der Umsatzsteuervoranmeldung Oktober 04 geltend gemacht werden (Abschn. 192 Abs. 2 S. 4 UStR). Jedoch besteht bei K die Möglichkeit der Rechnungsberichtigung, indem K die Originalrechnung von W zurückfordert und diese durch eine korrekte Rechnung mit gesondertem Umsatzsteuerausweis i.H.v. 15 v.H. = 225 DM ersetzt (siehe Abschn. 189 Abs. 7 Beispiel, letzter Satz UStR). Bis zu diesem Zeitpunkt schuldet K die Umsatzsteuer i.H.v. 15 v.H. aus 1.522,50 DM = 198,58 DM (Abschn. 189 Abs. 7 Satz 2 UStR).

Zu 4.
R hat den Kran für sein Unternehmen bezogen. Dabei handelt es sich um einen sog. einheitlichen Gegenstand, der insgesamt für das Unternehmen erworben wurde (Abschn. 192 Abs. 18 Nr. 2 UStR).

Nachdem der Kran im Zeitpunkt der erstmaligen Verwendung (3.3.04) für steuerfreie Umsätze des § 4 Nr. 9a UStG (Lieferung von Grund u. Boden mit aufstehenden Gebäuden, Abschn. 71 Abs. 1 S. 1 UStR) verwendet wird, kann R zunächst - da ein Ausschlußumsatz i.S.d. § 15 Abs. 2 Nr. 1 UStG vorliegt - keinen Vorsteuerabzug in Anspruch nehmen.
Der Kran wurde vom 1.11. - 31.12.04 (somit im restlichen Besteuerungszeitraum) für umsatzsteuerpflichtige Leistungen genutzt wird, so daß diese Verwendung in die Beurteilung des Vorsteuerabzugs für den gesamten erstmaligen Besteuerungszeitraum mit berücksichtigt wird, da für die Berechnung des Vorsteuerabzugs die tatsächliche Nutzung des Gegenstandes im Besteuerungszeitraum maßgebend ist (Abschn. 207 Abs. 1 S. 3 u. Abs. 3 UStR). Die Aufteilung der ausgewiesenen Vorsteuerbeträge wird nach § 15 Abs. 4 UStG und Abschn. 208 Abs. 1 Nr. 3 UStR vorgenommen, so daß sich folgende Berechnung ergibt:

Gesamter Zeitraum	03.03. - 31.12.	10 Monate = 100 %
Ausschlußumsätze	03.03. - 31.10.	8 Monate = 80 %
Steuerpflichtige Umsätze	01.11. - 31.12.	2 Monate = 20 %
Abziehbare Vorsteuer lt. Rechnung		36.000 DM
Skonto 2 % (Abschn. 151 Abs. 1 UStR)		./. 720 DM
Verbleibende abziehbare Vorsteuer		35.280 DM
Abzugsfähig 20 %		7.056 DM

Nach analoger Anwendung des Abschn. 207 Abs. 4 UStR kann R die Korrektur des Vorsteuerabzugs in der USt-VA Dezember 04 vornehmen und dabei Vorsteuer i.H.v. 7.056 DM mit beantragen.
Nachrichtlich wird darauf hingewiesen, daß R nach Abschn. 207 Abs. 5 UStR den Vorsteuerabzug nach den voraussichtlichen Verhältnissen des laufenden Besteuerungszeitraumes vornehmen kann.

FALL 23

Vorsteueraufteilung

Sachverhalt: Der Radio- und Fernsehhändler M. Kabel (K) hat Anfang 04 von seiner Tante ein älteres Wohn- und Geschäftshaus (Baujahr 1972) in Mannheim geerbt. K mußte im Anschluß an die Erbschaft dringend notwendige Umbaumaßnahmen an dem Gebäude vornehmen.

Die Reparaturen haben (zutreffend) betragen:

Aufwand für	netto	USt 15 %
Wohnung eines Rentnerehepaars	15.000 DM	2.250 DM
Arztpraxis	20.000 DM	3.000 DM
Appartements	53.000 DM	7.950 DM
Fassadenanstrich	8.000 DM	1.200 DM
Öltank der Zentralheizung	4.000 DM	600 DM

Für die Wohnungsvermietung (80 m²) hat K ab November 04 monatlich 800 DM zuzüglich 200 DM Nebenkosten erhalten.

Vom Mieter der Arztpraxis (160 m²) erhielt K ab Dezember 04 monatlich 3.000 DM (einschließlich Nebenkosten)

Aus der Überlassung von Appartements (2 x 40 m²) an Feriengäste erzielte K im Dezember 04 insgesamt 2.400 DM Einnahmen. Ein Gast überwies aber für seine Übernachtung vom 29.12.04 erst am 3.1.05 den Mietpreis von 110 DM, der in dem Betrag von 2.400 DM nicht enthalten ist.

Für die Ausstattung seiner Appartements entnahm K im November 04 seinem Radio- und Fernsehlager in Ludwigshafen 2 Fernsehgeräte. Der Einkaufspreis dieser Geräte betrug im Juli 04 insgesamt 3.000 DM netto + 450 DM USt. Bis zum November 04 hat sich der Einkaufspreis um 3 % erhöht. Von einem Kunden hätte K brutto 4.600 DM verlangt.

Im Dezember 04 erhielt K von einem ortsansässigen Brennstoffhändler eine Rechnung für eine Heizöllieferung über 6.000 DM + 900 DM USt. Neben der Befüllung des im - von K privat genutzten - Einfamilienhaus vorhandenen Heizöltanks wurde der Rest (70 %) für das Wohn- und Geschäftshaus in Mannheim verwendet.

Frage: In welcher Höhe kann K Vorsteuerbeträge beanspruchen, wenn unterstellt wird, daß K soweit wie möglich für die Umsatzsteuerpflicht der Umsätze optieren will?
Wie hoch ist die für den VZ 04 abzuführende USt aus dem vorliegenden Sachverhalt?

▶ **Lösung**

Umsatzsteuer

K bewirkt mit allen Vermietungen **sonstige Leistungen** (§ 3 Abs. 9 UStG, Abschn. 24 Abs. 3 UStR). Es handelt sich dabei - soweit monatlich ter-

minierte Überlassungen stattfinden - um typische Teilleistungen nach § 13 Abs. 1 Nr. 1a S. 2 u. 3 UStG (Abschn. 180 Abs. 1 UStR).
Der Ort der Vermietungsleistung befindet sich nach § 3a Abs. 1a UStG und Abschn. 34 Abs. 3 UStR in Mannheim (= Inland). Die Vermietungen sind deshalb steuerbar (§ 1 Abs. 1 Nr. 1 UStG), aber grundsätzlich umsatzsteuerfrei (§ 4 Nr. 12a UStG).

Soweit die **Vermietung an das Rentnerehepaar** zu Wohnzwecken erfolgt, ist ein Verzicht auf die Steuerbefreiung nicht möglich, da die Voraussetzungen des § 9 UStG (Vermietung an Unternehmer für dessen Unternehmen) nicht vorliegen (vgl. Abschn. 148a Abs. 1 Beispiel 1 UStR).
Die BMG für den steuerfreien Umsatz beträgt nach § 10 Abs. 1 UStG monatlich 1.000 DM, also einschließlich der Nebenkosten (Abschn. 76 Abs. 5 UStR).
Hinsichtlich der Überlassung von Räumen an den **Arzt** für dessen **Praxis** ist der Verzicht auf Steuerbefreiung zulässig (§ 9 Abs. 1 UStG). Die Ausschlußfrist des § 27 Abs. 2 Nr. 3 UStG kommt nicht zur Geltung, da mit der Errichtung des Gebäudes vor dem 11.11.1993 begonnen worden ist.
BMG nach § 10 Abs. 1 UStG bei Ausübung der Optionsmöglichkeit:
Bruttomiete   3.000,00 DM
USt 15/115   ./. 391,31 DM
Entgelt   2.608,69 DM
Die USt entsteht für diese Teilleistung mit Ablauf des jeweiligen USt-VAZ der Vermietung (§ 13 Abs. 1 Nr. 1a S. 1 u. 2 UStG).

Die Vermietung der **Ferienappartements** ist nach § 4 Nr. 12a S. 2 UStG nicht umsatzsteuerfrei, da die Räume kurzfristig zur Beherbergung von Fremden bereitgehalten werden (Abschn. 84 Abs. 1 UStR). Die USt beträgt 15/115 des vereinbarten Entgelts (2.400 DM + 110 DM) und somit 327,40 DM. Die USt ist mit Ablauf des Dezember 04 an das FA abzuführen.
Die Bezahlung des Übernachtungsentgelts im VZ 05 hat auf den Entstehungszeitpunkt der USt keine Auswirkung, da die Besteuerung nach vereinbarten Entgelten erfolgt.

Die Verbringung der **Fernsehgeräte** in die vermieteten Appartements stellt einen nichtsteuerbaren Innenumsatz (Abschn. 20 Abs. 1 S. 3 UStR) dar, weil es sich hier um einen Vorgang zwischen zwei einkommensteuerrechtlich getrennten Betrieben, aber innerhalb des umsatzsteuerlichen Unternehmens von K handelt (§ 2 Abs. 1 S. 2 UStG).

Vorsteuer
Die Vorsteuerbeträge aus dem Warenbezug der **Fernsehgeräte** sind abziehbar, da sie für das Unternehmen des K bezogen waren und die Voraussetzungen des § 14 Abs. 1 S. 2 UStG vorlagen. Die abziehbare Vorsteuer ist ebenfalls voll abzugsfähig, da die Appartements für steuerpflichtige Umsätze verwendet werden (§ 15 Abs. 1 Nr. 1 UStG).
Da die Lieferungen und sonstigen Leistungen der **Handwerker** für das Unternehmen des K ausgeführt worden sind, ist die gesamte Vorsteuer aus den Reparaturaufwendungen zunächst als abziehbar einzustufen. Soweit jedoch Eingangsleistungen zur Ausführung von steuerfreien Ausgangsumsätzen direkt zugeordnet werden können, ist der Vorsteuerabzug (§ 15 Abs. 2 Nr. 1 UStG, Abschn. 208 Abs. 1 Nr. 2 UStR) nicht zulässig. Dies gilt für die Vorsteuerbeträge, die auf die Renovierungsmaßnahmen der **Wohnung** entfallen. Die nicht abzugsfähige Vorsteuer beträgt somit 2.250 DM.
Auf der anderen Seite sind die Vorsteuerbeträge, die mit steuerpflichtigen Umsätzen in Zusammenhang stehen, voll abzugsfähig (Abschn. 208 Abs. 1 Nr. 1 UStR). Diese Aussage trifft auf die Vorsteuerbeträge zu, die beim Umbau der **Arztpraxis** und der **Appartements** angefallen sind. Die abziehbare und abzugsfähige Vorsteuer lautet auf 10.950 DM (7.950 DM + 3.000 DM).
Nachdem jedoch auch **gemischte Aufwendungen** wie der **Fassadenanstrich** und der **Öltank** angefallen sind, die sowohl mit steuerfreien als auch steuerpflichtigen Umsätzen in Zusammenhang stehen, ist die hierfür angefallene Vorsteuer aufzuteilen (Abschn. 207 Abs. 1 UStR). Die Aufteilung erfolgt nach der wirtschaftlichen Zuordnung (§ 15 Abs. 4 UStG, Abschn. 208 Abs. 1 Nr. 3 UStR). Als geeigneter Aufteilungsschlüssel dient das Verhältnis der Nutzflächen (Abschn. 208 Abs. 2 S. 8 und Abs. 4 - Beispiel - UStR).
Berechnung des Nutzflächenanteils:

Flächen für steuerpflichtige Umsätze	240 m²	= 75 %
Flächen für steuerfreie Umsätze	80 m²	= 25 %
Gesamtflächen	320 m²	= 100 %

Nachdem 75 % der Flächen für steuerpflichtige Umsätze verwendet werden, kann K 75 % der Vorsteuer aus den restlichen Reparaturkosten als abzugsfähig behandeln. Dies sind 75 % von 1.800 DM (1.200 DM + 600 DM) = 1.350 DM.

Bei der Lieferung des **Heizöls** an K handelt es sich um die Lieferung einer vertretbaren Sache. Hinsichtlich des Anteils für den außerunternehmerischen

(= privaten) Bereich ist ein Vorsteuerabzug nicht zulässig, so daß der Vorsteueranteil i.H.v. 30 % v. 900 DM = 270 DM als nicht abziehbar eingestuft wird.
Die Vorsteuer aus der Lieferung des Heizöls für den unternehmerischen Bereich wird, da Heizöl eine vertretbare Sache darstellt, nach Abschn. 192 Abs. 18 Nr. 1 UStR in einen abzugsfähigen und einen nicht abzugsfähigen Anteil aufgeteilt.
Für die Aufteilung wird der Schlüssel, der bei den Reparaturkosten errechnet wurde, herangezogen, da auch hier das Nutzflächenverhältnis maßgebend ist.

Der abzugsfähige Anteil (wegen Verwendung für steuerpflichtige Umsätze) beträgt:

Gesamte Vorsteuer für Heizöl	900,00 DM
Anteil 30 % für Einfamilienhaus	./.270,00 DM
Anteil 70 % für Unternehmen	630,00 DM
Abzugsfähig 75 %	472,50 DM

FALL 24

Innergemeinschaftlicher Erwerb

Allgemeine Hinweise:
- Alle angesprochenen Unternehmer versteuern ihre Umsätze nach den allgemeinen Vorschriften und nach vereinbarten Entgelten; sie geben monatlich Voranmeldungen ab. Im innergemeinschaftlichen Waren- und Dienstleistungsverkehr verwenden sie die ihnen von ihren Heimatländern zugeteilte Umsatzsteueridentifikationsnummern.
- Lieferschwellen und Erwerbsschwellen gelten als überschritten.
- Erforderliche Belege und Aufzeichnungen sind vorhanden. Erteilte Rechnungen enthalten, soweit aus dem jeweiligen Sachverhalt nicht ausdrücklich etwas Gegenteiliges hervorgeht, die nach § 14 UStG und den § 31 ff UStDV erforderlichen Angaben.
- Die umsatzsteuerliche Behandlung in den Vorjahren war jeweils zutreffend.

Sachverhalt: Franz Klinger (K) betreibt in Nürnberg den Groß- und Einzelhandel mit Textilien. 1995 ergaben sich bei ihm u. a. folgende Geschäftsvorfälle:

Tz. 1.1
K beauftragte im Februar 1995 den französischen Bauunternehmer Debùssy (D) mit dem Bau einer neuen Lagerhalle für seine Textilie in Nürnberg. Nach Fertigstellung (Oktober 1995) stellte D dem K folgende Rechnung:
Bau einer Lagerhalle
(inkl. Material, außer Wärmedämmung) <u>410.000 DM</u>
Ein gesonderter Umsatzsteuerausweis erfolgte in der Rechnung nicht.

Tz. 1.2
Das Material für die erforderliche Spezialwärmedämmung der Halle erwarb K im September von der belgischen Firma Ronte aus Brüssel. Die Rechnung lautete auf 25.000 DM (Rechnungsdatum 5.11.1995).
K ließ die Materialien mit eigenem LKW nach Nürnberg verbringen.

Tz. 2
Im März 1995 bestellte K bei dem Textilfabrikanten Enri (E) in Brüssel (Belgien) Damen und Herrenoberbekleidung zum Preis von 800.000 Belgischen Francs (100 Belg. Francs entspricht 4,87 DM). Die Textilien wurden im April zusammen mit der Rechnung durch eine von E beauftragte Spedition zu K befördert. Nebenkosten wie Transport und Warenversicherung trug E.
K hat aus diesem Einkauf den überwiegenden Teil (70 v. H.) an Privatkunden in Nürnberg zum Verkaufspreis i. H. v. 50.000 DM veräußert. Aufgrund eines Verarbeitungsfehlers sandte K den Rest der Textilien Anfang Dezember 1995 wieder zurück an E.
E überwies K den anteiligen Einkaufspreis Ende 1995.

Tz. 3.1
Im September 1995 beauftragte K den Textilfabrikanten Clement (C)aus Straßburg (Frankreich) ein kostbares Brautkleid direkt per Expresszustellung an ihn zu senden, da er dieses nicht auf Lager hatte. Außerdem sollte C eine Musterkollektion zur Niederlassung in Den Haag (Niederlande) bringen.
Für die noch im September 1995 ausgeführten Lieferungen erhielt K (Rechnungsdatum 28.9.1995 = Rechnungseingang bei K) folgende Abrechnung von C:

1 Brautkleid „Elegance"	*9.000 DM*
1 Musterkollektion	*25.000 DM*
Gesamtsumme	*34.000 DM*

K beglich die Rechnung im Oktober 1995.

K erteilte im Oktober Frl. Lohmeier (L) nachfolgenden Rechnung:

1 Brautkleid „Elegance"	*12.000 DM*
Teilzahlungszuschläge	*1.200 DM*
Umsatzsteuer 15 v.H.	*1.980 DM*
	15.180 DM

K hatte mit dem Vater der Kundin bei Abschluß des Kaufvertrages dahingehend verständigt, daß sie im monatlichen Teilraten à 1265 DM den Kaufpreis des Kleides beglich. Ebenfalls im Vertrag wurde die Höhe des Jahreszinses angegeben.

Tz. 3.2
Gelegentlich läßt sich K von dem befreundeten Unternehmer Vené (V) im Elsaß (Frankreich) Wein senden, den er dann an gute Kunden zum Vorzugspreis weiterveräußert. Auf Bestellung seines Schwagers (= Angestellter) L. Mareis (M) beauftragte er die Spedition Schlenker 4 Kisten Wein bei V abzuholen und direkt bei M abzuliefern.
K erteilte M am 16.3.95 nachstehende Rechnung:

4 Kisten Wein à 150 DM	600 DM
Umsatzsteuer 15 v.H.	90 DM
Gesamtbetrag	690 DM

V hatte K für diese Lieferung am 12.3.95 insgesamt 450 DM in Rechnung gestellt (Lieferung vom 30.1.1995).

Lösung
Zu Tz. 1.1
D erbringt nach § 3 Abs. 4 UStG i.V.m. Abschn. 27 Abs. 1 S. 1 UStR eine Werklieferung, da er als Werkhersteller für das Werk = Lagerneubau selbstbeschaffte Stoffe verwendet, die nicht nur Zutaten oder sonstige Nebensachen sind.
Die Beistellung eines Hauptstoffes durch den Auftraggeber = Wärmedämmung ist für die Annahme einer Werklieferung unschädlich (Abschn. 27 Abs. 1 S. 2 UStR).

Jedoch scheidet die Materialbeistellung des Bestellers (= K) bei der Werklieferung aus dem Leistungsaustausch aus (Abschn. 27 Abs. 2 S. 1 UStR). Grundsätzlich hat K die Umsatzsteuer als Leistungsempfänger aus der Werklieferung des im Ausland ansässigen Unternehmers = D einzubehalten (§ 51 Abs. 1 Nr. 1 UStDV = Abzugsverfahren). Dies gilt auch für Unternehmer im Gemeinschaftsgebiet. K ist verpflichtet, da er Unternehmer ist, die Umsatzsteuer aus dieser Leistung von D einzubehalten und abzuführen (§ 51 Abs. 2 UStDV).
Nachdem jedoch D keine Rechnung mit gesonderten Steuerausweis gestellt hat und K im Falle des gesonderten Ausweis der Steuer den Vorsteuerabzug nach § 15 Abs. 1 UStG hinsichtlich dieser Steuer voll in Anspruch nehmen könnte, kommt in diesem Fall die Ausnahmeregelung = Nullregelung nach § 52 Abs. 2 UStDV, zum Tragen.

Zu Tz. 1.2
K bewirkt mit dem Erwerb der Wärmedämmung einen innergemeinschaftlichen Erwerb (§ 1a Abs. 1 Nr. 1a, 2 a u. 3 a UStG). Der Ort befindet sich nach § 3d UStG im Inland (§ 1 Abs. 2 UStG). Die BMG des § 10 Abs. 1 UStG für die steuerbare (§ 1 Abs. 1 Nr. 5 UStG) und steuerpflichtige Lieferung beträgt 25.000 DM. Die Umsatzsteuer errechnet sich nach § 12 Abs. 1 UStG mit 15 v.H. = 3.750 DM. Die USt entsteht nach § 13 Abs. 1 Nr. 6 UStG mit Ablauf Oktober 1995.
Die Vorsteuer entsteht nach § 15 Abs. 1 Nr. 3 UStG mit Ablauf Oktober 1995.

Zu Tz. 2
Die Lieferung des E aus Belgien (= Gemeinschaftsgebiet) führt zu einem innergemeinschaftlichen Erwerb in Deutschland bei K (§ 1a Abs. 1 Nr. 1 und 2a UStG). Der Ort befindet sich im Inland § 3d UStG. Mangels Befreiungsvorschrift (§ 4b Nr. 4 UStG) ist der Erwerb steuerbar und steuerpflichtig. BMG nach § 10 Abs. 1 UStG: 38.960 DM. USt nach § 12 Abs. 1 UStG: 5.844 DM.
Entstehung der USt im April 1995 (§ 13 Abs. 1 Nr. 6 UStG).
Entstehung Vorsteuer im April 1995 (§ 15 Abs. 1 Nr. 3 UStG).
Der Textilverkauf an die Kunden im Inland stellt Lieferungen § 3 Abs. 1 UStG, die steuerbar (§ 1 Abs. 1 Nr. 1 UStG) und steuerpflichtig sind.

Bruttoverkaufspreise	50.000 DM
Umsatzsteuer 15/115	./. 6.522 DM
Bemessungsgrundlage	43.478 DM

Die Entstehung der USt erfolgt nach § 13 Abs. 1 Nr. 1a UStG mit Ablauf der bewirkten Lieferungen (= Verkäufe).
Mit Rücksendung der Waren wird der innergemeinschaftliche Erwerb rückgängig gemacht (§ 17 Abs. 2 Nr. 3 UStG).
Daher Umsatzsteuerberichtigung nach § 17 Abs. 1 Nr. 1 UStG:
5.844 DM x 30 v. H. = 1753,20 DM.
In gleicher Höhe ist die Vorsteuerberichtigung § 17 Abs. 1 Nr. 2 UStG im Dezember 1995 (§ 17 Abs. 1 Nr. 3 UStG) vorzunehmen.

Zu Tz. 3.1

Es handelt sich bei der Lieferung des Brautkleids/Musterkollektion von C an K um einen innergemeinschaftlichen Erwerb (§ 1a Abs. 1 Nr. 1a - 3a UStG). Ort der Lieferung = Inland; § 3d S. 1 UStG.
Jedoch wäre der Ort des innergemeinschaftlichen Erwerbs für die Musterkollektion in den Niederlanden; da jedoch K die deutsche USt-Identifikationsnummer verwendet, gilt als Ort nach § 3d S. 2 UStG Nürnberg = Inland.
Die BMG für die steuerbare und steuerpflichtige Lieferung (§ 1 Abs. 1 Nr. 5 UStG) beträgt 34.000 DM (§ 10 Abs. 1 UStG). Die USt beträgt 5.100 DM und entsteht mit Ablauf September 1995 (§ 13 Abs. 1 Nr. 6 UStG). Ebenfalls in gleicher Höhe entsteht in 9/95 die Vorsteuer § 15 Abs. 1 Nr. 6 UStG.
Gegenüber L bewirkt K eine Lieferung nach § 3 Abs. 1 UStG. Da der Ort der Lieferung im Inland liegt, ist diese Lieferung steuerbar (§ 1 Abs. 1 Nr. 1 UStG) und steuerpflichtig.
Jedoch bewirkt K neben der Lieferung noch eine selbständige Leistung in Form einer Kreditgewährung (= Teilzahlungszuschläge). Die Kreditgewährung ist deshalb keine Nebenleistung zur Hauptleistung (= Lieferung des Brautkleides) i.S.d. Abschn. 29 Abs. 3 UStR, da die Voraussetzungen nach Abschn. 29a Abs. 2 Nr. 1 - 3 UStR lt. Sachverhalt ausnahmslos erfüllt sind.
Somit stellt die Kreditgewährung eine sonstige Leistung (§ 3 Abs. 9 UStG) im Rahmen eines Hilfsgeschäfts (Abschn. 20 Abs. 2 S. 1 UStR) dar, die nach § 3a Abs. 4 Nr. 6a i.V.m. § 3a Abs. 3 UStG steuerbar (§ 3a Abs. 1 UStG) ist.
Jedoch ist dieses Leistung nach § 4 Nr. 8a UStG steuerfrei. Die BMG beträgt nach § 10 Abs. 1 UStG 1.200 DM.
Hinsichtlich der Lieferung des Brautkleides bemißt sich das Entgelt mit 12.000 DM (§ 10 Abs. 1 UStG).
Die abzuführende Steuer beträgt nach § 13 Abs. 1 Nr. 1a UStG 1.800 DM und entsteht im September 1995.

Da jedoch K in der Rechnung die Umsatzsteuer i.H.v. 1980 DM ./, 1800 DM = 180 DM zu hoch ausgewiesen hat, schuldet er sie bis zur Berichtigung der Rechnung nach § 14 Abs. 2 UStG i.V.m. Abschn. 189 Abs. 1 u. 5 UStR. Die USt nach § 14 Abs. 2 UStG entsteht nach § 13 Abs. 1 Nr. 3 UStG mit Ablauf des USt-Voranmeldungszeitraumes September 1995.

Zu Tz. 3.2
K führt an M eine Lieferung nach § 3 Abs. 1 UStG aus. Die Leistung wird als Hilfsgeschäft (Abschn. 20 Abs. 2 S. 1 UStR) im Rahmen seines Unternehmens ausgeführt. Ein Grundgeschäft liegt nicht vor, da die Ausführung dieser Liefer nur gelegentlich erfolgt.
Ein Reihengeschäft i.S.d. § 3 Abs. 2 UStG liegt hinsichtlich der „direkten Lieferung" von V an M nicht vor, da die Verschaffung der Verfügungsmacht nicht durch den 1. Unternehmer = V in der Reihe an den letzten Abnehmer = M unmittelbar verschafft wird. Grund hierfür ist, daß die Lieferung durch den selbständigen Beauftragten von K erfolgt § 3 Abs. 7 S. 3 u. 4 UStG (Versendungslieferung).
Der Ort der Lieferung befindet sich nach § 3c UStG im Inland.
Der Empfänger der Lieferung ist nach § 3c Abs. 2 Nr. 1 i.V.m. § 1a Abs. 1 Nr. 2a UStG ein Nichtunternehmer.
Nach § 3c Abs. 5 i.V.m. § 1a Abs. 5 S. 2 UStG ist die Lieferschwelle unbeachtlich. Deshalb ist die Lieferung steuerbar und steuerpflichtig.
BMG nach § 10 Abs. 1 UStG: 600 DM
USt nach § 12 Abs. 1 UStG: 90 DM
Die Entstehung der USt ist mit Ablauf des Voranmeldungszeitraumes Januar 1995 (§ 13 Abs. 1 Nr. 1a UStG) bewirkt.
Bei der Lieferung der 4 Kisten Wein handelt es sich bei K um einen innergemeinschaftlichen Erwerb (§ 1a Abs. 1a, 2a, 3a UStG).
Ort des Erwerbs nach § 3d S. 1 UStG im Inland. Somit steuerbar und steuerpflichtig (§ 1 Abs. 1 Nr. 5 UStG).
BMG nach § 10 Abs. 1 UStG: 450,00 DM
USt nach § 12 Abs. 1 UStG: 67,50 DM
Die USt entsteht nach § 13 Abs. 1 Nr. 6 UStG mit Ablauf des Februar 1995. Die Vorsteuer kann nach § 15 Abs. 1 Nr. 3 UStG i.H.v. 67,50 DM auch mit Ablauf des Voranmeldungszeitraums Februar 1995 geltend gemacht werden.

Stichwortverzeichnis

Abgaben 20
Abgabenordnung 16
- Anwendungsbereich 15
- Anwendungserlaß zur 17
- Anwendungsgesetze der Länder 16
- Einführungsgesetz zur 16
Abhilfebescheid 75
Abholfall 272, 288
Abholkosten 110
Abnehmer 279, 285
Abnutzbares Wirtschaftsgut 168
Abrechnungsbescheid 67
Abschlagsrechnung 303, 306
Abschlagszahlung 307
Abschöpfungen 16
Absetzung für Abnutzung 89, 90, 93, 95, 96
- Anschaffungsjahr 103
- Arten 206, 207, 208, 210, 216, 217, 230
- Beginn 206, 216
- degressive 207, 298
- lineare 216, 298
- Veräußerung 97, 100
- Vereinfachungsregel 207, 216
- Wechsel 96, 207
Abtretung 64, 65
- formelle Wirksamkeitsvoraussetzungen 64, 65
- von Erstattungsansprüchen 64, 65
Abweichen von der Steuererklärung 75
Abzugsverfahren 326
Adressat 28, 80
- Bekanntgabe 45, 80
Adressat eines VA 79
Adressierung 45 ff.
Agenturgeschäft 280
Aktive Rechnungsabgrenzung 133, 139
Amtsermittlungsgrundsatz 35
Amtsträger 26
Änderung der Verhältnisse 310
Angehörige 23

Anhörung 36, 75
Anlagevermögen 86, 88, 104
- abnutzbares 206, 207, 209, 210
- bewegliches 206, 207, 209, 210
- nicht abnutzbares 211
Anschaffungskosten 86, 88, 90, 98, 206, 220, 229
- Aufteilung 88, 131
- Forderungen 113, 115
- nachträgliche 90
- Nebenkosten 220, 229
- Preisnachlässe 89
Ansparabschreibung 122
Anwendungserlaß 17
Anzahlung 290, 306, 307
Anzahlungen 135
Arbeitszimmer 149, 150
Auflage 53
- Wirkung der Nichterfüllung 54
Aufrechnung 66
- Aufrechnungslage 66
- Definition 66
- Voraussetzungen 66
Auftraggeber 325
Aufwendungseigenverbrauch 150
Aufzeichnungspflichten 258
Ausfertigung des VA 46
Ausfuhrlieferung 284
Ausland 268
Ausschlußfrist 320
Ausschlußumsatz 314
Außergewöhnliche Belastung
- Adoptionskosten 254
- Anrechnung der Einkünfte 256, 257
- anrechnungsfreier Betrag 256, 257
- Ausbildungsfreibetrag 256
- Begräbniskosten 255
- Körperbehinderte 257
- Krankheitskosten 255
- Unterhaltsfreibetrag 256
- zumutbare Belastung 256
Aussetzung der Vollziehung 43

Bardividende 106
Barentnahme 119, 139
Bebaute Grundstücke 88, 167
Bedingung 53
- auflösende 53
- aufschiebende 53
Beförderung 286
Beförderungslieferung 284
Beförderungsmittel 291, 298
Befreiungsvorschrift 327
Befristung 53
Behörde 44
Beistellung 325
Beiträge 20
Bekanntgabe 45 ff.
- ins Ausland 48, 49
Bekanntgabe eines VA 79
Bekanntmachung, öffentliche 44
Bemessungsgrundlage 270, 278, 289, 294, 297, 298, 300
- Änderung der 291
- Berichtigung der 328
Berichtigungsbescheid 60
Beschwer 72, 73, 74
- Begriff 73
Bestandsaufnahme 109
Bestandskraft 49, 50
- formelle 51
- materielle 51
Besteuerungsgrundlagen 21, 24, 25, 33, 48, 73
- Gesonderte Feststellung 25
- Gesonderte und einheitliche Feststellung 25
- Schätzung von 56
Besteuerungsgrundsätze 32
Besteuerungsverfahren 15, 24, 26
Beteiligter 23, 27
Betriebsfinanzamt 25
Betriebsprüfung 17
Betriebsstätte 18
Betriebsstättenfinanzamt 25
Betriebsvermögen 86, 100, 102
- notwendiges 191, 206, 207, 209, 212
Betriebsvermögensvergleich 152

Beweismittel 36
Bilanzberichtigung 151
Bilanzpostenmethode 151, 152
Bindungswirkung 49, 50
- von Grundlagenbescheiden 50, 52
Binnenmarkt 313
Boni 171
Bote 40
Bruttodividende 106, 212, 220
Buchungsbeleg 268
Büromiete 139
Bußgeld- und Strafsachenstelle 26
Damnum 212, 231
Darlehen 127, 128, 132, 158, 168
- vorzeitige Rückzahlung 128
Darlehenslaufzeit 127
Delkredere 115, 121, 172, 173
Disagio 127, 128, 132, 168
- Auflösung 129
Dividenden 211, 220, 221, 223
Doppelbesteuerungsabkommen 15, 18
Drittland 268, 275
Duldungsbescheid 43
EG-Richtlinie 19
EG-Verordnung 19
Ehe
- Ehegattenwahlrecht 179 ff.
- mehrere Ehen im VZ 180, 185 ff.
Ehegatte
- übrig gebliebener 186, 187
Eigenhändler 282
Eigenheimzulage 252
Eigentumsübergang 272
Eigenverbrauch 292
Einführungsgesetz 16
Einheitswertbescheid 42, 44
Einkaufskommission 281, 282
Einkommensteuerrichtlinien 19
Einkünfte aus Kapitalvermögen 218
- Dividenden 220, 221, 223
- Kapitalertragsteuer 220
- Körperschaftsteuer 220
- Sparer-Freibetrag 222, 223, 225 ff.
- Werbungskosten 222 ff.
- Werbungskosten-PB 223 ff.
- Zinsen 219 ff.

Stichwortverzeichnis

Einkünfte aus nichtselbständiger Arbeit 213 ff.
- Absetzung für Abnutzung 216
- Arbeitsmittel 216
- Fahrtkosten 215, 216
- Geringwertige Wirtschaftsgüter 216
- Nebentätigkeit 216
- Unfallkosten 215
- Werbungskosten-Pauschbetrag 217
Einkünfte aus Vermietung und Verpachtung 226
- AfA 228, 230
- Anschaffungskosten 229
- Damnum 231
- Einnahmen 231, 232
- Finanzierungskosten 230, 231
- Werbungskosten 230
Einlage 146, 147
- Geld 206
- Kosten- 211
- Sach- 146
Einnahmen 260
1-%-Methode 145
Einspruch 67, 74 ff.
- Anhängigkeit 69, 71
- Einlegung 67, 69, 70
- Erledigung 71
- Rücknahme 67, 69 ff.
- unrichtige Bezeichnung 69
- Zulässigkeitsvoraussetzungen 69, 70
Einspruchsentscheidung 42, 69, 74
Einzelbewertung 93, 104
Einzelkosten 110
Einzelwertberichtigung 115
Eltern, als gesetzliche Vertreter 47
Empfänger eines VA 46, 47, 79
Empfangsbevollmächtigter 48
Empfangsvollmacht 47
Entgelt 269
Entgeltsminderung 288
Entgeltsumfang 287
Entnahme 101, 119
- Bar- 140
- Kfz-Nutzung 143, 166
- Nutzungs- 143, 166, 208, 209
- Sach- 141

- Selbstkosten 209
Entnahmeeigenverbrauch 295
Entstehung der Umsatzsteuer 305
Erbschaft 190, 240
Erbschaftsteuer 28
Erfüllbarkeit als Aufrechnungsvoraussetzung 66
Erfüllungsgeschäft 304
Erhebungszeitraum 73
Ermessen 21
- gesetzliche Grenzen 56
Ermessensausübung 21
Ermessensentscheidung 21 ff., 56
Ermessensfehlgebrauch 21
Ermessensmißbrauch 21
Ermittlungspflicht 33
Erstattungsanspruch 62
Erwerbsgeschäft, Ermächtigung zum selbständigen Betrieb eines - 48
Erwerbsschwelle 323
Europäische Gemeinschaft 16
EWG-Vertrag 19
Fahrausweis 315, 317
Fahrtenbuch 293
Fälligkeit 46
Fälligkeit als Aufrechnungsvoraussetzung 66
Fertigstellung 313
Festgeldzinsen 140
Festsetzungsfrist 46, 57
- Ablaufhemmung 57 ff.
- Anlaufhemmung 57, 58
- Beginn 57, 58
- Dauer 57, 58
- Ende 57, 58
Feststellungsbescheid 72
Feststellungserklärung 59
Feststellungsfrist 60
Finanzierungskosten 296
Finanzverwaltungsgesetz 17
Förderung des Wohneigentums 247 ff.
Forderungen 113, 116, 152, 160, 172
- Ausfall 114
- Bilanzausweis 116
- Eingehen uneinbringlicher 119
- endgültig ausgefallene 114

- Forderungsverluste 118
- Nennwert 114, 120
- noch nicht abgerechnete 117
- uneinbringliche 118
Forderungsverluste 118
Freiberufliche Tätigkeit 191
Freihafen 273
Fremdenverkehrsabgabe 19
Fristenkontrolle 41
Fristverlängerung
- Antrag auf 21, 22, 37
- Entscheidung über... als VA 45
Fuhrpark 156
Gebühren 20
Gegenseitigkeit von Forderungen 66
Gemeinde
- Teilnahme an Außenprüfung 17
Gemeinkosten 92, 110
Gemeinschaftsgebiet 326
Gemischte Aufwendungen 321
Geringwertige Wirtschaftsgüter 93, 103, 207, 209, 216
Gesamtrechtsnachfolge 29, 31
Gesamtrechtsnachfolger 263
Geschäfte
- rechtswidrige 190
Geschäftsbesorgung 282, 285
Geschäftsfähigkeit, Stufen der 29
- beschränkte 29
Geschäftsunfähigkeit 29
Geschäftsveräußerung im ganzen 309
Gewalt, höhere als Wiedereinsetzungsgrund 41
Gewerbesteuer 16 ff.
Gewerbeverlust 73
- gesonderte Feststellung 73
- vortragsfähiger 73
Gewinnzuschlag nach §7g EStG 122
Gleichartigkeit von Forderungen 66
Gleichheitsgebot, allgemeines 33
Gleichmäßigkeit der Besteuerung 17, 33
Grundbuch 272
Grunderwerbsteuer 86
Grundgeschäft 262, 328
Grundlagenbescheid 43, 50, 51

- Bindungswirkung 49, 50
Grundsatz der Tauglichkeit 33
Grundschuldbestellung 86, 128, 131
Grundstücke 272, 311
- bebaute 87
- unbebaute 85, 131
Gutachter 88
G u. V-Methode 153
Haftung 36
Haftungsbescheid 43
Handlungsfähigkeit 27
Hauptleistung 265, 266
Hauptstoff 277, 325
Heilpraktiker 314
Hilfsgeschäft 262, 268, 275, 301, 327
Hoheitliche Tätigkeit 313
Höherer Teilwert 124, 126
Imparitätsprinzip 87
Innenumsatz 267
Innergemeinschaftlicher Erwerb 323, 326, 327, 328
Kapitalanlagen 105
Kapitalertragsteuer 106, 140, 141
Kinder
- Haushaltsfreibetrag 194 ff.
- Kinderfreibetrag 194 ff.
- Kindschaftsverhältnisse 193 ff.
- Pflegekindschaftsverhältnis 195
- Übertragung Kinderfreibetrag 194
- Zuordnung 194
Kleinbetragsrechnung 307, 317
Kommissionär 282, 284, 285, 286, 287
Kommittent 286, 287
Kommunalabgaben 15
Kontrollmitteilung 26
Körperliche Übergabe 290
Körperlicher Gegenstand 271
Körperschaftsteuer, anrechenbare 106
Korrektur eines Verwaltungsakts 50
Korrekturmöglichkeit 43
Korrekturverfahren 58 ff.
- bei Nichtsteuerbescheiden 61
Kosten 43
- vorsteuerbelastet 294
Kraftfahrzeugsteuer 19

Stichwortverzeichnis

Kreditgewährung 327
Kurswert 105
Kurzfristige Beherbergung 321
Ladung 42
Lagefinanzamt 25
Legalitätsprinzip 33
Leibesfrucht, ungeborene 28
Leistender 264
Leistung 265
- selbständige 265
- sonstige 268, 275
Leistungsaustausch 264, 273, 277, 326
Leistungsempfänger 66, 264
Liebhaberei 190
Lieferung 272, 274, 290, 291, 300, 320
Lohnersatzleistungen 182, 191
Lohnveredelung 280
Maßgeblichkeit 109
Materialaustausch 277
Materialbeistellung 326
Materialgestellung 277
Maut 19
Mietvertrag 266
Mindest-Ist-Versteuerung 306
Mindestbemessungsgrundlage 288, 299
Mitwirkungspflichten 35
Nahestehende Person 288, 299
NATO-Truppenstatut 18
Naturalrabatte 92
Nebenbestimmungen zum VA 52
Nebengeschäft 262
Nebenleistung 265, 266
Nebensachen 304, 325
Nennwert 120
Nettodividende 106
Nichtaufgriffsgrenze 296
Nichtigkeit, eines VA 45 ff., 50, 81
Niederschrift 69
Niederstwertprinzip 109
Nullregelung 326
Nutzen und Lasten 272, 309
Nutzflächenverhältnis 322
Nutzungsentnahme 101, 142, 143

Nutzungszusammenhang 130
Offenbare Unrichtigkeit 58 ff.
- Berichtigung von 60
- Rechenfehler als 59
Ölgemälde 296
Option 313
Orderlagerschein 273
Ort
- der Lieferung 272, 286, 300, 304, 328
- der sonstigen Leistung 268, 275, 276, 281, 301, 302, 312
Passive Rechnungsabgrenzung 133
Pauschale Wertberichtigung 115
Periodengerechte Abgrenzung 138
Personensteuer 140
Personenzusammenschluß 260, 268
- nichtrechtsfähiger 260
Pfleger, als gesetzliche Vertreter 47
Prämien 16
Preisminderungen 92
Private Kfz-Nutzung 101
Privatschuld 132
Privatvermögen 191, 211, 237
Prozeßerklärung 70
Prüfungsanordnung 41, 44, 45, 47
Prüfungsbericht 26, 42
Realsteuern 16, 18
Realsteuerstelle 18
Rechnung 318
Rechnungsberichtigung 318
Rechtsanwalt 314
Rechtsbehelfsbelehrung 78
Rechtsbehelfsfähigkeit 43
- einer Steueranmeldung 63
Rechtsbehelfsverfahren 67, 75
Rechtsetzungsakte, der EG 19
Rechtsfähigkeit 28
Rechtsfriede 49
Rechtsgeschäft 48
Rechtsschein 46, 80
Rechtsweg 18
- in Realsteuersachen 18
Rechtswirkung eines VA 46
Reichsabgabenordnung 16
Reihengeschäft 274, 285, 286, 328

Reisekosten 315
Reisekostenabrechnung 315
Renovierungsaufwendungen 92
Retrograde Berechnung 110, 171
Rohgewinnsatz 110
Rückforderung 64
Rückforderungsanspruch 66
Rücklage nach § 7g EStG 121
Rückrechnung 112
Rücksendung 327
Rückstellungen 121, 161
- Auflösung 124, 173
- Außenprüfung 126
- Gewerbesteuer 124, 125, 173
- Steuerberatung 125, 174
Rückzahlungsbetrag 127, 168
Rückzahlungswert 87
Sacheinlage 146, 165
- Aktenschrank 146
- nach vorausgegangener Entnahme 147
- Pkw 165
- unbebautes Grundstück 146
- Wohnzimmerschrank 147
Sachentnahme 141, 172
Saldendifferenz 164
Säumnisfolgen 46, 63
Säumniszuschlag 19, 63
Schadenersatz 260, 291
Schätzung von Besteuerungsgrundlagen 56
- Erzwingungsschätzung 56
Schlußrechnung 308
Schranken staatlichen Handelns 33
Schriftform 69, 71, 81
Schuldübernahme 86
Selbständige Tätigkeit 183, 205, 259
Selbstnutzung 296
Sicherheitseinbehalt 308
Sicherheitsleistung 53
Skonto 270, 287, 288, 304, 306, 308, 316
Solidaritätszuschlag 106
Sollversteuerung 290
Sonderabschreibung 123
Sonderausgaben 244 ff.
- Bausparbeiträge 244

- Höchstbetragsberechnung 244
- Kirchensteuer 245
- Pauschbetrag 247
- Spenden 246
- Steuerberatungskosten 245
- Vorsorgeaufwendungen 244
Sonderrabatt 296
Sonstige Einkünfte 233
- Altersrente 233
- Ertragsanteil 234
- Werbungskosten-Pauschbetrag 234
Sonstige Forderung 135
Sonstige Verbindlichkeit 128, 168
- Büromiete 135
- Lohnaufwand 136
- Schuldzinsen 128, 168
Sozialversicherung 213
Spedition 324
Spekulationsgeschäft 237
- Aktien 239
- Anschaffung 237, 238
- bebautes Grundstück 236 ff.
- Spekulationsfrist 237, 238, 240
- Spekulationsgewinn 237, 239, 241, 242
- unbebautes Grundstück 240
Spenden 246
Spielautomat 302
Spielgewinn 191
Steueranspruch 17, 29
Steuerbarkeit 291
Steuerbescheid 30, 43, 72
Steuerentstehung 303
Steuererklärung 28, 29, 54, 55
Steuererstattungen 16
Steuerfestsetzung 57
Steuergeheimnis 23, 26
Steuerhinterziehung 62
- Zinsen bei 64
Steuerliche Nebenleistungen 19
Steuermeßbescheid 72
Steuern
- Begriff 20
Steuern
- Kapitalertragsteuer 211, 220
- Kirchensteuer 215

Stichwortverzeichnis

- Körperschaftsteuer 211, 220
- Lohnsteuer 215
- Solidaritätszuschlag 211, 220
Steuerpflicht
- beschränkte 183
- persönliche 178 ff.
- sachliche 178, 189
Steuerpflichtiger 28
Steuerrechtsfähigkeit 27, 28
Steuerrechtssubjekt 28
Steuersatz 274, 301
- ermäßigter 297, 299, 301, 302, 317
Steuerschuldner 28, 79
Steuerstrafverfahren 27, 62
Steuervergünstigung 70
Steuervergütungen 16
Steuerverwaltung 33
Stichtagsinventur 109
Stundung 43, 61, 63
- als Ermessensentscheidung 61
- Rücknahme, Widerruf 62
- Voraussetzungen der 62
Stundungsverfügung 52
Stundungszinsen 63
Tarif
- Grundtarif 180 ff.
- Splittingtarif 180 ff.
- Witwensplitting 188
Tarifentfernung 317
Tatbestandsmäßigkeit, Grundsatz der 33
Tätigkeit 262
- berufliche 262, 267
- gewerbliche 262, 267
Tatsächliche Verständigung 33
Tauglichkeit des Mittels 33
Tausch 97
Tausch mit Baraufgabe 169, 277
Täuschung, arglistige 61, 62
- als Voraussetzung für die Rücknahme eines begünstigenden VA 61, 62
Teilabhilfe 74
Teilleistungen 312, 320
Teilraten 325
Teilrechnung 307
Teilwert 86, 87, 95, 105

Teilwertabschreibung 95, 96
Telefax 41
Telefon 301
Tierarzt 314
Treu und Glauben 34
Trinkgelder 300
Übergangsregelung 313, 314
Überlassung
- Appartements 319
- Arztpraxis 319
- entgeltliche 315
- unentgeltliche 314
Übermaßverbot 33
Umlagen 266
Umlaufvermögen 108, 114
Umsatz 264
- nicht steuerbar 267, 276
- steuerbar 264
- tauschähnlich 284, 297
Umsatzsteuerbefreiung 272, 280, 300, 302, 308
Umsatzsteuerberichtigung 117, 290
Umsatzsteuerrichtlinien 19
Umsatzsteuervoranmeldung 62
- Änderung 63
- Rechtsbehelfsfähigkeit 63
- Steuerfestsetzung unter Vorbehalt der Nachprüfung 62
- Zustimmung bei Erstattungsanspruch 62
Unabänderbarkeit 51
Ungehorsamsfolgen 56
Ungewisse Verbindlichkeit 124, 126
Unternehmen 260, 268, 270, 312, 321
- Beginn eines 261
- Ende eines 261
- Vermögen eines 268, 293, 294, 318
Unternehmenseinheit 267
Unternehmensfinanzamt 25
Unternehmenssitz 289
Unternehmer 258, 312, 313
- eigenschaft 262
- fähigkeit 258, 259, 260
- tätigkeit 258
Untersuchungsgrundsatz 32
Unwirksamkeit 50

- eines Verwaltungsakts 50
Urlaubsreisen 140
Veranlagungsformen 178 ff.
Veräußerungserlös 100
Verbindliche Zusage 44
Verböserung 50
Verdienstausfall 291
Vereinbarte Entgelte 290, 303
Vereinbarungen
- völkerrechtliche 18
- zwischenstaatliche 16
Vereinnahmung und Verausgabung
- Bargeld 199
- Scheck 200 ff.
- Überweisungsauftrag 200
- 10-Tages-Frist 199
- Zinsen 201, 219, 220, 221
Verfahrenshandlung 31, 81
Verfügungsmacht 272, 273, 285, 290, 305
Verhältnismäßigkeitsgrundsatz 33
Verjährung 57
Verkaufskommission 285
Vermietung 268, 296, 312
Vermietungsleistung 265, 291
Vermittlungsgeschäft 280
Vermittlungsprovision 315
Verpflichtungsgeschäft 277, 290, 304
Verschulden 40
- Auswahl- 40
- Organisations- 40
- Überwachungs- 40
Versendungslieferung 286, 328
Verspätungszuschlag 22, 38, 54, 55
Vertrauensschutz 49
Vertretbare Sache 322
Vertretung 29, 30
- gesetzliche 29, 40, 80
- gewillkürte 30, 31, 40, 80
Vertretungsverhältnis 46
Verwaltungsakt 41
- Ausfertigung des 46
- begünstigender 43, 61
- Bekanntgabe 79
- belastender 43
- Definition 42, 43

- deklaratorischer 43
- Empfänger eines 46, 47
- gebundener 43
- konstitutiver 43
- Nebenbestimmungen zum 52
- Nichtigkeit eines 45 ff., 50, 81
- Wirksamkeit eines 45 ff.
Verwaltungsanweisungen 17, 19, 44
Verwaltungsgerichtsordnung 18
Verwaltungsrecht 43
Verwaltungsverfahren 23
Verwaltungsverfahrensgesetz 43
Verwendungseigenverbrauch 297, 298
Verwendungsentnahme 295
Verwirkung 34
Verzehr an Ort und Stelle 301
Verzicht auf Steuerbefreiung 311, 313, 320
Vollmacht
- Vertretungs-, Empfangs- 30, 31, 46, 47
- Widerruf 31
Vollständigkeitsgebot 138
Vollständigkeitsprinzip 164
Voranmeldungszeitraum 283, 299
Vorauszahlungen , 125, 304
- gestundete 125, 174
Vorbehalt 53
Vorbehalt der Nachprüfung 51
Vorläufigkeitsvermerk 51
Vormund, als gesetzliche Vertreter 47
Vorratsvermögen 109
Vorschuß 137
Vorsteuer
- abziehbar 278, 307, 315, 316, 318
- abzugsfähig 315, 317, 318, 321
Vorsteuerabzug 267, 268, 270, 273, 297, 310
- vorweggenommener 308
Vorsteueraufteilung 318, 319, 320, 322
Vorsteuerausschluß 283, 312
Vorsteuerberichtigung 310
Vorsteuerkorrektur 207
Waren 159, 160, 170
Warenbestand 112

Warenbestandsaufnahme 109, 112, 170
Werkhersteller 325
Werkleistung 277, 281, 325
Werklieferung 304, 307, 325
Wertaufhellungstheorie 118
Wertbeeinflussungstheorie 119, 172
Wertpapiere 104
Wiederbeschaffungspreis 292
Wiedereinsetzung 38 ff., 50, 74, 75
Willenserklärung 48
Wirksamkeit 49
Wirksamkeit, eines VA 45 ff.
Wirtschaftsgut 102, 103
Wohnsitz 18
Wohnsitzfinanzamt 24
Würdigung, straf- und bußrechtliche 26
Zedent 66
Zeitpunkt
- der Lieferung 273, 283
- der sonstigen Leistung 275
- des Vorsteuerabzugs 283, 284
- der Zahlung 274, 306
Zeitverschobene Inventur 170
Zessionar 66
Zinsbescheid 64
Zinsen 43
Zölle 16
Zollfreigebiet 273
Zulagen 16
Zulassungsgebühr 19
Zuordnungsentscheidung 288
Zusage, verbindliche 44
Zusammenveranlagung 70
Zuständigkeit 24
Zwangsmittel 43, 54, 55
- Androhung 43, 56
- Festsetzung 43, 56
Zwangsversteigerung 157